सुमंगलम् से श्रद्धांजलि तक...

वाणी प्रकाशन

नयी दिल्ली-110002

सुमंगलम् से श्रद्धांजलि तक...

सूर्यपाल शुक्ल

ISBN 81-7055-715-1

वाणी प्रकाशन
21-ए, दरियागंज, नयी दिल्ली-110002
द्वारा प्रकाशित

प्रथम संस्करण : 2000

मूल्य : 200.00

शुभम ऑफसेट, दिल्ली-110032
में मुद्रित

SUMANGLAM SE SHRADDHANJALI
by Surya Pal Shukla

मेरी जीवन सहचरी,
मेरी प्रेरणा स्वर्गीया शशि शुक्ला की
मधुर स्मृति में

प्रथम सोपान

प्रथम आख्यान

कई दिनों की लगातार बारिश के बाद आज अचानक ही दोपहर बाद चटख धूप निकल आई। कॉलोनी की गृहिणियाँ आनन-फानन में अपने-अपने घरों के आगे-पीछे जहाँ भी धूप दिखी, गीले-भीगे कपड़ों को फैलाने-सुखाने में ऐसी व्यस्त हो गईं, मानों फिर कभी धूप मिलेगी ही नहीं। वास्तव में लगातार वर्षा से घरों में लटकते, गीले कपड़ों की उमस भरी गंध सबको परेशान किए हुए थी। कई घरों में, जहाँ छोटे-छोटे बच्चे थे, गीले कपड़ों की गठरी और भी भारी-भरकम हो चुकी थी। वातावरण में शतप्रतिशत आर्द्रता के कारण कपड़े सूखने का नाम ही नहीं लेते और यहाँ बच्चे हैं कि कपड़ों की गीली गठरी को और भी वजनदार बनाते चले जा रहे थे।

पंडित रमानाथ शास्त्री अपने छोटे से बरामदे में डंडों पर अटकी कपड़े की कुर्सी पर बैठे, इस समग्र परिदृश्य को बड़ी तन्मयता से निहार रहे थे। उन्हें नन्हे-मुन्नों के लाल-पीले-हरे-नीले कपड़ों के बीच जहाँ एक ओर माता की आकुलता दिख रही थी, वहीं शायद उन वस्त्रों के पीछे, इस समय के निर्मल आकाश की भाँति ही उन निर्मल मन, कोमलतम बच्चों की छवि भी झलक रही थी। पंडित जी खिली हुई धूप की तेजी से बचने हेतु, अपनी कपड़े की अटपटी कुर्सी खींचकर एक ओर बैठ ही रहे थे कि बोनी के चिल्लाने की आवाज ने उन्हें चौंका दिया। माँ के पीछे भागता हुआ घर से बाहर आते हुए उनका बेटा सीढ़ियों से लुढ़क गया था। संवेदनशील माँ का इकलौता बेटा गिर गया था और माँ के हाथों में कपड़ों से भरी बाल्टी। बाल्टी पटक माँ बच्चे को उठाते-उठाते रुआँसी हो गई। बड़बड़ाते हुए उसे उठाया। कभी बच्चे को डाँटती 'कियो उलाई आहिसे' (क्यों बाहर आ गया)। कभी खुद को कोसती, 'मोंई भूल करिलों, लोराक ऐरिबो न लागिशिल' (मैंने ही भूल की, बच्चे को छोड़ना नहीं चाहिए था)। पंडित जी माँ की ममता का अथाह सागर अपने सामने उमड़ता देख भाव-विभोर हो उठे। माँ का जो स्वरूप अभी उनके समक्ष प्रस्तुत था उसे वे सराहकर भी संतुष्ट नहीं हो पा रहे थे। पंडित जी जानते थे कि माँ ममतामयी, त्यागमूर्ति एवं अपने शिशु के प्रति सम्पूर्ण रूपेण समर्पित होती है पर उनका मन न जाने क्यों

शांत नहीं हो रहा था। माँ के अनेक रूप उनकी आँखों के सामने उभरने लगे। लगने लगा कि सृष्टि के सर्जन ने यह अद्‌भुत प्राणी (माँ) क्या सोचकर और कैसे बनाया होगा। वस्तुतः पंडित जी इस महती संकल्पना को अपने भीतर सँजो नहीं पा रहे थे। उन्हें लग रहा था कि माँ के इस रूप के समक्ष पुरुष का अस्तित्व कितना लघु है, कितना मलिन है और कितनी शून्यता से आप्लावित है।

माँ सब कुछ देती है और पुरुष...पंडित जी सोच रहे थे कि ऋषि ने केवल पंच कन्याओं को ही प्रातःस्मरणीय क्यों बताया? 'अहल्या, द्रौपदी, तारा, कुंती, मन्दोदरी यथा! पंच कन्या स्मरे नित्यं महापातक नाशनम्।।' क्या अन्य माताएँ इनसे तुच्छ हैं? क्या माता और माता में भी भेद करने की गुंजाइश है? क्या सभी माताएँ सम्पूर्ण भावेन माता नहीं बन पातीं? क्या माँ मात्र जननी ही है? और यदि ऐसा है तो क्या माँ यशोदा अपने लल्ला की माँ नहीं? क्या स्वयं कृष्ण भी इस कठोर सत्य को स्वीकार कर पाते कि उनकी माँ देवकी हैं—यशोदा नहीं। क्या भगवान कहे जाने वाले कृष्ण को इतना भी पता नहीं था कि उनकी माँ कौन हैं? फिर क्यों वे मैया यशोदा के हाथ से माखन खाकर ही संतुष्ट होते थे ? फिर क्यों वे माँ यशोदा के हाथों मार खाकर भी मैया-मैया उन्हें ही पुकारते थे। पंडित जी विचारों में डूबे कभी माँ की महिमा का अवगाहन करते, कभी माँ की व्यापकता में विलीन हो जाते और कभी माँ के अनगिनत रूप निहारते। कभी धरती माँ को नमन करते, तो कभी गंगा मैया को प्रणाम करते, कभी दुर्गा माता को शीश झुकाते, तो कभी सरस्वती माता का वंदन करते। माँ के इतने रूप और इतने स्वरूप उनके मानस-पटल पर उभरने लगे कि उन्हें माँ के सही एवं पूर्ण रूप को पहचानने में, उसे समझने में और उसे स्वीकारने में एक वेदना भरी कठिनाई का एहसास होने लगा। मन चिंता कातर हो उठा। वे अपने आप से बातें करने लगे, स्वयं ही प्रश्न करते, स्वयं ही उत्तर देते, पर हर उत्तर नये प्रश्न को जन्म दे जाता। और फिर उन्हें माँ एक ध्वनि, एक शब्द या एक भाव से अलग, ऊपर और बहुत ऊपर एक सर्वव्याप्त, महाशक्ति के रूप में दिखने लगी। पंडित जी भावविह्वल हो उठे। मन निर्मल, निष्कपट एवं निष्कलुष हो उठा।

सृष्टि के प्रारम्भ से इसके अवसान तक पसरी हुई माँ पंडित जी को ॐ की तरह व्यापक तथा महाविष्णु की तरह कल्याणकारी लगने लगी। भारतीय संस्कृति एवं धर्म में ॐ (ओंकार) को आदि ध्वनि, आदि स्रष्टा, सृष्टि पालक, अंतिम संघारक जैसे अनेक स्वरूपों में प्रस्तुत किया गया है। ज्ञानियों ने ॐ की व्याख्या में वर्ष गुजार दिये। ऋषियों ने ॐ के सहारे ब्रह्मांड के तत्त्व निचोड़ लिये। ॐ की महिमा अपार है, व्यापकता अवगाहन से परे और सार्थकता सार्वभौम है ऐसा ज्ञानी जन कहते हैं। किसी भी मंत्र का उच्चारण या देव आराधना ॐ के बगैर अपूर्ण और निष्फल मानी जाती है। इसी कारण प्रत्येक मंत्र, पूजन, जाप, आवाहन तथा वंदन ॐ से ही प्रारंभ करने की रीति है। ॐ की व्यापकता सार्थकता और ऐतिहासिक प्रामाणिकता के पूर्ण

कायल पंडित जी, जो स्वयं एक धर्म भीरु इंसान हैं, एक अजीब-सी अव्यक्त उलझन में पड़ गए। उनका हिन्दू मानस, ब्राह्मण संस्कार तथा धर्म शाश्वत परायण परिवार ॐ की श्रेष्ठता, सार्वभौमिकता और शाश्वतता के कायल थे। किन्तु फिर भी इस समय उनकी बुद्धि तर्करत थी। मन के किसी कोने से आवाज आई कि 'ॐ' की व्यापकता तो सीमित है। भारतवर्ष तथा हिन्दू संस्कृति एवं धर्म से जुड़े लोग जिनकी संख्या एक सौ करोड़ के लगभग है, तक ही यह महाध्वनि अपने सर्वग्राही रूप में स्वीकार्य है। इसके बाहर इस ध्वनि की महिमा क्षीण हो जाती है। सम्भव है कि वह किसी और रूप में अन्यत्र विद्यमान हो। पर माँ तो इस पावन-पुनीत भरत भूमि में पूज्य, वंदनीय एवं स्मरणीय है ही; साथ ही इस देश, जाति, संस्कृति एवं धर्म की सीमाओं से पार अन्य संस्कृतियों, धर्मों तथा जन समुदायों में भी माँ अपने सम्पूर्ण वर्चस्व के साथ विद्यमान है। वस्तुतः माँ की व्यापकता तो सार्वभौम है, निःसीम है, अनन्त है, अपरिमेय है। अतः सर्वोपरि भी।

तर्क के धनी, बुद्धिजीवी पंडित जी का मन इस समय माँ के उस रूप का अवलोकन कर रहा था, जिसने कभी राम तो कभी कृष्ण, कभी बुद्ध तो कभी ईसा, कभी मुहम्मद तो कभी नानक को जना। और मात्र जना ही नहीं वरन् इतनी विधिपूर्वक रचा कि उन्हें संसार में ईश्वरत्व प्राप्त हुआ। स्वयं तो माँ कालकवलित हुईं पर अपनी संतान को अमरत्व प्रदान कर गईं अपनी ममता, सेवा और शिक्षा से।

पंडित जी का उदार मन भावुक हो उठा था। तर्कतीर पर सवार उनका मन मनमानिक हनुमान जी की तरह स्वेच्छा से न जाने कब और कहाँ तक विचरण करता रहता पर 'हेई तरवा तनी तानि के बान्हि देतीं तो हमहुँ कपड़वा फैलाई देइत।' का मधुर स्वर उनके कानों में पड़ा और तंद्रा टूटी। सामने पत्नी सुकेशी जी बाएँ हाथ पर कुछ कपड़े लटकाये तथा दाएँ हाथ में बाल्टी में भरे कपड़े लिये खड़ी थीं। झटपट पंडित जी उठे और अपने आप खन्ती लाकर उस खम्भे को सीधा करने का प्रयास करने लगे, जिसमें तार बँधा था और जो लगातार प्रयोग से झुक गया था। कुछ क्षणों में ही दो-चार, पास में पड़े पत्थरों को खम्भे की जड़ में कूटते हुए उसे सीधा कर स्वस्थ करके पंडित जी कपड़ा फैलाने में मदद करने की गरज से पत्नी के हाथ से कपड़ा उठाने ही वाले थे कि सुकेशी जी ने निर्देशात्मक पर अत्यंत मधुर शब्दों में मना कर दिया और पति को अन्यथा न लगे, उसका कितना सार्थक तथा तर्कपूर्ण बहाना 'हथवा भरे मे माटी पोते बाँटी, हमार कुलि मेहनतिया क्षण भरे में चौपट होई जाए' कहकर स्वयं कपड़ा फैलाने लगीं। पल भर को तो पंडित जी को अपनी भूल का एहसास हुआ, क्योंकि उनके हाथ तो वास्तव में गंदे थे ही। पर तुरंत ही उन्हें अपनी चिरपरिचित पत्नी की, इस मर्यादित फटकार में एक सशक्त दायित्व-बोध तथा पति के प्रति उनका अपार सम्मान दिख गया और वे भीतर जाकर हाथ धो, आकर पुनः अपनी उसी कुर्सी पर अटक गए। विचारों का ताना-बाना मन बुनना प्रारम्भ

ही कर रहा था कि पुनः सुकेशी जी 'चाय पी लेईं, पीके तनि खुला बा घूमि आईं। खेलइ लाये त न होये अवऊ पानी होये।' कहते-कहते पंडित जी का गिलास उन्हें पकड़ा, एक मोढ़ा लाकर स्वयं भी उसी जगह बैठ गईं। दोनों ने कलियुग का अमृत-चायपान किया।

शाम के साढ़े पाँच बजे होंगे। पंडित रमानाथ तथा उनकी पत्नी दोनों ही ने घूमने जाने का निश्चय किया। पंडित जी ने अपनी खामती लुंगी तथा ढीला ढाला कुर्ता उतारकर कमीज तथा पतलून पहन ली। पाँव में अपनी एक मात्र चप्पल, जो अब बड़ी ही दयनीय अवस्था में थी, पहन पंडित जी बाहर आकर सुकेशी जी का इंतजार करने लगे। स्त्रियों को तैयार होने में पुरुषों से ज्यादा समय लगना स्वाभाविक ही नहीं बल्कि आवश्यक भी है। शायद इसलिए कि सड़क पर चलने वाला हर आदमी उनकी ओर एक नजर मार ही लेता है। पर मुए मर्दों की ओर तो अपनी पत्नी भी कभी-कभार ही नजर डालती है, कुछ इसी अंदाज में पंडित जी ने सुकेशी जी को, तैयार होने में होते विलम्ब को देख, थोड़े ऊँचे स्वर में बाहर से ही आवाज दी। दोनों बेटे अचल एवं सजल पहले ही खेलने जा चुके थे अतः दरवाजा बंद करने के लिए ताला-चाभी ढूँढ़ने में सुकेशी जी को देर लग रही थी। ताला दीवार में गड़ी कील पर लटक रहा था, पर चाभी पता नहीं कहाँ रख दी थी। परेशान होकर उन्होंने वहीं से आवाज दी 'तुहीं घूमि आवा, हम नाइ जा।' पंडित जी ने पूछा, अरे, भाई क्यों नाराज़ हो, क्या हुआ? 'काज जनी कहाँ कुंजअई धई दि।' रमानाथ जी भीतर जाते हुए बोले 'अपने दफ्तर में देखा'? थोड़ा तुनककर सुकेशी ने जवाब दिये बगैर रसोई में जाकर देखा और आँवले के अचार के मर्तबान के ढक्कन पर चाभी का गुच्छा दिख गया। थोड़ी खुश थोड़ी अपने से नाराज सुकेशी बाहर आकर दरवाजा बंद करने लगी। तभी रमानाथ जी ने चाभी ले ली और ठीक से दरवाजा बंद कर, ताला लगा, दोनों अपने बरामदे की चार सीढ़ियाँ उतर गए। शाम को सूरज ढलान पर, अपनी तल्ख किरणों में काफी नरमी भरकर, मानों लोगों को रात भर विश्राम का सुअवसर देने की गरज से, धीरे-धीरे बांलेक की ओर की पहाड़ी के पीछे छिपने लगा था। सपत्नीक रमानाथ जी कॉलोनी की सड़क पार कर कैम्पस की मुख्य सड़क पर आए ही थे कि सजल ने आवाज लगाई। सुकेशी जी ने कहा 'खेलअ, अबहे आवत अहीं' और पति के साथ आगे बढ़ चली। सड़क के बाएँ छोटा हॉस्टल, फिर खेल का विशालकाय मैदान और मैदान के उस पार हॉस्टलों की पंक्ति और दायीं ओर कालेज शिक्षकों के क्वार्टर, अलग-अलग सुन्दर क्लस्टर में बने हुए थे। हर क्लस्टर में हरियाली तथा जीवन जैसे एक-दूसरे के पूरक बने वहीं स्थिर हो गए थे। अच्छे पढ़े-लिखे, खाते-पीते, खुशहाल लोगों की रिहायश देखकर मन को सुकून मिलता। और आगे जाकर तिराहे से दोनों सिवो करंग की ओर मुड़ गए। लगभग दो सौ मीटर के बाद यह नाला, जो अब नदी का रूप ले चुका है, अपने पूरे उफ़ान पर था। सिवोकरंग जिसमें सर्दियों के सूखे मौसम में पत्थरों के अम्बार में कहीं दूर-दूर तक

भी पानी नजर नहीं आता था, आज अपनी भरपूर जवानी का मानो प्रदर्शन कर रहा है। सुकेशी जी सिवोकरंग को निहार अपने आप से मानो बुदबुदा उठीं : 'छुद्र नदी भरि चली तोराई, थोरेहिं धन जस खल बौराई।' रमानाथ जी इस उपयुक्त तथा सामयिक उक्ति पर पत्नी को सराहे बगैर न रह सके। हाँलाकि उन्हें पता था कि सुकेशी का किंवदन्तियों, मुहावरों, कहावतों और तुलसीदास की प्रचलित चौपाइयों का भंडार विशेष विशद है और वे इनका बड़ा ही उपयुक्त उपयोग करती हैं।

दोनों घाटी में उतरकर पानी के एकदम पास दो पत्थरों पर बैठ गए। कुछ पल पानी की चंचलता तथा वेग को निहारते रहे। वेग इतना कि मानों सब कुछ बहा ले जाने तथा अवसान के महीनों में अपना उपहास करने वालों को दंडित करने की ठान ली हो। आवाज इतनी कि दोनों को आपस में बात कर पाना कठिन लगने लगा। फिर भी वे वहाँ लगभग आधे घंटे तक बैठे रहकर कभी पानी तो कभी एक-दूसरे को निहारते रहे। मन खुश था, वातावरण स्निग्ध एवं मोहक। रमानाथ ने एक पत्थर उठाकर पानी में फेंका और वे उठने लगे वापस घर आने को, तभी नजर पड़ी दूर तालुत घुटनों तक गहरे पानी में खड़ा जाल मार रहा है। मानों कवि की अमर पंक्तियाँ 'है जीव जीव का ही भक्षक, यह नियम प्रकृति का अविचल है। निर्बल का कब अस्तित्व शेष, जीवन भीषण युद्ध स्थल है। साकार हो उठी हों! दोनों मुग्ध मन घर को लौट चले!

द्वितीय आख्यान

भारतीय रेल, जिसका विस्तार विश्व में द्वितीय है, के अंतिम स्टेशन (पूर्वोत्तर में) भुरकांग सेलेक से बयालिस किलोमीटर और पूरब की ओर सघन जंगलों के बीच से गुजरती एक सड़क, छोटे से कस्बे पासीघाट तक, टूटी-फूटी एकमात्र बस यात्रियों को ले जाती, दिन में महज एक बार वह भी गाड़ी के आने पर। कुल पाँच हजार के लगभग निवासियों का यह कस्बा नेफा के सबसे पुराने और विकसित कस्बों में माना जाता है। यहाँ के मूल निवासी अरब समुदाय के कबीले (जिन्हें अब आदी कहा जाता है) और कुछ नेपाली लोग। सरकारी तंत्र से जुड़े काफी असमिया, बंगाली, मलयाली एवं बिहारी लोग भी। अर्थव्यवस्था खेतीप्रधान जो मुख्यतः नेपाली लोग सँभाले थे और व्यापार पर बिहारी एवं मारवाड़ी लोगों का वर्चस्व था। आदी लोग मुख्य रूप से पहाड़ी ढलानों पर झूम खेती करते थे। कुछेक उन्नत आदी किसानों के पास मामूली पानी खेती भी थी। धान, मकई, सरसों, आलू, सब्जियाँ, केले इत्यादि प्रगुख उत्पाद थे।

प्रशासनिक दृष्टि से उस समय यह एक एडीशनल डेपुटी कमिश्नर तथा डेपुटी सुपरिंटेंडेंट आफ पुलिस के संरक्षण में था। विकास की प्रक्रिया प्रारम्भ हो चुकी थी। वास्तव में इस तिरस्कृत एवं दुर्गम इलाके का विकास अंग्रेज सरकार की प्राथमिकता

न थी। और ऐसी ही मनःस्थिति उसके बाद में भारतीय शासकों की भी रही। पर उन्नीस सौ बासठ में हुए चीन के आक्रमण ने सरकार को तथा समस्त बुद्धिजीवी वर्ग को इस क्षेत्र के बारे में सोचने पर मजबूर कर दिया। और तब कुछ प्रगतिकार्य एवं प्रशासनिक सुधार लाये जाने लगे।

पासीघाट में उस समय तीन प्राइमरी स्कूल तथा एक हायर-सेकेण्ड्री स्कूल था और सरकार ने नेफा का प्रथम महाविद्यालय भी यहीं खोलने का निर्णय किया। पं. जवाहरलाल नेहरू की मृत्यु 27 मई 1964 को हुई और उन्हीं के नाम पर जुलाई 1964 में यहाँ एक महाविद्यालय की स्थापना की गई। रमानाथ शास्त्री इसी महाविद्यालय के एक प्रखर प्रवक्ता थे। महाविद्यालय पूर्णरूपेण सरकारी था और प्रिंसिपल के अलावा विभिन्न विभागों में कुल लगभग बत्तीस प्रवक्ता थे। सारे विद्यार्थी, कर्मचारी, प्रवक्ता एवं प्राचार्य सभी उसी कैम्पस में ही रहते थे। दो सौ एकड़ में फैला यह विशाल महाविद्यालय अब तो देश के कुछ चुने हुए कॉलेजों में अपना स्थान रखता है। पर बात उन दिनों की है जब यहाँ के शुरुआती दौर में रमानाथ एक प्राध्यापक के रूप में आए थे। अनेक कठिनाइयाँ और मीठे-कड़वे अनुभव तथा परेशानियाँ उनके जीवन का अंग बन चुके थे। कालेज टाउन से तीन किलोमीटर दूर और सिवो करंग के उस पार बसाया गया था। नेफा के अधिकारियों तथा नेताओं ने कालेज को एक अनचाहे बच्चे की तरह सभ्य समाज की नजरों से दूर फेंक रखा था। दुःख की बात यह है कि आज भी ऐसी ही सोच बनी हुई है। शिक्षण संस्थाओं को हमेशा प्रशासकों एवं नेताओं ने शहर या कस्बों से दूर बसाया ताकि वे अपने को सुरक्षित महसूस कर सकें। भय तथा अविश्वास में जनमे इन विद्यालयों तथा महाविद्यालयों की दुर्दशा का कारण बहुत कुछ हमारे 'भाग्य विधाताओं' की मानसिकता है। यहाँ तक कि यहाँ का एक मात्र विश्वविद्यालय भी इसी मानसिकता का शिकार होकर इटानगर से चालीस किलोमीटर दूर एक निर्जन पठार पर बसाया गया है जहाँ पहुँचने के लिए दो-तीन बार बसें बदलना, नाव से जलराशियाँ पार करना या झूला पुल (हैंगिंग ब्रिज) से गुज़रना जैसी अनेक कठिनाइयाँ आती हैं।

गरीब पर नैतिक मूल्यों के धनी परिवार में जनमे रमानाथ को जैसे कठिनाइयों से जूझने में मजा आता हो। सौभाग्य से सहचरी भी ऐसी एक नारी मिली जिसे अपने पति तथा बच्चों में सभी सुख उपलब्ध हो जाते थे। प्रवक्ता का अर्थतंत्र उन्हें बहुत भौतिक सुख न दे पाता पर वे थीं कि अपने को परम सौभाग्यशाली नारी समझती थीं। यह उनका भ्रम था या विश्वास? आज नारी जिस प्रकार अर्थतंत्र से सुख को जोड़कर जीने और पाश्चात्य संस्कृति को अपनाने की अंधी दौड़ में शामिल दिख रही है, उससे तो ऐसा लगता है कि सुकेशी किसी और ही लोक में विचरण करने वाली स्त्री थीं। उनकी सोच का दायरा सीमित इसलिए था कि वे आधुनिक शिक्षा से अप्रभावित थीं। तथाकथित बड़े ब्राह्मण परिवार में जन्मी सुकेशी को स्कूल जाने

का अवसर ही नहीं दिया था समाज एवं परिवार के ठेकेदारों ने। पर घर पर रहकर जो संस्कारगत गुण उन्हें अपने आचार्य पिता से स्वतः ही प्राप्त थे वे संसार की उलझनों में अपना मार्ग स्वयं तय कर लेने की भरपूर क्षमता दे गए थे। नारी की मूल भूमिका में सुकेशी एक सबल भारतीय हिन्दू ब्राह्मणी थीं। पुत्री के रूप में पिता को उनके स्वभाव एवं गुणों पर गर्व था। दो छोटे भाइयों की एकलौती बहन मानों उनके जीवन का मूल स्रोत थी, पत्नी के रूप में सम्पूर्ण स्व का पति के स्वरूप में विलय उनका लक्ष्य रहा। बौद्धिक स्तर पर रमानाथ एवं सुकेशी में इतना अन्तर था कि शायद मिलन-स्थल खोज पाना दुर्लभ हो जाता, पर पूर्ण सामंजस्य का एक उदाहरण थीं सुकेशी। पति का पूर्ण प्यार उनके शब्दों में 'पूर्व जन्म का पुण्य फल' था। और नारी जीवन की सर्वश्रेष्ठ अवस्था, 'माँ' के रूप में सुकेशी में अद्भुत थी। वस्तुतः रमानाथ की 'माँ' के प्रति इतनी प्रगाढ़ श्रद्धा का आधार था सुकेशी का मातृत्व। उन्हें माँ के रूप में व्यवहार करते देख, अपना सब कुछ बच्चों पर लुटा देने की तत्परता देख रमानाथ माँ शब्द की महिमा समझने एवं स्वीकारने को बाध्य थे।

प्रकृति प्रेमी और अदम्य साहसी रमानाथ का अपने इस जीवन से सहज ही समझौता हो गया। बिना किसी विशेष प्रयास के रमानाथ इस एकाकी, 'अपनों' से दूर 'अपनों' के बीच जीने के अभ्यस्त हो चुके थे। इसमें पत्नी का सहयोग भी भरपूर मिला।

महाविद्यालय अब तक एक रूप ले चुका था। सुन्दर सुरम्य आवासीय क्षेत्र से करीब तीन सौ गज ऊपर एकदम समतल पठार पर कालेज के निर्माण का प्रथम चरण पूरा हो चुका था। लोअर कैम्पस से ऊपर वाले कैम्पस तक जाने हेतु पक्की सड़क बन चुकी थी। सीधे सीढ़ियों के रास्ते से जाने के लिए दो सौ छिहत्तर सीढ़ियों का निर्माण भी सम्पन्न हो चुका था। अधिकांश नवयुवक सड़क से लगभग डेढ़ किलोमीटर का लम्बा रास्ता तय करने की बजाय सीढ़ियों से ही ऊपर जाना पसंद करते थे। रमानाथ भी जब स्कूटर से नहीं जाना चाहते तो अकसर इन्हीं सीढ़ियों का प्रयोग कर दस मिनट में कालेज पहुँच जाते। खूब स्वस्थ, सुन्दर और बलिष्ठ शरीर जहाँ रमानाथ के व्यक्तित्व का आधार था वहीं उनकी महाविद्यालय के प्रति निष्ठा, विद्यार्थियों के प्रति स्वाभाविक लगाव और ओजस्वी भाषण शैली ने उन्हें थोड़े ही दिनों में सर्वप्रिय प्रवक्ता बना दिया। रमानाथ अनुशासित जीवन जीने के कायल तथा खेलकूद में बढ़-चढ़कर भाग लेने वाले लोकप्रिय लेक्चरर मान लिए गए थे। उनकी छवि दिन पर दिन निखरती जाती। प्राचार्य कोई भी आया पर रमानाथ ने उन्हें भरपूर सहयोग दिया महाविद्यालय के संचालन में। इस प्रकार रमानाथ की लोकप्रियता कालेज एवं कालेज के बाहर पूरे टाउन तथा प्रदेश में फैलने लगी। उनके पढ़ाये छात्र जहाँ भी जाते उनका गुणगान करते और अपने-अपने क्षेत्रों से आने वाले विद्यार्थियों को पं. रमानाथ शास्त्री का नाम बताकर भेजते। इस बढ़ती लोकप्रियता का दुःखद पहलू भी था। रमानाथ से ईर्ष्या करने वाला एक ग्रुप उभरने लगा। एक

तरफ रमानाथ पर अपने को श्रेष्ठतम प्रवक्ता बनाए रखने के लिए निरंतर अधिक प्रयास करते रहने की बाध्यता थी—तो दूसरी ओर ईर्ष्यालु महानुभावों के कुचक्रों से जूझने की जहमत। पर हमेशा की तरह तथा हर समस्या की तरह इस समस्या का समाधान भी पंडित जी निकाल ही लेते। अपने निर्दिष्ट पथ से भटके बगैर स्वयं को सबल से सबलतर शिक्षक के रूप में प्रस्तुत करने में वे हमेशा सफल रहे। रमानाथ की इन बाह्य सफलताओं के पीछे सुकेशी जी का न केवल शाश्वत सहयोग रहता वरन् वे उनका मनोबल भी ऊँचा करती रहतीं।

रमानाथ के प्रिय खेल, जिनमें उन्हें काफी महारत हासिल थी, और अपने विद्यार्थी जीवन में विश्वविद्यालयीय टीम में प्रमुख भूमिका निभा चुके थे—बालीबाल एवं कबड्डी—उन्हें खेलने के अवसर कम मिलते थे। अतः उन्होंने बैडमिंटन, टेबल टेनिस इत्यादि—सभ्यसमाज के खेल-खेलना प्रारम्भ कर दिया था। थोड़े ही दिनों में इन खेलों में भी उन्हें अच्छी महारत हासिल हो गई और उन्होंने कई स्थानीय तथा विद्यालयीय प्रतियोगिताएँ भी जीतीं। शाम को कॉलोनी में ही बैडमिंटन खेलते तथा अनेक लोगों में खेल के प्रति रुचि जाग्रत की। उन्हें सिखाया और धीरे-धीरे एक छोटा-सा खेल-प्रेमी ग्रुप उभर आया। रमानाथ हमेशा इस ग्रुप का मनोबल बढ़ाते, विशेष प्रयास कर इनके लिए खेलने की सुविधाएँ जुटाते। इस प्रकार शाम का समय बड़े ही सार्थक एवं मनोरंजनपूर्ण ढंग से बीतता।

सफेद हाफ पैंट, सफेद कमीज तथा सफेद जूते-मोजे पहन हाथ में स्लेजेंगर का अविजित रैकेट लेकर कभी-कभी अपने सफेद विजय सुपर स्कूटर पर रमानाथ डाक्टरों की कॉलोनी में खेलने चले जाते। वहाँ भी एक छोटा-सा खेल प्रेमी ग्रुप उभर आया था। और रमानाथ की एक अच्छे खिलाड़ी तथा खुशदिल इंसान के रूप में छवि काफी निखर उठी थी। नौजवान रमानाथ का खेल, उनका देह-सौष्ठव और मांसल तथा बलिष्ठ मांसपेशियाँ और इस सबसे ज्यादा उनका निष्कपट एवं खुला व्यवहार अधिकांश लोगों को बहुत भाता था। जीवन को जीने लायक बना लिया था पं. रमानाथ ने। जंगलों में मंगल की सृष्टि कर ली थी रमानाथ और सुकेशी ने। वे खुश थे अपने आप में, अपने बच्चों में और अपने एक-दूसरे के लिए सम्पूर्ण समर्पण में। सतही तौर पर बेमेल दिखने वाली यह जोड़ी (रमानाथ एवं सुकेशी की) किसी अनजान धरातल पर इतनी एकरूप, एकरस और एक मनप्राण थी कि लोगों के लिए मात्र एक उदाहरण ही नहीं वरन् एक रहस्य भी थी।

अचल लगभग सात वर्षों का हो चला था और पास में ग्राम सेवक ट्रेनिंग सेंटर में स्थित मिडिल स्कूल में द्वितीय श्रेणी में पढ़ता था। छोटा बेटा सजल भी स्कूल जाने को छटपटाता पर उन दिनों पाँच वर्ष से कम आयु के बच्चों को स्कूल में भर्ती नहीं किया जा सकता था। अतः रमानाथ लाचार थे। साथ ही सुकेशी उसे इतनी कम उम्र में भेजना भी नहीं चाहती थीं। उनका एक तर्क यह रहता कि दोनों

स्कूल चले जाएँगे और आप कालेज तब मैं घर में अकेली क्या करूँगी? सजल के स्कूल जाने की ज़िद का राज भी जल्दी ही पता चल गया। उसकी दिलचस्पी स्कूल में कम स्कूटर से स्कूल तक जाने और आने में ज्यादा थी। रमानाथ अचल को प्रतिदिन स्कूटर से स्कूल छोड़ने जाते थे। दूसरी बात और ही दिलचस्प थी अचल को अच्छा टिफिन मिलता था खाने को। समाधान सुकेशी ने ही सुझाया। सुबह सजल को भी तैयार कर देती और उसे भी अचल के साथ रमानाथ स्कूटर पर आगे खड़ा कर के स्कूल तक ले जाते। वहाँ अचल को उतारकर सजल को पुनः वापस लेते आते और आने पर सजल को अपना टिफिन भी खाने को मिल जाता और इस प्रकार वह खुश रहने लगा। पर फिर भी स्कूल से भाई के आने का बड़ी बेसब्री से इंतजार करता। और अचल के आते ही खेलने के लिए भाग जाने की जल्दी। पर सुकेशी अचल को कपड़े बदलवाकर, मुँह-हाथ धोने के बाद कुछ खिलाकर ही बाहर जाने देतीं। उनका ध्यान बच्चों के स्वास्थ्य पर विशेष रहता। अकसर कहा करती थीं कि मेरे बेटे अपने हमउम्र लड़कों से दो इंच बड़े ही होने चाहिए।

अचल गोरा, शांतस्वभाव एवं खूब स्वस्थ तथा ताकतवर था पर सजल साँवला, चंचल, खूब स्वस्थ पर शैतानी में माहिर। कभी-कभी उसकी शैतानी इतनी बढ़ जाती कि सुकेशी तंग हो जातीं। भाई को भी परेशान कर देता था। अचल उसकी हर शैतानी को बड़े ही सहज भाव से लेता। बात-बात में उसका बचाव करता। वस्तुतः वह अपने भाई को इतना प्यार करता था कि उसकी भी गलती कभी-कभी अपने ऊपर ले लेता। दोनों भाइयों का आपस का प्रेम एक अजीब सुख देता रमानाथ एवं सुकेशी को। पर इस सारे प्रेम और सुख के पीछे जहाँ अचल की शालीनता उन्हें प्रभावित करती वहीं सजल की चंचलता भी। पं रमानाथ के पिताजी के पास अकसर जब उनकी शिकायत पहुँचती तो वह कहा करते 'यदि बेटा और घोड़ा चंचल न हो तो न होने के बराबर हैं।' यह बात याद कराकर रमानाथ सुकेशी को सजल की चंचलता, शैतानी तथा कभी-कभार की तोड़-फोड़ से माफी दिला देते और जब कभी बड़ी शैतानी के बाद भी सजल डाँट या पिटाई से बच जाता तो अचल बहुत खुश होता। उसे एक अजीब-सा सुख मिलता कि आज उसका प्यारा सजल पिटते-पिटते बच गया। और तब अपने पिता से, उसे बचाने हेतु, बहुत प्यार भी पाता।

कॉलोनी में हमउम्र बच्चे कई थे और अचल एवं सजल भी खेलने को हमेशा उत्सुक रहते। शाम साढ़े चार से पाँच बजे के बीच दोनों को तैयार कर सुकेशी बिस्कुट एवं दूध देती। दोनों बच्चे दूध पसन्द करते थे। अतः कोई दिक्कत नहीं थी। पर सजल को यह दूध पिलाना एक टेढ़ी खीर थी। अकसर तो वह एक गिलास दूध ही पीता था। अतः सुकेशी दोनों को दूध देकर अपने काम में लग जाती थीं। पर यदि सजल का दूध कम हो गया हो तो शामत आ जाती। खाली गिलास को लेकर घूमता 'अम्मां दूध, अम्मां दूध' और यदि कुछ क्षणों में ही और दूध नहीं मिलता

तो घूमते-घूमते ही गिलास हाथ से छोड़ देता—गिलास फर्श पर गिरकर टूट जाता और स्वयं भाग जाता। अब सुकेशी को परेशानी तथा गुस्सा आता। ऐसा उसने कई बार किया। जब भी गिलास टूटता तो मानो सुकेशी की गृहस्थी और टूट जाती। छः आने का गिलास उनकी गृहस्थी में माने रखता। पति से शिकायत, सजल को डाँट। एकाध बार तो थप्पड़ भी लगा दिया उन्होंने उसे। अचल को इससे बहुत कष्ट होता। पिटता सजल था पर उससे भी ज्यादा रोता और दुःखी होता अचल था। रमानाथ को भी और सब तो चल जाता था, डाँट-फटकार धमकी तक तो ठीक है, पर बच्चे को थप्पड़ लगाना उन्हें भी गवारा नहीं था। वे बिल्कुल यह बरदाश्त नहीं कर पाते थे कि उनके बच्चों को कोई मारे—चाहे वह उनकी माँ ही क्यों न हो। रमानाथ ने तय किया कि अब इन्हें शीशे के गिलास में दूध देना ही नहीं। डिब्रूगढ़ से अट्ठाइस रुपये में दो स्टील के गिलास मँगाये। चूँकि स्टील उन दिनों तक इतना प्रचलित नहीं हुआ था अतः न तो पासीघाट में मिलता था और न इतना सस्ता ही था कि एक प्रवक्ता का बजट उसे अपने में समेट सके। पर रोज-रोज की परेशानी से सुकेशी को निज़ात दिलाने तथा अपने लाडले को पिटने से बचाने के लिए ज्यादा उपयुक्त उपाय रमानाथ को सूझा ही नहीं, उसके बाद से गिलासों का टूटना बन्द हुआ, पर सजल की शैतानियाँ नहीं।

तृतीय आख्यान

ऐसा माना जाता है कि भारत ऋषियों, संतों एवं मनीषियों का देश है और इन ऋषियों की तपोभूमि गिरिराज हिमालय की गोद। महर्षियों, मनीषियों तथा संन्यासियों को हिमालय युगों से आकर्षित करता रहा है। इसी हिमालय की गोद में तपस्या कर संत ऋषि, महर्षि, देवर्षि तथा ब्रह्मर्षि की पदवी प्राप्त करते और वेद-शास्त्र-पुराणों की रचना करते। जगत् के संचालन हेतु सार्वभौम सत्य की तलाश करते और सर्वकल्याणमय नियम बनाते। मर्यादा पुरुषोत्तम भगवान श्रीराम के गुरु वशिष्ठ तथा विश्वामित्र हों या लीला बिहारी भगवान कृष्ण के गुरु गर्ग एवं संदीपनी शतानंद या याज्ञवल्क्य या वेदों के रचनाकार व्यास—सभी ने कभी न कभी इन पर्वतों में सत्य की तलाश हेतु वास किया और सत्य की खोज की। इन्हीं पर्वतों की उपत्यकाओं में ऋषियों ने नक्षत्रों से स्वयं को जोड़ा और ज्योतिर्वेद की रचना की। इन्हीं पर्वतों पर उगी-पनपी वनस्पतियों, जड़ी-बूटियों का गहन परिचय प्राप्त कर आयुर्वेद की संकल्पना की। ये पर्वत और उन पर उपजी असंख्य प्रकार की वनस्पतियाँ मानव के जीवन धारण एवं संचालन में युगों से सहयोगी एवं उपयोगी रही हैं। लाखों प्रकृति प्रेमियों को आज भी हिमालय अपनी ओर खींचता रहता है। मनुष्य ने इनमें रची-

बसी रमणीयता को पहचाना है और उससे आने वाली पीढ़ियाँ जुड़ी रहें, इसलिए इनको अनेक देव-देवियों का वासस्थल बताया है। अनेक तीर्थ स्थल विकसित किए गए : अमरनाथ, वैष्णव देवी, यमुनोत्री, गंगोत्री, मानसरोवर, केदारनाथ, बद्रीनाथ, ऋषिकेश, पशुपतिनाथ, मालिनी थान, परशुराम कुंड इत्यादि अनेक तीर्थ स्थल, इसी हिमालय की शृंखलाओं में रचे-बसे हैं। अनेक पवित्र नदियों का उद्गम स्थल है यह गिरिराज हिमालय। इसी विशाल हिमालय, जो काश्मीर से किविथु तक फैला है, के धुर पूर्वी भाग की शिवालिक पहाड़ियों की तलहटी में बसा है पासीघाट। लगभग दो सौ मीटर की ऊँचाई पर बसे इस कस्बे के तुरन्त आगे से पहाड़ियाँ प्रारम्भ हो जाती हैं। और वे सघन से सघनतर, उच्च से उच्चतर होती चली जाती हैं।

सियांग जिसे आगे चलकर ब्रह्मपुत्र महानद के नाम से जाना जाता है यहीं पासीघाट के निकट ही मैदानी भाग में उतरती है। लगभग एक सौ पचास कि.मी. से भी ज्यादा की यात्रा करते हुए यह पासीघाट पहुँचती है। मानसरोवर से निकली साँपो, गेलिंग के पास घुटने के मोड़ समान रूप में पहाड़ को काटती अरुणांचल में पूर्वी हिमालय की दुर्गम शृंखलाओं को चीरती, अनेक घुमाव, मोड़, उथल-पुथल प्रपात तथा घाटी बनाती यहाँ तक पहुँचती है। यह अत्यंत वेगप्रवाही तथा गहरी है। पहाड़ी भाग में इसकी घाटी बहुत गहरी और सँकरी है। पर मैदानी भाग में उतरते ही यह एकदम फैल जाती है। थोड़ी दूर आगे जाने पर लोहित डिवांग एवं डिंहिग का जल समूह जो स्वयं में ही एक विशाल शक्तिशाली नदी का रूप ले चुका होता है, इसमें आ मिलता है। और फिर तो यह इतनी विशाल नदी का रूप ले लेती है कि इसे ऋषियों ने नदी की संज्ञा से भी बढ़कर 'ब्रह्मपुत्र महानदी' का नाम दिया। आगे इसे दोनों ओर से अनेक और नदियों का जल प्राप्त होता जाता है। सुबांसिरी, रंगा नदी तथा कामेंग जैसी महत्त्वपूर्ण नदियाँ भी इसकी सहायक नदियाँ बन जाती हैं। इस प्रकार ब्रह्मपुत्र महानद अपने सम्पूर्ण स्वरूप में बंगलादेश से होता हुआ सागर में समा जाता है। एक अनुमान के अनुसार यह महानद छः गंगाओं के बराबर जल सागर में उँड़ेलता है। महानद की महिमा का गुणगान शास्त्रों में उपलब्ध है पर महर्षियों की इस अद्‌भुत व्यावहारिक सोच पर गर्व होता है कि इस विशाल नद की भयानकता को शायद ध्यान में रखकर उन्होंने इसके किनारे कहीं कोई तीर्थस्थल नहीं बनाया। क्योंकि ऐसा करने से अकारण जन हानि की आशंका बढ़ जाती। इसकी धारा ऊपर रो शांत दिखती है पर नीचे इसका प्रवाह बहुत ज्यादा है। इसमें भयानक जलचर भी विचरण करते हैं।

पासीघाट के निकट ही इसमें दायीं ओर से सिवोकरंग तथा बाएँ हाथ की ओर से सिपिकरंग आकर मिलती हैं। इनका यह संगम प्राकृतिक सौन्दर्य बोध रखने वालों को मोहित कर लेता है। आँखें एकटक देखती रह जाती हैं—इस महान् प्रकृति लीला को। भूतपूर्व राष्ट्रपति डॉ.वी.वी. गिरि (स्वर्गीय) एक बार जवाहरलाल नेहरू कालेज

में पधारे थे। कालेज के ऊपरी प्रांगण में उनके स्वागत एवं भाषण की योजना बनाई गई थी। कार से उतरते ही उन्होंने जो नजर दौड़ाई तो वहीं चित्रलिखित से स्थिर हो गए। उनका प्रकृति प्रेम देखकर रमानाथ ने उन्हें उस स्थल तक आने का अनुरोध किया जहाँ से उस नयनाभिराम अद्भुत सौन्दर्य का भरपूर आनंद लिया जा सकता था। महामहिम उस स्थल की ओर बढ़े ही थे कि रमानाथ ने दौड़कर अपनी प्रयोगशाला से एक सुन्दर तथा सशक्त दूरबीन लाकर उन्हें दी। पलभर में उसे उनकी आवश्यकतानुसार सेट कर दिया। वे सिपिकरंग का मीलों दूर से दिखने वाला संगम स्थल तथा घाटी सुगमता से देख सके। दूर-दूर तक फैले पहाड़ उन पर चढ़ी हरियाली की सुन्दर चादर, बीच-बीच में दिखने वाले छोटे-बड़े झरने गिरि जी को बाँधे जा रहे थे। वे उस सौन्दर्य में डूब चुके थे। कर्ता की कृति पर मुग्ध भारी मन से मुड़े और चार कदम चलकर पुनः रुक गए, मुड़कर फिर देखा, सराहा और फिर मुड़ चले उस प्रांगण की ओर जहाँ उनके स्वागत इत्यादि की तैयारियाँ कर लोग उनकी प्रतीक्षा कर रहे थे। रमानाथ को दूरबीन देते हुए गिरि जी, धन्यवाद की मुद्रा में उनकी पीठ थपथपाकर बोले, 'यू आर वेरी इंटेलीजेंट एण्ड यू आर लकी टू बी हियर। व्हाट डू यू टीच?' रमानाथ ने विनम्र भाव से कहा, 'जियोग्राफी सर' ओ दैट्स व्हाई यू आर ...ये शब्द उनके स्वागत के कोलाहल में डूब कर रह गये। और रमानाथ को उस शब्द की तलाश काफी अरसे तक रही पर कभी वह तलाश पूरी नहीं हुई। पर इतना तो स्पष्ट हो चुका था गिरि जी को कि रमानाथ एक प्रकृति प्रेमी अध्यापक हैं और वे रमानाथ की इस संवेदना से प्रभावित थे। इसका प्रमाण तब और मिला जब औपचारिक तौर पर कालेज के प्राचार्य को स्वागत सम्मान हेतु धन्यवाद ज्ञापन के अपने छोटे से पत्र में भी उन्होंने उन सुखद क्षणों को और भी सुखद बना देने में रमानाथ की त्वरित बुद्धि का जिक्र किया।

जवाहरलाल नेहरू महाविद्यालय से मात्र दो किलोमीटर पर पासीघाट पांगिग राजमार्ग पर डांगरिया बाबा का मंदिर है जहाँ हर बरस शिव रात्रि का विशाल मेला लगता है। इस मंदिर के निर्माण से भी रमानाथ काफी निकट से जुड़े हुए थे। उसे और भी रमणीक एवं दर्शनीय स्थल बनाने के उद्देश्य से रमानाथ ने उसके विस्तार की योजना के तहत एक अतिथि गृह तथा संतों-संन्यासियों के लिए आवास की भी योजना बनाई। अतिथि गृह तो बन चुका है और व्यवहार में आ रहा है। पर मंदिर का कार्य अभी भी चल रहा है।

इसी पासीघाट पांगिग मार्ग पर लगभग पाँच किलोमीटर की दूरी पर स्थानीय माइक्रो हाइडल पावर हाउस है जो समीप जाकर देखने तथा कुछ घंटे वहाँ बिताने के लायक स्थल है। मुख्य सड़क से दूर जंगल के बीच से एक कच्ची सड़क हाइडल तक जाती है। और एक छोटी पगडंडी भी है जो पैदल जाने वाले व्यवहार में लाते हैं। एक बार रमानाथ और सुकेशी भी यह सुरम्य स्थल देखने एक साथ गए। अपना

स्कूटर मुख्य सड़क पर छोड़कर दोनों जंगल के बीच के छोटे रास्ते से जाने लगे। प्राकृतिक वन का मनमोहक वातावरण दोनों को काफी अच्छा लग रहा था। दोनों दुनिया से दूर एक-दूसरे का हाथ पकड़े बातें करते जा रहे थे। सुन्दर झुरमुट के पास बहते हुए एक छोटे नाले को देख रमानाथ ने कहा, 'यहाँ बैठते हैं।' दोनों नाले के पास जिसमें पानी बहुत ही निर्मल पर कम था बैठे। काफी देर तक वे पानी से खेलते रहे। असीम नैसर्गिक आनन्द में विभोर रमानाथ ने सुकेशी का हाथ पकड़ अपनी ओर खींच लिया और उनका सिर अपनी गोद में लेकर उनके बालों से खेलने लगे। सुकेशी को भी अत्यंत आनन्ददायी लग रहे थे वे स्पर्श। रमानाथ ने मीठे स्वर में पूछा, 'कैसा लग रहा है?' 'बहुत अच्छा और यहाँ से जाने का जी नहीं कर रहा', कहते-कहते उन्होंने रमानाथ का हाथ अपने हाथों में लेकर अपने गालों पर रखा। धीरे-धीरे रमानाथ उन्हें सहलाते रहे। सुकेशी ने करवट लेते हुए अपना मुँह रमानाथ की ओर कर लिया। दोनों एक-दूसरे को काफी देर तक निहारते-निरखते रहे और आँखों की भाषा में न जाने कितनी सारी बातें कर डालीं। आज रमानाथ को अपनी सुकेशी न जाने क्यों अत्यंत आकर्षक लग रही थी। उन्होंने सुकेशी को अपनी ओर खींचते हुए उनके होठों पर एक जोर का चुम्बन जड़ दिया। सुकेशी ने भी कोई प्रतिकार नहीं किया, जैसे वह अपने प्रिय से सब कुछ पा लेने तथा अपना सर्वस्व दे देने को आतुर थी। रमानाथ ने भी जी भर कर आदान-प्रदान में सहयोग दिया। दोनों तृप्त, मुग्ध होकर कुछ देर और आलिंगन पाश में बँधे रहे। फिर धीरे से रमानाथ की बाँहों का बंधन ढीला करते हुए सुकेशी सीधे होकर कुछ क्षण उनकी गोद में पड़े रहने के अंदाज में कभी इधर-उधर देखती, कभी रमानाथ को। और फिर उठकर मुँह पर नाले का निर्मल पानी डाल रमानाथ से भी मुँह धोने तथा पानी पीने का आग्रह करने लगी। रमानाथ भी एक आज्ञाकारी शिशु की तरह उठे और हाथ-मुँह धोकर दो चुल्लू पानी पी सुकेशी की तरफ देखकर बोले, 'अब क्या इरादा है।' सुकेशी ने अपनी साड़ी के आँचल से रमानाथ का मुख पोंछकर बड़े ही प्यार भरे अंदाज में कहा, 'उठो'। दोनों हाइडल तक गए। लगभग आधा घंटा वहाँ बिताकर छोटे से नाले के पानी को भारी-भरकम पाइप से लगभग एक सौ पचास फीट नीचे वेग से गिराकर बिजली बनाने की सारी प्रकिया रमानाथ ने सुकेशी को दिखायी और समझाया। पूरी तन्मयता से सुकेशी ने उसे समझने की कोशिश की। दोनों पुनः उसी सीधे रास्ते से वापस लौट पड़े। बातें थीं कि मानों खत्म होने का नाम ही नहीं ले रही थीं। तभी वह मुग्ध कर देने वाला झुरमुट फिर दिखाई दिगा। रमानाथ ने धीरे से सुकेशी का हाथ पकड़कर दबा दिया और बोले क्या कुछ क्षण यहाँ और नहीं बैठ सकते। सुकेशी ने एक रहस्यमयी मुस्कान बिखेर दी अपने मुखमंडल पर और आगे बढ़ चली। रमानाथ भी साथ हो लिए। और साथ हो लिए वे मधुर पल जो अब इतिहास बन चुके थे पर वह एक अविस्मरणीय इतिहास था जिसे बार-बार दुहराने, याद करने और उसकी

पुनरावृत्ति करने की चाहत आज भी रमानाथ को उद्वेलित कर देती है। पर चाहत तो चाहत ही है। कभी-कभी ही कुछ खुशनसीब लोगों की चाहत हकीकत में बदल पाती है। पर रमानाथ अपने भाग्य को शायद जानते थे।

टाउन से आठ किलोमीटर पर उसी राजमार्ग-पासीघाट-पांगिग पर रांगिग का पठार पड़ता है। यहाँ तक पहुँचने में हम काफी ऊँचाई चढ़ चुके होते हैं। और यही वह स्थल है जहाँ सियांग अपने बचपन की अठखेलियों से मुक्त हो यौवनावस्था की ओर अग्रसर हो उठती है। पठार के सर्वोच्च स्थल पर एक रांगिग ब्यू नामक स्थल का निर्माण लोक निर्माण विभाग ने कर दिया है। वहाँ एक छोटा अतिथि गृह भी है। यायावर यहाँ आकर प्राकृतिक सौन्दर्य में डूब जाते हैं। ऐसा विस्तृत एवं मोहक प्रकृति प्रांगण अन्यत्र दुर्लभ है। यह किसी और ही कल्पना लोक में ले जाने की क्षमता रखता है। यह दृश्य इतना सम्मोहक है कि इसे बार-बार देखकर भी जी नहीं भरता। इसे देखकर विधाता की कल्पनाशीलता एवं कृतित्व वैचित्र्य का एक ऐसा उदाहरण सामने जीवंत हो उठता है कि मन अनेक सुमधुर पर अगम्य प्रश्नों से भर उठता है और स्वयं से पूछने लगता है कि इसकी संरचना किसने, कब और कैसे की होगी? शायद ऐसे ही अद्‌भुत दृश्य कवि की कल्पना को आलोड़ित-विलोड़ित कर उसे प्रकृति के रहस्य जानने को उद्यत कर देते हैं—और वह गा उठता है—

तूलिका से कौन रंग देता तितलियों के परों को,
कौन फूलों के वसन को कौन रवि शशि के करों को।
कौन निर्माता कहाँ है, आदि क्या है, अंत क्या है?
आदि का निर्माण क्या है अंत का परिणाम क्या है?

पासी घाट वास्तव में इस सौन्दर्य स्थल को पाकर धन्य हो गया है। और धन्य हो गए हैं वे लोग जिन्हें इन सुरम्य तथा नैसर्गिक सौन्दर्य से भूषित स्थलों को देखने का सौभाग्य प्राप्त हुआ।

रमानाथ एवं सुकेशी के जीवन में उनकी समस्त कंगालियों के बावजूद यह एक अद्‌भुत सुखद बिन्दु था। दोनों भीड़भाड़ से दूर शान्त, सुगंधित और सुरम्य स्थलों को बहुत पसंद करते थे। अनेक सतही विभेदों के होते हुए भी ये कुछ ऐसे बिंदु थे जहाँ वे पूर्ण सहमत होते थे। वैसे वे एक-दूसरे के सच्चे पूरक थे। धर्म स्थान एवं प्रकृति की गोद ये दो ऐसे स्थल होते जहाँ रमानाथ एवं सुकेशी पूर्णरूप से एकाकार होते हुए देखे जाते थे। ईश्वर की न जाने क्या लीला है कि इन दोनों स्थानों पर अपने साथी की चाहत तीव्र से तीव्रतर हो उठती है। अकेलापन न केवल उस आनन्द को तिरोहित कर देता है वरन् एक ऐसी वेदना से मन को भर देता है कि जीवन में व्यर्थता का एहसास बहुत मुखर तथा प्रखर रूप में उभर आता है और फिर जीने की चाहत ही चुक जाती है।

चतुर्थ आख्यान

द्वितीय पीरियड में कक्षा से लौटकर रमानाथ ने अपना क्लास रजिस्टर रखकर हाथ धोने के लिए बाथरूम में प्रवेश किया ही था कि तालुत ने आवाज लगाई 'मिगम टेलीग्राम'। रमानाथ थोड़े चौंके और झटपट हाथ पोंछते हुए बाहर आए और टेलीग्राम पढ़ा तो मानो पाँव के नीचे से धरती ही खिसक गई हो। बड़े भाई के निधन की ख़बर थी। सहसा विश्वास ही नहीं हुआ। तार को पुनः ध्यान से पढ़ा, प्रेषक का नाम देखा, उद्‌गम स्थल की पहचान की—सब कुछ साफ-साफ संदेश दे रहा था कि रमानाथ के बड़े भाई का स्वर्गवास हो गया। हमेशा खुश रहने वाले तथा आत्मविश्वास के धनी रमानाथ को सहसा शोकाकुल देख कई सहकर्मी कौतूहलवश रमानाथ के निकट आकर खड़े हो गए। उनमें से एक ने तार लेकर पढ़ा और अन्य लोगों को समाचार की गम्भीरता की सूचना दी। माहौल एकदम शोकनिमग्न हो उठा।

खूब स्वस्थ छप्पन वर्षीय भाई की सहसा मृत्यु, रमानाथ को इस सूचना पर विश्वास ही नहीं हुआ। उन्होंने इसे किसी पड़ोसी के द्वारा किया गया भद्दा मज़ाक माना और पोस्ट आफिस जाकर एक जबानी तार भेजा, और वह भी एक्सप्रेस, अपने मौसा जी को जो उसी पोस्ट आफिस में कर्मचारी थे, जहाँ से तार भेजा गया था। मौसा जी का घर रमानाथ के घर के उत्तर की तरफ था और वे प्रतिदिन शाम को घर चले जाते थे। अगर खबर सही होगी तो मौसा जी तत्काल उसे जवाबी तार से सूचित करेंगे। ऐसा करने के पीछे रमानाथ का उद्देश्य था खबर की सत्यता प्रमाणित करना। कारण यह कि उन्हें पता था कि भाई बड़े ही सबल और उग्र स्वभाव के थे और गाँव में कई लोग उनसे ईर्ष्या करते थे एवं भयभीत रहते थे।

तीसरे दिन ही तार आ गया। खबर सत्य थी और रमानाथ पर एक भारी पारिवारिक दायित्व आन पड़ा था। वृद्ध पिता को भाई के रहने से बड़ा सहारा था पर अब वे एकदम तनहा हो गए। दो-दो जगह पर बसे हुए इस परिवार में यह एक अत्यंत अल्पायु में हुई मृत्यु थी जिससे सभी स्तब्ध रह गए थे। भाई को भीषण दिल का दौरा पड़ा और आधे घंटे में ही सब कुछ समाप्त हो गया था। रमानाथ भी इस आघात से उबरने का प्रयास करते रहे और साथ ही साथ सपरिवार घर जाने की तैयारी करने लगे। साथियों से भी कुछ आर्थिक सहायता ली और श्राद्ध कर्म में भाग लेने हेतु चल पड़े। घर पर पहुँचकर सब कुछ उजड़ा हुआ-सा लगा। एक आदमी कितना महत्त्वपूर्ण होता है इसका सही भान उसके चले जाने पर ही होता है। माता जी बेहोश, पिता जी लगभग मूर्च्छित, भाभी जी अनाथ एवं भाई का छोटा लड़का, जो सिर्फ आठ वर्ष का था, पूरी तरह से लुटा हुआ श्राद्ध का भार ढोने को विवश! उसे तो पूरी तरह से यह भी पता नहीं कि उससे बुजुर्ग लोग यह क्या करवा रहे हैं? लेकिन बड़े लड़के की अनुपस्थिति में उसे यह सब करना पड़

रहा था। परिवार के अन्य सभी सदस्य भी धीरे-धीरे एकत्र हो गए। सारे नाते-रिश्ते के लोग आए। इस अकाल मृत्यु से सभी स्तब्ध तथा दुःखी थे।

श्राद्धकर्म सम्पन्न हुआ और रमानाथ सपरिवार पासीघाट वापस आ गए। कभी घर की याद आती, कभी भाभी की दशा पर रोना आता तो कभी अपने दुर्भाग्य पर पछतावा। जिस भाई ने रमानाथ को नवीं कक्षा से लेकर एम. ए. तक पढ़ने में सहारा दिया, जिस भाई को अपने रमानाथ पर बड़ा गर्व था, जिस भाई के अद्भुत शारीरिक सौन्दर्य को पूरा परिवार, ईश्वर की परिवार पर असीम कृपा मानता था, वह अचानक उनके जीवन से, उनके बीच से लुप्त हो गया था। वृद्ध पिता, जिन्होंने अपने बड़े बेटे के रिटायर होकर आने की बेसब्री से प्रतीक्षा की, ताकि वह परिवार एवं गृहस्थी का सारा भार सँभाल सके और वे कुछ विश्राम और सुकून पा सकें, अचानक काल के इस क्रूर हाथ की मार झेल नहीं पा रहे थे। माता जी तो कभी पुनः सामान्य हो ही नहीं सकीं। अपने 'शेर' बेटे को गँवाकर एकदम ही टूट गई थीं। इंन सबकी दशा पर विचार कर रमानाथ मन ही मन रो उठते, विचलित हो जाते और उन्हें संसार की असारता का एहसास होने लगता। रमानाथ का कृतज्ञ मन इसलिए पीड़ित हो उठता कि अभी तो उन्होंने भाई के लिए कुछ-कुछ करना आरम्भ ही किया था कि सब कुछ समाप्त हो गया।

अभी दो साल पहले की ही बात तो है जब रमानाथ सपरिवार घर गए थे। गर्मी का दिन, आम पकने शुरू ही हो रहे थे। भाई अचल एवं सजल को अपने दाहिने एवं बाएँ कन्धों पर बैठा हाथ में बाँस की लम्बी लग्गी लेकर बाग में चले जाते और खोज-खोज कर उन दोनों को पके, अधपके तथा कटहुले आम तोड़कर देते और घंटों बाग में तीनों घूमते फिरते। दोनों बच्चे भी घर पहुँचकर मानों अपने बड़के बाबूजी के साथ ही हर पल बिताना चाहते। नहाना है तो उनके साथ, खाना है तो उनके साथ, घूमने जाना है तो उनके साथ, खलिहान में जाना है तो उनके साथ—यहाँ तक कि सोने की जिद भी उन्हीं के साथ। कभी-कभी सुकेशी देखकर खीझ जाती कि भाई जी को ये दोनों तंग कर डालते हैं। पर नहीं, भाई स्वयं ही इन दोनों के बीच एक अजीब सुख का अनुभव करते। कहते रहते 'चार दिन के लिए तो आए हैं सब, फिर चले जाएँगे। खेल लेने दो इन्हें। और इन्हें अपने बाग, अपना खलिहान तथा अपने खेत इत्यादि पहचानना भी चाहिए। इसलिए तुम परेशान मत हो। ये मुझे तंग नहीं करते।' सुकेशी भी चुप हो जाती।

ढलती उम्र में भी दो मर्दों का बल रखने वाले और भारतीय सेना के अनुशासन में वर्षों तक कार्य करने वाले भाई हमेशा काम में व्यस्त रहते। शाम को अगर कभी रमानाथ ने उनका हाथ-पाँव दबाना चाहा तो तत्काल कह उठते 'हम अबहीं एतना बूढ़ नाईं भ अहीं', बाबूजी का पाँव दबा द।' पर यदि रमानाथ ने जिद कर दबाना जारी रखा तो निश्छल अबोध बालक की तरह भाई कुछ मिनटों में ही बेसुध सो

जाते। और खूब सोते। सुबह उठकर हर मिलने वाले से अपने रमानाथ की प्रशंसा करते और लोग उन्हें 'बड़े भाग्यवान भाई हो' कहकर साधुवाद देते। भाई को अपने रमानाथ की प्रशंसा औरों के मुँह से सुनना बहुत अच्छा लगता। वे मगन रहते इस छोटी-सी खुशी में ही।

गरम मिजाज पर सबल व्यक्तित्व के धनी भाई गाँव में अनुशासित जीवन के आदर्श माने जाते थे। गृहस्थी की छोटी-सी चीज से लेकर बड़ी-से-बड़ी चीज तक उन्होंने जोड़ डाली थी। वास्तव में उन्हें किसी से कुछ माँगना बड़ा कष्टदायक लगता था। उन्हें एक कष्ट था कि उनके पास उनकी अपेक्षा से कम खेती थी। रमानाथ को यह बात पता लगी भाभी के साथ बात करते-करते। तीसरे दिन ही संयोग से पड़ोस के गाँव की महिला, जिनको कुछ रुपये की जरूरत थी और वे उसके बदले अपना खेत रेहन रखना चाहती थी रमानाथ ने उनसे बात की और भाई से डरते-डरते पूछा, 'भैया क्या यह खेत ले लेने में कोई हरज है।' भाई ने कहा, 'हरज क्या है पर चार सौ रुपिया कहाँ से आई?' रमानाथ ने उनसे अनुरोध किया कि वे उक्त महिला से बात करके, रुपये का इंतजाम कर देंगे। उसके अलावा थोड़ा-सा खेत पूर्व वाले गाँव के एक गड़रिया का भी ले लिया गया। और इस प्रकार भाई के पास लगभग काम भर की खेती हो गई और वे इससे बहुत खुश रहते। घोर परिश्रमी भाई उतनी ही गृहस्थी में पूर्णरूपेण तल्लीन रहते।

दूसरी बार पूजा की छुट्टियों में रमानाथ गाँव गए, तो सीधे पहले अपने इसी गाँव गए जहाँ भाई रहते थे। भाई ने धान की कटाई करवा ली थी। फसल खूब अच्छी हुई थी। अतः खूब खुश थे। कुछ क्षण विश्राम कर दोनों भाइयों ने चाय पी और फिर भाई ने कहा, 'अँधेरा तो हो रहा है पर चलो खलिहान दिखा लाएँ।' अपने पुराने खलिहान जोगीवीर में जाकर रमानाथ ने देखा तो सहसा आँखों को विश्वास ही नहीं हुआ। वास्तव में इतनी पैदावार रमानाथ ने अपने इस घर पर कभी देखी ही नहीं थी। हाँ, प्रतापगढ़ वाले गाँव की बात और थी क्योंकि वहाँ तो इस गाँव का पाँच गुना खेत है। रमानाथ ने पूछा, 'भैया, यह सब हम लोगों का है।' 'नाहीं ई कुलि तोहार है' और आगे बढ़ते हुए दो-तीन और धान के लगे हुए अम्बार को दिखाकर बोले, 'और इ सब हमार है।' खुद ही समझाने लगे कि पहलेवाली दोनों गाँज उन खेतों में हुई है जो तुमने रेहन लेकर दिया था और बाकी सब अपने असली खेतों की उपज है। मन खूब खुश। दोनों भाई घर आए। भाभी जी खाना बना चुकी थीं। भतीजा अपनी लालटेन के पास बैठा पढ़ते-पढ़ते ऊँघने लगा था। रमानाथ ने उसे उठाया और तीनों खाना खाने बैठ गए।

अपनी-अपनी चारपाई पर लेटे रमानाथ और भाई बातें करते रहे। बातों-बातों में भाई ने ज़िक्र छेड़ा। एक अच्छा बैल बिक रहा है। और तत्क्षण ही रमानाथ समझ गए कि भाई का बैल लेने का मन है। सुबह की चाय, जो भाई अपने मिलिट्री वाले

मग में ही पीते थे, रमानाथ ने भी पी और चाय पीते-पीते ही निर्णय कर लिया गया कि आज वह बैल देखने जाना है। प्रातःकालीन कार्य निपटाकर भाई ने स्नान किया और रमानाथ के साथ ही खाना खाया। खाना खाने के बाद उनकी आदत थी कि वह कुछ समय तक लेट जाते थे। पर आज प्रोग्राम के अनुसार बैल देखने जाना था। दोनों भाई देवल पार के लिए रवाना हो गए। डेढ़-दो किलोमीटर पर ही वह गाँव था। गाँव के अधिकांश लोग भाई को पहचानते भी थे। पर रमानाथ के बारे में सबने सुन रखा था, पर कभी देखा नहीं था। ज्यों ही भाई ने देवसरन पाठक से रमानाथ का परिचय कराया और बुजुर्ग देवसरन पाठक जी को प्रणाम कहने को कहा, सारे माहौल में एक कौतूहल भर उठा। सभी रमानाथ के गुणों के प्रशंसक बन बैठे। रमानाथ आश्चर्यचकित थे कि वे सारे लोग जो अपने गाँव से दूर के गाँव के हैं कैसे रमानाथ के बारे में इतना जानते हैं? और वे सारे लोग इतने खुश क्यों हैं? रमानाथ को देखकर जल्दी-जल्दी तीन-चार चारपाइयाँ खींचकर आम के पेड़ के नीचे डाल दी गईं। गाँव के सारे उपस्थित बुजुर्ग सिरहाने की ओर तथा नौजवान दूसरी तरफ. बैठ गए। कुछ एक लोग खड़े ही रह गए। शायद उन्हें गाँव की रीति के हिसाब से ब्राह्मणों के बीच चारपाई पर बैठने की रीति मालूम थी। रमानाथ यह ठीक से समझ नहीं पाये और विस्मयकारी दृष्टि से सब कुछ निहारते रहे। पाठक जी ने बड़े मधुर स्वर में पूछा, 'बबुआ कब अइला?' रमानाथ जवाब देते तब तक भाई ने बता दिया। उनका दूसरा सवाल था कि 'सुनिथ तुँ बहुत पढ़ले हवा।' भाई फिर रमानाथ की रक्षा को आगे आए और बोले, 'चाचाजी राऊर कृपा से हमार बाबू एम. ए.–सोरहवी कक्षा–तक पढ़े हवें।' इन बुजुर्गों की बातों में एक अजीब-सा अपनापन, अद्भुत निःस्वार्थ प्रेम था। रमानाथ की छोटी-सी उपलब्धि पर सबों का गर्व देखकर आज के समाज के विद्रूप स्वरूप पर तरस आता है। कहाँ गया वह सारा प्यार, लगाव तथा अपने पड़ोस के गाँव के एक बच्चे की छोटी-सी सफलता पर भी उमड़ने वाला गर्व? क्या हम सचमुच इस आर्थिक सम्पन्नता के बीच अपनी निपट विपन्नता को छुपा पाने में भी असफल नहीं दिखते?

इस बीच एक नवयुवक, एक पीतल की बाल्टी में दही से लबालब शरबत, एक अन्य बाल्टी में पानी, एक लोटा तथा तीन-चार गिलास और काँधे पर साफ गमछा रखे आ चुका था और भाई की ओर आग्रह भरी नज़रों से देख रहा था। तभी पाठक जी ने अनुरोध एवं आज्ञा के मिश्रित स्वर में भाई को पानी पीने को कहा। सामान्यतया ब्राह्मण समाज में किसी बुजुर्ग के साथ तर्क करना या नकारात्मक उत्तर देना अभद्र माना जाता है। अतः 'अभी तो चाचा, खाना खा के ही चले थे' कहते-कहते उठे, हाथ धोया, कुल्ली की और दो गिलास शरबत पीकर पुनः आकर बैठ गए और धीरे-धीरे अपनी मूँछें ठीक करने लगे। मूँछ में लगे दही को देख रमानाथ को हँसी आ रही थी। पर इतने सयाने और श्रेष्ठ जनों के बीच हँसना केवल मूर्खता

ही नहीं वरन् अभद्रता भी मानी जाती। अपने को गर्गवंशी होने का गर्व सँजोकर जीने वाले रमानाथ ऐसी मूर्खता भला कैसे कर सकते थे? हँसी को रोका और अपनी रूमाल भाई की ओर बढ़ा कर इशारे से बता दिया कि मूँछों में अभी भी दही लगा है। भाई ने समझ लिया और अपने गमछे से ही मूँछों को साफ किया और उन्हें संयत कर रमानाथ की ओर प्रश्न भरी नज़रों से देखा। मानों पूछ रहे हों कि अब क्या सब ठीक है। रमानाथ ने तत्क्षण ही सिर हिला कर स्वीकृति जड़ दी। अब बारी थी रमानाथ की। शरबत रमानाथ को नुकसान पहुँचाता है, यह भाई को पता था फिर भी उन्होंने इशारा किया और बहुत थोड़ा पी लेने को कहा। रमानाथ ने वैसा ही किया। एकाध और लोगों ने भी शरबत पिया। इस बीच पाठक जी ने हथेली भर कर सुर्ती (तम्बाकू जिसमें चूना मिलाकर मल-मल कर तैयार करते हैं) बना ली थी। भाई भी चाय के सिवा किसी भी लत के शिकार नहीं थे। अतः सुर्ती सेवन से दोनों भाई मुक्त होकर अपनी ओर ध्यान खींचने लगे। भाई ने धीरे से पाठक जी से कहा, 'सुनलीं हँ रऊँआँ आपन करियवा बैला बेचत हईं ?' पाठक जी ने साफगोई के साथ कहा, 'हाँ बाबू।' भाई का दूसरा सवाल था, 'हमहीं के दे देईं न?' 'ले जा तुहरे तो है।' दो सौ पचास रुपया से दाम कम करते-करते दो सौ दस रुपये में बात तै हो गई। भाई ने कहा, 'चाचा जी दस ग्यारह बजे आइके लेइ जाइब।' पाठक जी का उत्तर था, 'बेटवा तू राम लगन सुकुल क नाती हवा, एक मर्द, येहि जेंवारक सबसे जबरजस्त मर्दे कं नाती। रुपिया बिहाने पहुँचा दिहा, बैला ले जा।' भाई को धीरे से रमानाथ ने कहा, 'रुपया मैं लाया हूँ। अगर बैल पसंद है तो लेते ही चलते हैं।' भाई को जैसे अभी भी यकीन नहीं हो रहा था कि रमानाथ इतना रुपया लेकर आया होगा। धीरे से पूछा, 'कितना दे सकोगे?' रमानाथ ने कहा, 'पूरा ही दे दीजिए।' भाई के मुखमंडल पर अपने अनुज के प्रति उठी गर्व की आभा आज भी रमानाथ के मानस पटल पर उभर आती है। भाई ने रुपया गिनकर दिया, पाठक जी ने पुनः गिना और धोती की टेंट में मोड़कर रखते हुए बोले, 'केवल, बैला खोलि के बाबू के पूरब तरफ मुँह कइके, पगहा पकड़ा द।' केवल जी ने वैसा ही किया। भाई ने पगहा पकड़ा। पाठक चाचा के पाँव छुए। रमानाथ ने भी उन्हें पाँव छूकर प्रणाम किया। पाठक जी ने आशीर्वाद देते हुए कहा, 'बबुआ, बहुत पढ़ले हवा, और पढ़ा, खूब बढ़ा, अपने बाबा राम लगन सुकुल और यहि गाँव जेंवार का नाम उजागर करा।' कहते-कहते पाठक जी ने रमानाथ के सिर पर हाथ फेर दिया। दशकों बाद भी रमानाथ को आज तक पाठक जी के आशीर्वचन तथा स्पर्श की मिठास याद है। जब भी यह प्रसंग याद आता है, तो रमानाथ का अपने गरीब परंतु 'जेंवार के जबरजस्त मर्द' पितामह पर और अपने गर्गवंशी होने पर गर्व द्विगुणित हो उठता है।

आगे-आगे पगहा पकड़े भाई और पीछे-पीछे हाथ में एक रहर का डंडा लिये रमानाथ, बैल को लेकर ऐसे खुश अपने गाँव की ओर चले आ रहे थे जैसे कोई

बड़ी विजय प्राप्त कर योद्धा घर लौटा है। घर पहुँचकर भाई ने आवाज लगाई। भाभी ने तुरंत हल्दी पीस कर बैल को टीका किया, प्रणाम एवं स्वागत किया। भाई ने बैल को अन्य जानवरों के साथ नाद पर ही लगा दिया। भाई और भाभी दोनों आज बहुत खुश नजर आ रहे थे। रमानाथ को भी मन में बड़ा संतोष था अपने पिता समान भाई को थोड़ा-सा सुख पहुँचाकर। भाई रमानाथ से अठारह वर्ष बड़े जो थे, और उन्होंने ही तो रमानाथ को पढ़ा-लिखाकर इस लायक बनाया। अतः रमानाथ का यह मौन कृतज्ञता ज्ञापन ही तो था अपने भाई एवं भाभी के प्रति।

भाई की वार्षिकी वर्ष पूरा होने से पहले ही, शायद पंडितों की सलाह पर मनाई गई। इसमें रमानाथ नहीं आ सके। उन्हें दुःख था पर आना सम्भव नहीं हो सका। आवश्यकता को ध्यान में रखकर रमानाथ ने पर्याप्त रुपया भेज दिया था। वार्षिकी में कुछ ब्राह्मणों को भोजन कराकर कुछ दान पुण्य दिया जाता है। स्वर्गीय आत्मा की शान्ति हेतु पिंडदान एवं धर्म कथा सुनने की भी रीति है। रमानाथ को अवकाश न मिल पाने की वजह से, और वैसे भी यह आयोजन शीघ्रता में किया गया था, इसमें शामिल होना सम्भव नहीं हो सका।

गर्मी की छुट्टियों में अपने परिवार के साथ रमानाथ घर आये। भाई का अभाव तो उन्हें विचलित कर ही रहा था, भाभी की दशा तो एकदम देखी नहीं जा रही थी। पर सुकेशी को पाकर भाभी थोड़ी राहत महसूस कर रही थीं। आखिर दोनों मायके की ओर से चचेरी बहनें जो थीं। यहाँ पर जेठानी देवरानी का पद भी तो कुछ वैसा ही सम्बन्ध स्थापित करता है। भाभी उम्र में बहुत बड़ी थीं। कहते हैं रमानाथ की उम्र की ही भाभी की एक लड़की पैदा हुई थी जो कुछ दिन बाद ही गुजर गई थी। रमानाथ की माता जी को कुछ अनजान कारणों से इस बार दूध पूरा नहीं उतर रहा था। अतः कभी-कभी भाभी ही रमानाथ को अपना दूध पिलाती थीं। अतः रमानाथ एवं सुकेशी दोनों भाभी को माँ का ही दर्जा देते थे। भाभी के उन दोनों पर अतीव एवं अनेक अनुग्रह एवं आभार थे।

दोनों बहनों (भाभी एवं सुकेशी) का यह प्रेमपूरित व्यवहार भाभी की बड़ी बहू को फूटी आँखों भी नहीं सुहाता था। सदैव कपटाचरण में व्यस्त, वाचाल एवं कुटिल बहू ने आखिर एक दिन ऐसा वितंडा खड़ा किया कि घर तथा गाँव के लोग स्तब्ध रह गए। रमानाथ कहीं गए हुए थे। आए तो सुकेशी को बाहर बैठकर रोते देख बड़े पीड़ित हुए। पूछने पर सारी बात का निष्कर्ष सहज ही निकल आया। और अपनी प्रताड़ित पत्नी तथा बच्चों को शान्त करते, रात भर सोचते रहे। स्थिति गम्भीर थी और उन्होंने निर्णय ले लिया। परिवार को एकजुट रख पाने का उनके पास इसके सिवा और कोई मार्ग बचा ही नहीं था। भाभी को दुःख हुआ, बहुत रोईं अपनी असमर्थता पर और अपने दुर्भाग्य पर। जीवनभर सबको सीने से लगाकर रखने वाली भाभी को छोड़ना सुकेशी तथा रमानाथ के लिए भी असहनीय कष्ट की स्थिति थी। पर

विधाता वाम है। यह मानकर दोनों दूसरे दिन भाभी को प्रणाम कर गाँव के निकास पर स्थापित डम्बर बाबा को सिर झुका, अपने ही घर से बेघर हो निकल पड़े थे घर की तलाश में।

पंचम आख्यान

शहर में आकर रमानाथ ने अपने मौसेरे भाई के घर पर पत्नी और बच्चों को रखा। शाम को भाई अपनी ड्यूटी से वापस आए तो रमानाथ को पाकर, आश्चर्य मिश्रित खुशी का इजहार करते हुए आशीर्वाद दिया बच्चों को। सुकेशी ने भी दूर से प्रणाम किया। गाँव में घटित, घटनाओं को सुनकर इतना ही कहा, 'यह तो होना ही था, जब वो अपने ही सगे ससुर की नहीं हुई तो तुम लोग तो चाचा चाची हो।' ढाढस बँधाते हुए बोले, 'कोई बात नहीं, कुछ दिन यहाँ रहो फिर पासीघाट चले जाना।'

रमानाथ को इतने से संतोष नहीं हुआ। उन्होंने दूसरे दिन प्रातः जब चाय आई तो एक कप श्रीधर भाई की ओर बढ़ाते हुए उनसे अपने मन की बात कह डाली। 'भैया, परिवार को किसी तरह इकट्ठा रख पाने का अब एक यह मार्ग ही शेष है कि मैं अपने लिए यहीं (शहर में) एक घर बनाऊँ। तथा दोनों घर दो भाइयों के लिए छोड़ दूँ।' अनुभव एवं उम्र दोनों में बड़े श्रीधर भाई ने कहा, 'पहली बात का तो मैं समर्थन करता हूँ, पर दूसरी बात तो अव्यावहारिक ही नहीं मूर्खतापूर्ण भी है।' श्रीधर भाई का दो टूक जवाब सुन रमानाथ विचारमग्न हो गए। चाय पीते-पीते उन्होंने कहा कि यदि हम पहली बात पर अमल पहले करें और दूसरी को भविष्य पर छोड़ दें, तो कैसा रहेगा? स्पष्ट उत्तर था भाई का हाँ। सकारात्मक उत्तर पर रमानाथ का साहस बढ़ा।

मई का महीना, गर्मी अपने प्रचण्ड रूप में, पर रमानाथ को धुन सवार थी कि इसी ग्रीष्मावकाश में वह घर बनाने हेतु जमीन तो अवश्य ही खरीदेंगे। जगह-जगह भटकते, लोगों से जमीन के बारे में बातें चलाते, जमीन देखने जाते, भावताव करते। कई दिन तक सफलता नहीं मिली पर रमानाथ धुन के पक्के लगे रहे अपनी तलाश में। रात में सुकेशी से बातें करते। सुकेशी को यह बात बहुत अच्छी लगी कि मैं किसी विनाशकारी बँटवारे इत्यादि की बात न कर, अपने लिए एक छोटा-सा घर शहर में बनाने की योजना पर कार्य कर रहा हूँ। सुकेशी के द्वारा दिया गया समर्थन रमानाथ के इरादे को और भी मजबूत करता गया। उधर श्रीधर भाई एवं उनकी पत्नी भी भरपूर सहयोग दे रहे थे। उद्देश्य पवित्र था, लगन सच्ची थी और शायद कार्य का शुभ समय आ गया था कि अचानक उसी मुहल्ले में रहने वाले रामखेलावन जी से भेंट हो गई। रमानाथ ने उनसे बात छेड़ी तो उन्होंने तपाक से

कहा, 'बाबू, हम लोग भी अपना खेत बेच रहे हैं, उसे ही देख लीजिए। यदि जगह पसंद हो तो बात करेंगे नहीं तो कोई और जमीन दिखाऊँगा।' थोड़ी ही दूर पर रामखेलावन जी की जमीन थी, जाकर देखा, और देखते ही उस जमीन पर मन अटक गया। एकदम सपाट सुन्दर जमीन, बगल में शंकर भगवान का मंदिर, काफी ऊँची जमीन, बड़ा खुला-सा माहौल। रमानाथ को जमीन भा गई।

दो समस्याएँ थीं। प्रथम, जमीन बहुत ज्यादा थी और द्वितीय, उसके मालिक छः लोग थे। सबकी राय लेना, सबको जुटाना इत्यादि। रामखेलावन से बात करने पर पता लगा कि यह तो उन लोगों को भी पता है कि इतनी सारी जमीन एक आदमी नहीं ले सकेगा। अतः ये लोग इसे टुकड़ों में बाँट कर बेचने को राजी हैं। दूसरी समस्या के सामधान हेतु रामखेलावन ने सात दिन का समय माँगा। उनमें से कई शहर से बाहर रहते थे। वहाँ आदमी भेजकर उनकी स्वीकृति लेनी थी। तै यह हुआ कि इस बीच रमानाथ कचहरी से जमीन के कागजात की जाँच पड़ताल कर लें। और तब तक रामखेलावन आपस में सहमति जुटाने की कोशिश करेंगे।

रमानाथ ने कचहरी से बारह साल के कागजात निकलवाये, नकल प्राप्त की। तथा दस गुना लगान देने हेतु भी सारी प्रक्रिया पूरी कर ली। दस गुना या दस वर्ष का लगान एक साथ भर देने से किसान जमींदार हो जाता था और उसे उस जमीन की बिक्री करने का भी पूरा अधिकार हो जाता था। रमानाथ दस गुना लगान की रकम का हिसाब करके प्रतीक्षा करने लगे रामखेलावन की स्वीकृति का। इस बीच शिक्षक जीवन की सबसे बड़ी समस्या—रुपया कितना लगेगा? कहाँ से आएगा? इस पर भी सुकेशी से विचार-विमर्श कर एक रणनीति तैं कर ली गई।

मंगलवार का दिन! शाम को पाँच बजे के करीब रामखेलावन श्रीधर भाई के घर पर आए और उन्होंने यह खुशखबरी भी दी कि उनके सभी पट्टीदार अपनी जमीन बेचने को तैयार हैं। अब रमानाथ भाई का इंतजार करने लगे। इस बीच भाभी जी ने चाय भेजी। रामखेलावन और रमानाथ चाय पी ही रहे थे कि भाई का स्कूटर आकर रुका। रमानाथ ने, सदैव की भाँति, उठकर भाई से स्कूटर लेकर उसे भीतर उसके स्थान पर लाकर खड़ा किया। भाई ने भी चाय पी। और पीते-पीते ही भाई ने पूछा, 'रामखेलावन जी, क्या आप जमीन दे रहे हैं हम लोगों को।' 'हाँ बाबू, सब की राय है कि जमीन आप ही लोगों को देंगे। पर पूरी जमीन लेनी होगी।' श्रीधर भाई ने उसका समाधान तत्काल निकाल लिया। उन्होंने कहा, यह भाई मेरा नेफा चला जाएगा, इसने बारह साला कागज निकलवाया है। दस गुना लगान जमा करने को तैयार है। आप लोग इसे पच्चीस सौ वर्ग फुट जमीन लिख दें। बाकी मैं दो माह के भीतर सारी जमीन लिखा लूँगा।

भावताव तै हो गया। रजिस्ट्री कराने की तिथि भी तै हो गई। भाई ने कहा : 'रमानाथ, इन्हें एक हजार रुपया बयाना दे दो। बाकी रुपया रजिस्ट्री के दिन अदा

करना होगा।' भाई को रामखेलावन पर विश्वास था। बिना किसी रसीद के उन्होंने एक हजार रुपया अपने हाथों से दिया। रामखेलावन ने भाई को प्रणाम किया और चले गए। तब तक शाम हो चुकी थी। और भी कई लोग भाई से मिलने आ चुके थे। सबसे भाई साहब मिलकर जब निपटे तब तक रात के साढ़े आठ बज गए थे। और खाना तैयार था। दो बार बुलावा आ चुका था। वास्तव में भाभी खाना तैयार होने से पहले से ही बुलावा भेजने लगती थीं। इसका कारण था उनका कुशल गृहिणी होना। उनका कहना था कि खाने के लिए बोलने से जो लोग समझदार होंगे वे उठकर चले जाएँगे। और यदि कहीं किसी को घर पर खाना खिलाना पड़ेगा तो उसकी सूचना भी मिल जाती। संयोग से उस दिन सभी लोग एक-एक करके चले गए। अब भाई आश्वस्त होकर हाथ-मुँह धोकर खाने बैठे। साथ में रमानाथ से खाते-खाते बातें भी करते जाते। 'रामखेलावन का परिवार ईमानदार लोग हैं। इनकी नीयत साफ पाक होगी। अब तुम हिसाब करके रुपये का इंतजाम करो।'

रात में रमानाथ ने बैठकर हिसाब किया। लगभग सात हजार रुपये की व्यवस्था करनी होगी। रमानाथ के लिए यह एक बड़ी रकम थी। श्रीधर भाई में अनगिनत गुण थे पर आर्थिक विपन्नता उनकी सबसे बड़ी कमजोरी रही—अतः उनसे किसी आर्थिक सहायता की अपेक्षा करना तो गीध के घोंसले में मांस तलाशने के बराबर ही होगा। सुकेशी को रमानाथ ने बताया कि सात हजार रुपये जमा करके जमीन लिखाना है। सुकेशी ने अपना बक्सा खोला, रमानाथ के दिये रुपये को गिना, सँभाला और फिर अपनी संचित पूँजी भी आकर बताई। पर सब मिलाकर भी रुपये पर्याप्त नहीं हो रहे थे। लगभग दो हजार सात सौ रुपये कम पड़ रहे थे।

सुकेशी चिंतामग्न होकर बार-बार यही कहती कि क्या इतने रुपये जुट पाएँगे? कहीं यह आपका सारा परिश्रम बेकार न चला जाय। इससे तो बड़ी जग हँसाई होगी। रमानाथ ने उन्हें धैर्य बँधाया और शान्त होकर सो जाने को कहा। बच्चे सो रहे थे। सुकेशी भी उठीं, 'भारी मन से कहा कि आप भी सो जाइए।' फिर दरवाजा बन्द कर बच्चों के पास चली गईं। पर रमानाथ को काफी देर तक नींद नहीं आई। अनेक विकल्प सामने आते पर किसी न किसी बाधा या व्यवधान के साथ। फिर देर रात गए रमानाथ ने कुछ मन में तय कर लिया। सुबह उसी योजना पर अमल करके अपना भाग्य आजमाएँगे।

साढ़े सात बजे के करीब नहा-धोकर रमानाथ कहीं जाने को तैयार हो गए। सुकेशी ने तैयार देखा तो जल्दी में एक चाय बना लाई पर यह तक न पूछा कि कहाँ जा रहे हैं। कारण कि ऐसी मान्यता है कि किसी काम पर निकल रहे व्यक्ति से यह पूछना, अशुभ माना जाता है और काम होने में संदेह पैदा हो जाता है। रमानाथ सुकेशी के मन की स्थिति ताड़ गए। 'दस रुपये दीजिए, इंजीनियरिंग कालेज जाना है'—कहकर सुकेशी की उत्सुकता को कुछ हद तक शांत कर सके थे। तत्काल रुपये

लेकर पति को देते हुए सुकेशी के चेहरे के भाव कुछ ऐसे थे कि मानों वह ईश्वर से प्रार्थना कर रही थीं कि भगवान इनकी यात्रा सफल हो।

कालेज में पहुँचकर रमानाथ ने अपने गाँव के ही एक चचेरे भाई का घर पता किया, जो वहाँ एक चतुर्थ श्रेणी का कर्मचारी था। साथ-साथ वह सुबह-शाम अखबार बाँटने जैसे कुछ छोटे-मोटे धन्धे भी करता रहता था। रमानाथ को देख सदानन्द की खुशी का ठिकाना नहीं रहा। सपरिवार प्रणाम कर अति आदर एवं आग्रहपूर्वक रमानाथ को बैठाया। उसकी पत्नी झटपट भीतर जाकर कुछ खाने-पीने की व्यवस्था करने में जुट गई। सूजी का हलवा, गरम-गरम पकौड़े, तथा चाय लेकर थोड़ी ही देर में उपस्थित हुई। लीजिए भाई साहब, कुछ खा लीजिए, घूँघट की ओट से यह प्रीति भरा आवाहन था सदानन्द की पत्नी का। सदानन्द ने भी हाँ में हाँ मिलाई और हलवे की प्लेट रमानाथ को पकड़ाते हुए बोला, 'भाई साहब यहाँ तो कभी कोई आता नहीं। मेरा सौभाग्य है कि आपके चरण इस कुटिया में पड़े।' प्यार, विनम्रता, शिष्टाचार और सबसे बढ़कर एक अजीब-सा अपनापन दिया सपरिवार सदानन्द ने। दोनों ने नाश्ता किया और फिर आश्वस्त होकर सदानन्द ने पूछा, 'भैया मेरे लायक कोई सेवा?' 'हाँ' कहते हुए रमानाथ ने अपनी सारी आप बीती कह सुनाई।

अंत में रमानाथ ने अपने निर्णय की बात बताई। सदानन्द बहुत खुश हुए रमानाथ के इस निर्णय से। उन्होंने कहा, 'भैया ऐसा सोचना आपके लिए ही सम्भव है। और कोई होता तो मारपीट कर अपना हक लेकर अलग हो जाता। पर आप ने बहुत अच्छा सोचा है। मैं इससे बहुत खुश हूँ।' रमानाथ ने कहा, 'जमीन देख ली, बयाना भी दे चुके हैं। रजिस्ट्री कराने की तिथि भी तै हो चुकी है। परंतु' ...कहते-कहते रमानाथ रुक से गए। बड़े ही व्याकुल मन से सदानन्द ने पूछा, 'तब क्या भैया? कोई अड़चन पड़ रही है?' 'हाँ! कुछ रुपये कम हो रहे हैं?' 'कितने?' तत्काल प्रश्न किया था सदानन्द ने। शायद उसे यह अंदाज नहीं था कि रुपये ज्यादा चाहिए। ऐसी प्यार भरी अकुलाहट से कहा जैसे अभी तुरंत लाकर दे देगा। पर जब रमानाथ ने रकम बताई तो पल भर को सदानन्द सोच में पड़ गया। पर चेहरे पर साफ जाहिर हो रहा था कि वह उपाय सोच रहा है रुपये जुटाने का न कि बहाना खोज रहा है टाल जाने का। सदानन्द उठा, भीतर गया पत्नी के पास। दोनों में कुछ बात हुई जो रमानाथ सुन नहीं सके, पर जब सदानन्द बाहर आया तो हाथ में कुछ रुपये लेकर। रुपये रमानाथ को थमाते हुए बोला, 'भैया घर में तो यही इतना ही है इसे लेते जाइए और कल ग्यारह बजे यूनाइटेड कामर्शियल बैंक में आ जाइएगा। बाकी का रुपया मैं वहीं आपको दे दूँगा। आप चिंता न करें। जमीन जरूर लिखाइए।' रमानाथ ने रुपये रख लिए, धन्यवाद कहना इस पवित्र रिश्ते की गरिमा को ठेस पहुँचाने जैसा होता—अतः मन-ही-मन आश्वस्त होकर ढेर सारी बातें करते रहे।

साढ़े नौ बज गए। इस बीच बहू रानी ने खाना भी तैयार कर लिया और

आग्रह करने लगी कि खाना खाकर ही जाइए। पर रमानाथ ने यह कहकर कि, 'जमीन लिख जाय तब हम लोग एक साथ बैठकर खाएँगे,' उठ खड़े हुए। कुछ दूर आकर सदानन्द ने भाई को प्रणाम किया। रमानाथ ने कृतज्ञ मन से भरपूर आशीष दिया और साइकिल पर बैठ गए।

दूसरे दिन साढ़े दस बजे ही रमानाथ बैंक रोड स्थित यूनाइटेड कामर्शियल बैंक की शाखा पर पहुँच गए। वादे के मुताबिक सदानन्द भी ग्यारह बजे से पहले ही बैंक पहुँचकर आधे घंटे में रुपये निकलवाकर लाया और रमानाथ को देते हुए बोला, 'अब तो काम हो जाएगा?' रमानाथ ने प्यार एवं विश्वास भरे शब्दों में कहा, 'अगर तुम्हारे जैसे भाई हों तो कौन-सा काम असंभव है। अब तो होना ही चाहिए।' दोनों चौधरी मिष्टान्न भण्डार में बैठकर चाय पिये और अपने-अपने गंतव्य को रवाना हो गए। सुकेशी को रुपये देते हुए रमानाथ ने सदानन्द की सहृदयता एवं उदारता की सारी बातें बताईं। पवित्र मन एहसानमन्द सुकेशी ने सदानन्द को ढेर सारा आशीष दे डाला।

निर्धारित तिथि पर रामखेलावन अपने सभी पट्टीदारों को साथ लेकर कचहरी पहुँच गए। रमानाथ, भाई श्रीधर जी, दो विश्वासपात्र गवाहों के साथ कचहरी में पहुँचे। रजिस्ट्री के स्टैम्प खरीदे गए। रजिस्ट्री का मसौदा बना और रजिस्ट्रार के समक्ष बैनामे की समस्त कार्यवाही पूरी की गई। रामखेलावन को शेष रकम दे दी गई। भाई ने उन्हें अनेक धन्यवाद दिये। और शेष जमीन भी शीघ्र ही लिखा लेने का वादा किया। रमानाथ ने जमीन लिखे जाने की सारी प्रक्रिया सम्पन्न होने पर भाई को प्रणाम किया, और जमीन का दस्तावेज लेकर घर जाने को तैयार भाई के आदेश की प्रतीक्षा करने लगे। दोनों सम्मानित गवाहों को अनेक धन्यवाद दे, दोनों भाई घर को चल दिये।

रास्ते में गणेश मिष्टान्न भंडार से पर्याप्त मिठाई लेते हुए रमानाथ ने घर पहुँचकर भाभीजी के हाथों में मिठाई के पैकेट पकड़ाते हुए उनके पैर छुए। भाभी आज बहुत खुश थीं। खुशी-खुशी उन्होंने लोगों को मिठाई बाँटी और रमानाथ तथा सुकेशी को सुखी रहने का आशीर्वाद दिया। इस प्रकार 1972 की गर्मियों का ताप रमानाथ एवं सुकेशी के जीवन में एक चिर शीतलता प्रदान कर गया।

षष्ठम आख्यान

पं. रमानाथ शास्त्री जीवन में सकारात्मक दृष्टिकोण रखने वाले रचनात्मक व्यक्तित्व के धनी आदमी होने के नाते, घर पर उभरी विषम परिस्थितियों से अछूते रहते हुए, नव निर्माण में जुट चुके थे। धनाभाव उनके जीवन की सबसे बड़ी कमजोरी रही

पर इसके बावजूद भी रमानाथ कभी बहुत छोटी बात या बहुत कृपणता वाली बात नहीं करते थे। सपरिवार वापस पासीघाट आ गए। मन में एक ओर जहाँ घर पर घटी घटनाओं से व्यथित थे, वहीं अपनी सृजनात्मकता से खुश भी। यदि इसी बहाने घर बन जाए तो परिवार का कितना भला हो सकता है इसका वे सहज ही अनुमान लगा सकते थे। उच्च शिक्षा हेतु, गाँव में सुविधाओं का सर्वथा अभाव होने के कारण हर उभरते हुए बच्चे के लिए, अपने शहर में, जहाँ पर उच्च शिक्षा की सभी सुविधाएँ विद्यमान हैं, अपना घर बहुत बड़ी भूमिका अदा कर सकता है। गोरखपुर में जहाँ पर रमानाथ ने जमीन ली थी पूर्वी उत्तर प्रदेश का एक अतिशीघ्रता से बढ़ता हुआ शहर है। यहाँ पर सामान्य डिग्री कालेजों इत्यादि के अलावा, पालीटेकनीक इंस्टीट्यूट, इंजीनियरिंग कालेज, मेडिकल कालेज तथा विश्वविद्यालय भी हैं। अपनी क्षमता, इच्छा एवं साधन के हिसाब से अपना कोर्स चुन सकता है हर बच्चा जो उच्च शिक्षा प्राप्त करने की अभिलाषा रखता हो। इस प्रकार यह घर बड़ा उपयोगी सिद्ध होगा।

कभी-कभी लोग असहाय रोगों से ग्रस्त हो जाते हैं जिनका इलाज गाँवों में सम्भव नहीं, वे भी इस घर का लाभ उठा सकते हैं। शहर में उपलब्ध चिकित्सा सुविधाएँ उनके परिवार को सुलभ हो सकेंगी। यह उनके लिए एक परम संतोष की बात थी। इस दिशा में सोचने को रमानाथ और बाध्य थे क्योंकि अभी हाल ही में उन्होंने इसी सुविधा के अभाव में अपना पिता समान भाई गँवाया था। अगर भाई को समय पर उचित उपचार प्राप्त हुआ होता तो वे शायद बच जाते। इसके अलावा भी परिवार का सामाजिक सम्मान बढ़ेगा, शादी ब्याह में आवश्यक सामान इत्यादि आसानी से उपलब्ध हो सकेगा। ऐसे अनेक खयाल रमानाथ के मन में उभरते रहे। वे जमीन खरीदकर खुश थे, और खुश थीं सुकेशी भी।

कई महीनों तक सुकेशी अपना घर का खर्च बहुत सोच-समझकर या यों कहा जाए कि किफायत के साथ चलाती रहीं। कारण सदानन्द के रुपये लौटाने जो थे। धीरे-धीरे सब दे दिया गया। और दिसम्बर के माह से रमानाथ एवं सुकेशी पुनः अपने सामान्य जीवन सुख में, अपने बच्चों के साथ मस्त अपनी दिनचर्या में व्यस्त जीने लगे। कभीं-कभी सुकेशी ही याद कराती कि जमीन लेकर समस्या का समाधान नहीं हुआ वरन् समस्या और सघन हो गई क्योंकि अब तो घर बनाना होगा। घर बनाना एक महँगा कार्य है। एक सामान्य लेक्चरर के लिए शहर में घर बनाने का सपना एक बड़ा सपना है। रमानाथ भी इस दिशा में कभी-कभी सोचते और जनवरी 1973 से कुछ बचत की योजना बनाई। उस पर धैर्यपूर्वक अमल करने लगे। जितना रुपया रमानाथ सुकेशी को देते गृहकार्य के लिए उसमें से भी वे कुछ और बचाने का ही प्रयास करती रहतीं पर सामान्यतया बचत बहुत थोड़ी होती और कभी-कभी तो कुछ भी नहीं हो पाती। सुकेशी की व्याकुलता को रमानाथ धैर्यपूर्वक मीठे तथा उत्साहवर्धक शब्दों में शांत एवं आश्वस्त करने में सदैव सफल हो जाते। कारण यह

कि जितनी श्रद्धा और विश्वास सुकेशी को अपने पति पर था, उसमें फिर अविश्वास और तर्क-वितर्क के लिए गुंजाइश ही कहाँ थी। उन्हें विश्वास था कि जब रमानाथ उनसे कह रहे हैं तो वे अवश्य ही कोई रास्ता निकालेंगे और उनके सपनों का संसार उनका अपना घर एक न एक दिन अवश्य बनेगा। सुकेशी का यह विश्वास जहाँ रमानाथ को कुछ करने की प्रेरणा देता वहीं उन्हें हमेशा अपने दायित्व के प्रति जागरूक भी रखता। एक सच्चे जीवन साथी की शुभकामनाएँ तथा दुआएँ हमेशा एक मजबूत कवच की भाँति रमानाथ की रक्षा भी करतीं। एक-दूसरे के प्रति सम्पूर्ण समर्पण की जिस मजबूत नींव पर यह पवित्र रिश्ता विद्यमान था उसे इसी प्रेम और त्याग की भावना से शाश्वत शक्ति भी मिलती रहती थी। प्रतिदिन प्रतिपल यह प्यार बढ़ता ही जाता था निर्बाध अगाध एवं अथाह। जीवन जीने लायक था। जीवन में सुख था, संतोष था, सुकून था।

शहर में आवास बनाने हेतु ली गई जमीन के बारे में रमानाथ ने अपने पिता को भी पत्र द्वारा सूचित किया। यह खबर वृद्ध पिता को बहुत अच्छी लगी। हालाँकि उनका मन बड़े बेटे के निधन से इतना दुःखी रहता था कि उन्हें स्वयं को सँभाले रखना भी मुश्किल हो गया था। फिर भी साहस जुटाकर पिताजी ने रमानाथ को आशीर्वाद भरा पत्र लिखा। इस पत्र में उनकी स्वीकृति ही नहीं बल्कि उत्साहवर्धक सुझाव भी थे। रमानाथ ने पत्र पढ़कर सुकेशी को बताया कि पिताजी इस कार्य से प्रसन्न हैं।

रमानाथ के पिता और माता प्रतापगढ़ जिले वाले गाँव में रहते थे। अपनी खेतीबारी सँभालते थे और सामान्य मध्यमवर्गीय किसान का जीवन जी रहे थे। उन्हें अपने बड़े बेटे के रिटायर होकर आने पर जीवन में और शांति एवं सुकून की अपेक्षा थी। पर मृत्यु के क्रूर हाथों उनका यह सहारा छिन चुका था। इस सदमे से माँ तो कभी उभर ही नहीं पाईं। किसी प्रकार अर्धमूर्छा की स्थिति में कुछ माह और जीवित रहीं और अचानक एक दिन मूर्छित हुईं तो फिर पुनः होश में आईं ही नहीं। परिवार पर यह दूसरा आघात भी पीड़ित पिता को और दुःखी कर गया। वे भीतर ही भीतर टूट से गए।

अचानक एक दिन रमानाथ को एक और तार मिला। भारतीय डाक तार विभाग की मेहरबानी को रमानाथ जीवनभर भूल नहीं पाये। यह तार माँ के मूर्छित होने पर दिया गया था, 'मदर सीरियस, कम सून'। पर मिला चौदह दिन बाद जब उनका श्राद्ध कर्म भी समाप्त हो गया। घर गाँव में भी लोगों ने प्रतीक्षा की, और रमानाथ के न आने पर उनसे नाराजगी एवं दुःख भरा व्यवहार किया। जब रमानाथ बाद में घर पहुँचे तो लोगों को तार दिखाकर उस पर लगी पोस्ट आफिस की मोहर जो बड़ी साफ थी और जिस पर तारीख पढ़ी जा सकती थी, लोगों की नाराजी दूर करने का प्रयास किया। पर किन-किन को वह सब बताते। इधर माँ की मृत्यु से पहले

दर्शन नहीं हो पाया, इस व्यथा से व्यथित रमानाथ का मन इतना खिन्न रहने लगा कि उनका कहीं मन न लगता। उधर गाँव घर में व्यर्थ की आलोचना, व्यंग तथा तिरस्कार भरी बातों के बाण उन्हें व्यर्थ ही झेलने पड़ रहे थे।

ऐसे माहौल में रमानाथ का मन गाँव में लग नहीं रहा था। पर करते भी क्या? धीरे-धीरे यह बात पिताजी को भी मालूम हुई कि रमानाथ व्यर्थ के व्यंग बाणों से वेधित, काफी दुःखी हैं। उन्होंने रमानाथ को बुलाया, समझाया तथा अपना सम्पूर्ण प्यार भरा भरोसा रमानाथ पर उँड़ेल दिया। उन्हें वास्तव में यह विश्वास था, अपने बेटे की बात पर कि समय से सूचना नहीं मिली तो बच्चा क्या करता। उन्होंने स्पष्ट शब्दों में कहा, 'लोगों की बात पर ध्यान देना तुम्हारे जैसे बुद्धिमान आदमी को शोभा नहीं देता। मैं तो नाराज नहीं हूँ।' समय के मरहम ने धीरे-धीरे रमानाथ के हर घाव को भर दिया पर माँ का अभाव आजीवन न भर पाने का घाव था। जब भी माँ की याद आती, रमानाथ विचलित हो उठते और अपने भाग्य को कोसते कि कैसी नौकरी कर ली कि माता-पिता की देखभाल एवं सेवा तो दूर उनकी मौत से पहले दर्शन भी दुर्लभ हो गया।

माँ सीधी-सादी तथा अनपढ़ औरत थीं। पर मातृत्व के निर्वहन में काफी बड़ा आदर्श प्रस्तुत कर गईं। छोटा कद, बेहद गोरा रंग, आकर्षक मुखमंडल, बहुत सुन्दर आँखें और छोटे-छोटे मोती के दाने जैसे दाँत, नाक-नक्श इतना आकर्षक कि जो देखता तो देखता ही रह जाता। माँ को एक बहुत-बहुत सुन्दर नारी कहा जा सकता था। सोने में सुहागा थी उनकी प्यार भरी मीठी आवाज। कभी किसी को अपशब्द जीवन भर उन्होंने कहा ही नहीं। चूँकि मायके तथा ससुराल वाले घर में महज दो सौ गज का ही अन्तर था, उन पर इन दोनों तरफ के रिश्तों को निभाने की जिम्मेदारी भी थी। ऊँची आवाज में बोलना उनके मतानुसार अशोभनीय एवं अभद्र आचरण का द्योतक होता है। संस्कारविहीन परिवार एवं परिवेश में पले बच्चे ही ऊँची आवाज में बातें करते हैं। मानसिक दिवालियेपन का परिचायक होता है ऊँची आवाज में बोलना। स्त्री को धीरे ही नहीं वरन् कम भी बोलना चाहिए। आवश्यकता पड़ने पर ही बोलना चाहिए, ऐसी उनकी मान्यता थी और इसी के अनुरूप उनका व्यवहार था।

माँ मितव्ययी एवं गृहस्थी के कामों में निपुण थीं। उनकी एकमात्र कमजोरी थी कि वे अच्छा भोजन नहीं बना पाती थीं। कारण शायद काम का दबाव ज्यादा था। आठ बच्चों की माँ तथा पति एवं स्वयं—कुल दस प्राणी का समस्त भार उन पर ही तो था। घर के एक दो काम करने वाले नौकरों, जो केवल बाहर के ही काम करने के अधिकारी थे, का भी भोजन इत्यादि बनाना पड़ता था। हमेशा भागती-सी रहती थीं। उनका ध्यान शायद कोई भूखा-प्यासा न रह जाय—इस पर ज्यादा रहता था वनिस्बत इस पर कि खाना कितनी उत्तम कोटि का बना। शायद ही कभी स्वतंत्र मन से पर्याप्त समय देकर खाना बना पाती थीं। स्वयं माँ कहती भी थीं, 'कबहुँ

नीक से रसोई करई के मवस्सईं नाईं भा।'

बड़ी ही सम्मोहक स्वर लहरी थी माँ की। पूरे इलाके में माँ के स्वर की मिठास का जादू व्याप्त था। अपढ़ थीं पर न जाने कितने गीत उन्हें याद थे। हर अवसर के लिए उनके पास सुन्दर लोक गीतों का भंडार था। शादी-ब्याह का अवसर हो या लड़के के जन्म का उत्सव, सावन के झूले हों या फागुन की होली। उनकी प्यारी कर्णप्रिय आवाज में ये लोकगीत अपना एक अलग-सा परिचय देते से दिखते थे। अनगिनत सोहर, नटका, कजरी, फगुआ, विवाह गीत माँ को कण्ठस्थ थे। सावन के महीने में लगभग महीने भर रमानाथ के घर झूला पड़ा रहता था। शाम को खाना-पीना बना खिलाकर गाँव की औरतें इकट्ठा होतीं और झूले पर बैठकर आनन्दमग्न हो कजरी का मनमोहक गीत गातीं। झूला जितना ही ऊँची पेंग मारता, माँ का स्वर उतना ही बुलंद होता जाता। धीरे-धीरे गाँव के सारे लोग इकट्ठे होते जाते और आधी-आधी रात तक माँ तथा उनके साथ गाती हुई और औरतों से कजरी का मधुर गीत सुनकर आनन्द लेते। गाँव में किसी के घर शादी हो या बच्चा पैदा हो, माँ की उपस्थिति अनिवार्य मानी जाती। बिना उनके शुभ अवसर ख़ाली-खाली लगते। नागपंचमी के गुड़िया पीटने जाते समय के गीत हों या जाँते पर अनाज पीसते समय गाये जाने वाले गीत, सभी पर माँ को पूर्ण वर्चस्व प्राप्त था। गाँव की छोटी-छोटी लड़कियाँ माँ से गीत सीखने आतीं, वे बड़े ही प्रेम से सिखातीं। ईश्वर का दिया हुआ यह एक अद्‌भुत गुण था माँ में।

शादी के ग्यारह बरस बाद रमानाथ को पुत्र पैदा हुआ था। उसका जन्म अपने ननिहाल में हुआ था। पुरानी रीति है कि बेटी की प्रथम सन्तान अपने माँ-बाप के घर हो तो दोनों परिवारों के शुभ मंगल का सूचक है। रमानाथ का यही बेटा, जिसके जन्म के दिन से बरही (बारहवाँ दिन) तक उसके नाना ने अपने घर पर प्रतिदिन सैकड़ों ब्राह्मणों, साधुसंतों, भिखारियों एवं गाँव के गरीब तबके के लोगों को भोजन कराया, अब स्कूल जाने वाला सुन्दर स्वस्थ अचल है। इसका जन्म सचमुच दोनों परिवारों में आनन्द तथा मंगल का प्रतीक बन गया। रमानाथ के पिताजी को इसके जन्म की सूचना ननिहाल से आए हुए जिस नाई (हजाम) ने दी, उसे गरीब पिता ने भरपूर बख़्शीश देकर इस संदेश के साथ भेजा कि मैं बरही पर आऊँगा। पिताजी गए भी और अपने समधी के प्रजानन एवं परिजनों के लिए वस्त्रादि देकर उन्हें सम्मानित किया, उन्हें प्रसन्न किया ताकि उनकी शुभकामनाएँ इस बालक के जीवन को सुखद बनाएँ। दो दिन रहकर पिताजी वापस अपने गाँव आ गए।

माताजी को अपने इस सबसे छोटे तथा बहु-प्रतीक्षित नाती पर विशेष अनुकम्पा थी। बिना देखे हुए भी बहुत प्यार करती थीं इस पोते को। पिताजी से बहू को विदा कराके लाने को कहतीं। पर पिताजी किसी शुभ दिन मंगल वेला की तलाश में थे, जिस दिन वे अपने इस वंशांकुर को अपनी दहलीज पर लाएँगे। वह दिन भी

आया और सुकेशी अपनी गोद में लिये हुए बच्चे को पिताजी के चरणों में रख उन्हें प्रणाम करने को झुकी ही थी कि पिताजी आनन्दमग्न हो बच्चे को झुककर अपने हाथ में ले लिये। नानाविध आशीष, प्यार एवं दुलार करते हुए माताजी को आवाज दी, 'अरे बहू आ गई।' माताजी हाथ में कलश, उसमें जल, जल में लवंग के दो फूल, तुलसी तथा अक्षत लिये बाहर आईं। बहू तथा बच्चे की बार-बार नज़र उतार उनकी मंगल कामना में माँ भवानी की प्रार्थना करते-करते घर के पूरब तरफ उस जल को चढ़ा लोटा ले वापस आईं। सुकेशी को हिदायत देते हुए शब्दों में, 'इंहिं खड़ी रह बेटी, हम आवत अहीं।' कुछ क्षण बाद दो हाथों में दो थाली लिये, जिसमें दो ब्राह्मणों के भोजन हेतु पर्याप्त चावल, आटा, दाल, नमक, हल्दी, आलू तथा एक-एक रुपये थे, बाहर आईं। एक थाली की सामग्री बहू से तथा दूसरी को अपने पोते से दिलवाया जाएगा। और फिर सुकेशी को बच्चे सहित कुछ मंगलगीत गाते हुए घर में ले गईं। इक्केवाले को जलपान करा उसका पैसा तथा कुछ बख़्शीश देकर विदा किया पिताजी ने।

जब से माँ का यह पोता घर आया, उनके मन का उत्साह अपनी सारी गरीबी की सीमाओं को नकारकर उमड़ा-सा पड़ रहा था। गाँव की औरतों को बुलाकर सात दिन तक रोज शाम को सोहर तथा नटका के शुभगीत गवातीं। जाते समय उन्हें एक-एक भेली गुड़ तथा कुछ चना-चबेना देतीं। सातवें दिन अपने निकट के लोगों के लिए भोज का आयोजन हुआ। गाँव भर के लोग इस आनन्द में शामिल हुए। दिन में कथा कहलवाकर माँ ने प्रसाद बाँटा। कथा सुनने को आए गाँव के नर-नारी, बाल-वृद्ध सभी का समुचित सम्मान कर उन्हें भगवान की आरती तथा प्रसाद प्रदान कर अपने से बड़ों को प्रणाम करती हुई माँ सब को चार-चार आना पैसा देती चली जा रही थीं। सबका आशीर्वाद उन्हें अपने इस पोते के मंगल के लिए चाहिए था। माँ-बाप और उनसे भी ज्यादा दादा-दादी अपनी औलाद के मंगल के लिए क्या-क्या नहीं करते?

रमानाथ नेफा के दुर्गमतम स्थान अनिनी में कार्यरत थे। शिक्षक का कठिन जीवन, जिन अत्यन्त कठिन परिस्थितियों में जी रहे थे, वह आज भी एक भयानक स्वप्न-सा कभी-कभी उभरकर सामने आ जाता है तो एक सिहरन-सी हो जाती है। अठारह दिन तक पैदल, दुर्गम पहाड़ों में चलते हुए रमानाथ अनिनी पहुँचते थे। यहाँ उन्हें लगभग तीन वर्ष बीत चुके थे। रहना न चाहकर भी रह रहे थे, अपने गरीब पिता को कर्जमुक्त जो करना था उन्हें। अपने बुजुर्गों से प्राप्त खेतों को बंधक से मुक्त जो कराना था और अपने गिरे हुए घर को फिर से दुरुस्त कर रहने लायक जो बनाना था। सबसे बड़ी बात तो यह थी कि जिस आशा तथा भरोसे से उन्हें उनके गरीब माँ-बाप तथा भाई ने पढ़ा-लिखाकर तैयार किया था, उस भरोसे की आन रखनी थी। उनकी आशाओं पर खरा उतरना था। अतः मन माने या न माने,

रमानाथ को तो हर हाल में नौकरी करनी ही थी।

चमत्कार-सा हुआ। इस पुत्र के पैदा होते ही जैसे सब कुछ स्वतः बदलने लगा। रमानाथ को दिसम्बर उन्नीस सौ पैंसठ के प्रथम सप्ताह में दो दिनों में ही तीन तार मिले। प्रथम पुत्र प्राप्ति की सूचना, द्वितीय अनिनी से पासीघाट का स्थानान्तरण और तृतीय स्थानान्तरण के साथ ही साथ उसी स्थान (पासीघाट) पर पदोन्नति। रमानाथ अब पासीघाट आ गए। और सीनियर टीचर के रूप में दिसम्बर उन्नीस सौ पैंसठ के अंतिम सप्ताह में कार्यभार सँभाल लिये। कुछ दिन के प्रयास से एक समुचित ढंग का सरकारी आवास भी मिल गया। अब रमानाथ मन ही मन अपनी गृहस्थी इस रूप में जोड़ने लगे कि ग्रीष्मावकाश के बाद वे अपनी पत्नी तथा पुत्र को पासीघाट लाकर रख सकेंगे।

ग्रीष्मावकाश में रमानाथ सीधे अपने माता-पिता के पास गाँव गए जहाँ सुकेशी अपने पाँच माह के बच्चे को लेकर गत कुछ महीनों से रह रही थी। बच्चा तो दूध पीने के अलावा माँ के पास कम ही रहता। सुकेशी घर के कामकाज में भरपूर हाथ बँटाती। हमेशा दादी की गोद, लाड़-प्यार एवं बच्चे की देखभाल में रमानाथ की माताजी का अधिकांश समय गुजरता। तीन बार उबटन तथा पाँच बार तेल मालिश तथा स्नानादि एवं भरपूर सेवा-शुश्रूषा से बालक पूर्ण स्वस्थ एवं सुन्दर दिन-दिन शुक्ल पक्ष के चाँद की तरह बढ़ रहा था। प्यार से पल रहा था।

नीम के पेड़ के नीचे चारपाई पर पिताजी बैठे रमानाथ से कुछ बातें कर रहे थे कि सुकेशी बच्चे को लेकर पास आई और अति विनम्र भाव से रमानाथ की गोद में देकर पिताजी के पाँव छूने के बाद रमानाथ के भी पाँव छू कर वापस घर में चली गई। रमानाथ ने प्रथम बार अपने पुत्र को देखा, भरपूर मनोयोग से देखा, देखने योग्य पुत्र जो था। गोरा बदन, उन्नत नाक, स्वस्थ शरीर, सुन्दर मुखाकृति, कमर में करधनी और माथे पर काला टीका सब कुछ कल्पनातीत-सा लगा रमानाथ को। उन्हें लगा मानों पूर्व जन्मों के समस्त सुकृत इस सुन्दर बालक का रूप ले उनकी गोद में आ गए हों।

छुट्टी बीत चलीं। एक सप्ताह पूर्व ही रमानाथ ने सकुचाते-सकुचाते पिताजी से कहा कि मैं अब अच्छी जगह पर आ गया हूँ। मुझे अब पर्याप्त वेतन भी मिलता है तथा अच्छा-सा पक्का मकान भी मिल गया है। यदि आप इजाजत दें तो मैं परिवार ले कर जाऊँ। तुरंत पिताजी ने उत्तर दिया, 'मैं तो यही कहना चाहता था, पर बच्चा बहुत छोटा है, उसकी देखभाल ठीक से हो सकेगी कि नहीं, यही चिंता थी। यहाँ तो तुम्हारी माँ है, दिनभर उसकी देखभाल में लगी रहती है। वहाँ कौन देखेगा। बहू को अभी बच्चे पालने का कोई अनुभव नहीं है, इसी फिकर से मैं कह नहीं पा रहा था। परंतु अगर तुम समझते हो कि तुम लोग उसकी देखभाल कर सकते हो तो मुझे तो खुशी होगी कि बहू अब तुम्हारे पास रहे।'

घर में अभी किसी को खबर नहीं थी। शाम को पिताजी ने ही माँ को बताया कि 'रमानाथ अपना परिवार ले जाना चाहते हैं। मैं भी यही सोचता हूँ कि अब चूँकि उनकी पोस्टिंग अच्छी जगह पर हो गई है, उन्हें परिवार सहित रहना चाहिए। तुम क्या सोचती हो?' माताजी ने कुछ देर चुप रहने के बाद कहा, 'ठीक ही कहत अही, लेकिन बाबू के दुलहिन सम्भालि पइहैं?' कहते-कहते माँ चुप हो गईं। थोड़ी देर बाद आँसू पोंछते हुए बोलीं, 'जैसन आप सोची लेकिन बाबू बिना ता घरवा उजरि जाई।' कहकर माताजी घर में चली गईं। दूसरे दिन से ही घर का माहौल गमगीन होता गया। दादा-दादी को अपने सबसे छोटे पोते के बिछड़ने का गम सताने लगा। यह स्थिति देख रमानाथ भी काफी समय तक कुछ स्पष्ट निर्णय नहीं कर पा रहे थे।

चलने के तीन दिन पहले, रमानाथ की माताजी ने ही एक रास्ता सुझाया। रमानाथ के पिताजी से कह रही थीं--कि यदि आप इजाज़त दें तो मैं बहू के साथ चली जाऊँ। कुछ दिन रहकर उसे सब सिखा-पढ़ा चार-छः माह में वापस आ जाऊँगी। पिताजी ने बात को सुनकर कहा, 'अच्छा सुझाव है। इसपर विचार करना चाहिए। रमानाथ को आने दो मैं उनसे इस मुद्दे पर बात करूँगा।' रमानाथ गाँव में ही किसी से मिलने-जुलने गए थे। एकाध घंटे में आए तो पिताजी ने उनसे यह बात छेड़ी। और पूछा, 'यदि कुछ दिन के लिए तुम्हारी माँ तुम्हारे साथ चली जाए तो कोई असुविधा तो नहीं होगी?' रमानाथ माँ-बाप के लाड़ले थे : यह तो जानते थे। पर यह कि अब वे लोग रमानाथ के बच्चे की परवरिश में कोई कमी न रह जाय, इसलिए इस उमर में दोनों एक-दूसरे से दूर रहने को तैयार हो रहे हैं, जानकर रमानाथ को एक पीड़ा का एहसास हुआ। मानों उन्हें कोई कह रहा हो कि तुम आजीवन इन्हें (माता-पिता को) कष्ट देने हेतु ही पैदा हुए हो। पर बोले कुछ नहीं। थोड़ी देर में पिता जी ने पुनः कुरेदा तो, रमानाथ ने मुँह खोला, 'माँ के नहीं रहने से आपकी देखभाल कौन करेगा?' 'अरे मझली बहू है न, बच्चे हैं न। मैं कोई इतना बूढ़ा नहीं हुआ हूँ कि कुछ कर न सकूँ। तुम केवल यह बताओ तुम्हें कोई असुविधा या कठिनाई तो नहीं होगी।' रमानाथ ने कहा, 'यह तो मेरे लिए परम सौभाग्य की बात होगी। माँ के साथ रहने से न केवल मुन्ने की देखभाल ठीक से होगी वरन् हम दोनों को भी कुछ दिन माँ की सेवा करने का अवसर मिलेगा। मात्र चिंता है तो आपकी।' और इस प्रकार तै पाया कि माताजी रमानाथ के साथ पासीघाट जाएँगी। अपने रमानाथ के लिए तो उन्होंने अनगिनत और अकथनीय कष्ट सहे ही हैं पर अब वे रमानाथ के पुत्र के लिए अपने सुख का बलिदान करने को उद्यत हैं। माँ तू कितनी महान् होती है, यह सोचकर रमानाथ का जी भर आया।

पाँच सेर घी, एक मेंटा अचार तथा पर्याप्त चना-चबेना सत्तू इत्यादि बनाकर माँ ने तैयार कर लिया। चार दिन की यात्रा पर जाना था। बाहर की कोई चीज़ फल छोड़कर, माँ खा नहीं सकती थीं, अतः रमानाथ, जो सामान्यतया यह सब लेन

बोझा समझते थे, ने चुपचाप जो भी माँ कर रही थीं करने दिया। चलने के दिन दो घंटे पहले तड़के उठकर भाभी ने पर्याप्त पूड़ी-सब्जी तथा अचार बाँधकर दिये। थोड़ी-सी पंजीरी बनाकर भी दी जो माताजी के लिए सहायक होगी पूड़ी समाप्त होने पर।

सूर्योदय होते ही इक्का आ गया। सभी लगभग तैयार थे। सामान रखा गया। माताजी बच्चे को गोद में लिये निकलीं। उसे पिताजी के हाथ में दिया तथा स्वयं पिताजी के पाँव छुए और धीरे से कहा, 'आपन ख्याल रखिबें', प्रयास विफल रहा आँसू छुपाने का। और आँसू आ ही गए। पिताजी को प्रणाम कर माँ इक्के पर बैठ गईं तब पिताजी ने बच्चे को प्यार करके पुनः उसे माताजी की गोद में दे दिया। सुकेशी ने, पिताजी को, आँचल पसारकर तीन बार प्रणाम किया। पिताजी ने आशीष दिया। साथ में हिदायत भी कि मेरे पोते का खयाल रखना बेटी। मेरा सर्वस्व जा रहा है तुम्हारे साथ। पिताजी थोड़ी दूर तक इक्के के साथ आए और बोले, 'इक्के वाले भाई बहू को भी अब बैठा लो।' सुकेशी ने पुनः पिताजी के पाँव छुए और झपटकर इक्के पर बैठ दूसरी ओर मुँह कर रोने लगी। कुछ दूर चलकर रमानाथ ने भी भाई तथा पिता के पाँव छुए और इक्के पर बैठ ढकवा बाजार के लिए रवाना हो गए, जहाँ से उन्हें बस मिलेगी आगे की यात्रा के लिए। पर पीछे जो छूट रहा था वह अलभ्य है, दुर्लभ है, अनमोल है।

माँ पहली बार ही अपने जीवन साथी को छोड़ इतनी दूर जा रही थीं। वैसे रमानाथ के दो घर (प्रतापगढ़ एवं गोरखपुर जिले में) थे अतः कभी-कभी दोनों को अलग-अलग कुछ सप्ताह या माह के लिए रहना पड़ा था परंतु यह यात्रा तो हज़ारों किलोमीटर दूर की और शायद बहुत लम्बे समय के लिए भी। माँ का यह त्याग, पिता की यह स्वीकृति, मानों रमानाथ को जो पहले से अपने माँ-बाप के प्रति अत्यंत कृतज्ञता एवं श्रद्धा का भाव रखते थे, अपनी गुरुता तथा गरिमा के बोझ तले दबोचे जा रही थी। रमानाथ को अपराध बोध-सा होने लगा। पर माँ थी कि अपने कर्तव्य पथ पर बढ़ चली थीं, रास्ते भर कहीं पीछे का जिक्र भी नहीं कर रही थीं।

गोरखपुर से रेलगाड़ी की यात्रा प्रारम्भ हुई। रमानाथ ने बाजार से एक सुराही लेकर उसमें ठण्डा पानी भरकर रख लिया। छोटी लाइन की गाड़ी काफी समय लेती थी। रास्ते में माँ ने कुछ खाया ही नहीं। उन्हें कष्ट होता देख रमानाथ ने कुछ केले तथा अमरूद लेकर रख लिये। बहुत कहने पर वही एकाध बार खाये। रमानाथ उनके स्वभाव को जानते थे, अतः उनके पास ही एक लोटे में पर्याप्त पैसे रख दिये थे। एक आना, दो आना, चार आना इत्यादि के सिक्के लगभग लोटे को भर के दे दिया था ताकि माँ को किसी भी भिखारी या हाथ फैलाने वाले आदमी, औरत या बच्चे को निराश न करना पड़े। अपनी जरूरत की चीज़ें भी जरूरतमंद को देते रमानाथ ने कई बार देखा था। माँ इस कार्य से बहुत प्रसन्न थीं। जहाँ भी गाड़ी रुकती दो-चार भिखारी आ ही जाते। माँ उन्हें बिना देखे ही लोटे से एक सिक्का निकालतीं

और दे देतीं।

सिलीगुड़ी में एक वृद्ध कुष्ठ रोगी को काठ की गाड़ी पर बैठाकर उसकी पत्नी उसे धक्के लगाती लोगों से भीख माँग रही थी। पति के हाथ में अल्यूमिनियम का बड़ा-सा कटोरा था। दोनों अधेड़ उम्र के थे। स्त्री का हाथ माँ की ओर बढ़ा। माँ को उसके पति की दशा देखकर बड़ी वेदना हुई। बहुत दुःखी हुईं। उनके लोटे में जितने पैसे बचे थे, वे सब उन्होंने उसके पति के हाथ में जो कटोरा था उसी में उँड़ेल दिए और हाथ जोड़कर उस स्त्री से कहने लगीं, इनकी सेवा करना, इनका अनादर कभी मत करना और सुकेशी की ओर मुड़ते हुए उन्होंने आदेशात्मक स्वर में कहा, 'हम त खाव नाहीं, पुड़िया इन्हई दे दा।' सुकेशी ने वैसा ही किया। समस्त खाना जो शेष था सब उठाकर माँ के हाथों में दे दिया। माँ ने उसे सच्ची श्रद्धा से, उस कुष्ठ रोगी के कटोरे में डाल दिया। कटोरा भर गया। शेष उसकी स्त्री ने अपने आँचल में थाम लिया। दोनों की आँखों में तृप्ति एवं संतोष की लहर दौड़ गई। बंगाली में माँ को दुआएँ देती आगे गाड़ी धकेलकर फिर मुड़कर कुछ बोली पर स्पष्ट सुनाई नहीं दिया। माँ खुश थीं अपना भोजन भी देकर। उन्हें क्या पता था कि ऐसे लाखों जोड़े भीख माँग रहे हैं। पर इस समस्या की विकरालता से माँ को क्या लेना- देना। उन्हें तो यह देखकर ही परम संतोष तथा प्रसन्नता हुई कि उस नारी ने अपने कुष्ठ रोगी पति को भी छोड़ा नहीं। उनकी निगाह में तो वह नारी परम तपस्वी तथा पतिव्रता दिख रही थी। इसलिए तो माँ के हाथ उसकी तरफ जुड़कर उठे थे। श्रद्धा या मानवीय मूल्यों का, पातिव्रत धर्म की महिमा का यह एक अपनी तरह का अलग ही विश्लेषण था, एक अलग ही परिभाषा थी। रमानाथ सब कुछ शान्त मन से देख रहे थे और खुश ही नहीं वरन् मन ही मन अपने को परम सौभाग्यशाली भी माने जा रहे थे कि वे ऐसी पवित्र आत्मा, ऐसी दयालु तथा ऐसी धर्मभीरु माँ की संतान हैं। थोड़े सिक्के और थे रमानाथ की पाकेट में, उन्होंने उनको भी माँ के लोटे में डाल दिया।

गौहाटी पहुँचकर माँ को प्रतीक्षाकक्ष में स्नान कराया गया तथा बहुत कहने पर उन्होंने थोड़ी-सी पंजीरी खाई तथा दो-तीन गिलास सुराही का पानी पी थोड़ा आश्वस्त हुईं। सुकेशी ने भी स्नान किया तथा रमानाथ को भी स्नान करने को कहा। स्नान के बाद सुकेशी और रमानाथ खाने के लिए कैण्टीन में गए और माँ अपने पोते के पास, जो सो रहा था, बैठी रहीं। कुछ ताजे फल लेते हुए तथा पत्नी को हिदायत देते हुए कि इन्हें माँ को खिलाना ही है, दोनों वापस आए।

डिब्रूगढ़ जाने वाली गाड़ी की स्थिति जानने के लिए रमानाथ नीचे जाने लगे तो सुकेशी को कहकर गए कि सामान का खयाल रखें तथा अगर माँ सोना चाहें तो सुला दें। गाड़ी समय से थी। रमानाथ वापस आते समय एक अखबार तथा कुछ फुटकर पैसे लेकर आए। एकाध घंटे बाद ही गाड़ी थी। गाड़ी में जाकर बैठ गए।

प्रथम श्रेणी में रिजर्वेशन था अतः कोई दिक्कत यहाँ भी नहीं हुई। दूसरे दिन डिब्रूगढ़ आ गया। यहाँ एक रात बिताकर हवाई जहाज से माँ, पत्नी एवं पुत्रसहित रमानाथ पासीघाट हवाई अड्डे पर उतर गए। एक मित्र जो किसी और को लेने आया था, अपनी गाड़ी से पूरे परिवार को रमानाथ के घर तक छोड़ गया। माँ चार दिन से चलते-चलते ऊब-सी गई थीं पर प्रगट नहीं होने दे रही थीं। घर पहुँचकर धीरे से बोलीं, 'बाबू बहुत दूर ब'। माँ को किसी उत्तर या व्याख्या की अपेक्षा भी नहीं थी। और रमानाथ ने धीरे से माँ के कन्धे पर अपना सर टिका कर मानो उनकी सारी आशंकाओं का समाधान कर दिया हो। उनका आशीर्वाद भरा हाथ रमानाथ के सिर पर फिर गया।

अगली गर्मी की छुट्टियों तक माँ पासीघाट रहीं। खूब खुश रहती थीं। सामान्य आहार-व्यवहार की सामग्री सुलभ थी, और सुकेशी ने इस अवसर को ईश्वर की कृपा मानकर, माँ की भरपूर सेवा तथा देखभाल की। सुकेशी कहती थी माँ अगर खुश रहेंगी तो सब कुछ ठीक रहेगा। माँ दिन भर अपने पोते में लीन, मगन एवं व्यस्त रहतीं। मंगलवार को मंदिर जातीं पड़ोसी की पत्नी के साथ। एकाध बार सुकेशी तथा बच्चे को भी ले गईं।

माँ का आशीर्वाद ही माना जाएगा कि दो ही महीनों में रमानाथ की पदोन्नति हो गई। और अब वह कालेज में प्रवक्ता बन गए। पद, बढ़ा हुआ वेतन तथा सामाजिक प्रतिष्ठा सब कुछ प्राप्त हुआ इस पद के साथ।

अच्छी सेवा तथा देखभाल का नतीजा था कि बच्चा नौ माह में ही खड़ा होने लगा और दसवें महीने में तो चलने लगा। रमानाथ को अपने पुत्र पर विशेष अनुराग होता जा रहा था। अपनी पदोन्नतियों एवं सफलताओं का श्रेय वे अपने इस परम सौभाग्यशाली पुत्र को देते। उसे परम सौभाग्यशाली इसलिए भी मानते कि उसकी माँ तो स्वयं में ही एक पूर्णरूपेण समर्पित माँ थी पर उसकी सेवा तथा देखभाल करने को उसकी दादी भी थी जो आठ बच्चों की अनुभवी माँ थीं। ईश्वर की कृपा कि उन दस महीनों में बच्चे को कभी कोई बीमारी या कष्ट नहीं हुआ। खूब स्वस्थ, खूब सुन्दर और खूब चंचल सभी के मन प्राण को अन्तरतम तक शीतल कर देता। सब के सुख का केन्द्रबिन्दु बन चुका था माँ का लाड़ला पोता।

परीक्षाएँ समाप्त हुईं। रमानाथ को इस बार दो माह की छुट्टियाँ मिलीं। उन्होंने सपरिवार घर जाने का निश्चय तो पहले से ही कर रखा था। उचित रिजर्वेशन भी करा लिया था। और निर्धारित समय पर घर के लिए प्रस्थान किया। घर पहुँचकर लोगों ने माँ को देखा, सराहा, पर माँ ने पाया अपनी लगभग उजड़ी हुई गृहस्थी और पति का बिगड़ा हुआ स्वास्थ्य। सब कुछ सँभालते-सँभालते ही उनका शेष जीवन बीत गया।

पिताजी से कभी-कभी अनबन एवं खटपट भी हो जाती। ऊपर से खूब नाराज

दिखतीं पर उस दिन सेवा कार्य और ज्यादा सघन हो उठता। क्षण भर को स्नान के बाद माँ सूर्य देव को अर्घ्य चढ़ातीं और हमेशा अन्य बातों के अलावा एक वरदान अवश्य माँगतीं 'हमई भगवान मालिक के आगे मौत दिहा।' माँ सदैव सुहागिन रहने की कल्पना में भी सुख का अनुभव करतीं। आज उनकी माँग पूरी हो चुकी थी। वे सुहागिन ही स्वर्गवासी हुईं। उनके मालिक (पति) के हाथों गंगा के तट पर काशी में उनका दाह संस्कार भी हुआ...। और वे अपने पीछे छोड़ गई थीं एक भरापूरा पर एक बिलखता परिवार। रमानाथ की वेदना को अन्य कोई कैसे समझ पाएगा। क्योंकि यह रिश्ता तो पूर्णतः व्यक्तिगत होता है। इस भरे संसार में रमानाथ ने कई बार माँ की छाया कई अन्य लोगों में तलाशने की कोशिश की पर सर्वथा व्यर्थ क्योंकि 'माँ' जैसा तो कोई और कहीं दिखा ही नहीं। माँ जैसी तो केवल माँ ही थी। और धीरे-धीरे यह सत्य रमानाथ को स्वीकार करना पड़ा, कम से कम सांसारिक तौर पर।

सप्तम आख्यान

धीरे-धीरे दो-तीन किस्तों में रमानाथ और सुकेशी ने सदानन्द के रुपये लौटा दिये। इससे उन दोनों को बड़ा सुकून मिला। अब कभी-कभी दोनों बातें करते अपने घर की रूपरेखा तथा उस पर होने वाले अनुमानित खर्च के बारे में। उसे बनाने में जो सम्भावित खर्च आएगा वह कहाँ से मिलेगा? रमानाथ की तनख़्वाह तो आराम से जीवन बिताने भर की होती थी। बचत तो नाममात्र की हो पाती थी।

इस बीच रमानाथ के दो और पुत्र हो चुके थे। पाँच सितम्बर उन्नीस सौ तिहत्तर को उनके तृतीय पुत्र विमल का जन्म हुआ। स्वस्थ, सुन्दर और खूब गोरा तीसरा बेटा भी बहुत प्यारा बच्चा था। उसकी नीलम आँखें तो बस देखते ही बनती थीं। उसमें एक अद्‌भुत आकर्षण था। बड़ा लावण्यमय तथा कांतियुक्त चेहरा था।

चौथे बेटे अमल का जन्म चौबीस दिसम्बर उन्नीस सौ पचहत्तर में पासीघाट में ही हुआ। सुकेशी की बेटी पाने की कामना अधूरी रह गई। रमानाथ के तीन भाइयों में अब कुल ग्यारह बेटे हो चुके हैं परंतु बेटी एक भी नहीं। धार्मिक स्वभाव की सुकेशी को यह कमी उनके जीवन में बहुत खलती। कभी-कभी बहुत भावुक एवं फिर उदास हो जातीं और फिर अपनी रीतियों की दुहाई देते हुए कहतीं कि बिना बेटी के माँ की कोख पवित्र नहीं होती। कन्यादान के बिना जीवन असफल माना जाता है। तरह-तरह के तर्क-वितर्क पर रमानाथ अब पूरी तरह से संकल्पवान् थे कि और संतान नहीं चाहिए। सुकेशी को भी समझाया कि बेटी बेटे में कोई भेद नहीं करना चाहिए। तुम्हारी बहुएँ आएँगी तब उन्हीं को अपनी बेटी-सा प्यार तथा मान देना।

समझाना बताना तो और बात थी, परंतु एक बेटी की कमी तो रमानाथ भी कहीं न कहीं बड़ी गहराई से महसूस करते थे। मनुष्य बड़ा ही लोभी एवं खुदगर्ज प्राणी है। कहाँ तो दस वर्ष तक सुकेशी एक औलाद (बेटा हो या बेटी) के लिए तरसती थीं, मन्नतें मानती थीं और दुआएँ करती थीं, और कहाँ अब चार-चार बेटों की माँ बनने के बाद भी संतोष नहीं हो रहा था। पर रमानाथ को अपनी आर्थिक विपन्नता और इन चार बच्चों की जिम्मेदारी का पूर्ण एहसास था।

कार्यभार तथा जिम्मेदारियाँ काफी बढ़ चुकी थीं। सुबह साढ़े पाँच बजे से रात के नौ बजे तक सुकेशी लगभग दिन भर ही व्यस्त रहतीं। प्रातः आठ बजे दोनों बड़े बच्चों को तैयार करना, नौ बजे रमानाथ को और फिर दोनों छोटे बच्चों की देखभाल में लगे रहना यही दिनचर्या बन चुकी थी। रमानाथ बच्चों को स्कूल छोड़ते और लाते। कभी-कभी कुछ छोटी-मोटी मदद करना भी चाहते तो करने नहीं देतीं। बार-बार कहने पर उत्तर मिलता, 'आप अपना बाहर का कार्य करें और घर के भीतर की मेरी जिम्मेदारी मुझे उठाने दें।'

दिन भर की भागदौड़ से थक जातीं, पर कभी कोई शिकायत नहीं। उल्टे सोने के समय रमानाथ के भी हाथ-पाँव दबाना उनके दैनिक धार्मिक कामों में शामिल था। उसके बाद पूर्ण संतोष से सोती थीं। पति उनका भगवान तथा बच्चे भगवान की दी हुई सबसे बड़ी नियामत थे। यही थी उनकी सोच और इसी सोच के आधार पर बुना गया था उनकी जिंदगी का ताना-बाना। कितना सरल था उनका जीवन, कितनी पवित्र थीं उनकी भावनाएँ, कितना समर्पण था उनकी जिंदगी में। जीवन भर देते जाना। सेवा, सुख, प्यार और ममता का अजस्र स्रोत थीं सुकेशी। कभी-कभी हैरानी होती कि इतनी करुणा, इतना निश्छल प्रेम और इतनी उदात्त भावनाएँ एक अपढ़ गाँव की भोली-भाली नारी में कैसे विद्यमान हैं?

रमानाथ सर्वोच्च ब्राह्मण परिवार के सपूत हैं और वे उनकी पत्नी, इसका उन्हें सदैव गर्व रहा। कभी भी कोई भी छोटी या घटिया बात उनके मन में न आती। स्वयं भी सुकेशी गौतम गोत्रीय श्रेष्ठ ब्राह्मण परिवार की संतान थीं, और इसलिए सामान्य स्कूली शिक्षा न पाने के बावजूद भी, उनके संस्कार तथा व्यवहार में कहीं भी ओछापन नजर नहीं आता था। जो कुछ नहीं जानती थीं उसके लिए उन्हें अपने पति पर पूर्ण निष्ठा के साथ निर्भरता में सुख का अनुभव होता। किसी के प्रति ईर्ष्या भाव, जो सामान्य नारी की सबसे सामान्य दुर्बलता है, से भी सुकेशी बहुत हद तक मुक्त थीं। कारण उनका ईश्वर की कृपा में अटूट विश्वास था। अगर अपने इर्द-गिर्द किसी को आगे बढ़ते देखतीं तो सहज भाव से, उसे उस परिवार या व्यक्ति पर हरि कृपा मान कर स्वीकार करतीं। अपने पास भी यदि कुछ विशेष दिखता या उपलब्ध होता तो उसे ईश्वर की इच्छा या कृपा का फल ही मानकर अत्यंत सहज भाव से स्वीकार कर लेतीं।

सुकेशी के जीवन में, एक भयानक बीमारी के कारण, कष्टदायक क्षण भी आते। वे पहली बार उन्नीस सौ साठ में प्रातः उठकर अपने घर की सफाई में लगी थीं कि अचानक बेहोश होकर गिर पड़ीं। हाथ-पाँव अकड़ गए, दाँत भिंच गए और जोर-जोर से साँसें आने लगीं। क्षण भर में ही मुख से झाग सहित थूक बाहर आने लगा। शरीर बेजान-सा बेकाबू हो गया। दृश्य इतना भयावह था कि रमानाथ की बड़ी भाभी उसका वर्णन करते-करते स्वयं डर से काँपने लगी थीं। रमानाथ संयोगवश घर पर ही थे। भाभी ने जगाया और जब रमानाथ पहुँचे तब तक शरीर शिथिल हो चुका था। थूक आना बंद हो रहा था। पर आँखें अभी भी एकटक जम-सी गई थीं और हाथ की मुट्ठी खोले नहीं खुलती थी। दस-पंद्रह मिनट में होश आने लगा। रमानाथ ने उठाकर बिस्तर पर ले जाने की कोशिश की पर इशारे से मना कर दिया। उसके थोड़े समय बाद स्वयं उठकर बैठीं पर शरीर पर नियंत्रण बिल्कुल कम था। बोलने में भी शब्द स्पष्ट नहीं मुखरित हो पाते थे। जीभ भी भीतर ही भीतर दाँतों तले आकर घायल हो चुकी थी। अतः बोलने में और कठिनाई हो रही थी।

घर के सभी प्राणी दुःखी हो गए। कोई इसे भूत-पिशाच लग गया बताता, तो कोई इसे नजर-टोना। झाड़-फूँक से लेकर सामान्य एलोपैथी, और आयुर्वेदिक इलाज कराया गया, पर लाभ नहीं हुआ। वास्तव में इस बीमारी के भयानक स्वरूप का वर्णन करके ही डाक्टरों या वैद्यों को बताया जाता था। उनके सामने तो बीमारी की कोई रूपरेखा प्रस्तुत नहीं थी, अतः वास्तविक समस्या का शायद अनुमान लगा पाना मुश्किल हो रहा था। थोड़े दिनों बाद रमानाथ शहर में एक विशेषज्ञ को दिखाने का निश्चय कर रुपये के इंतजाम में लग गए। पर साधन की कमी के कारण सुकेशी को शहर ले जाना कई महीनों तक सम्भव नहीं हो सका। और इस बीच सुकेशी को एकाध बार और दौरा पड़ गया। स्थिति की गम्भीरता को देखते हुए पिताजी ने शहर ले जाने का फैसला किया। शहर में पूरी जाँच के बाद डाक्टरों ने बताया कि ऐसा इन्हें तब तक होता रहेगा जब तक इन्हें बच्चा न होगा। ऐसा कई महिलाओं को हो जाता है। जब बच्चे हो जाते हैं तो स्वतः यह चक्कर आना समाप्त हो जाता है। खूब ढेर सारी दवाइयाँ भी दीं। सुकेशी ने नियम से खाया भी, पर कोई लाभ नहीं हुआ।

जिस दिन चक्कर आ जाता, सुकेशी का सारा दिन बड़े ही कष्ट से गुजरता। शारीरिक थकान तथा टूटन के साथ-साथ उससे भी ज्यादा घातक होता उसका मानसिक स्तर पर एक तनाव की स्थिति का बन जाना। उन्हें इस विषम स्थिति में भगवान ने क्यों डाल रखा है। इस पर बार-बार सोचतीं, अपने भाग्य को कोसतीं और अपने परिवार और पति के प्रति अपना दायित्व न निभा पाएँगी—इस दुश्चिंता में उनका दम घुटता रहता। हालाँकि चक्कर कभी एक दो माह के बाद ही आता था। पर उसके आने की कोई पूर्व सूचना नहीं होती। अतः चिंता बनी रहती थी कि कहाँ

गिर जाएँ, किस हाल में गिर जाएँ।

इस दुःखद घटना का बुरा असर पड़ रहा था सुकेशी की मानसिक स्थिति पर। उनका स्वयं पर से विश्वास डगमगाने लगा था। और यह स्थिति रमानाथ ने शीघ्र ही भाँप ली। उससे रमानाथ भी काफी चिंतित रहने लगे। पर स्वयं भी तो एक विद्यार्थी ही थे। करते भी तो क्या करते। बड़े भाई की दी हुई थोड़ी-सी आर्थिक सहायता से तथा स्वयं के प्रयास से अर्जित कुछ रुपये से बड़ी मुश्किल से अपना काम चला पाते थे। फिर भी रमानाथ ने साहस जुटाया और पत्नी की पुनः विशद जाँच-पड़ताल हेतु गोरखपुर ले गए। यहाँ सारी बातों की जानकारी करने के बाद डाक्टरों ने इसे मिर्गी का रोग, जो लगभग लाइलाज माना जाता है, करार दे दिया। कुछ दवाएँ इसे नियंत्रण में रखने हेतु दीं तथा रमानाथ को सब साफ-साफ शब्दों में बता दिया गया कि इन्हें इसके साथ ही जीना पड़ेगा। कभी-कभी स्वतः ही शरीर में जैविक परिवर्तनों के तहत यह समाप्त हो जाता है। पर ऐसे उदाहरण कम ही होते हैं। डाक्टर ने यह भी समझाया कि इससे और किसी प्रकार की हानि नहीं होती। चक्कर आने पर पानी से भी दूर रखने का सुझाव दिया। इससे सारी स्थिति साफ हो गई और रमानाथ स्वयं को इसे आजीवन झेलने के लिए तैयार करने लगे। सुकेशी को भी विश्वास दिलाया कि इसका और कोई असर नहीं होता, सिर्फ सावधान रहना चाहिए। दवा भी करते रहना चाहिए। इससे चक्कर आने के अन्तराल में वृद्धि होती जाएगी और कभी-कभी इससे चक्कर आना सदा के लिए बन्द भी हो जाते हैं।

उस रात सुकेशी रमानाथ की गोद में सिर रखकर बहुत देर तक रोईं। रमानाथ ने भी उन्हें चुप कराने की कोशिश नहीं की, बस उनके सिर पर हाथ फेरते रहे, उनके बालों को उलझाते-सुलझाते रहे। कभी सुकेशी रमानाथ की ओर देखतीं, कभी अपने हाथों से अपना मुख ढक लेतीं और कभी फफक कर रो पड़तीं तो कभी सिसकियाँ ले-लेकर। रमानाथ सब कुछ मौन रहकर देखते रहे। उनको विश्वास था कि यह रोना सुकेशी के मन को हल्का कर देगा। और वे धीरे-धीरे शान्त हो जाएँगी। हुआ भी कुछ ऐसा ही। काफी रात गए सुकेशी ने ऊपर रमानाथ के मुख की ओर देखा और लज्जित से भाव में बोलीं, 'आपके पाँव दुःख गए होंगे।' स्वयं उठने का प्रयास करने लगीं पर रमानाथ ने उन्हें इशारे से कुछ देर और लेटे रहने को कहा। उनका सिर पुनः अपनी गोद में लिये न जाने कब तक इसी प्रकार उन्हें निहारते बैठे रह जाते। पर दीपक की लौ तेज होने लगी। यह देखकर सुकेशी ने धीरे से कहा, 'दियवा में तेल डारि देई' और यह कहते-कहते उठने लगीं। इस बार रमानाथ ने नहीं रोका। वे उठीं, बोतल से तेल डालकर, बाती को और उकसा कर पुनः पति के पास चारपाई पर आ गईं। 'अब आप सो जायँ' कहते-कहते उन्होंने तकिया रमानाथ की ओर कर दिया। रमानाथ सोने का यत्न करने लगे पर नींद आती ही नहीं थी। पाँव दबाती सुकेशी को यत्नपूर्वक खींचकर रमानाथ ने अपने अंक में भर लिया, और दोनों चुपचाप

एक-दूसरे में समाये न जाने कितनी बातें करते रहे। कब सोये इसका भी ठीक आभास नहीं रहा।

सदा की भाँति आज भी सुकेशी पहले उठीं, दैनिक क्रिया से निवृत्त हो गृहकार्य में लग गईं। उनका मन शांत था। उन्होंने ऐसा व्यवहार किया कि परिवार के अन्य लोग यह न जान पाएँ कि वह अपनी इस लाइलाज बीमारी की वजह से बहुत परेशान हैं। सुकेशी अकसर अपने काम करते-करते कुछ गाती, गुनगुनाती रहतीं। इससे घर में एक सुख का माहौल बना रहता। सबको समय पर सब चीज मिल जाती, सभी उनके सेवा भाव तथा गृहकार्य में दक्षता की प्रशंसा करते। रमानाथ की माताजी को तो अपने मन की बहू मिल गई थी। उन्हें भी गीत संगीत का शौक जो था। यही बहू उनके इस गुण को उनसे प्राप्त करेगी इसका उन्हें सुखद आभास हो चुका था। सुकेशी की आवाज अच्छी थी, मीठी थी, पर वह बात नहीं थी जो रमानाथ की माँ की आवाज में थी। जब कभी कामकाज से दोपहर बाद कुछ अवकाश पातीं तभी सुकेशी माँ के पास जाकर बैठ ज़ातीं। लेटे-लेटे ही माँ उन्हें कोई गीत गाकर सुनातीं और उसे सुकेशी को दुहराने को कहतीं। बड़े ही मनोयोग से सुकेशी उन गीतों को सीखतीं।

बात उन्नीस सौ उनसठ की गर्मियों की है। रमानाथ अपनी एम. ए. प्रथम वर्ष की परीक्षा देकर घर आए। दिन भर सुकेशी घर में खूब उत्साहपूर्वक अपने दैनिक कार्य में लगी रहीं। शाम को सबको खाना-पीना कराके, घर बंद कर रमानाथ के पास आईं। रमानाथ को हल्की-हल्की नींद आ रही थी। सहसा किसी के पाँव छूने का आभास हुआ और आँख खुल गई। सामने सुकेशी पाँव पर झुकी पड़ी थीं। रमानाथ ने उठते हुए खींचकर प्यार से अपने पास बैठा लिया। प्यार से पूछा, 'कैसी हो?' 'आप कैसे हैं?' उनका उत्तर तथा प्रश्न दोनों एक ही वाक्य में निपट गये। फिर पूछा, 'आपकी परीक्षा कैसी हुई? पास हो जाएँगे न?' रमानाथ ने कहा, 'क्यों, कोई संदेह है?' 'नहीं आज तक तो कभी आप फेल हुए ही नहीं पर सुनती हूँ यह दर्जा सबसे बड़ा है। सबसे कठिन।' रमानाथ ने आश्वस्त कराते हुए अपनी गोद में उन्हें खींच लिया। उन्हें विश्वास हो चुका था कि रमानाथ पास अवश्य हो जाएँगे। लगभग दस मिनट तक इसी खुशी हेतु ईश्वर से प्रार्थना करती रहीं। रमानाथ का पास होना जैसे उनकी अपनी सफलता थी। वर्षों से सुनती आ रही हैं कि रमानाथ पढ़ने में बहुत अच्छे हैं। वे कभी फेल नहीं हुए हैं। उन्हें वजीफा मिलता है—इत्यादि बातें जब कोई करता तो उनके कानों को बहुत सुख मिलता। और ऐसी सुखदायक बात करने वाला व्यक्ति भी उनका प्रिय पात्र हो जाता। उन्हें रमानाथ की इन्हीं उपलब्धियों में अपना भविष्य दिखता। वे बार-बार सोचतीं कि कभी रमानाथ भी नौकरी-चाकरी करेंगे तब घर के कष्ट कम हो सकेंगे। शायद वे और सुख-सुविधा से रह पाएँगी। अपने इसी कल्पना लोक में सुकेशी खुश रहतीं।

छोटी बहन के घर उसके देवर के लड़के की शादी पड़ी थी। निमंत्रण में जाना

था। रमानाथ के अलावा घर पर जाने लायक और कोई नहीं था क्योंकि रमानाथ के बाबा जी नतिनी के घर जा नहीं सकते थे। यह रीति के खिलाफ है। और पिताजी प्रतापगढ़ वाले घर पर थे। अतः निश्चय हुआ कि रमानाथ बहन के घर जाएँगे। बहन के लिए साड़ी तथा कुछ मिठाई इत्यादि बाबा जी ने बाजार से लाकर रख दिया। नियत दिन पर रमानाथ ने जाने की तैयारी की। सब सामान लेकर अपने कपड़े इत्यादि भी साथ में रखकर साइकिल से बहन के घर के लिए प्रस्थान किया।

रमानाथ की परीक्षा खत्म हो चुकी है। यह बहन को पता नहीं था और इसीलिए वह काफी आशंकित थी कि मायके से कोई आएगा या नहीं। भाई के आने की खबर पाते ही बहन भागती हुई घर से बाहर बंगले में आ गई। भाई से लिपटकर फूट-फूट कर रोने लगी। रमानाथ ने समझाया, चुप कराया तथा सामान्य बातों में उसका ध्यान बँटाने का प्रयास करने लगे। रमानाथ की यह बहन सबसे छोटी है। जीवित छः भाई-बहनों में पेट पोछुई (अंतिम संतान)। अतः सबकी प्यारी लड़की। रमानाथ को तो बचपन से ही अपनी बहनों से बहुत लगाव तथा प्यार रहा। यह बहन तो उनकी सबसे मुँहलगी बहन है। पर रमानाथ जब भी अपनी इस बहन से मिलते तो उन्हें एक भीषण अपराध बोध ग्रस लेता। कारण कि रमानाथ की निगाह में उनकी इस बहन की शादी बेमेल शादी थी। उसके पति की उम्र बहन की उम्र की दो गुनी और वह भी उनकी दूसरी शादी थी और पहली शादी से भी उनके बच्चे थे। यह पीड़ादायक स्थिति रमानाथ के परिवार वालों को क्यों स्वीकार करनी पड़ी, इसका रमानाथ अंदाज ही लगा सकते थे। छोटे होने के नाते सवाल करने का हक तो था नहीं। पर रमानाथ का मन बहुत रोता था अपनी इस बहन के भाग्य पर। वैसे तो वे लोग (रमानाथ के जीजा इत्यादि) परम कुलीन ब्राह्मण थे। साथ ही साथ बहुत ही धनी परिवार था। उस घर में उस समय भी सोना तोला माशा में नहीं वरन् सेर, पाव तथा छटाँक में तौला जाता था। सारे इलाके के सबसे धनी व्यक्ति से उसकी शादी हुई थी। घर में भौतिक सुख-साधन प्रचुर मात्रा में उपलब्ध था। पर न जाने क्यों रमानाथ को इस शादी से कभी भी प्रसन्नता नहीं हुई।

बहन ने जलपान की व्यवस्था कराई। और भी रिश्तेदार आ चुके थे, कई रिश्तेदारों की अभी भी प्रतीक्षा थी। उधर बारात जाने की तैयारी भी लगभग पूरी हो चुकी थी। सारे रिश्तेदार बार-बार बहन के श्वसुर (बड़के बाबूजी) से रमानाथ के बारे में पूछते। वस्तुतः रमानाथ की उपस्थिति से सारे माहौल में एक गरिमा का आभास होने लग गया था। सुन्दर सुसज्जित देहयष्टि, समुचित विश्वविद्यालयीय वस्त्रादि तथा सोने पर सुहागा एम. ए. का विद्यार्थी। सभी की आँखों में रमानाथ ही रमानाथ दिखते। लोग बड़के बाबूजी से उनकी प्रशंसा करते तथा और ज्यादा उनके बारे में जानने की उत्सुकता रखते। बहन को भाई पर बड़ा गर्व था। खुशी से फूली न समाती, 'भैया के आगई से दुआर महकिग', 'भगवान हमरे भैया क सिर ऐसे ही ऊँचा रखें।'

बहन की दुआएँ आज भी रमानाथ के कानों में गूँज जाती हैं। काश, रमानाथ अपनी इस प्यारी बहन की शादी अपनी मनमर्जी से सुयोग्य वर से कर पाये होते। काश, वे इतने छोटे न होते परिवार में कि उनकी बात को सुना-अनसुना करने की किसी में हिम्मत ही न होती। परंतु विधाता की अपनी विधि है हर कार्य के सम्पादन की। शायद इस बात को तर्क से परे मान कर स्वीकार कर लेने में ही भलाई है।

बारात में धन का दिखावा ज्यादा और प्यार एवं सद्भावना से किए गए स्वागत का सर्वथा अभाव। स्थिति रमानाथ को काफी नागवार लगी। परंतु सब कुछ मौन देखते रहे। लड़की वाले भी बहुत सम्पन्न लोग थे। उन्होंने भी गाँव में ही शहर का माहौल पैदा कर दिया था। दिखावे की चकाचौंध में हमारी मान्यताएँ, मर्यादाएँ तथा पुनीत माने जाने वाले वैवाहिक कार्यक्रमों तक की अवहेलना देखी रमानाथ ने। धन के दुरुपयोग का नग्न नृत्य। दोनों ओर से जैसे होड़ लगी हो अपने को एक-दूसरे से बड़ा सिद्ध करने की।

बारात वापस आई। रमानाथ बहन से विदा ले अपने गाँव आए जहाँ सुकेशी उनकी प्रतीक्षा कर रही थी। पर उन्हें धूप और लू का असर हो चुका था। घर पर आते ही वे चारपाई पर लेट गए। भाभी ने पानी दिया। गुड़ की एक डली मुँह में डालकर रमानाथ ने पानी पिया। और फिर लेट गए। यह देख भाभी समझ गई कि इनकी तबीयत ठीक नहीं है। हुआ भी ऐसा ही। शाम होते-होते रमानाथ का शरीर गरम हो गया। उन्हें हल्का-हल्का बुखार तथा शरीर में दर्द हो रहा था। सुकेशी ने कुछ समय बाद तुलसी तथा काली मिर्च डालकर चाय बनाई और उसे रमानाथ को पीने को दी। चाय पीकर आराम मिला पर वह एकदम अस्थायी आराम था। शाम को खाना भी भाभी की जिद पर थोड़ा खाया और सो गए। रात में पुनः बुखार बढ़ने लगा। घर में एनासिन की एकाध गोलियों के सिवाय और कोई दवा भी नहीं थी। गाँव में कोई डाक्टर या वैद्य नहीं। सुकेशी ने वही एनासिन की गोली दी और लिटा दिया। थोड़ा पसीना आया और रमानाथ सो गए।

सुबह जब उठे तो सुकेशी चाय लिए खड़ी थी। उन्होंने कहीं से अदरक भी जुटा ली थी और इस बार की चाय में अदरक, मिर्च और तुलसी पत्ता सभी कुछ डालकर एकदम काढ़ा जैसा बनाकर लाई थी। वास्तव में वह चाय कम दवा ज्यादा थी। रमानाथ का गला बैठ गया था। आवाज साफ नहीं हो रही थी। अतः यह चाय रूपी दवा और ज्यादा उत्तम मानकर दी जा रही थी। इन घरेलू उपचारों से कोई लाभ नहीं हुआ। रमानाथ दिन भर चारपाई पर ही लेटे रहे और खाना-पीना भी ठीक से नहीं कर पा रहे थे। उन्हें स्वयं भी चिंता हो रही थी कि कहीं बीमार हो गया तो क्या होगा। गाँव में कोई डाक्टर नहीं है। बाहर ले जाने के लिए घर में रुपये नहीं हैं। असहाय महसूस कर रोये चली जा रही थीं। सुकेशी की प्रार्थना, मन्नतें तथा भाभी की दुआएँ भी काम नहीं आ रही थीं। दोपहर बाद तो बुखार तेज हो

गया। सारा बदन तवे की तरह तपने लगा। बहुत बेचैनी महसूस करने लगे रमानाथ। गर्मी के महीने में लोग कम्बल पर कम्बल ओढ़ाये जा रहे थे कि पसीना होगा तो बुखार कम हो जाएगा। रात बड़े कष्ट से बीती। घर में खाना बना पर एकाध लोग ही खा सके। रमानाथ के न खा सकने के कारण दुःखी सुकेशी ने भी खाना नहीं खाया और वहीं चारपाई के पास हाथ में बेना (पंखी) लिये रात भर बैठी रहीं। बार-बार रमानाथ पानी माँगते और वे उठकर तुरंत लोटे से पानी को गिलास में डालकर रमानाथ को सहारा देते हुए पिलातीं। मुँह अपने आँचल से पोंछ कर पुनः लिटा देतीं।

दूसरे दिन तै किया गया कि डाक्टर अच्युतानंद को खबर दी जाय। गाँव के ही एक भाई ने गोला जाकर डाक्टर साहब को खबर दी। खबर सुनकर डाक्टर साहब ने कुछ दवा दी और शाम डिसपेंसरी बंद करने के बाद आने का भी वादा किया। भाई दवा लेकर आ गया। दवा दी गई, थोड़ी देर आराम हुआ पर पुनः उसी प्रकार का तेज बुखार हो गया। अब सभी डाक्टर के आने का बेसब्री से इंतजार करने लगे। शाम को करीब छः बजे डाक्टर अच्युतानंद आए। रमानाथ को देखकर हैरान हो गए। बोले तुम बीमार हो और खबर भी नहीं दी। रमानाथ ने कहा, 'आज एक भाई गया था आपने दवा भी दी थी।' 'हाँ, पर उस आदमी ने तुम्हारा नाम तो बताया नही। पं रामलगन शुक्ल के घर मरीज देखने आना है कहकर चला आया। अच्छा यह बताओ तुम कब आए गोरखपुर से? परीक्षा हो चुकी है। या अभी जाना है?' डाक्टर अच्युतानंद जो वास्तव में रमानाथ के दोस्त थे, ने ढेर सारे प्रश्न कर डाले। रमानाथ उत्तर देते गए। परीक्षा दे चुके हो तो कोई चिंता नहीं। मैं तो उसी के लिए चिंतित था। बुखार तो आता जाता है पर इसका कारण क्या है–यह जानना जरूरी है। साथ में कम्पाउंडर तिवारी जी खड़े थे। डाक्टर साहब ने उन्हें खून लेने को कहा। तिवारी जी ने स्लाइड निकाली और खून लेकर उसे पुनः सँभाल कर रखा। डाक्टर साहब ने कुछ दवा दी, एक इंजेक्शन दिया तथा खाने-पीने के लिए हिदायतें देकर जाते-जाते पानी खौलाकर, छानकर, पिलाने को कह गए। चलने से पहले डाक्टर ने रमानाथ का हौसला बढ़ाते हुए कहा कि 'यार तुम्हारी वाली (वालीबाल के खेल में स्मैश) से तो सारे खिलाड़ी काँपते हैं। यह मामूली बुखार क्या चीज है। मैं कल फिर आऊँगा।' कहकर डाक्टर चले गए। जाते समय बाहर रमानाथ के पितामह कुछ रुपये हाथ में लिए खड़े थे। 'डाक्टर साहब फीस'। अच्युतानंद ने कहा, 'बाबा, वह मेरा दोस्त है। ठीक हो जाएगा तब एक दिन जमके मिठाई खाएँगे।' कहते-कहते डाक्टर साहब ने बाबा के पाँव छू लिए और साइकिल पर सवार हो गोला के लिए प्रस्थान कर गए। सबको सहारा मिला, थोड़ा संतोष मिला। सब के मन में डाक्टर के व्यवहार तथा विचार के प्रति एक आदर का भाव जाग उठा।

डाक्टर साहब दूसरे दिन फिर आए। उस समय फिर रमानाथ को काफी बुखार था। खून का टैस्ट तिवारी जी ने कर लिया था। मलेरिया नहीं था अतः डाक्टर को

थोड़ी राहत-सी महसूस हुई। पर जब रमानाथ को आज फिर बुखार में तपते देखा तो वे थोड़े गम्भीर हो गए। स्वभाव से हँसमुख तथा अत्यंत सुन्दर मुखमंडल पर चिंता की हलकी रेखा देख रमानाथ समझ गए कि समस्या कुछ गम्भीर है। सामान्यतया अच्युतानंद मुस्कराते हुए बातें करते हैं। लोगों का मानना है कि डाक्टर साहब के बातें करते-करते ही आधा रोग भाग जाता है। पर अच्युतानंद आज अपने उस रूप में नहीं थे। बुखार नापा, आँख देखी, जीभ देखी, और अन्य प्रकार से चेकअप करके कुछ क्षण सोचकर बोले, 'रमानाथ लगता है बुखार बिगड़ गया है। लक्षण टाइफाइड के लग रहे हैं। क्योंकि मलेरिया तो है नहीं, और आज चौथा दिन है। बुखार एकदम ज्यों का त्यों है। खैर, घबड़ाने की कोई बात नहीं।' फिर एक इंजेक्शन दिया, कुछ कैपसूल तथा गोलियाँ देते हुए भाभी को बताने लगे कि एक नया घड़ा मँगा लीजिए। गरम पानी उसी में रखिये और वही पानी तथा यह कैपसूल तीन बार देते रहिए। मैं कल फिर आऊँगा।

आज बाइस दिन हो गए, रमानाथ को बिस्तर पर पड़े-पड़े। शरीर सूखकर काँटा हो गया है। चमड़ी सिकुड़ गई है और होठ एकदम बेजान पर बुखार धीरे-धीरे काबू में आ गया था। पर दवा और परहेज पर पूरा ध्यान देना जरूरी है। सुकेशी अपने जीवन की सबसे कठिन परीक्षा दे रही थीं। ऐसा लगता था कि उन्हें खाना-पीना या सोना जैसी चीजों में कोई रुचि नहीं। दिन-रात रमानाथ की चारपाई के पास एक चटाई बिछाकर बैठे रहना, पंखा झलते रहना, पानी तथा दवा देना इत्यादि ही उनकी जिंदगी बन चुके हैं। हमेशा कुछ न कुछ गुनगुनाते रहने वाली सुकेशी मानो भूल ही गई हों कि मुस्कराना या गुनगुनाना भी कोई चीज है। रमानाथ की सेवा में इस प्रकार लीन हो चुकी थीं कि स्व का भान ही न रह गया था। उनका स्वस्थ शरीर भी अत्यंत क्षीण हो गया था। रमानाथ ने महसूस किया कि पत्नी के रूप में सुकेशी एक आदर्श हिन्दू नारी हैं। शायद ऐसी ही किन्हीं स्त्रियों को देखकर कभी ऋषियों ने पातिव्रत धर्म को प्रतिपादित कर इतना उच्च स्थान प्रदान किया होगा। रमानाथ ने भी पढ़ा तथा सुना था सीता, सावित्री, एवं सबसे ऊपर अनसूया का नाम। पढ़ा था मंदोदरी, सुलोचना तथा उर्मिला के बारे में। आज रमानाथ यह महसूस कर सकते थे कि सचमुच ये देवियाँ ऐसी रही होंगी जिनके बस में भगवान भी रहते रहे होंगे। सुकेशी बस सुकेशी थी।

अष्टम आख्यान

एक प्रवक्ता के रूप में रमानाथ अपनी शोहरत की बुलंदी पर थे। महाविद्यालय में सबसे स्वीकार्य, सम्मानित एवं योग्य शिक्षक के रूप में प्रतिष्ठित रमानाथ भी अपनी

इस शोहरत की धूप में पीठ सेंकते जा रहे थे। कालेज की कक्षाएँ हों, या हॉस्टल तथा अन्यान्य छोटी-मोटी संस्थाओं का प्रबंधन, या खेल का मैदान हो या विचार गोष्ठियाँ हों, हर तरफ रमानाथ की आवश्यकता महसूस की जाती। अपने पास-पड़ोस में भी काफी चर्चित तथा स्वीकार्य। इस कटु सत्य के बावजूद भी कि शिक्षकों की कालोनी नकलचियों की एक असंगठित भीड़ से बढ़कर कुछ भी नहीं थी। परंतु उनके बीच भी अकसर सेतु का काम करते रमानाथ।

विद्यार्थियों की अनेक समस्याओं के समाधान हेतु प्राचार्य महोदय हमेशा रमानाथ को आपसी विचार-विमर्श के लिए बुलाते। रमानाथ भी इसे अपने लिए सम्मानसूचक मानकर तथा कालेज के प्रति सच्ची निष्ठा के कारण, सदैव जो भी उचित सलाह या सहयोग दे पाते थे, देते थे। वस्तुतः कुछ एक सहकर्मियों की व्यावसायिक प्रतिद्वंद्विता और तद्जनित ईर्ष्या के अलावा सब कुछ रमानाथ के पक्ष में ही था।

सुकेशी अपनी कालोनी में अकेली निरक्षर नारी थीं। उनकी निरक्षरता को कभी भी सामाजिक स्तर पर रमानाथ ने उनके मान-सम्मान में बाधक नहीं बनने दिया। इस एक कमी के अलावा तो उनमें बहुत कुछ उन तथाकथित शिक्षित महिलाओं से ज्यादा ही था। घर आए सहकर्मियों की आवभगत, छोटी-मोटी कहानियों, किंवदंतियों तथा चुटकुलों का तो वह भंडार ही थीं। अतः किसी भी माहौल को संगीन होने या अत्यंत गंभीर बनने से वे हमेशा बचा लेती थीं। उनके अकृत्रिम, निष्कपट और प्रत्युत्पन्नमति से लोग काफी प्रभावित थे। उनकी सर्वप्रियता या लोकप्रियता केवल प्रवक्ता कालोनी तक ही सीमित न थी, वरन् छोटे कर्मचारियों के घरों में भी वे परम आदरणीया तथा सम्मानित व्यक्ति थीं। क्योंकि अकसर उन लोगों के छोटे-मोटे दुःख, जरूरतें तथा अपेक्षाओं का वे खयाल रखतीं। उनकी मदद करतीं। वे अकेली ही 'मेम साहब' थीं जो सारे कालेज में स्वीकार्य एवं सम्मानित थीं। प्राचार्य महोदय से लेकर कालेज के चपरासी तक उनके भोलेपन तथा उनके अनेक मानवीय गुणों के प्रशंसक थे। पारिवारिक जीवन की धुरी सुकेशी के व्यक्तित्व का यह पहलू भी रमानाथ को अच्छा लगता। वे कभी-कभी सोचने लगते कि क्या इतना सब एक अपढ़ व्यक्ति से अपेक्षित है? या कि फिर इतना किसी अशिक्षित व्यक्ति के वश का भी है।

समय अपनी मंथर गति से चलता जा रहा था। सब कुछ सामान्य, सब कुछ सुखकर। इन्हीं दिनों एक छोटी-सी घटना घटी। एक दिन रमानाथ अपने विद्यार्थियों को सर्वे सिखा रहे थे। पाँच ग्रुपों में विद्यार्थियों को बाँट कर, पाँच सेट सर्वे के सामान उन्हें देकर बाहर भेजा। स्वयं बाहर जाकर हर एक ग्रुप को सर्वे का क्षेत्र दिखाया, और कार्य प्रारम्भ करने का आदेश देकर पुनः विभाग में कुछ काम में लग गए। उस समय विभाग में अन्य कोई सहकर्मी नहीं था। किसी और कक्षा का लैब प्रैक्टिकल था जो डा. बोस ले रहे थे। रमानाथ कभी-कभी इसी प्रकार के अवसरों पर अपने स्टोर का निरीक्षण कर लेते। लैब के सहायक उपाध्याय से बोले, 'स्टोर खोलो तथा

दिखाओ वह थियोडोलाइट जो काम नहीं कर रहा है।' कुछ दिन पहले यह शिकायत उन्हें मिली थी। पर ध्यान नहीं दे पाए थे। यह एक कीमती मशीन होती है। अतः उन्होंने स्वयं देखना चाहा। उपाध्याय मशीन लाया और रमानाथ ने उसे देखा। एक मामूली-सी एडजस्टमेंट की समस्या थी। उसे उन्होंने ठीक करके कहा ले जाओ इसे। यह तो बिलकुल ठीक है। उपाध्याय ने कहा, 'सर, शायद इस यंत्र को चलाना और लोगों को आता ही नहीं। इसे कन्डम करने को सिंह साहब ने कहा था। मैं भी चिंता में पड़ गया था कि सर पूछेंगे तो क्या कहूँगा। नई मशीन है इतनी जल्दी कैसे खराब हो गई ?' फिर रुककर बोला, 'सर, इसे थोड़ा सेट कर देता हूँ एक बार चला कर पूरी तरह देख लीजिए तो मुझे शान्ति हो जाएगी।' रमानाथ शत-प्रतिशत आश्वस्त थे। पर फिर भी उपाध्याय के संतोष के लिए उन्होंने कहा, 'अच्छा इधर पीछे पानी की टंकी की ओर सेट कर दो। आगे या बगल में नहीं। वहाँ सर्वे चल रहा है। उसमें व्यवधान नहीं पड़ना चाहिए।' उपाध्याय ने वैसा ही किया। रमानाथ भी लगभग खाली ही थे, उन्होंने उस मशीन से उसे पूरे क्षेत्र का सर्वे कर एक उत्तम मानचित्र तैयार कर दिया। उपाध्याय को कहा कि मशीन डेलीकेट है, इसे हर आदमी को मत दिया करो। वैसे मशीन बिलकुल ठीक है।

इतने में ही ग्रुप-सी के लड़के-लड़कियाँ अपना सर्वे करके वापस लैब स्टोर में सामान जमा करने के लिए आ गए। रमानाथ ने उपाध्याय को निर्देश दिया, सामान मिलाकर वापस ले लो। सामान जमा करके सभी विद्यार्थी प्रयोगशाला में जाकर प्लाटिंग में व्यस्त हो गए। इसी प्रकार अन्य ग्रुप भी आए। अपना सामान जमा किया और लैब में जाकर सर्वे के परिणाम को मानचित्र का रूप देने में लग गए।

दूसरे दिन सब अपने-अपने ग्रुप के मानचित्र के साथ रमानाथ के आफिस में आ गए। उन्होंने कुछ कार्य बहुत उत्तम कोटि का किया हुआ था। देखकर प्रसन्नता जाहिर की। एकाध सर्वे त्रुटिपूर्ण लगा। अतः उसे पुनः चेक करने का आदेश दिया। और अंत में सभी विद्यार्थियों की उपस्थिति (अटेंडेंस) लगाने लगे। उसी में एक विद्यार्थी जो कल सर्वे करते समय नहीं था, पर आज आया था, ने कहा मैं भी कल सर्वे में था सर, मुझे प्रजेंट का दीजिए। रमानाथ को याद था कि यह लड़का तो नहीं था। फिर भी उन्होंने उसे प्रजेंट कर दिया। सभी चले गए, पर ग्रुप डी के लीडर को रमानाथ ने रुकने का आदेश दिया। उस लड़के ने इसी ग्रुप में कार्य किया था, ऐसा दावा किया था। रमानाथ ने सच्चाई जानने के लिए उस ग्रुप लीडर से ही पूछा कि क्या उस लड़के ने तुम्हारे ग्रुप में काम किया था। लीडर ने स्पष्ट बताया, 'नहीं सर, उसका नाम इसी ग्रुप में था पर वह तो कल आया ही नहीं था। गाँव से उसके कुछ लोग आए थे। उनके साथ टाउन में गया था। कालेज में ही नहीं आया, तो सर्वे की बात तो दूर है।' यह लीडर और वह लड़का दोनों एक ही हॉस्टल में रहते भी थे। अतः लीडर को सारी कहानी पता थी। एकाध लड़के से और पता किया।

सबने यही कहा कि वह तो कल आया ही नहीं था। रमानाथ को स्वयं पर तथा अपनी स्मृति पर भी पूरा भरोसा था। पर अब शत-प्रतिशत विश्वास हो गया कि उस लड़के ने एक हाजिरी पाने के लिए झूठ बोला था।

यह बात कि अब अरुणांचल के लड़के झूठ बोलने लगे हैं और उनमें से एक लड़के ने अपने गुरु से भी झूठ बोला, रमानाथ को बेचैन कर गई। सारे दिन मन उचाट रहा, किसी काम में मन नहीं लगा। किसी प्रकार कालेज से कार्य समाप्त कर घर आए, पर यहाँ भी वही बात दिमाग को बार-बार उद्वेलित करती जा रही थी। रमानाथ काफी चिंतित एवं विचलित से दिखे। सुकेशी देखते ही देखते जान गईं कि आज कुछ खास समस्या है। सामान्यतया रमानाथ घर आने पर आफिस या कालेज की बातें नहीं करते थे। घर पर अपने परिवार में मुखिया की भूमिका का अच्छी प्रकार उन्हें ज्ञान था। वे ऐसे लोगों को जानते थे जो अपने सरकारी जीवन, और पारिवारिक जीवन में भेद नहीं रख पाते थे। और वे अपना दोनों (सरकारी तथा पारिवारिक) जीवन समस्याग्रस्त बना कर रख देते थे। ऐसे लोग बड़े दुःखी रहते हैं। रमानाथ इस बात से भली भाँति परिचित थे। अतः शायद ही कभी अपने कालेज की बातों को घर पर छेड़ते। परंतु आज उन्हें इतना गहरा आघात लगा था कि उनका अन्तरतम भी हिल उठा था। उनका छात्र उन्हीं से एक हाजिरी हेतु झूठ बोल गया। उन्हें साफ दिखने लगा कि अब अरुणांचल 'प्रगति' करने लगा है। अर्थात अब यहाँ किसी सत्यनिष्ठ शिक्षक की जरूरत नहीं रह गई है। अब यहाँ पेशेवर प्रवक्ता ही चाहिए जो इन्हें विषय के साथ-साथ दुनियादारी की भी शिक्षा दे। उन्हें साफ दिख रहा था कि अब थोड़े दिनों बाद यहाँ विषय कम और दुनियादारी ज्यादा पढ़ाने वाले शिक्षक ही सम्मान के पात्र होंगे। उस दुर्दिन की कल्पना कर रमानाथ सिहर उठते। उन्हें ऐसा लगा जैसे उनकी तपस्या भंग हो गई है। जैसे उनसे किसी ने उनके जीवन की सबसे बड़ी पूँजी ही छीन ली हो। पत्नी के बार-बार पूछने के बाद भी रमानाथ कुछ बता नहीं पा रहे थे। शाम हो चली थी। बच्चे खेलकर वापस आ रहे थे। रमानाथ अपने हाथ में गिलास लिए लगातार सोचते चले जा रहे थे। उन्हें कहीं भी शान्ति नहीं मिल रही थी। वे बेचैन होकर बोले, 'चलो सिवोकरंग तक घूम कर आते हैं।' आप कपड़े इत्यादि नहीं बदलेंगे? रमानाथ ने कहा, 'नहीं, पर तुम तैयार हो कर जल्दी आ जाओ।' बच्चे को दूध या हारलिक्स देने की बात को याद कर सुकेशी थोड़ी चिंतित थीं कि अगर मैं चली गई तो वह तंग करेगा। समाधान अचल ने निकाला। 'अम्माँ, आप जाइए। माँगेगा तो मैं बनाकर दे दूँगा।' जल्दी-जल्दी में सुकेशी ने स्टोव जलाया। हारलिक्स तैयार कर सबको थोड़ा-थोड़ा दे कपड़े पहन वापस आ गईं। रमानाथ परेशान हैं यह सोचकर कि सुकेशी विशेष चिंतित थीं। और किसी भी प्रकार वे उनकी परेशानी बाँटने की कोशिश करेंगी, इस विचार से सिवोकरंग की तरफ घूमने के लिए जाने को तत्पर सुकेशी आ गईं। पीले रंग की साधारण-सी साड़ी, उसी से मिलता-जुलता

ब्लाउज पहन वे बाल बाँधते ही बाहर आ गई थीं। रमानाथ ने कहा ऐसी कोई जल्दी नहीं है। ऐसी कोई परेशानी भी नहीं है। अतः तुम ठीक से तैयार होकर आओ। मैं यहीं खड़ा हूँ। पाँच मिनट बाद सुकेशी तैयार हो आकर बोलीं, 'अब चलो।' थोड़ी देर दोनों चुपचाप चलते रहे। कालोनी के गेट से बाहर जब कैम्पस की मुख्य सड़क पर आ गए तब धीरे से सुकेशी ने कहा, 'हमार जिउ बहुत घबडात बा, बताई न का बाति है।' रमानाथ ने उनके कंधे पर हाथ रखते हुए उन्हें आश्वस्त करने की कोशिश की, पर व्यर्थ। उन्हें तो वह समस्या जाननी है जिसने उनके हँसमुख पति को इतना मलिन तथा उदास कर रखा है। उद्यत, उतावली एवं पीड़ित सुकेशी रमानाथ से मानो मन ही मन प्रार्थना कर रही हो कि 'नाथ, मुझे अवश्य बताइए कि वह कौन-सी बात है जो आपको इतनी देर से व्यथित किए हुए है।' रमानाथ ने भी अपना मौन तोड़ा। और अधिक सुकेशी को परेशान करना उन्हें अति भारी लग रहा था, परंतु उनकी समस्या थी कि वे अपनी भोली-भाली सहचरी को क्या बताएँ? क्या वे यह कहें कि आज उनका धीर गम्भीर विद्वान पति लुट चुका है। उसके पवित्रव्रत को एक झूठ ने खंडित कर डाला है। क्या वे इस पवित्रमना नारी से यह कहें कि एक छोटे से झूठ ने उन्हें इतना व्यथित कर रखा है कि वे अब भीतर ही भीतर टूट रहे हैं? क्या वे यह बताएँ कि उनके सपनों का अरुणांचल उन्हें बिखरता, खंडित होता पतनोन्मुख दिख रहा है? क्या कहें? कहने को तो कुछ खास नहीं है पर बात इतनी छोटी भी तो नहीं है कि उसे यों ही भुला दिया जाए।

मन को संयत कर रमानाथ ने धीरे-से कहा, 'आज एक विद्यार्थी ने मुझसे झूठ बोला।' 'किसलिए?' उनका सहज-सा प्रश्न था। रमानाथ ने भी उसी निरपेक्ष भाव से कह दिया, 'अटेंडेंस के लिए।' 'इकाऊ होत।' तुरंत रमानाथ को अपनी भूल का एहसास हुआ और उन्होंने समझाते हुए सुकेशी को प्यार से बताया, 'हाजिरी के लिए। रोज हम लोग जो विद्यार्थी कक्षा में आते हैं उनकी हाजिरी लेते हैं। वह लड़का नहीं आया था फिर भी मुझसे बोला कि सर मैं तो आया था। मुझे भी हाजिर कर दीजिए,' 'तो आपने कर दिया ?' हाँ ! उत्तर था रमानाथ का जो सुकेशी को कहीं गहराई तक बेध गया। वे तिलमिला उठीं और कहने लगीं कि जब एक बार उसको झूठ से फायदा हो गया है, तो वह निर्बुद्धि बालक बार-बार झूठ बोलेगा। और अंततः अपना जीवन नरक बना लेगा। आपको ऐसा नहीं करना चाहिए था। आपको उस लड़के को समझाना चाहिए था कि झूठ बोलना पाप है। रमानाथ एक अबोध बालक की तरह सुकेशी की आत्मा की अन्यतम गहराइयों से निकली इन बातों को सुनते जा रहे थे। सत्य के प्रति उनकी निष्ठा, सत्य की उनकी सही पहचान और सत्य की ही विजय होती है इस पर उनका अटूट विश्वास, उन्हें इतने स्पष्ट शब्दों में अपने पति को फटकारने का अधिकार ही नहीं वरन् सामर्थ्य भी दे रहा था। सुकेशी एक समर्थ, सच्चरित्र एवं सहृदया सहयोगिनी थीं। पति का तनिक-सा

सत्य पथ से भटकाव उन्हें काफी गहराई तक झकझोर गया था। रमानाथ ने उनकी पीड़ा को समझा, और समझा अपनी भूल को। सुकेशी का अत्यंत साधारण-सा रूप इस क्षण रमानाथ को ऐसा लग रहा था मानों भारतीय संस्कृति की समस्त पतिव्रताधारी सत्यनिष्ठा नारियों का समवेत स्वर सुकेशी के मुख से अपने प्रबल वेग तथा स्वरूप में निकल रहा है, जिसके सामने रमानाथ का अपना स्वरूप आज कितना छोटा दिख रहा था। कितना लघु, कितना समझौतावादी, कितना कमजोर और कितना पथ भ्रष्ट। 'नारी तुम केवल श्रद्धा हो' का प्रकट स्वरूप अपनी सुकेशी को पा, जहाँ रमानाथ एक ओर गर्व महसूस कर रहे थे कि वे ऐसी एक धर्मनिष्ठ, सदाचारी एवं सत्यव्रती नारी के पति हैं, वहीं उन्हें अपनी लघुता पर लज्जा भी आ रही थी।

सिवोकरंग में पानी बिलकुल कम था। पत्थरों, छोटे-बड़े, आड़े-तिरछे के बीच पतली-सी जल रेखा मानो एक क्षीणकाय प्राणी की प्राणवायु धीरे-धीरे चलती चली जा रही हो। आज इसमें वह वेग नहीं, वह उन्माद नहीं। वह आलोड़न नहीं और नहीं है उसमें वह सब कुछ बहा ले जाने की अपार शक्ति। मानो जिये जा रही है उस कल्पना के सहारे कि 'अइ हैं बहुरि बसंत पुनि, इन डारिन के फूल'। पानी के बिलकुल समीप जाकर दोनों एकदम सटकर दो पत्थरों पर बैठ गए। सुकेशी ने अपना चप्पल से पाँव निकालकर पानी में डाल दिया और पानी से खिलवाड़ करने लगीं। ऐसा लग रहा था, मानों अपने तन की तपन को शीतल करने हेतु वे इस ठंडे जल में डूब जाना चाहती थीं। उन्हें लग रहा था कि आज उनके 'राम' ने असत्य से समझौता कर लिया है। कल और क्या-क्या अपराध उनसे होंगे? उनका मन एक अजीब-सा कोलाहल सुन रहा था। उन्हें भय लग रहा था कि कहीं उनका यह कीर्ति स्तम्भ (रमानाथ) समय के बवंडर में फँसकर उखड़ न जाय? वे चुप थीं, काफी देर तक चुप थीं, और फिर न जाने क्या सोचकर पानी के और पास गईं। अपने मुख पर चार चुल्लू पानी डाल आँचल से मुख पोंछती हुई पुनः पीछे खिसक कर उसी पत्थर पर बैठ गईं। मानों अपने सारे क्षोभ, आक्रोश और मन पर आई मलिनता को सिवोकरंग के निर्मल जल को सौंपकर शान्त और सामान्य होने की चेष्टा कर रही हों।

सुकेशी सत्यनिष्ठ हैं और जीवन भर झूठ न बोलने के कठिन व्रत को निभा रही हैं। यह तो रमानाथ जानते थे। पर आज तक उन्हें यह भान न था कि सुकेशी सत्य के इतने गूढ़ अर्थ और उसके प्रभाव को भी इतनी गहराई से समझती हैं। अज्ञानी थे रमानाथ उनकी सत्य से तादात्म्यता के प्रति। अपना मुख पोंछकर धीरे-से खिसककर उन्होंने रमानाथ का जूता खोला। मोजा उतारकर, उन्हें इशारे से तनिक और पानी के पास सरक आने को कहा। रमानाथ ने वैसा ही किया। अब सुकेशी रमानाथ के पाँव पानी में डालकर उन्हें धीरे-धीरे सहलाने लगीं। मानो उन्हें यह आभास हो गया हो कि उनकी फटकार उनके 'राम' को बहुत भारी पड़ी हो। वे पीड़ित एवं दुःखी और अपराधबोध से ग्रस्त हैं। धीरे-धीरे पानी ऊपर और ऊपर तक लाकर

रमानाथ के पैंट को ऊपर खिसकाकर धोने लगीं। पानी की शीतलता रमानाथ के मन को अच्छी लग रही थी। सुकेशी रमानाथ के पाँव पानी से बाहर लाकर अपने आँचल से सुखाने लगीं। दोनों पाँव धोकर सुखाकर पुनः मोजे रमानाथ को पकड़ाती हुई बोलीं, 'पहिन लेईं।' फिर अपना हाथ धोकर, थोड़ा-सा पानी अंजुली में लिये हुए रमानाथ की आँखों के पपोटों पर ला उन्हें सहलाती रहीं। रमानाथ का मन भी धीरे-धीरे शान्त होने लगा। और अब तक रमानाथ मोजे तथा जूते भी पहन चुके थे। अतः घर वापस चलने के लिए उद्यत सुकेशी प्रतीक्षा करने लगीं कि रमानाथ उठें तो घर चलें। संयत मन रमानाथ उठे और अपनी प्राण प्रिय सुकेशी की तरफ एक कृतज्ञता भरी दृष्टि से देखकर बोले, 'डाली चलो बहुत देर हो गई, बच्चे इंतजार कर रहे होंगे।' रास्ते में इस विषय में और कोई बात नहीं हुई। सुकेशी ने रामायण की पंक्ति दुहराई—'होंइहैं सोई जो राम रचि राखा।' आप ज्यादा चिंता न करें।

पर रमानाथ को इतने भर से संतोष नहीं था। वे इस बारे में सोचते ही रहे। उनका अब विद्यार्थियों पर से स्नेहिल विश्वास जैसे हिल गया हो और वे किसी और मजबूत धरातल की तलाश में लग गए हों। बार-बार उन्हें ऐसा लगता कि जैसे समय आ गया है अपने को और मजबूत एवं सक्षम बनाने का। स्वभाववश रमानाथ इस बुरे घटनाक्रम में से भी कुछ बेहतर खोज निकालने की चेष्टा कर रहे थे। उन्हें आज लग रहा था कि जैसे यह उनकी शोहरत एक दिखावा या छलावा मात्र ही है। वैसे तो, सभी अन्य शिक्षकों की भाँति ही वेतन तथा अन्य सुविधाएँ वह पाते हैं तो ऐसा गुरूर या मिथ्याभिमान क्यों कि वे औरों से कुछ अलग हैं या कुछ बेहतर हैं। अगर उनकी कक्षा का परीक्षाफल अन्य विषयों से अच्छा होता है तो वह केवल उनकी व्यक्तिगत उपलब्धि नहीं मानी जा सकती है। वह तो सारे विभाग की मिली-जुली मेहनत का फल है। और अगर उन्हें दो-चार विद्यार्थी ज्यादा सम्मान या प्यार देते हैं तो उससे क्या? उनके व्यक्तिगत या पारिवारिक जीवन पर इन वाहवाहियों का क्या असर पड़ता है। उन्हें भी अन्य प्रवक्ताओं की ही भाँति अपने व्यक्तिगत जीवन में कम से कम झंझट लेनी चाहिए। उनकी शोहरत या विद्यार्थियों में स्वीकृति उन्हें अधिक व्यस्त ही तो रखती थी। हर काम प्राचार्य महोदय भी रमानाथ के नाम लगाकर निश्चिंत हो जाते। उन्हें पता था कि रमानाथ की पहुँच के बाहर कालेज का कोई भी काम नहीं है। ऐसी कोई समस्या नहीं जिसका सही और सामयिक हल रमानाथ न निकाल पाएँ। इसका भरपूर लाभ उठाते थे प्राचार्य महोदय और बदले में दो पाखंडपूर्ण झूठी प्रशंसा के शब्द।

सुकेशी ने खाना बनाया, सबने खाना खाया। फिर वह बच्चों को सुलाने की व्यवस्था में लग गईं। दो मित्र भोजनोपरान्त रमानाथ के घर आ गए। लगभग दस बजे होंगे रात के और रमानाथ के अनुरोध पर सुकेशी भी जाकर सो गईं। रमानाथ ने उन्हें (अपने मित्रों को) सविस्तार घटना का लेखा-जोखा प्रस्तुत किया। दोनों मित्र

भी बहुत ही पॉपुलर शिक्षक थे। उन्हें भी कुछ रमानाथ की भाँति ही 'अपनी पीठ ठोंककर बाबाजी' बनने की चाहत रहती। बहुत हद उन्हें भी सामाजिक प्रतिष्ठा एवं स्वीकृति प्राप्त थी। इस घटना से वे भी आहत हुए।

रमानाथ ने जोर देकर अपनी सोच, अपनी प्रतिक्रिया उन दोनों के समक्ष रखी : इस उम्मीद में कि वे दोनों कुछ राह सुझाएँगे कि अब क्या करना चाहिए। बहस होती रही अपने अस्तित्व की रक्षा के उपाय ढूँढ़ने की गरज से पर कोई ठोस सुझाव सामने नहीं आ रहा था। एक बात पर सहमति-सी बनती नजर आ रही थी कि अब उन तीनों को भी अन्य शिक्षकों की भाँति किसी भुलावे या छलावे में नहीं रहना चाहिए। उन्हें विद्यार्थियों तथा कालेज के अलावा अपने बारे में भी सोचना चाहिए। रमानाथ ने एक सुझाव रखा कि अब से हम तीनों अपने नार्मल समय का अस्सी प्रतिशत कालेज के कार्य हेतु और बीस प्रतिशत स्वनिर्माण हेतु लगाएँगे। तीनों राजी हो गए कि अब वे ऐसा ही करेंगे। परंतु इस बीस प्रतिशत समय का क्या उपयोग करेंगे। तीनों ने मिलकर निश्चय किया कि वे अपने-अपने विषय में पी-एच. डी. करेंगे। इरा निष्कर्ष पर पहुँच तीनों ने तै किया कि अब अगले सप्ताह से ही वे तीनों अपनी-अपनी पी-एच. डी. के बारे में सोचेंगे। कुछ पढ़ेंगे-लिखेंगे। तीनों स्वयं को और सुशिक्षित एवं समर्थ शिक्षक बनाने का यह मार्ग (पी-एच. डी. का) पूर्ण मनोयोग से स्वीकार कर एक-दूसरे को गुड नाइट कहकर अपने-अपने घर को चल दिये। इस प्रकार एक बार फिर रमानाथ ने इस झूठ के विकराल विनाशकारी मुख में से एक उत्तम चीज निकालकर न केवल अपने भविष्य का मार्ग प्रशस्त किया वरन् अपने दो अन्य मित्रों को भी राह दिखाई। रमानाथ अब शान्त थे, खुश थे और संतुष्ट थे अपने इस स्वनिर्माण हेतु किए गए निर्णय से। खुश थे कि किस प्रकार एक छोटे से झूठ ने इतने बड़े निर्णय एवं संकल्प को जन्म दिया। इस निर्णय की भावी सम्भावनाएँ अपार थीं।

नवम आख्यान

पी-एच.डी. करने का निर्णय जहाँ एक ओर बाधाओं तथा समस्याओं से ग्रसित था, वहीं दूसरे ओर भावी सम्भावनाओं से गर्भित भी। रमानाथ ने निश्चय कर लिया था कि वे अब इस मार्ग पर चाहे जितनी भी बाधाएँ क्यों न आएँ, चलते जाएँगे। विभाग से उच्च शिक्षा प्राप्ति हेतु, सवैतनिक अवकाश के लिए प्रार्थना पत्र भेजा। महीनों तक कोई जवाब नहीं। वस्तुतः ऐसी भी कोई छुट्टी होती है, विभाग के कर्मचारियों की, कौन कहे, बड़े अधिकारियों तक को पता नहीं था। अरुणांचल का शिक्षा विभाग कितना अशिक्षित है, इसका आभास रमानाथ को था पर कुएँ में ही भाँग पड़ गई

है और सभी उसे पी कर मत्त हैं, इस स्थिति का ज्ञान उन्हें भी न था। शिलांग जाकर अधिकारियों को 'लीवरूल' दिखाया, समझाया और बताया। पर उनका यह तर्क कि आज तक तो किसी ने ऐसी छुट्टी माँगी नहीं। किन्तु रमानाथ तो अपने अधिकारों के प्रति भी उतने ही सजग व्यक्ति थे जितने अपने कर्तव्य के प्रति। उन्हें इन थोथे तर्कों एव दलीलों से टालना सम्भव न था। उन्होंने विभाग को बाध्य कर दिया कुछ करने को, जवाब देने को, चाहे वह अवकाश नहीं दे सकेंगे, यही हो उनका उत्तर। पर उत्तर लिखित होना चाहिए।

भारतीय सरकारी दफ्तरों में सबसे सबल जीव है 'बाबू'। वही अधिकांश दफ्तरों का तथा कर्मचारियों एवं कार्यवाहियों का भाग्यविधाता है। वही किसी का जीवन बनाता है तो किसी का नष्ट कर देता है। ऊपर बैठे पदाधिकारी नपुंसक बन चुके हैं। उनकी अल्पज्ञता, उनकी निष्क्रियता और उनकी अक्षमता का भरपूर लाभ उठाया है इस महाजीव, 'बाबू' ने। महाकाय, सर्वव्यापी और सर्वशक्तिमान 'बाबू' ने। उसे खुश करना सबकी जिम्मेदारी ही नहीं वरन् आवश्यकता तथा मजबूरी बन चुकी है। कार्यालयों में सर्वशक्तिमान पदाधिकारी को भी यही 'बाबू' मदारी के मर्कट की भाँति नचा रहा है। यही 'बाबू' आज मंत्रालयों में अजगर बनकर हर फाइल पर कुंडली मारे बैठा है। मंत्री भी उसी की मंत्रणा के कायल हैं। सचिव भी उसी के बाण से घायल हैं। सारा राष्ट्र तंत्र बाबूमय है। ऐसे एक विशाल अजगर से एक शिक्षक ने अपना हक माँगने की जुर्रत की है। उसने उन्हें 'रूल बुक' पढ़ने को मजबूर किया है। उसने 'तुम अज्ञानी हो' यह सिद्ध करने की कोशिश की है। उसने इस जमाने में जहाँ 'ईट ड्रिंक एण्ड बी मेरी' की संस्कृति सार्वभौमिक रूप ले चुकी है, पढ़ने-पढ़ाने की बेतुकी तथा बेसुरी बात कर सबका मूड खराब कर दिया है। अतः उसे इसका दण्ड मिलना ही चाहिए। और धमकी भरा नकारात्मक जवाब आ गया।

रमानाथ ने अपने हक की वकालत द्विगुणित वेग तथा तर्कसंगत पर विनम्र शब्दों में पुनः की। अपने उत्तर के साथ सारे प्रमाण, सारे कानूनी मानदण्ड और अपना अति पवित्र उद्देश्य पुनः प्रस्तुत किया। इस बार निदेशालय, स्थानीय सचिवालय सब हतप्रभ हो गए। उन्हें कोई राह नहीं सूझ रही थी। परंतु फिर 'बाबू' ने ही उद्धार का मार्ग बताया। 'इनका केस केन्द्रीय गृह मंत्रालय (उस समय अरुणांचल केन्द्रशासित क्षेत्र था) को भेज दिया जाय।' बाबू ने फाइल प्रस्तुत की, अपने रामबाण सुझाव के साथ और नपुंसक अधिकारियों ने उस पर अपनी मुहर लगा दी। और रमानाथ को जवाब मिला 'आपकी फाइल गृह मंत्रालय को भेज दी गई है।' हालाँकि 'बाबू' की यह योजना अपने टेबल से इसे दूर फेंक देने की ही थी, पर ऐसा नहीं हुआ।

चार हफ्ते बाद एक विशद पत्र रमानाथ को मिला जो गृह मंत्रालय से ही आया था। इस पत्र के मुताबिक रमानाथ को जब से चाहें दो वर्ष का सवैतनिक अवकाश दिया गया था और निदेशालय तथा सचिवालय को तीखी फटकार भी कि

इतने सामान्य दैनिक कार्यों को वे स्वयं निपटाएँ। भविष्य में ऐसे साधारण मामले गृह मंत्रालय में न भेजें। प्राचार्य को भी प्रतिलिपि मिली। सारी समस्या का निदान था उस पत्र में। अब प्राचार्य महोदय के पास एक मात्र कार्य था कि वे रमानाथ से लिखित अनुरोध प्राप्त करें कि वे कब से अवकाश पर जाना चाहते हैं? और उन्हें जाने की अनुमति दे दें।

रमानाथ की इस सफलता का ज़िक्र कालेज में बड़े ज़ोर शोर से हुआ। कुछ ने सराहा, कुछ को इसमें भी कोई चाल दिखी, और कुछ तो इसे एक धोखा बताते रहे कि सरकार अंधी हो गई है। पूरी तनख़्वाह पर पढ़ने को भेज रही है। इनसे भला पी-एच. डी. हो सकेगी इत्यादि इत्यादि। पर रमानाथ शान्त थे और शान्त तथा संयत था उनका व्यवहार। उन्हें तो अपने लक्ष्य की ओर बढ़ना था। पी-एच. डी. करनी थी।

इस प्रकार प्रथम बाधा तो दूर हो चुकी थी। परंतु अभी और कितनी सारी समस्याओं से जूझना था। सबसे अहम समस्या थी एक उपयुक्त पी-एच. डी. गाइड की। कारण कि रमानाथ अपने शोध का विषय स्वयं निर्धारित कर चुके थे और उस विषय को गाइड करने को कोई प्रोफेसर तैयार नहीं हो रहा था। उन्होंने गोहाटी विश्वविद्यालय के तीनों प्रोफेसरों से अनुरोध किया पर वे सभी अपने बताये गए विषय पर ही शोध प्रबंध कराने को राजी थे। फिर रमानाथ हिल यूनिवर्सिटी शिलांग में जाकर भी प्रयास करने लगे। वहाँ भी लगभग यही स्थिति रही। रमानाथ के मनचाहे विषय जियो मारफोलाजी पर कोई काम कराने को तत्पर नहीं हो रहा था। इससे रमानाथ में एक निराशा की भावना भरने लगी। पर वे फिर भी प्रयत्नशील रहे।

गोहाटी विश्वविद्यालय में एक 'समर कोर्स' का आयोजन किया गया था। उसमें रमानाथ भी निमंत्रित थे एक प्रशिक्षार्थी की हैसियत से और वहीं पर आए थे डॉ. नन्देश्वर शर्मा जो भागलपुर विश्वविद्यालय में प्रवक्ता थे। एक दिन रमानाथ की बारी थी कुछ बोलने की। शायद वह लेक्चर लोगों को बड़ा रोचक लगा। उसी से शायद डॉ. शर्मा भी कुछ प्रभावित थे। दोपहर भोजनावकाश में उन्होंने रमानाथ के पास आकर एक अच्छा लेक्चर देने हेतु बधाई दी। बोले, 'आपका लेक्चर बहुत मौलिक था, डॉ. शुक्ल बधाई हो।' रमानाथ ने एक विद्वान से अपनी तारीफ सुनकर विनम्रता भरे शब्दों में कहा, 'धन्यवाद सर, परंतु मैं डॉ. शुक्ल नहीं हूँ। मैं तो मात्र शुक्ल ही हूँ।' डॉ. नन्देश्वर शर्मा जी को अकस्मात् विश्वास ही नहीं हुआ कि बिना पी-एच. डी. के इतना व्यवस्थित लेक्चर रमानाथ ने तैयार किया था। उन्होंने कौतूहलवश पूछा, 'फिर आपने किसकी मदद से ऐसा लेक्चर तैयार किया?' उत्तर स्पष्ट था, 'किसी की मदद से नहीं, वरन् स्वयं जो देखा वही लिखा।' शाम को इस विषय में हम लोग आगे बात करेंगे। सभी लोग पुनः लेक्चर हाल की ओर जाने लगे। रमानाथ भी सबके साथ गए और प्रयासपूर्वक डॉ. नन्देश्वर शर्मा के पास ही बैठे।

शाम की चाय पीकर रमानाथ डॉ. नन्देश्वर शर्मा के साथ घूमने को निकले।

विश्वविद्यालय का परिसर सुन्दर तथा साफ-सुथरा था। दोनों अपने-अपने हॉस्टल से निकलकर आर्ट्स ब्लाक की ओर चले गए। नजदीक जाकर रमानाथ को लगा कि कहीं बैठकर बात की जाए तो अच्छा रहेगा। तभी उनकी नजर विरंचि बरुआ हाल के पास बनी हुई विश्वविद्यालय की कैण्टीन पर पड़ी। दोनों वहाँ जाकर एक तरफ कोने की टेबल पर बैठ गए। रमानाथ ने कुछ खाने-पीने की चीजों का आर्डर दिया और दोनों बातें करने लगे। डॉ. शर्मा को अभी भी पूरा विश्वास नहीं हुआ था कि इतना प्रबुद्ध व्यक्ति पी-एच. डी. क्यों नहीं कर पाया? रमानाथ ने अपना परिचय एक छोटे से अंग्रेजी के वाक्य, 'I am a man from an Island of Isolation' में दे दिया। अरुणांचल ही नहीं आसपास के विश्वविद्यालयों में भी कोई उन्हें गाइड करने को तैयार नहीं था। क्योंकि रमानाथ पूर्वी हिमालय की जियो मारफोलाजी पर ही काम करना चाहते थे।

डॉ. शर्मा एकाएक गम्भीर हो उठे। बड़े ही संयत स्वर में बोले आप पूजा की छुट्टियों में भागलपुर आ सकते हैं? रमानाथ का उत्तर था, 'बेशक आ सकता हूँ।' और फिर कुछ क्षण और बातें होती रहीं। दोनों ने चाय पी और हॉस्टल की ओर प्रस्थान कर गए। शेष अवधि में रमानाथ डॉ. शर्मा के सम्पर्क में रहकर यह अनुमान लगाने में कामयाब हो गए कि बिहार वासी होने के बावजूद भी डॉ. शर्मा एक अच्छे शिक्षक ही नहीं वरन् बेहतर अच्छे इंसान भी हैं। अत्यंत संवेदनशील, सरल, कुशाग्रबुद्धि और अध्ययनशील प्रवृत्ति के धनी डॉ. शर्मा कोर्स समाप्त होते-होते रमानाथ की श्रद्धा के पात्र बन चुके थे। पूजावकाश में पुनः भेंट होगी, इस वादे के साथ रमानाथ नहीं वरन् आशावान रमानाथ ने गोहाटी से प्रस्थान किया।

छुट्टियाँ आईं लोग पूजा मनाने में व्यस्त पर रमानाथ अपने लक्ष्य को मन में रखे भागलपुर के लिए प्रस्थान कर गए। वहाँ जाकर जो भी देखा, वह रमानाथ के जीवन का एक अद्‌भुत अनुभव था जो आज भी रमानाथ के मानस पटल पर उसी रूप में अंकित है। रमानाथ का सामान भी होटल से मँगाकर अपने छोटे से क्वार्टर में रखवा लिया डॉ. शर्मा ने। पत्नी पीलिया से पीड़ित, घर में और कोई सहायक या सेवक नहीं, स्वयं भोजनादि की भी व्यवस्था करते। एक भतीजा अपने तीन बच्चों तथा पत्नी के साथ पहले ही वहाँ रहता था। रमानाथ को लज्जा भी लग रही थी कि सर इतना कष्ट करके सारा कार्य करते हैं और फिर समय निकालकर रमानाथ के काम पर भी ध्यान देते।

प्रतिभापूत डॉ. शर्मा ने पी-एच. डी. की रूपरेखा निर्धारित कर ली। उसे शब्दों का सुन्दर जामा पहनाया गया और कुछ औपचारिकताओं तथा फीस के साथ विश्वविद्यालय में पंजीकरण हेतु जमा कर दिया गया। आगे के कार्य का वे स्वयं ध्यान रखेंगे ताकि पंजीकरण समय से हो जाय। रमानाथ को वापस पासीघाट लौट जाने की अनुमति दे दी डॉ. शर्मा ने। रमानाथ ने अपने सवैतनिक अवकाश की बात

भी उन्हें बताई। उससे वे परम संतुष्ट हुए। आदेशात्मक शब्दों में उन्होंने कहा कि 'पंजीकरण हो जाने के बाद मैं पत्र लिखूँगा' और तब आप कार्य करने के लिए पर्याप्त समय लेकर आ जाएँ। साथ में जो भी आँकड़े इत्यादि रमानाथ ने इकट्ठे किए थे उन्हें भी ले जाने का आदेश दिया। कुछ और आँकड़े जुटाने को भी कहा। रमानाथ ने सारी बात ध्यान से सुनी और वैसा ही करेंगे कहकर पासीघाट आ गए।

डाटाकलेक्शन एक प्रमुख स्टेज होती है पी-एच. डी. के कार्य में। रमानाथ सम्पूर्ण मनोयोग से जुट गए सूचनाओं तथा तथ्यों के संग्रह में। यह इकट्ठा करने तथा उधर पंजीकरण की कार्यवाही पूरी होने में लगभग एक वर्ष का समय लग गया। पर पंजीकरण की तिथि वही रखी गई जिस दिन सिनॉप्सिस सबमिट की गई थी। इससे बहुत बड़ा समय का अंतराल वस्तुतः कुछ किए बगैर ही बीत गया। हाँ इस बीच रमानाथ ने कुछ आँकड़े तथा तथ्य इकट्ठे कर अपने मन से कुछ लिखा भी।

उन्नीस सौ उन्यासी के पूजा अवकाश के साथ ही रमानाथ ने अपनी संवैधानिक स्टडी लीव भी ले ली और विभाग का कार्य अपने नम्बर दो सहकर्मी को सौंपकर पूरी तरह से विभागीय जिम्मेदारियों से मुक्त हो अध्ययन हेतु तत्पर हो गए। घर पर छोटे-छोटे बच्चे और एक अपढ़ तथा बीमार (एपीलेप्सी से) पत्नी। रमानाथ हमेशा कोई भी कार्य करते थे तो अपनी पत्नी को अवश्य बताकर उनकी स्वीकृति एवं सहमति से ही करते थे। पत्नी सुकेशी तो इस दिन के लिए कब से कमर कस कर बैठी थी। डॉ. शर्मा का पत्र भी आ गया और अब कुछ रुपये लेकर तथा कुछ रुपये और प्रचुर मात्रा में खाद्यान्न इत्यादि की व्यवस्था करके रमानाथ ने भागलपुर जाने का निश्चय कर लिया। रमानाथ के साथ गया उनका व्यक्तिगत सामान, कुछ पुस्तकें तथा तथ्य एवं आँकड़े। साथ था सुकेशी का प्यार भरा सम्बल एवं विश्वास और कहीं बहुत भीतर उनकी शक्ति थी और डॉ. शर्मा की कृपा और उनका सहारा। सौभाग्य से परिवार तथा गाइड दोनों ओर से रमानाथ को भरपूर सहयोग तथा शुभकामनाएँ प्राप्त थीं।

इस बीच डॉ. शर्मा रीडर एवं अध्यक्ष बनकर मिथिला विश्वविद्यालय में आ चुके थे। अतः रमानाथ अपने तामझाम के साथ जो बहुत थोड़ा ही था दरभंगा पहुँचे। रहने की व्यवस्था करने हेतु एकाध कमरा इत्यादि लेने की कोशिश करने लगे। पर डॉ. शर्मा ने स्पष्ट कहा, कहीं और क्यों रहेंगे आप, यदि बहुत कष्ट न हो तो, यहीं हमारे साथ ही रहिए। अंधे को क्या चाहिए—दो आँखें। रमानाथ को अच्छा भी लगा पर संकोच भी इतना लगा कि जैसे कोई अपराध हो रहा हो। इतने में डॉ. शर्मा की पत्नी ने, सारा संकोच सारी झिझक को मिटा देने वाला, प्यार भरा निमंत्रण, जिसमें स्नेह का आग्रह था और था एक अतिथि की सेवा का संस्कारगत छलकाव, दे ही डाला। रमानाथ ने भी स्वीकार कर लिया। डॉ. शर्मा में कुछ देवत्व पाया था रमानाथ ने पर उनकी पत्नी तो साक्षात् देवी ही निकलीं। रमानाथ अकसर सोचने लगते कि

इतने अच्छे लोग भी इस कुटिल संसार में अभी मौजूद हैं। शायद इन्हीं लोगों के माध्यम से मानवीय संस्कृति की कुछ अच्छाइयाँ अभी भी शेष हैं।

डॉ. शर्मा का छोटा-सा परिवार, छोटा-सा घर, बड़ी छोटी-सी गृहस्थी और उसमें इतनी विशालता, इतनी उदारता, इतना स्नेह। और इतनी उच्छलता से किसी के काम आ सकने की भावना पाकर रमानाथ को सहज ही एहसास होने लगा कि अवश्य ही उन्होंने पूर्वजन्म में कोई पुण्य किए होंगे, जिसके परिणामस्वरूप इतने अच्छे लोगों के सहवास का सुयोग उन्हें प्राप्त हुआ है। श्रीमती शर्मा में सुकेशी के बहुत सारे गुण विद्यमान थे। उन्हें भी सुकेशी की ही तरह अपने पति एवं बच्चों के बाहर कोई और संसार नजर नहीं आता था। स्कूली शिक्षा से महरूम, भारतीय संस्कृति के गुणों से भरपूर उनका जीवन अब स्वेच्छा से स्वीकार किए हुए एक अतिथि का भी बोझ उठाने को तत्पर हो चुका था। उनकी दिनचर्या में रमानाथ की आवश्यकताओं का विशेष खयाल रखना शामिल हो चुका था। वे उसे सहर्ष निभाने लगी थीं। दिनभर काम में लगी रहतीं, कभी डॉ. शर्मा के लिए, कभी रमानाथ के लिए तो कभी अपने बच्चों के लिए और कभी सभी लोगों के लिए। शायद अपना तो उनका क्षण भर को सूर्य नमस्कार के अलावा जैसे कोई समय ही नहीं रह गया था। वे एक सत्यनिष्ठ वात्सल्यमय सवर्णीय हिन्दू नारी का जीवन जिए जा रही थीं। धीरे-धीरे रमानाथ को महसूस होने लगा कि आज जो सुकेशी अपने पति के लिए कर रही है वही उन्होंने वर्षों पहले डॉ. शर्मा के लिए किया था। उन्होंने भी डॉ. शर्मा की शिक्षा पूरी करने के मुद्दे पर महत्त्वपूर्ण योगदान दिया था। दोनों गाँव की भोली, निश्छल और समर्पित सुहागनें और ममतामयी माताएँ एक-दूसरे से इतनी दूर पर इतनी पास। लगता था कि मानों दोनों को एक परिवेश में एक ही माता-पिता ने पाला हो। दोनों में एक ही प्रकार के संस्कार डाले हों। अजीब संयोग था यह।

डॉ. शर्मा एक सुयोग्य शिक्षक तथा कर्मठ विभागाध्यक्ष के रूप में प्रतिष्ठित होते जा रहे थे। उनकी दिनचर्या में रमानाथ के काम को बड़ी ऊँची प्राथमिकता प्राप्त थी। विभागीय कार्य से निपटकर वे रमानाथ के कार्य को संपन्न कराने के उद्देश्य से घंटों विभाग में बैठते। रमानाथ भी प्रातः उन्हीं के साथ विभाग में जाते और उन्हीं के साथ देर रात घर आते। बीच में एकाध बार चाय पान इत्यादि के लिए डॉ. शर्मा को उठाकर ले जाना और जो कुछ भी निकट की कैण्टीन में, सुलभ हो खाकर बिना समय गँवाए वापस पुनः विभाग में आकर काम में जुट जाना, रोजाना की रुटीन में शामिल हो गया था। रमानाथ के कार्य में डॉ. शर्मा की इतनी रुचि और पूर्ण मनोयोग से जुट जाने का ही परिणाम था कि कार्य बड़ी तेजी से प्रगति कर रहा था। स्वयं रमानाथ भी इस अप्रत्याशित भावनात्मक लगाव को देख आश्चर्यचकित रहते और रहते थे मन ही मन, नतमस्तक उनकी इस कृपा हेतु।

आज इकतालिसवाँ दिन था रमानाथ को दरभंगा आए हुए। पी-एच. डी. की

थीसिस के दो चैप्टर पूर्ण हो चुके थे। तीसरे चैप्टर की योजना पर बात करते रमानाथ डॉ. शर्मा के साथ-साथ विभाग से घर की ओर आ रहे थे। शाम ही थी, लगभग आठ बजे थे, रोजाना इसी रास्ते से, जो काफी सीधा पड़ता था, आते-जाते थे। आज आम की बाग के सघन अँधेरे में से अचानक एक व्यक्ति ने सामने आकर आगे-आगे चल रहे डॉ. शर्मा से कर्कश स्वर में पूछा, 'कहाँ से आ रहे हैं आप लोग?' सरल स्वभाव एवं विनयी डॉ. शर्मा ने अपने संयत स्वर में कहा, 'विभाग से।' 'इतनी रात तक आप लोग वहाँ क्या कर रहे थे?' आगन्तुक का दूसरा प्रश्न था उसी कर्कश स्वर में। अब तक रमानाथ को स्थिति साफ हो चुकी थी। डॉ. शर्मा अपनी, सज्जनों की तरह, सफाई पेश करें, उससे पहले ही रमानाथ ने आगे आकर उस व्यक्ति को प्यार से हाथ पकड़ चाँदनी में खींचकर पूछा, 'आप इस समय कहाँ से आ रहे हैं? और आपका परिचय क्या है?' स्वर में दुष्ट की समझ में आ सकने वाली कर्कशता रमानाथ ने भर दी थी, और उसके समक्ष आँखों में आँखें डालकर प्रश्न का उत्तर प्रश्न में ही दे कर उसे हतप्रभ कर दिया था। उसने नरम स्वर में कहा, 'विनोदानन्द झा।' रमानाथ ने व्यंग भरे स्वर में कहा, 'बहुत बड़े आदमी का नाम है, यार (विनोदानन्द झा एक स्वतंत्रता सेनानी तथा बिहार प्रदेश के भूतपूर्व मुख्यमंत्री थे।) क्यों उन्हें बदनाम करते हो?' वह व्यक्ति शायद अब तक सब समझ चुका था और जाने को उद्यत लगा। रमानाथ ने धीरे से डॉ. शर्मा से कहा, 'सर आइए चलें।' वह व्यक्ति भी अँधेरे में विलीन हो चुका था। डॉ. शर्मा को पुनः आगे करके, सावधानीपूर्वक रमानाथ पीछे-पीछे चलते रहे, परंतु सावधान कि यदि उस व्यक्ति ने पीछे से हमला किया तो उसका उत्तर उसे भरपूर दिया जा सके और अपने पूज्य गुरु की रक्षा की जा सके।

हाथ-मुँह धोकर दोनों खाने बैठे। तब डॉ. शर्मा फिर उसी घटना का जिक्र करने लगे। उनकी पत्नी सहजमना काफी उद्विग्न हो उठीं। रमानाथ ने इसे जीवन में घटने वाली अनेक सामान्य घटनाओं में से एक बताकर बात को टाल दिया। दोनों ने खाना खाया। बच्चे पहले ही खा चुके थे परंतु डॉ. शर्मा की छोटी, पर बेहद लाडली बेटी, अभी भी जाग रही थी। यह बेटी बहुत खूबसूरत थी। बड़ी-बड़ी माँ दुर्गा की तरह आँखें, प्रशस्त मुखमंडल, गोरा, बहुत गोरा रंग और तीक्ष्ण बुद्धि। परंतु दुर्दैव से गले के नीचे से पाँव तक दुर्बल, क्षीणकाय एवं असमर्थ। डॉ. शर्मा अपनी इस बेटी को बहुत प्यार करते थे। उसकी मीठी बातें उनका सबसे बड़ा मनोरंजन थीं। वे कितने भी थके-हारे हों, उससे कुछ क्षण खेल लेने के बाद पुनः पूरी तरह से स्वस्थ मन हो उठते थे। हाँ कभी-कभी उसके भविष्य के प्रति सोचते-सोचते अवसाद ग्रस्तता की स्थिति में अवश्य आ जाते थे। यह सुन्दर बच्ची पूनम भारती, जो छः वर्षों की हो चुकी थी, अभी तक अपने आप उठ-बैठ भी नहीं सकती थी। घर भर में रेंग-रेंग कर चलती और अपने अत्यंत आकर्षक मुखमंडल से मीठी-मीठी बातें कर सबका मन मोह लेती। परियों के लोक से उतरी हुई नन्ही-सी जान, पूनम घर भर की जान थी।

दूर से बात करते हुए पूनम ने सुन लिया था। आज की घटना के बारे में उसे पूरी-पूरी खबर चाहिए ही। अतः डॉ. शर्मा से जिद करने लगी। डॉ. शर्मा ने, जो एक अत्यंत रोचक कहानीकार के गुण से भूषित व्यक्ति हैं, उसे इस छोटी-सी घटना को बड़े ही आनन्दमय लहजे में सुनाया। पूनम खुश हुई और सोने के लिए तैयार हो गई। हमेशा वह अपने पिता के साथ ही सोती थी। वस्तुतः वही उसकी पूरी देखभाल करते थे, और वह आश्वस्त रहती थी उनकी गोद में, उनकी छाया में और उनके लाड़-प्यार से।

कुछ देर बाद पूनम को सुलाकर डॉ. शर्मा रमानाथ के कमरे में आए। रमानाथ लेटे हुए डॉ. शर्मा और विनोदानन्द झा के वार्तालाप की मन ही मन मीमांसा कर रहे थे। 'सो गए' स्वर था डॉ. शर्मा का। रमानाथ तत्काल उनींदे लेकिन संयत स्वर में बोले, 'नहीं सर, आइए।' 'मैं सोचता हूँ कि अब आप एक बार पासीघाट हो आएँ। कुछ नक्शे, कुछ किताबें तथा कुछ भौगोलिक एवं सामाजिक दृष्टि से महत्त्वपूर्ण फोटोग्राफ भी जुटा कर लाएँ, बच्चों से मिलना भी हो जाएगा।' कुछ देर तक समझाते रहे कि 'आगे वाले चैप्टरों में इनकी जरूरत पड़ेगी। इस बीच मैं कुछ नेशनल लाइब्रेरी से रेफेरेंस योग्य पुस्तकें तथा आलेख प्राप्त करने की कोशिश करता हूँ।' बनारस विश्वविद्यालय में भी अपने किसी परिचित प्रोफेसर के मार्फत कुछ और शोध सामग्री प्राप्त करने की भी बात करते हुए उठ गए। दरवाजा धीरे से पीछे धकेलते हुए डॉ. शर्मा अपने कमरे में चले गए। रमानाथ यह देखकर कि डॉ. शर्मा को केवल शोधग्रंथ तैयार कराने की ही चिंता नहीं है वरन् पासीघाट में पड़े चार बच्चों तथा उनकी अपढ़ असमर्थ माँ की भी चिंता है। उनका मन कृतज्ञता से भर उठा और मन ही मन सारी योजना बनाते-बनाते रमानाथ कब सो गए, उन्हें पता भी नहीं लगा। दूसरे दिन पासीघाट जाने की तैयारी कर निश्चित समय पर वापस आने का निश्चय कर रमानाथ ने पुनः फिर से विशद वार्तालाप किया उन सामग्रियों के बारे में जिनकी आवश्यकता अगले चैप्टरों में पड़ने की संभावना है और जो केवल शोध से ही प्राप्त की जा सकती हैं।

कार्य की प्रगति से संतुष्ट, मुदित मन, रमानाथ पासीघाट पहुँचे। पत्नी ने ऐसा प्यार भरा स्वागत किया मानों कोई वनवास काट कर आ रहा हो। बच्चे सभी स्वस्थ और खुश दिखे। थोड़ी-सी क्षीणकाय लगीं सुकेशी। पूछने पर 'कुछ नहीं' कहकर टाल दिया और फिर धनुष यज्ञ के समय की राम और सीता के प्रथम दर्शन और माँ गौरी की कृपा संबंधित चौपाइयाँ गूँजने लगीं घर भर में। सुकेशी खुश थीं और खुश थे उनके बच्चे।

सूजी का हलवा तथा चिउड़ा पापड़, मूँगफली का तला हुआ ताजा नमकीन लिए हुए सुकेशी पुनः कमरे में दाखिल हुईं। सामान रखकर पुनः चाय और पानी लेने भीतर गईं। तब तक विजय रमानाथ की गोद से सरककर उतर चुका था। और

अपने प्रिय व्यंजन मूँगफली पर हाथ फेर रहा था। दो-चार दाने ही खाये थे कि सुकेशी आ गईं और उसे डाँट भरे शब्दों में समझाने लगीं कि सब जूठा नहीं करते, पर उसने अनसुनी कर दी। तत्काल उसकी कटोरी लेकर उसे थोड़ी ज्यादा मूँगफली देकर मोढ़े पर बैठा कर बोलीं, अब ठीक से बैठकर खा। विजय खुश होकर खाने लगा। अन्य बच्चों को भी नाश्ता देकर सुकेशी ने रमानाथ से कहा, 'कुछ खाइए न, रास्ते में कुछ खाने को मिलता ही नहीं।' सच्चाई यही थी। रंगिया जंकशन से मुरकांग सेलेक तक मात्र कहीं-कहीं चाय और हर समय गाड़ी में मूँगफली के सिवाय कहीं कुछ नहीं मिलता था। बड़ी कष्टप्रद थी यात्रा उन दिनों।

चार-पाँच दिन विश्राम करने तथा बच्चों की अन्यान्य आवश्यकता की चीजें जुटाने और उन्हें घुमाने-फिराने में बिताकर रमानाथ ने एक दिन सुकेशी को बताया कि अब उन्हें पहाड़ों में जाना है। डॉ. शर्मा के आदेश तथा शोध सामग्री जुटाने के निर्देश का जिक्र किया। सुकेशी का विनम्र-सा निवेदन था एकाध दिन और आराम कर लीजिए। दो दिन बाद रमानाथ ने देखा कि सुकेशी स्वयं ही कुछ रास्ते के लिए खाने-पीने की चीजें बनाने में लगी हैं। सुगन्ध बाहर तक आ रही थी। भीतर जाकर झाँका तो कुछ कटे नमकीन और मठरी इत्यादि बना रही थीं। वैसे भी बच्चों का घर था। अतः वे अकसर इस प्रकार की चीजें जो कई दिन तक रखी जा सकें बना कर रख लेती थीं। उसे जरूरत के मुताबिक बच्चों को देती थीं। रमानाथ के पास उस समय तक फ्रिज नहीं था अतः गीली या जल्दी नष्ट होने वाली चीजें बनाकर रखना संभव नहीं था। पर आज तो सुकेशी यह सब बच्चों के अलावा रमानाथ के पहाड़ों में जाने वाले प्रोग्राम को मन में रखकर बना रही थीं।

दूसरे दिन रमानाथ पांगिग, मरियांग, इंकियांग तथा डामरो इत्यादि स्थानों की यात्रा को निकल पड़े। दुर्गम रास्ते, आवागमन के साधनों का सर्वथा अभाव पर रमानाथ को तो अपने लक्ष्य की ओर बढ़ते जाने की धुन सवार थी। कभी जीप से, कभी ट्रक में, कभी पैदल, पर चलते रहना जैसे उनकी आवश्यकता ही नहीं वरन् कर्म रेखाओं का निर्देश हो। वे चलते रहे, और अनेक भौगोलिक, सामाजिक और आर्थिक पहलुओं पर अपनी आँखें गड़ाए रहे। ईश्वर कृपा से उनका प्रयास लगभग सफल रहा। डामरो में पहुँचकर उन्होंने सोनार लेगो जो वहाँ के सबसे बड़े ग्रामप्रधान (गाँव बूढ़े) थे से उपयोगी बातचीत की। अनेक विषयों पर सोनार लोगों के अनुभव सिद्ध विचारों को सुना, संकलित किया और उसे पुनः रात में लिपिबद्ध कर चार दिनों बाद डामरो से वापस इंकियांग पहुँचे। सियांग नदी की प्रखरता तथा वेग यहाँ देखते ही बनता है। यह भारत के गौरव विशाल ब्रह्मपुत्र का मुख्य प्रवाह है। शेष सारी नदियाँ इसी में मिलकर आगे ब्रह्मपुत्र महानद का रूप लेती हैं। इसके किनारे की चट्टानों का पूर्ण विवरण जुटाना था। तीन दिन तक रमानाथ इसी कार्य में लगे रहे।

मार्ग में अनेक उपयोगी फोटोग्राफ लिये। चट्टानों के नमूने जुटाए। दफ्तरों से

सूचनाएँ एवं आँकड़े प्राप्त किए और आठवें दिन पुनः पासीघाट आ गए। दूसरे प्रस्थान में लिखाबाली बसार, तिरबिन, लिरोमुबा, रूमगांग और आलोंग इत्यादि क्षेत्रों में जाकर आवश्यक शोध सामग्री को इकट्ठा किया। पायुम, तातो एवं मेचुखा इत्यादि क्षेत्रों तक व्यक्तिगत तौर पर न पहुँच पाने का रमानाथ को दुःख था। पर समय भी कम था और साधन तो थे ही नहीं। बस एकमात्र उपाय था सप्ताह दर सप्ताह पैदल पहाड़ों में चक्कर काटकर पहुँचना। अतः उस क्षेत्र को छोड़ने का निर्णय लिया और सघन खोज के बाद उन क्षेत्रों के कुछ प्रबुद्ध व्यक्तियों को अलोंग में ढूँढ़ निकाला। उनसे उनके क्षेत्र के बारे में पूरी जानकारी ली और उसे लिखकर रख लिया। इस यात्रा में उस क्षेत्र के डिस्ट्रिक रिसर्च ऑफिसर डॉ. बी. बी. पाण्डेय का काफी सहयोग रहा। वे भी उन दिनों कुछ शोध कार्य में ही लगे हुए थे। स्वभाव से मिलनसार और अपने को बहुत बड़ा बनाकर रखने तथा दिखाने की प्रबल भूख से पीड़ित पाण्डेय जी ने रमानाथ के साथ अत्यंत मृदुल व्यवहार किया और हरसम्भव सहायता भी दी। लिखाबाली से अलोंग तक का सफर पाण्डेय जी के साथ उनकी जीप में ही हुआ। पाण्डेय जी की पत्नी बहुत ही विनम्र स्वभाव की ग्रामीण गृहिणी थीं। दोनों के स्वभाव में, सिवाय इसके कि वे पति-पत्नी थे और एक ही क्षेत्र के रहने वाले थे, कुछ भी समान नहीं था। परंतु दोनों, कुल मिलाकर एक अच्छे सम्मानित जोड़े के रूप में अलोंग भर में मशहूर थे।

साढ़े चार सेर पत्थर, चट्टानों के नमूने और खनिजों के नमूने, एक रील भर कर फोटो ग्राफ और अलोंग के डिप्टी कमिश्नर के आफिस से दो उपयोगी मानचित्र और बहुत से आर्थिक और सामाजिक आँकड़े प्राप्त कर रमानाथ पासीघाट आ गए। इस बार काफी थक चुके थे रमानाथ। घर पहुँचकर बच्चों तथा पत्नी के बीच उनकी सारी थकान मिट गई। उन्होंने चार-पाँच दिन पूर्ण विश्राम किया और इसमें भरपूर सेवा की सुकेशी ने। इसी बीच रमानाथ ने बच्चों के स्कूल जाकर उनकी प्रगति का लेखा- जोखा लिया। दो माह का वेतन लाकर पत्नी को दिया। ढेर सारा सामान, खाद्यान्न इत्यादि घर पर रखा और राम बहादुर को, बच्चों का दूध कभी भी बंद न होने पाए इसकी पूरी व्यवस्था कर लगभग स्वयं को पुनः दरभंगा जाने के लिए प्रस्तुत कर लिया। सुकेशी को रमानाथ के हावभाव तथा क्रियाकलापों से ही पता लग गया कि अब वे पुनः वापस जाएँगे। उन्होंने रास्ते के लिए फिर कुछ खाद्य सामग्री तैयार की और एक डिब्बे में रख दिया।

गाड़ी साढ़े पाँच घंटे विलंब से पहुँची। दरभंगा स्टेशन से थोड़ी दूर पर डॉ. शर्मा का आवास था। अतः रमानाथ ने स्टेशन पर रात बिताना उचित नहीं समझा। पिछली यादें इतनी प्रेरणा तथा विश्वास प्रदान कर रही थीं कि इस आधी रात की वेला में भी वहाँ जाने में संकोच नहीं लगा। घर पहुँचे तो रात के दो बजकर पंद्रह मिनट हो चुके थे। डॉ. शर्मा ने ही दरवाजा खोला। चेहरे पर आई प्रसन्नता की रेखाएँ

स्पष्ट थीं। आवाज़ सुनते ही श्रीमती शर्मा भी उठकर आ गईं। कहने लगीं हम लोग दस बजे तक आपका खाने पर इंतजार किए। फिर खाना खाया। रमानाथ ने बच्चों का समाचार पूछा और अपने बच्चों तथा पत्नी का समाचार बताया। सब कुछ दोनों जगह सामान्य ही था। अतः काफी संतोष मिला।

बहुत बार मना करने पर भी श्रीमती शर्मा ने पराँठे और आलू की भजिया बना ही डाली। साथ में थोड़ा अचार रखकर वहीं थाली लिए आ गईं। अभी तक डॉ. शर्मा और रमानाथ बातें ही करते रहे कि अचानक उन्हें हाथ में थाली लिए देखकर रमानाथ तत्काल हाथ-मुँह धोने को नल पर दौड़े। रमानाथ मुँह पोंछते हुए वापस आए और कहने लगे आपने क्यों इस कुवेला में इतना कष्ट उठाया। हँस कर बोलीं, 'तो क्या बाबाजी (ब्राह्मणों को वहाँ बाबाजी कहते हैं) को उपवास करके खाने देती।' रमानाथ ने चाव से पराँठे खाए। संतुष्ट होकर हाथ धोकर पुनः अपनी चारपाई पर आ बैठे। डॉ. शर्मा ने उठते हुए, तब कहा, अब सो जाइए। शेष बातें कल करेंगे।

समय के पाबंद डॉ. शर्मा दूसरे दिन विभाग जाने को तैयार हुए तो रमानाथ भी जाने को तत्पर थे। पर उन्होंने कहा, 'आप ग्यारह बजे आइए। तब तक मैं विभागीय कार्य निपटा लूँगा।' रमानाथ ने वैसा ही किया। इधर रमानाथ के घर पर रह जाने से श्री शर्मा को उनके परिवार जनों के हालचाल तथा अपने घर और मायके की ढेर सारी बातें करने का मौका मिल गया। इससे वे बहुत खुश थीं। सचमुच ढेर सारी बातें करती रहीं और इसी बीच अपना छोटा-मोटा काम भी निपटाती रहीं। रमानाथ ने भी खाना खाया और विभाग में जाने को तैयार होने लगे। साथ में लाई गई शोध सामग्री को भी ले जाना था। अतः रमानाथ चाहते थे कि अगर एक रिक्शा मिल जाए तो अच्छा होगा। घर एकांत में पड़ता था, रिक्शे की आमदरफ़्त कम थी। कुछ देर इंतजार कर रमानाथ ने अपना भारीभरकम पत्थरों, खनिजों का थैला उठाया और पैदल ही विश्वविद्यालय की ओर चल पड़े।

रेलवे फाटक पार कर रमानाथ कटहलबाड़ी के तिराहे पर पहुँचे। हाथ दुःखने लगा। थैला काफी भारी था और दोनों हाथ में सामग्री थी। सुविधा से एक रिक्शा वाला, जो प्रतीक्षा कर रहा था, मिल गया। उसके साथ रमानाथ विश्वविद्यालय के नरगौना पैलेस पहुँचे तो ग्यारह बजकर दस मिनट हो गये थे। दस मिनट विलम्ब होने का उन्हें काफी दुःख था। पर घर पर जो रिक्शे की प्रतीक्षा में समय गँवाया था, उसी का परिणाम था, कि रमानाथ को लज्जित होना पड़ रहा था। झटपट रिक्शे वाले को एक रुपया चार आना देकर अपना सामान उठाकर विभाग की ओर बढ़ चले।

डॉ. शर्मा अभी अपने कमरे में आए नहीं थे। यह देखकर रमानाथ को बड़ा सुकून मिला। अपने थैले से सारी सामग्री निकालकर परीक्षार्थ तथा तदुपरान्त उपयोगार्थ रैक पर सँभाल-सँभाल कर रख ही रहे थे कि डॉ. साहब आ गए। तत्काल बाथरूम में हाथ धोकर डॉ. शर्मा ने सामग्री की ओर, एक अन्वेषक की दृष्टि से देखा। वहीं

आकर खड़े हो गए। रमानाथ ने खनिज नमूनों, सामान्य चट्टान के नमूनों तथा इंकियांग के पास से प्राप्त सियांग की तलहटी से इकट्ठा की गई मिट्टी, चट्टानों तथा पत्थर सबको अलग-अलग सजा कर रखा। तत्पश्चात इकट्ठे किए गए नक्शे तथा आँकड़े डॉ. साहब की मेज पर पसारकर रख दिए। रमानाथ बताने वाले ही थे कि एक रील फोटोग्राफ भी लाए हैं, पर अभी धुलाना होगा, तभी उसका कुछ उपयोग सम्भव हो सकेगा। वहाँ धुल सकना सम्भव नहीं हो सका। डॉ. शर्मा बोल पड़े इतने कम समय में आपने इतनी सारी सामग्री इकट्ठी कर ली है, कि यही एक थीसिस भर के लिए पर्याप्त होगी। डॉ. शर्मा जैसे विद्वान तथा बेबाक बोलने वाले व्यक्ति के मुख से ये शब्द सुनकर रमानाथ को लगा कि उनका पहाड़-पहाड़, नदी-नदी, और गाँव-गाँव भटकना व्यर्थ नहीं गया। अपने प्रयास की सार्थकता का मीठा-मीठा एहसास उन्हें होने लगा। इस बीच डॉ. शर्मा ने एक नक्शा, जो रमानाथ साथ लाए थे, देखा तो एक बालक की तरह खुशी से भरकर बोले, 'अब आपका कार्य अवश्य हो जाएगा। यह अत्यंत उपयोगी मानचित्र है। इसका मिलना दुर्लभ माना जाता है क्योंकि अरुणांचल बहुत संवेदनशील क्षेत्र है।' मानचित्र को इसी रूप में उद्धृत नहीं किया जा सकता। परंतु इससे प्राप्त सूचना को जरूर प्रयोग में लाया जा सकेगा। सरसरी निगाह से डॉ. शर्मा ने सारी सामग्री देख डाली। संतुष्ट दिखे तो रमानाथ का मनोबल ऊँचा हुआ।

आँकड़ों का विश्लेषण, मानचित्रों का रूपान्तरण तथा खनिजों एवं चट्टानों के नमूनों का परीक्षण सब कुछ सुनियोजित ढंग से डॉ. शर्मा के कुशल निर्देशन में प्रारम्भ हो गया। कार्य पुनः अपनी गति पर आ गया। शाम को वापस घर जाते समय रमानाथ ने एक रिक्शा बुला लिया। डॉ. शर्मा ने मना किया, पर उन्हें ध्यान नहीं था कि बाजार होकर जाना है क्योंकि फोटोग्राफर को अरुणांचल से लाई रील देनी थी। जब रिक्शा दरभंगा नरेश के प्रासादों की बाह्य चहारदीवारों के बाहर आकर शहर की ओर मुड़ गया, तब डॉ. शर्मा ने पूछा, 'इधर क्यों ?' रमानाथ ने कहा, 'सर थोड़ा-सा काम है।' डॉ. शर्मा को राजस्थान रेस्टोरेंट में बैठा कर पास ही के दीपक स्टूडियो जाकर रमानाथ अपनी बहुमूल्य रील देकर उसे पूरा निर्देश दे वापस आ गए। डॉ. शर्मा सारे दिन कार्य में व्यस्त रहे। आज शाम की चाय पर भी नहीं जा सके थे। रमानाथ को पीड़ा हो रही थी कि डॉ. शर्मा इस प्रकार उनके कार्य से जुड़ गए हैं कि अपने खाने-पीने का खयाल भी नहीं रखते। निश्चय कर लिया था रमानाथ ने कि आज डॉ. शर्मा को अच्छा-सा जलपान कराके तथा साथ में पूनम तथा अन्य बच्चों के लिए भी रसगुल्ला लेते हुए घर जाएँगे।

स्वभाव से डॉ. शर्मा मितभाषी, मितव्ययी तथा स्वल्पाहारी व्यक्ति हैं। परंतु स्वस्थ शरीर, स्वस्थ मन और बेजोड़ मेधा पुरुष हैं। कुशाग्र बुद्धि डॉ. शर्मा सदैव प्रथम श्रेणी में भी प्रथम रहने वाले छात्र रहे। छात्रवृत्ति इतनी मिलती कि वे खासी बचत कर लेते। एक साथ दो-तीन प्रकार की छात्रवृत्ति, अनेक मेडल आदि से भूषित,

पटना विश्वविद्यालय तथा आई. आई. टी. खड़गपुर के सर्वोच्च वरीयताप्राप्त सम्मानित विद्यार्थी रह चुके शर्मा साहब दुनियादारी में रमानाथ से भी कच्चे थे, पर अंग्रेज़ी पर अद्भुत अधिकार था। जीवन में सरलता तथा स्नेहमयता के हामी डॉ. शर्मा कुल मिलाकर एक सामान्य बिहारी से बिलकुल अलग ढंग का जीवन जीने वाले जीव हैं। स्वनिर्मित व्यक्तित्व के धनी, अपने आप में लीन, परिवार के चहेते शर्मा साहब का कोई दुश्मन नहीं। एहसानों तले दबे लोगों की कतार काफी लम्बी पर कुछेक कृतघ्नों को देख रमानाथ का मन क्षोभ से भर उठता। पर डॉ. शर्मा उन्हें समझाते यह दुनिया है। यहाँ हर प्रकार के लोग हैं। हमें यह नहीं देखना चाहिए कि कौन मेरे लिए क्या कर रहा है? या मेरे बारे में क्या सोच रहा है? बल्कि हमें अपने काम पर ही ध्यान देना चाहिए जो जहाँ तक हो सके जन हित में हो।

रुपए के चार रसगुल्ले के हिसाब से दस रुपए के चालीस रसगुल्ले एक छोटी-सी हांडी में बन्द कर हलवाई ने रमानाथ को थमाते हुए कुछ ऐसी निगाह से देखा कि मानों वह कह रहा हो, 'बबुआ तुम्हें तो यहाँ पहले कभी नहीं देखा' परंतु बोला कुछ नहीं। रमानाथ ने भी हांडी की रस्सी हाथ में पकड़ी और दस रुपए का नोट बढ़ा दिया। सादर हलवाई ने ले लिया और फिर रमानाथ ने एक रिक्शा बुलाकर डॉ. शर्मा को बैठने के लिए इशारा कर स्वयं प्रतीक्षा करने लगे। तभी डॉ. शर्मा के परिचित लहरिया सराय (बगल का जुड़ा हुआ कस्बा) के एक लेक्चरर बन्धु दिख गए। डॉ. शर्मा ने मुस्कराते हुए हाथ जोड़कर अभिवादन किया। उन्होंने भी अपने हाथ जोड़ लिए पर बोलने में असमर्थ थे क्योंकि मुख में पान की कम से कम 100 पीकों का बोझ सँभाले चल रहे थे। क्षण भर को अगल-बगल देख उन्होंने लावारिस सड़क पर अपने मुख की शोभा पीक, दे मारी। दृश्य बीभत्स था। रमानाथ को लगा मानों खून के चहबच्चे में किसी ने पत्थर फेंका हो और उसी के अनगिनत छींटे छिटककर हर तरफ बिखर गये हों। पीक की चोट इतनी भीषण थी कि निरीह सड़क कराह उठी। आस-पास लाल पीक के बदनुमा धब्बे मिथिला की संस्कृति की कहानी कह रहे थे। दरभंगा मैथिल ब्राह्मणों का गढ़ है और इन ब्राह्मणों को अपनी संस्कृति पर उतना ही गर्व है जैसे बंगाली बाबुओं को अपनी कल्चर पर। दोनों ही अपनी कल्चर के आगे वसुधा की किसी भी कल्चर को तुच्छ मानते हैं। दोनों ही कुछ रूढ़ियों, रीतियों तथा प्रथाओं के गुलाम हैं। इन्हें कोई और समुदाय कभी भी सम्पूर्ण भावेन स्वीकार नहीं कर सकता।

दही, मछली, मखान, पान तथा अपने छोटे रसगुल्लों के लिए प्रसिद्ध मिथिलांचल कभी महाराज जनक की राज्यसीमा में आता था। इसका वैभव आचार्य तुलसी ने भी सराहा और भरपूर सराहा। आखिर भारतीय संस्कृति में राम और उनकी प्रियतमा सीता से ऊपर है ही क्या? सीता (जानकी) इन्हीं महाराज जनक की पोषिता पुत्री थीं। मिथिला का हर वासी अपने को जनक से जोड़ता है। गर्व महसूस करता है

अपने अतीत पर। घर-घर में आज भी इसका चर्चा होती है। मिथिलावासी पान के बड़े शौकीन हैं, सौ-पचास रसगुल्ले खा जाने वाले सौ-पचास मैथिल बाबा लोग हर कस्बे तथा नगर में मिल जाएँ आज भी दही, मछली तथा मिष्टान्न के पश्चात् पान चर्वण का प्रचलन भी खूब है। ढीली धोती, लकझक कुर्ता, कुर्ते की जेब में धोती का छोर और मुख में भरा हुआ पान देखकर आप सहज ही अनुमान लगा सकते हैं कि कोई सम्भ्रांत मैथिल ब्राह्मण है। दरभंगा जहाँ एक ओर राजप्रासादों का शहर है, दो-दो विश्वविद्यालयों की नगरी है वहीं गरीबी का हाहाकार, गंदगी का अटूट साम्राज्य और अविद्या का घोर अंधकार भी पल रहे हैं। कभी सौंदर्यबोध के धनी राजाओं ने जगह-जगह सुन्दर तालाब बनाए थे। सचमुच एक उत्कृष्ट कल्पनाशीलता तथा व्यवहारिकता के नमूने थे ये विशाल पोखर। पर आज इनकी दुर्दशा पर हर व्यक्ति को रोना आता है। गंदगी के महाकुंड बन चुके हैं ये पोखर। फिर भी अपनी संस्कृति के मद में मदान्ध मैथिल उनमें डुबकी लगाए जा रहा है और स्वयं को महाराज जनक का उचित उत्तराधिकारी सिद्ध करने में लगा हुआ है।

'आइए', डॉ. शर्मा का स्वर था। वे रिक्शे पर बैठ चुके थे। उनके परिचित बन्धु भीड़ में समा चुके थे। रमानाथ की तंद्रा टूटी और संयत भाव से डॉ. शर्मा के पास ही रिक्शे पर बैठ गए। दोनों घर को चल दिए। रात के नौ बज रहे थे। सभी बच्चे खाना खाकर सो चुके थे। श्रीमती शर्मा ने खाना परोसा, दोनों ने खाना खाया और फिर अपने-अपने कमरों में समा गए। श्रीमती शर्मा का खटपट कुछ देर रात तक चलता रहा। उन्हें तो अपनी गृहस्थी समेटनी थी। धीरे-धीरे वह खटपट भी शान्त हो गई और शान्त हो गया रमानाथ का दरभंगा की दुर्दशा में उलझा दिमाग।

कार्य की गति काफी अच्छी थी। डॉ. शर्मा ने मानों इस कार्य को एक गाइड के रूप में न लेकर एक शोधार्थी के रूप में स्वीकार किया हो। रमानाथ अपने इस सौभाग्य पर कि डॉ. शर्मा जैसा व्यक्ति उनका मार्ग दर्शक है कभी खुश होते तो कभी गर्व महसूस करते। कभी-कभी रमानाथ को ऐसा भी लगता कि उन्हें इस तेजी की वजह से कहीं कुछ कम सीखने को तो नहीं मिल रहा। पर कार्य पूरा करने का लक्ष्य, वह भी सीमित समय सीमा में, उन्हें तर्क-वितर्क किए बिना चलते रहने को बाध्य करते। वे चलते रहे। आज लगभग दो माह हो चुके हैं रमानाथ को पासीघाट से आए हुए। काफी काम हो चुका है। शोधग्रंथ की एक रूपरेखा अब रमानाथ को साफ-साफ दिखाई पड़ने लगी थी। परंतु डॉ. शर्मा को पासीघाट में पड़े बच्चों की चिंता लगी रहती। उनका वहाँ बिना अभिभावक के रहना शायद उन्हें पीड़ादायक लगता। इसी वजह से कार्य को शीघ्रातिशीघ्र समेटने में अपना पूरा समय दे रहे थे। उन्होंने शाम को रमानाथ से कहा, 'आप एक बार फिर पासीघाट हो आइए।' इच्छा तो रमानाथ की थी ही। पर कार्य की प्रगति भी इतनी अच्छी थी कि मन करता उसे संपन्न करके ही वापस जाएँ। परंतु यह संभव नहीं था। अतः डॉ. शर्मा की

बात मान रमानाथ तीसरे दिन पासीघाट के लिए प्रस्थान कर गए। इस बार पासीघाट में एकाध छोटे-मोटे कार्य के अलावा कोई काम नहीं किया रमानाथ ने। अतः रमानाथ अपने परिवार के साथ प्रसन्नतापूर्वक लगभग पच्चीस दिन रहे और पुनः अनिर्धारित समय पर दरभंगा वापस आ गए।

समय पर रमानाथ को वापस आया देख डॉ. साहब बहुत प्रसन्न हुए और दूसरे ही दिन से पुनः कार्य में पूरे जोर शोर से जुट जाने को कहा। बच्चे वहाँ स्वस्थ हैं, यह उनके लिए अति सुखकर समाचार था।

इसी प्रकार दो बार और आना-जाना करते हुआ तथा हर बार समय पर उपस्थित हो गये। डॉ. शर्मा की शुभकामना एवं आशीष के पात्र रमानाथ ने अपना शोध प्रबन्ध एक वर्ष में ही पूरा कर लिया। चूँकि रजिस्ट्रेशन एक साल पहले हो चुका था अतः रमानाथ अपना शोध प्रबंध लेकर विश्वविद्यालय में उपस्थित हो गये। निर्धारित समय सीमा से एक दिन पहले ही भागलपुर पहुँचकर रमानाथ ने एक दिन और बिताया और नियत समय (दो वर्ष के बाद) पर शोध प्रबंध की तीन प्रतियाँ प्रस्तुत कर दीं। कई लोगों को आश्चर्य हुआ इस प्रकार की तत्परता पर। परंतु जिस व्यक्ति को डॉ. शर्मा ऐसे गुरु एवं श्रीमती शर्मा ऐसी अभिभावक का स्नेहाशीष प्राप्त हो उसके लिए यह कोई कठिन कार्य नहीं। डॉ. शर्मा शायद एकमात्र ऐसे व्यक्ति होंगे जिन्होंने अपना शोध प्रबंध भी एक बार में ही पूर्ण किया था। उनकी नियोजन क्षमता का यदि विश्वविद्यालय, राज्य या देश उपयोग कर पाता तो यह अति सौभाग्य की बात होती।

शोध प्रबंध प्रस्तुत कर रमानाथ ने राहत की साँस ली। सुकेशी बहुत खुश। परंतु उन्हें यह बात और लोगों को अभी नहीं बतानी है—ऐसी रमानाथ की इच्छा थी। अतः वे चुप थीं।

दशम आख्यान

दो वर्ष का अवकाश जो उच्च शिक्षा प्राप्ति हेतु रमानाथ को मिला था, उसका मुख्य उद्देश्य तो पूरा हो चुका था। परंतु यह सत्य केवल सुकेशी एवं रमानाथ को ही विदित था। रमानाथ लगातार इस विषय में सोच रहे थे कि इस बचे हुए समय का—एक साल का—उचित उपयोग कैसे किया जाय? चिंतनशील प्रवृत्ति के रमानाथ को ईश्वर ने एक सकारात्मक दृष्टि भी प्रदान की थी। और वे इस अपनी शक्ति से परिचित थे। इसी वजह से अभी वे अपना कार्य समाप्त हो गया है, इसकी घोषणा नहीं करना चाहते थे। बार-बार इस बहुमूल्य समय को अपने तथा अपने परिवार के सुखद भविष्य हेतु प्रयोग करने के लिए कटिबद्ध थे। इस कार्य में उन्होंने सुकेशी की सहायता लेने का निश्चय किया।

रात के दस बज चुके थे। बच्चे सभी सो चुके थे। सुकेशी अपना रसोई का कार्य निपटाकर अपनी दवा खाकर बिस्तर पर आकर बैठी ही थीं कि रमानाथ ने उन्हें आदरपूर्वक अपनी ओर खींच लिया। बिना किसी ना नुकर के सुकेशी रमानाथ की छाती की ओर खिसकते हुए झुककर बैठ गईं। रमानाथ ने उन्हें और पास खींच उनका माथा चूम लिया। और स्नेह भरे स्वर में बोले, 'आज तुम्हें मेरी एक समस्या का हल निकालना है।' हँसते हुए सुकेशी ने कहा, 'पी-एच. डी. करके आप आ रहे हैं। और समस्या का निदान मुझसे पूछ रहे हैं। खैर, बताइए क्या समस्या है?' रमानाथ ने साफ शब्दों में कह डाला कि अभी हमारे पास लगभग एक वर्ष की छुट्टी सवेतन बाकी है। क्यों न इसका उपयोग किसी ऐसे काम के लिए करें जो हमारे परिवार के भविष्य के लिए अच्छा तथा उपयोगी हो? तत्क्षण गंभीर होती हुई सुकेशी ने कहा, 'पर हर कार्य में तो पैसा ही लगेगा, और अभी आपने पढ़ाई में काफी पैसे खर्च किए हैं। कैसे और काम करने को कहूँ?' रमानाथ ने प्यार भरे शब्दों में सुकेशी को आलिंगन में लेते हुए कहा, 'तुम यदि कुछ कहोगी तो अवश्य पूरा होगा। तुम तो मेरी लक्ष्मी हो।' यह सीधी-सी बात सुकेशी को कहीं गहराई तक छू गई और उन्होंने आँखें बंद कर ईश्वर से प्रार्थना करके बड़े ही सहज भाव से कहा, 'आप मुझे इतना मान देते है और मैं'.......कुछ अपशब्द या अपसगुन मुँह से निकले इससे पहले ही रमानाथ ने सुकेशी का मुख बंद कर दिया।

सुकेशी ने पुनः ईश्वर को प्रणाम कर रमानाथ की ओर आशा एवं विश्वास भरी निगाह से देखते हुए कहा, 'तो फिर अपने घर में हाथ लगाइए।' सुकेशी ने मानो रमानाथ के मुख की बात छीन ली हो। रमानाथ खुशी से उछल पड़े। देर तक सुकेशी को प्यार करते रहे। दोनों अपने कल्पनालोक में विचरण करने लगे। वर्षों पहले खरीदी हुई जमीन अभी भी वैसी ही पड़ी थी। सुकेशी के मुख से निकली बात कभी झूठी नहीं होती थी, ऐसा रमानाथ का विश्वास था। इसलिए वे स्वयं यह प्रस्ताव करने की बजाय सुकेशी के मुख से सुनना चाहते थे। ईश्वर की कृपा ही है कि सुकेशी के मुँह से वही बात फूटी जो रमानाथ के मन में कई दिनों से घूम रही थी। आज रमानाथ को लगने लगा कि अब उनका घर अवश्य बनेगा। सुकेशी रमानाथ को इतना खुश देख बहुत संजीदा हो उठीं, और मन ही मन अपने इष्टदेव हनुमान जी से प्रार्थना करने लगीं कि 'हे भगवान, इनकी यह इच्छा पूरी करिएगा।' दोनों एक-दूसरे में लीन विलीन कब सो गए पता भी नहीं लगा। पर उनका एकमत निर्णय उन्हें राह दिखा गया। अवकाश के शेषांश का इससे उत्तम सदुपयोग और क्या हो सकता है?

अब रमानाथ गृह निर्माण में आने वाली बाधाओं–अर्थाभाव, नक्शा पास कराना, शुभ दिन की तलाश और भूमि पूजन ऐसी अनेक समस्याओं पर गहन विचार में लग गए। सुबह का समय तो सुकेशी का विशेष व्यस्त होता। बच्चों को तैयार करना, उन्हें खिलाना और उनका टिफिन इत्यादि देना, छोटे को देखना, पति को समय पर

चाय पानी देना इत्यादि अनगिनत काम होते। अतः रमानाथ ने तै किया कि स्नानादि के पश्चात् जब सुकेशी चाय बनाएगी तक एक साथ बैठकर आगे विचार-विमर्श करेंगे। बच्चों को रमानाथ स्कूल छोड़ आए। छोटे अजय को नहला-धुला कर खिला कर सुला दिया। स्वयं स्नान करके आईं तो रमानाथ ने उनके लिए चाय बनाकर तैयार रखी थी। देख बड़ी प्रसन्न हुईं क्योंकि साधारणतया रमानाथ रसोई घर के काम से न केवल अनभिज्ञ थे वरन् उन्हें यह काम अच्छा भी नहीं लगता था। पर आज उनका मन बेहद खुश था और अपनी प्रेरणास्रोत सुकेशी के लिए चाय बनाने में उन्हें विशेष आनन्द का अनुभव हो रहा था। सुकेशी ने चाय का गिलास हाथ में लेते हुए रमानाथ की तरफ इस कृतज्ञता भरे भाव से देखा मानो कह रही हों कि आज तो मैं धन्य हो गई कि आपने स्वयं मेरे लिए चाय बनाई। पर बोलीं कुछ नहीं और रमानाथ उनकी आँखों की भाषा समझ गए। प्यार से दोनों पास-पास बैठ चाय पीने लगे। रमानाथ ने पूछा, 'कैसा घर बनाया जाए?' बड़ा सहज-सा सुलझा हुआ उत्तर था : 'उनके चार बेटे हैं, चारों के लिए उसमें पर्याप्त जगह होनी चाहिए। इसके अलावा एक अच्छा कमरा हम दोनों के लिए भी हो तो अच्छा रहेगा।' रमानाथ इन शब्दों को ब्रह्म वाक्य मानकर बड़ी ही लगन से सुन रहे थे। कुछ सोचकर रमानाथ ने समझाने के लहजे में बात स्पष्ट की। अर्थात् पाँच बेडरूम। साथ में एक बैठक (ड्राइंगरूम), एक खाने-पीने की जगह (डाइनिंग स्पेस), एक रसोई तथा दो बाथरूम। बरामदा तथा सीढ़ी इत्यादि तो होनी ही चाहिए। रमानाथ भूगोल के विद्यार्थी थे तो इस प्रकार की सुविधाओं से सुसज्जित घर के कई मानचित्र उनके मानस पटल पर उभरने लगे। रमानाथ ने इतना ही कहा कि ठीक है न? सुकेशी ने स्वीकारोक्ति जड़ दी। रमानाथ कृतज्ञ से हो उठे अपनी पत्नी के जो इतनी सरल हैं कि बिना विशेष मीनमेख के सहज ढंग से अपनी बात कह देतीं, और उस पर अमल करने के आश्वासन से ही आश्वस्त भी हो जातीं। किस सुदृढ़ धरातल पर उनका यह विश्वास टिका था रमानाथ आजीवन माप न सके। सरलता, सहजता एवं सुगमता में इतनी शक्ति होती है, यह कभी-कभी रमानाथ को घंटों सोचते रहने को बाध्य कर देती। इस शक्ति का स्रोत कहाँ था? आज भी रमानाथ के सामने एक प्रश्न है। रमानाथ सोचने लगते कि क्या कविवर मैथिलीशरण गुप्त ने ऐसी ही किसी महामानवी को देख 'नारी, तुम केवल श्रद्धा हो' कहा था। रमानाथ के दिमाग में विचारों का तूफान उठ रहा था। एक विचार आता, अपने पराभव से पूर्व किसी दूसरे विचार को जन्म दे जाता। अनेक भावनाएँ, अनेक धारणाएँ और अनेक अवधारणाएँ उनके मस्तिष्क में बरसात गें उठते-फूटते बबूलों की तरह अवतरित होतीं और पुनः तिरोहित हो जातीं। एक अजब-सी उथल-पुथल मची थी रमानाथ के मन-मस्तिष्क में। तभी सुकेशी ने कन्धे पर स्नेहिल हाथ रखते हुए कहा, 'एतना न सोंची, भगवान सब पूरा करि हैं।' सुकेशी का यही विश्वास तो रमानाथ को शक्ति प्रदान करता। उनकी तंद्रा टूटी, पत्नी का हाथ अपने

हाथ में लेकर रमानाथ ने उसे श्रद्धा एवं प्यार से चूम लिया। हाँ, सब भगवान पूरा करेंगे, कहते हुए रमानाथ भी उठ खड़े हुए और भीतर की गैलरी में टहलते हुए सोचने लगे। सुकेशी रसोई में जाकर अपनी परिचित आवाज में एक 'नटका' गाती हुई काम में व्यस्त हो गईं। रसोई का काम समाप्त भी नहीं कर सकी थीं तभी अजय जग गया। उसकी आवाज सुन रमानाथ कमरे में जा कर उसे उठा लाए और सुकेशी को देते हुए बोले, 'पहले इसे कुछ दे दो तब फिर अपना काम करो।' 'भूखा नहीं है ऐसे ही कोई सपना इत्यादि देखा होगा और जग गया। अभी और सोएगा।' थोड़ी उसे हाथ में लिए हिलाती-डुलाती रहीं और वह पुनः सो गया। उसे सावधानी से ले जाकर बिस्तर पर लिटा दिया और आकर पुनः अपना काम निपटाने में लग गईं।

रमानाथ स्कूल जाकर बच्चों को लाए। सब काम दोनों पति-पत्नी अपनी-अपनी निश्चित ड्यूटी के हिसाब से करते जा रहे थे परंतु कहीं मन के किसी कोने में घर बनाने की इच्छा तथा तद्‌जनित समस्याओं से मन बिलकुल मुक्त नहीं हो रहा था। सुकेशी भी इस मधुर कल्पना से खुश मंगल गीत गाती जा रही थीं, और रमानाथ का मन भी खुश था। परंतु दोनों की खुशी में एक बड़ा अंतर था। वह अंतर था जिम्मेदारी के एहसास का, जिम्मेदारी के स्वरूप का। समस्याओं के बोध का, और समस्याओं के निराकरण का मार्ग तलाशने का। जहाँ सुकेशी अपनी भूमिका में स्वयं को फिर से कुछ महीनों तक अकेले रहते हुए बच्चों को देखभाल के लिए तैयार कर रही थीं, वहीं रमानाथ लगने वाले रुपये के प्रबंधन में उलझे हुए थे। और समस्याएँ तो जब कार्य स्थल पर जैसे-जैसे आएँगी, उन्हें वहीं सुलझाया जाएगा। परंतु सबका आधार रुपया जो बहुत ही कम था—तो पहले से जुटाना ही था। कम से कम संभावित स्रोतों का ठोस अनुमान तो होना ही चाहिए।

रमानाथ के खाते में कुल ग्यारह हजार रुपए ही रह गए थे, पढ़ाई समाप्त करने के बाद। इतने से तो घर की नींव भी नहीं भरी जा सकती। यह समस्या काफी विकट लग रही थी। आसपास के दोस्तों इत्यादि से भी सहायता नहीं ली जा सकती थी—क्योंकि तब सब को पता चल जाएगा कि रमानाथ पढ़ाई करने के लिए अवकाश लेकर घर बना रहे हैं। सौभाग्य से रमानाथ के अनेक परिचित, शुभचिंतक एवं मित्र कालेज के बाहर भी थे। अतः निर्णय यह हुआ कि रमानाथ अगले हफ्ते पुनः बाहर जाएँगे। पासीघाट में सब समझेंगे कि पढ़ाई के काम से ही बाहर गए हैं। पर वस्तुतः रमानाथ घर बनाने की योजना को मन में रखकर सीधे गोरखपुर पहुँचे।

मौसेरे भाई, भाभी तथा अपने जीजा जी से बात छेड़ी तो रमानाथ को सबसे ज्यादा उत्साह तथा समर्थन भाभी जी से मिला। रमानाथ ने उन्हें फिर अपनी आर्थिक हालत बताई तो भी वे उत्साहित रहते हुए बोलीं, 'बाबू, जो भगवान दिए है, लेकर शुरू करो और रुपया आएगा। तुम्हारी तो इतनी जान-पहचान है।' भगवान का नाम लेकर पूरे संकल्प एवं मनोयोग से अब रमानाथ अपने कार्य में जुट गए। अपनी

कल्पना तथा आवश्यकता के आधार पर उन्होंने एक नक्शा तैयार किया जिसे लेकर शहर के सबसे मशहूर आर्किटेक्ट के पास गए। उनसे अनुरोध किया कि शीघ्र ही वे इसी को आधार मानकर एक नक्शा तैयार करें। नक्शा तैयार कर उसे गोरखपुर विकास परिषद को उचित फीस इत्यादि के साथ पास करने हेतु देकर रमानाथ वापस आए। दूसरे दिन अपने प्लाट पर जाकर उसकी सफाई इत्यादि करने हेतु आदमी लगाकर एक अच्छे विद्वान की तलाश में लग गए जो उन्हें उचित तिथि बताए और निश्चित समय पर आकर विधिपूर्वक भूमि-पूजन कराए।

उन्नीस सौ अस्सी का विजय पर्व (विजया दशमी) भूमि-पूजन हेतु निश्चित किया गया। सारी सामग्री जुटाई गई और निर्धारित समय प्रातः साढ़े नौ बजे भूमि-पूजन प्रारम्भ हो गया। सारी विधि रमानाथ ने स्वयं पूरी की। पर पल-पल वे सुकेशी की कमी महसूस करते रहे। चूँकि यह उनका तथा सुकेशी का संयुक्त निर्णय था कि तुम्हें पूजन अकेले ही सम्पन्न करना होगा, उन्होंने किया। पूज्या भाभीजी ने समस्त कार्य अपनी देखरेख में कराया। देवी-देवताओं के पूजन, नवग्रहों का आमंत्रण एवं पूजन कर रमानाथ के नाम से ही घर, जिसे प्यार से रमानाथ ने सुमंगलम् नाम दिया, की नींव दी गई। सारा आयोजन लगभग दोपहर तक पूरा हो गया। थोड़ा खानपान भी हुआ और इस प्रकार रमानाथ की कल्पना 'सुमंगलम्' का श्रीगणेश हो गया।

आगे राह कठिन थी, मार्ग कंटकाकीर्ण एवं टेढ़ा-मेढ़ा था पर रमानाथ ने तो मंजिल तक पहुँचने की ठान ली थी। अतः सभी बाधाओं को पार करना, सभी कठिनाइयों को झेलना और सभी समस्याओं से निपटना तो आगे आने वाले महीनों की रोजमर्रा की कहानी थी। स्थानीय समस्याओं, आर्थिक समस्याओं और तकनीकी समस्याओं को झेलते हुए सुमंगलम् का निर्माण कार्य रमानाथ लगभग सुचारु रूप से चलाने लगे। साढ़े पाँच माह तक काम चला। एक भव्य इमारत—सुकेशी के सपनों का संसार रमानाथ की कल्पना का मूर्त रूप—धीरे-धीरे माँ वसुंधरा के गर्भ से ऊपर को उभरने लगी। नींव भरी जा चुकी। अब निर्णय हुआ कि पीछे के ब्लाक को पूरा करेंगे। आगे के हिस्से को खिड़की की सतह तक लाकर उसमें मिट्टी भर कर छोड़ दिया गया। पीछे से कार्य आरंभ कर दो बेडरूम तथा रसोई एवं बाथरूम की योजना लेकर रमानाथ चलते रहे। रुपए कम पड़ते, कहीं से प्रबंध करते, फिर कम पड़ते, फिर प्रबंध करते, इसी प्रकार कार्य चलता रहा। ईश्वर की कृपा से अर्थाभाव में काम एक दिन को भी बंद नहीं हुआ। प्रबंधन की अपनी सारी क्षमताओं का रमानाथ भरपूर प्रयोग करते हुए पीछे वाले ब्लाक के दोनों तल पूरा कर ले गए। इसे सामान्य रूप से रहने योग्य बनाकर काम को विराम देने का निश्चय किया। अब तक लगभग चौंसठ हजार रुपए खर्च हो चुके थे। कार्य बहुत आगे बढ़ चुका था। रमानाथ खुश थे अपनी गति से और खुश थे कार्य की प्रगति से। उन्होंने इस सारे कार्य में अपने अनेक मित्रों तथा शुभचिंतकों की सहायता ली। भाग्य से कहीं से भी कभी निराशा

नहीं हुई। कई लोगों ने तो प्रसन्नतापूर्वक सहायता भी दी और शुभकामना भी प्रकट की। इस प्रकार रमानाथ ने अपने निर्धारित कार्य का प्रथम चरण पूरा कर लिया था। अब वे सुख एवं सुकून के साथ पासीघाट वापस जाने को सोचने लगे। बने हुए घर का फोटोग्राफ बनवाया। टिकट रिजर्व कराया और भाभीजी का आशीर्वाद लेकर पासीघाट के लिए प्रस्थान किया। इस सम्पूर्ण कार्य में उनके जीजा श्री रामदास मिश्र जी का भरपूर सहयोग जो विशेषतया शारीरिक ही था रहा। वही एकमात्र आदमी थे जो अपना काफी समय रमानाथ के साथ बिताते और समय-समय पर हल्के-फुल्के हँसी-मजाक के सहारे जीवन में आए काम के तनाव को कम करते। परंतु इससे भी ज्यादा सुखद सहयोग तथा शाश्वत आशीर्वाद एवं शुभकामना पूज्य भाभीजी की ओर से प्राप्त था। वे रमानाथ के खाने-पीने की भी व्यवस्था करतीं और दिन भर के किए गए काम का लेखा-जोखा भी रमानाथ उन्हीं को देते। उन्हें ऐसा लगता कि भाभी के रूप में ही उनका सच्चा अभिभावक उनके सर पर अपनी कृपा का हाथ रखे हुए है। हमेशा अपनी परेशानी तथा खुशी खुले मन से उन्हीं से बाँट पाते। कई बार छोटी-मोटी समस्याओं का हल भी भाभी कर देतीं। पर सबसे बड़ा सहारा तथा सुख रमानाथ को इस बात से मिलता कि कोई अपना ऐसा है जो उनके काम से तहेदिल से खुश है और जिसका शाश्वत प्यार एवं आशीर्वाद उन्हें प्राप्त है।

पासीघाट पहुँचकर रमानाथ ने अपने कार्य का लेखा-जोखा सुकेशी तथा बच्चों को दिया। फोटोग्राफ भी दिखाया। इसमें चार कमरे तथा बाथरूम के पूरे होने का प्रमाण विद्यमान था। बच्चे बहुत खुश हुए। उनको अपने घर की कल्पना मात्र से ही प्रसन्नता हो रही थी। सुकेशी भी काफी खुश थीं। पर उनकी खुशी का आधार कुछ और था और वह था कि रमानाथ वापस आ गए थे। साथ ही साथ जिस कार्य को करने के लिए गए थे, वह कुछ हद तक पूरा हो चुका था। उन्हें अपने पति की सफलता की खुशी बहुत थी। वे इससे भी अति प्रसन्न थीं कि अब गोरखपुर में अपना एक आवास होगा।

शाम का प्रहर था। बच्चे बाहर खेल रहे थे और सुकेशी तथा रमानाथ अपने छोटे से बरामदे में बैठे चाय पी रहे थे। सुकेशी ने आतुर मन से रमानाथ से पूछा, 'कैसे इतना कार्य कर सके? रुपये तो पर्याप्त थे नहीं।' रमानाथ ने उन्हें धीरे-धीरे सब बताया। इन साढ़े पाँच महीनों में जो कार्य उन्होंने किया वह कोई ज्यादा नहीं वरन् अपने परिचितों तथा मित्रों का भरपूर सहयोग लेकर किया। जीजाजी का तथा भाभीजी का भी कितना एहसान है उन पर यह भी उन्हें बताया। रुपए का हिसाब तो सब लिख रखा है बाद में बता देंगे। हाँ, इतना उन्होंने अवश्य बताया कि कुल खर्च चौंसठ हजार से ज्यादा हुआ है। कुछ एक प्रमुख सहायकों तथा शुभचिंतकों के नाम भी उन्होंने सुकेशी को बताये। वे आश्चर्यचकित थीं कि मात्र ग्यारह हजार रुपये हाथ में लेकर रमानाथ ने इतना काम कर डाला। रमानाथ की इस क्षमता से

वह अवगत थीं। अतः उन्हें इस पर अविश्वास या संदेह लेश मात्र भी नहीं हुआ। हाँ, उनकी जिज्ञासा अभी समाप्त नहीं हुई थी। उनके पास अनेक प्रश्न थे और रमानाथ उनके कौतूहल तथा जिज्ञासा का एक-एक करके समाधान करते रहे।

उनकी सबसे बड़ी चिंता अब यह थी कि इतना सारा रुपया कैसे लौटाया जाएगा? उन्होंने रमानाथ से साफ-साफ शब्दों में पूछ ही डाला : 'अब क्या करेंगे? इतना रुपया कैसे लौटाएँगे?' रमानाथ ने कहा, 'तुम शान्त रहो और अपने बच्चों की इसी प्रकार देखभाल करती रहो, धीरे-धीरे सब लौटा देंगे।' ऊपर से तो इस पर विश्वास करती-सी दिखीं पर रमानाथ को लगता रहा कि सुकेशी इस समस्या की गुरुता तथा अपने साधनों की सीमितता से परिचित हैं। रुपए ज्यादा देने थे पर आय कम थी।

शाम को ही दो-चार साथी सामान्य शिष्टाचारवश सामान्य हालचाल लेने को आए। काफी देर तक उन लोगों से बातें होती रहीं। उन सबों के लिए भी चाय इत्यादि की व्यवस्था कर सुकेशी अपनी रसोई में जाकर व्यस्त हो गईं। लगभग आठ बजे मित्र मंडली उठी और रमानाथ ने गेट तक जाकर विदा किया, और उन सबका एक बार फिर धन्यवाद किया कि उन लोगों ने उनकी अनुपस्थिति में सुकेशी एवं बच्चों का खयाल रखा। वास्तव में यह उस कालोनी की विशेषता ही थी कि सभी एक-दूसरे के काम आते। यदि किसी घर में कोई परेशानी या दुःख की बात हो जाती तो लगभग सभी लोग उस परिवार की खोज खबर लेते। कुछ एक लोग तो अपने ऊपर कष्ट लेकर भी, मदद करते। इस प्रकार की सहयोग तथा प्रेम की भावना के सृजन में रमानाथ का भी काफी बड़ा योगदान रहा था। अतः वे आश्वस्त थे कि उनकी अनुपस्थिति में उनके परिवार को कोई बाह्य कष्ट नहीं होने पाएगा। मित्रों ने भी खुशी जताई कि आप अपनी पढ़ाई पूरी करके आ गए (उन्हें तो यही पता था)। रमानाथ ने गेट बंद कर लिया और वापस आकर ड्राइंग रूम से चाय के बर्तन उठाने लगे, तभी सुकेशी आ गईं। बोलीं, 'मैं ले जाती हूँ आप छोड़ दीजिए। कहीं गिरा पड़ा देंगे।' वे अपने चाय के कीमती सेट को बहुत प्यार करती थीं। शायद जानती थीं कि बार-बार खरीद पाना उनके तथा उनके पति के लिए संभव नहीं।

आलस भरे स्वर में रमानाथ ने कहा, 'खाना जल्दी खाकर सोएँगे।' उत्तर में सुकेशी ने डाइनिंग टेबल की ओर इशारा करते हुए कहा, 'बच्चे तो खा भी चुके, आप आ जाइए, मैं गरम-गरम रोटियाँ लाती हूँ।' रमानाथ की इच्छा थी आज काफी दिन बाद दोनों साथ ही खाते तो अच्छा था। उन्होंने अपनी इच्छा प्रकट की। क्षण भर सोचकर सुकेशी ने कहा, 'ठीक है आप बैठिए तथा शुरू करिए। मैं चार रोटियाँ बनाकर आती हूँ और आपके साथ ही खाऊँगी।' बड़ी खुशी मिली रमानाथ को क्योंकि अकसर सुकेशी अपने खाने को कभी महत्त्व नहीं देती थीं। सबको खिलाकर स्वयं बाद में खातीं। विशेषकर बच्चों के भोजन के प्रति तो उनकी नियमबद्धता इतनी प्रगाढ़ थी कि उसमें कोई खास हेर-फेर या समझौता जल्दी स्वीकार नहीं करती थीं।

आज रमानाथ के साथ ही खाएँगी—कहकर उन्होंने सचमुच रमानाथ को उपकृत किया था। यह बात रमानाथ महसूस भी कर रहे थे।

दोनों ने साथ-साथ खाना खाया। खड़ी मूँग की दाल, बैंगन की कलौंजी और आलू की भुजिया, साथ में चटपटी चटनी ने खाने में लज्जत पैदा कर दी थी। वस्तुतः खाना जो रोजमर्रा की ही तरह था, परंतु आज रमानाथ को काफी अरसे बाद, अपनी सुकेशी के हाथ का खाना खाने को मिल रहा था। अतः उन्हें इसमें विशेष स्वाद का सृजन हुआ-सा लग रहा था। रमानाथ ने खाना पहले समाप्त कर लिया था। क्योंकि पहले से प्रारंभ किया था। सुकेशी ने भी शीघ्रता से खाना समाप्त करने का जतन किया पर रमानाथ यह बात ताड़ गए और प्रेयसी सुकेशी को जिद करके अपने हाथों से बचा हुआ खाना खिलाने लगे। पाँच-सात निवाले ही खिलाए होंगे कि सुकेशी ने उनके मुख की ओर एक नेवाला बढ़ाया। रमानाथ ने बिना किसी न नुकर के मुँह खोल दिया।

रसोई समेटकर सुकेशी जब बिस्तर पर आईं तो नौ बजकर चालीस मिनट हो चुके थे। दूध का गिलास सिरहाने के स्टूल पर रखते हुए बैठ गईं। स्वयं भी थक चुकी होंगी, पर उसकी परवाह किए बगैर रमानाथ के हाथ-पाँव दबाने का उपक्रम करने लगीं। पर रमानाथ ने उन्हें ऐसा करने से रोकने के इरादे से अपने सीने पर खींच लिया। बड़ी देर तक एक-दूसरे को ऐसे देखते रहे जैसे कोई नव दम्पति। वे तो एक-दूसरे को वर्षों से जानते हैं फिर क्या ढूँढ़ रहे हैं एक-दूसरे की आँखों में। शायद एक तृप्ति, शायद एक आश्वासन, शायद एक विश्वास या फिर शायद एक मीठा उलाहना (इतने दिन कहाँ थे)। या फिर शायद पुनर्मिलन की एक सुखद प्रत्याशा। वे क्षण बड़े ही सुखदायक थे। उन्हें वे दोनों जी भरके जी लेना चाहते थे। सच्चे स्नेह में तृप्ति का बोध हर क्षण होता रहता है पर स्नेहासिक्त मन में तृप्ति की आशा भी सदैव जाग्रत करती है। चिर तृप्ति न तो अपेक्षित ही है और न ही संभव। 'चिर तृप्ति कामनाओं की कर जाती निष्फल जीवन' शायद इसी एहसास का बोध कराती है। वस्तुतः मानव मन स्नेहातिरेक की स्थिति को स्वीकार ही नहीं कर पाता। उसे तो मदिरालय से आकंठ मदिरापान कर घर आने वाले शराबी की तरह, घर पर भी शराब चाहिए, और शराब चाहिए। शराब की प्यास शराब से बुझाने के भ्रम में शराब की चाहत बढ़ाता हुआ वह शराबी अपनी एक ऐसी स्थिति में पहुँच जाता है जहाँ वह स्वयं को शराब से अलग करने की कल्पना से भी भयभीत होने लगता है। ऐसी ही स्थिति होती है सच्चे स्नेह के पिपासु मन की। उसे स्नेह चाहिए और स्नेह चाहिए। और स्नेह चाहिए।

आज के हिस्से की तृप्ति को अपने स्नेहांचल में बटोरते हुए, हर्षित मन, पुलकित तन और परम संतुष्ट सुकेशी लम्बे घने बालों को समेटती हुई उठीं। अपने पति परमेश्वर की सेवार्थ उठीं। रमानाथ संतुष्ट, खुश, परंतु अलसाये से, अपनी सुकेशी को एक

क्षण के लिए भी अपने से अलग न होने देने की गरज से मना करते रहे। परंतु उन्होंने, 'दुई मिनट में अंगुरिया फोरि के सोई जाब' कहते हुए, रमानाथ की जाँघ दबाना आरम्भ कर दिया। दबाते-दबाते ज्योंही उनका हाथ रमानाथ के पाँव (पंजे, एड़ी तथा तलवे) पर पड़ा, उनकी तो चीख-सी निकल गई। सहसा लपककर बड़ी बत्ती जला दी और रमानाथ के पाँव, जो लगातार कार्यस्थल पर मिट्टी, धूल, बालू और सीमेंट इत्यादि के सम्पर्क में आते रहने के कारण बहुत ही खुरदरे और अशोभनीय हो गए थे, देखकर न केवल गम्भीर हो उठीं वरन् बहुत ही दुःखी तथा चिंतित लगने लगीं। मानों उनका मन धिक्कार रहा हो कि तुम तो यहाँ आराम से बैठी खाती रही और तेरे स्वामी वहाँ अकेले न जाने कितने कष्ट उठाकर काम करते रहे। उनकी बेचैनी और बढ़ गई जब उन्होंने रमानाथ के दूसरे पाँव तथा हाथों को भी ध्यान से देखा। रमानाथ सब समझ गए। उनकी मानसिक स्थिति और चिंतामग्न मुद्रा ने रमानाथ के आलस को झकझोर दिया। उन्होंने सुकेशी को जबरदस्ती खींच कर, यह कहते हुए कि 'कुछ नहीं हुआ है, दो-चार दिन में सब फिर ठीक हो जाएगा, आश्वस्त करने लगे।' बहुत देर तक उनके बालों से खेलते हुए उन्हें शान्त करने की कोशिश में मग्न न जाने सुकेशी कब सो गईं। सुकेशी को अपने से पहले ही सोया पाकर रमानाथ को बड़ा सुकून मिला। दोनों सोते रहे, पर जैसे नींद में भी एक-दूसरे की चिंता लगी हो। एक अजीब-सा एहसास, एक अजीब-सी मिठास और एक अजीब-सी जीवन शैली दोनों को प्यार की अमरता का संदेश-सा देती दिखती। यह बेजोड़ जोड़ा कैसे और कब इतनी अतल गहराइयों तक एक-दूसरे से जुड़ चुका था, पता ही नहीं चला।

दूसरे दिन सुकेशी थोड़ी देर से उठीं। बाथरूम से वापस आते समय बच्चों के कमरे में झाँककर देखा तो सन्न रह गईं। अचल वहाँ नहीं था। इतने सबेरे कहाँ गया होगा? सोचती रहीं तभी अचल ने स्कूटर की किक मारी, उसकी आवाज सुनकर उन्हें बहुत अच्छा लगा। उन्हें अपने अचल का हर काम अच्छा ही लगता था। पता नहीं कितना प्यार करती थीं अपने इस बड़े बेटे को। 'अम्मां हम स्कूटर पोंछिके ठीक ठाक कइके धई दिहे' पिता जी कहीं होइ सकथ जाँई।' मुस्कराते हुए अचल ने कहा। सुकेशी को अच्छा लगा, पर उसे शीघ्र मुँह-हाथ धोने को कह रमानाथ के पास आ गईं। 'उठिए न चाय पीने का मन कर रहा है।' रमानाथ यह सुनते ही तत्काल उठ बैठे। बाथरूम से वापस आए। तब तक सुकेशी चाय बनाकर ला चुकी थीं। अचल को चाय के साथ रोटी खाना विशेष पसंद था। उसे चाय रोटी देकर कुछ बिस्कुट और चाय लेकर कमरे में आ गईं। दोनों चाय वर्षों से साथ ही पीते आ रहे थे। प्रातःकाल की चाय का अपना ही मजा होता था। चाय का बर्तन भी सामान्य चाय के बर्तनों से अलग था। दोनों को एक ही साइज तथा रंग के गिलास में थोड़ी ज्यादा चाय चाहिए थी। सुकेशी ने चाय पीते-पीते ही कितने काम गिना डाले जिन्हें उन्हें आज करना है। रविवारीय ड्यूटी थोड़ी ज्यादा ही उनकी हो जाती थी। और सब लोगों की (बच्चों

एवं रमानाथ की) तो छुट्टी होती पर सुकेशी का यह दिन तो विशेष व्यस्त जाता। कारण बच्चों के बृहद् स्नान, उनके कपड़ों इत्यादि की सफाई, घर की साप्ताहिक सफाई। कम से कम एक टाइम तो कुछ कम अच्छा खाना भी बनाना पड़ता था।

आज तो रमानाथ ने अचल के मन की चीज लाने का विचार बनाया था। रमानाथ के नहीं रहने पर अचल को उसका प्रिय भोजन–मीट तथा रसगुल्ला–कम मिल पाया होगा। अतः चाय पीने के बाद वे बाजार जाएँगे और मीट लाएँगे ऐसा सोचकर उन्होंने सुकेशी से पच्चीस रुपये लाने को कहा। रुपये देते हुए सुकेशी ने कहा, 'अब तो अचल बहुत अच्छा मीट बना लेता है।' सारे बच्चे सप्ताह में एक दिन मीट या मुर्गा खाना पसंद करते थे। अतः अवकाश के दिन रमानाथ लाते और दिन में मीट, रोटी, भात, भजिया और खीर या सेवईं, सभी एक साथ जमीन पर बैठकर खाते। यह दिन सुकेशी को भी बहुत भाता पर उनके अचल को तो मानों इसका इंतजार ही रहता। आज भी अचल को मीट और रसगुल्ले का उतना ही शौक है। इस मातृभक्त बच्चे में ईश्वर की कृपा से अनेक गुण हैं। उनमें से एक है उसकी पाकशास्त्र में रुचि। नान्‌वेज का शौकीन, कई प्रकार से मीट मछली या मुर्गा बनाता। नाना प्रकार की मिठाइयाँ तथा पकवान बनाता। पर उसका बनाया हुआ केक तो सचमुच ही उत्तम कोटि का होता। स्वभाव से परिश्रमी, लगनशील, अचल बचपन से ही अपनी बीमार माँ की मदद करता। उनका विशेष ध्यान रखता। उसे इस बात का विशेष खयाल रहता कि माँ को चक्कर आते हैं। अतः खाना-पीना बनाते समय, जहाँ तक सम्भव होता, वह साथ या पास रहता। इसी प्रकार उसने कई चीजें बनाना सीखा और कई बार तो माँ को चक्कर आने पर आग में या कहीं खराब जगह गिरने से बचाया।

रमानाथ मीट लेने चले गए। इधर सभी बच्चे उठ कर तैयार होकर अपना-अपना प्रातःकालीन नाश्ता कर चुके थे। रमानाथ पर्याप्त मीट लाये और उसे अचल को देते हुए बोले, 'बेटा, माँ कहती थी, तुम बहुत अच्छा मीट बनाते हो, आज बनाकर मुझे भी खिलाओ।' अचल खुशी-खुशी मीट भीतर ले गया और माँ से बोला, 'अम्माँ मैं मीट बनाऊँ?' 'हाँ, जरूर। बनाकर अपने पिताजी को भी खिलाओ।' धनिया, जीरा, मिर्च, लहसुन, प्याज, अदरक, काली मिर्च, इलायची, दाल चीनी, तेज पत्ता सभी कुछ अचल ने निकालकर अपने अंदाज से एक प्लेट में रखा। फिर माँ से बोला, 'अम्माँ तुँ खाली एकर मसाला तैयार कइ द, बाकी हम सब कइ लेब।' सुकेशी ने कहा, 'ठीक है बेटा। मैं अभी कर देती हूँ। और रोटी, भात, भजिया और खीर इत्यादि भी मैं बनाऊँगी। तुम केवल मीट बना लो।'

सजल ने फर्श पर चद्दर बिछाया, प्लेट लगाया, पानी रखा। दोनों भाइयों को लेकर खाने को तैयार बैठ गया। इंतजार था सुकेशी का जो अभी स्नान कर रही थीं। सारे काम समाप्त करके ही सुकेशी नहाती थीं और तत्पश्चात भोजन करके आधे घंटे विश्राम करती थीं। अचल ने सारा सामान लाकर बीच में रख दिया। दोनों

तरफ से तीन-तीन आदमी बैठते थे और अपनी इच्छानुसार लेकर खाते। सुकेशी आ गईं। उन्होंने पहले परोसकर सबको दिया। और बाद में जिसे जो चीज चाहिए स्वयं ले लेगा। परंतु यह छूट विजय तथा अजय को नहीं रहती क्योंकि वे छोटे थे और खाना बिखेर देते थे। अजय को कलेजी बहुत पसंद थी अतः रमानाथ उसका खयाल रखते हुए कलेजी भी लाये थे। माँ ने अपने छोटे बच्चे की चाहत को ध्यान में रखकर उसे कलेजी के दो बड़े टुकड़े दिये। खूब चाव से सभी ने भोजन किया। आखिर में सुकेशी ने सबको खीर दिया। खीर बड़े मन से खाते थे सभी बच्चे पर विजय की विशेष पसंद थी यह। अकसर वह खीर बनाने की जिद करता। यथासम्भव माँ उसे पूरा भी करतीं।

आज काफी दिनों के बाद पूरा परिवार पूरी तरह से प्रसन्न मन, अपने मन का, अपने ढंग से भोजन कर तृप्त हुआ था। कारण कि रमानाथ की अनुपस्थिति में बच्चों को तो सुकेशी अवश्य ही खिलाती रहती थीं पर उनकी अपनी इच्छा कभी पूरी नहीं होती थी। खाने के समय उन्हें रमानाथ की याद आती और वे आधा-अधूरा खाकर उठ जातीं। जीने के लिए खा लेतीं पर पूर्ण तृप्ति तो उन्हें आज काफी दिनों के बाद मिली रमानाथ के आ जाने तथा एक साथ खाने से।

पी-एच.डी. का कार्य सम्पन्न हो चुका था। घर का कार्य भी जितना इस बार कर सकते थे, रमानाथ कर आए थे। परंतु उनके दो वर्ष के अवकाश की अवधि अभी भी पूरी नहीं हुई थी। रमानाथ ने सुकेशी से यह बताया। सुकेशी को तो अच्छा लगा कि कुछ दिन घर पर रहेंगे। ऐसे भी ग्रीष्मावकाश दो माह का होने ही वाला था। घर पर हर हालत में रह सकते थे। हाँ अगर ड्यूटी ज्वाइन कर लें तो दो लाभ दिखाई पड़ रहे थे। रमानाथ ने सुकेशी को समझाया। प्रथम यह कि ज्वाइन कर लेने से उन्हें अरुणांचल एलाउंस, दो सौ पच्चीस रुपये प्रतिमाह, जो बाहर रहने की वजह से उन्हें प्राप्त नहीं था, मिलने लगेगा, और इसमें एक यह बात भी थी कि रमानाथ का कालेज के प्रति लगाव बहुत सघन था। इस तरह छुट्टी होते हुए भी विद्यार्थियों के हित में उन्होंने ज्वाइन कर लिया। दूसरी बात तो विशेष महत्त्वपूर्ण नहीं लगी सुकेशी को और आगे चलकर यह सिद्ध भी हो गया कि उसका कोई महत्त्व या रिकार्डों में उल्लेख नहीं हुआ। पर प्रथम बात की तो वह भी कायल थीं। छुट्टी भर (दो माह) तो घर पर रहेंगे ही। अतः तय यह हुआ कि रमानाथ कालेज ज्वाइन कर लें।

अगले ही दिन रमानाथ ने प्राचार्य महोदय को अपनी ज्वाइनिंग रिपोर्ट दे दी। वार्षिक परीक्षा में दो-चार दिन की ड्यूटी के अलावा कोई और कार्य नहीं था। अतः आरम्भ करने तथा स्वास्थ्य में सुधार करने के लिए पर्याप्त समय उपलब्ध था। सारे कालेज में चर्चा होने लगी कि रमानाथ ने कालेज ज्वाइन कर लिया और उन्होंने नियत समय से कम में ही पी-एच. डी. पूरी कर ली। कुछ लोग उनके अध्यवसाय, लगन तथा परिश्रम की दाद देते तो कुछ 'इसमें भी काला है' की तलाश करते।

स्वयं जीवन से हार मानकर बैठे लोगों की यहाँ काफी बड़ी तादाद मौजूद थी। वे यह सारी दौड़भाग तथा प्रयास व्यर्थ मानते। पी-एच. डी. एक दिखावा है, इसका कोई महत्त्व नहीं है। इससे प्रगति पर असर नहीं पड़ता ऐसे नकारात्मक सोच के आधार पर आलोचना-प्रत्यालोचना में व्यस्त लोगों की भी तादाद काफी बड़ी थी। परंतु रमानाथ इन सबसे हटकर जो कुछ करके आए थे, उससे संतुष्ट तथा खुश थे। चर्चा में तो वे हमेशा ही रहे हैं। क्योंकि उनकी प्रतिभा तथा उनकी परसनेलिटी (व्यक्तित्व) से ईर्ष्या करने वालों की कोई कमी नहीं थी।

गर्मी की छुट्टियाँ चल रही थीं। अधिकांश लोग घर जा चुके थे। कुछेक परिवार कैम्पस में रह गए थे। रमानाथ तो इतने दिन बाहर रहकर आए थे अतः जाने का सवाल ही नहीं था। वैसे भी कर्ज का बोझ भी काफी भारी था जिसमें से अभी जब छः माह की तनख्वाह एक साथ ली, तो जो अत्यंत जरूरी था, उसे अदा किया। फिर भी अभी भारी बोझा था। अतः कहीं जाने का कोई इरादा नहीं था।

लगभग दोपहर हो चुका था। सुकेशी खाना लगाने ही जा रही थीं कि पड़ोसी के नौकर ने आवाज दी। सुकेशी ने देखा तो एक लिफाफा दे कर चला गया। खुशी-खुशी रमानाथ के पास आईं। उन्हें कहीं की भी चिट्ठी आती तो बड़ी प्रसन्नता होती और कहीं अगर वह पत्र उनके भाई का होता तो ईश्वर को दुआएँ देतीं, रमानाथ के पाँव छूतीं, भाइयों के लिए प्रार्थना करतीं और उसे बार-बार पढ़वाकर सुनतीं। पर यह पत्र उनके भाई का नहीं था। रमानाथ ने पत्र खोलकर पढ़ा तो सन्न रह गए। यह विश्वविद्यालय से आया हुआ पत्र था। रमानाथ ने जो पी-एच.डी. थीसिस छः माह पहले जमा की थी वह अब मूल्यांकित होकर वापस आ चुकी थी। कण्ट्रोलर आफ इकजामिनेशंस के दफ्तर में और कण्ट्रोलर ने वाइवा के लिए तिथि तै करके रमानाथ को उचित समय पर पहुँचने के लिए सूचना दी थी। बस पकड़कर उसी दिन शाम पाँच बजकर बीस मिनट पर जाने वाली रेलगाड़ी मोरकांग-सेलेक से लेकर किसी प्रकार समय पर पहुँचा जा सकता था। कुल तीन घंटे के अन्दर ही प्रस्थान कर जाना था। अन्यथा यह सौभाग्यशाली मौका हाथ से निकल जाएगा।

रमानाथ ने स्वयं को संयत करते हुए सुकेशी को खाना लगाने को कहा। खाना खाते-खाते रमानाथ ने सारी योजना बना डाली, कि उन्हें आज ही प्रस्थान करना होगा। खाना समाप्त कर सुकेशी अपनी रसोई की ओर जाने लगीं पर रमानाथ ने उन्हें इशारे से अपने कमरे में बुलाकर सारी योजना की सूचना दी। वे तो खुश भी थीं पर थोड़ी खिन्न भी। जब रमानाथ ने उन्हें आशा की किरण दिखाई कि यह समय उन लोगों का बहुत अच्छा चल रहा है। ईश्वर ने चाहा तो रमानाथ समय पर पहुँचकर वाइवा भी दे लेंगे। इसका मतलब यह होगा कि उनका पति पी-एच. डी. हो जाएगा। तब उनके मन में आशा की लहर दौड़ गई और वे रमानाथ को जाने देने को राजी हो गईं।

घर में पर्याप्त रुपये नहीं थे। रमानाथ ने दो हफ्ते पहले ही छः माह की तनख्वाह उठाई थी। पर वह सब तो कुछ अर्जेण्ट कर्जे निपटाने हेतु भेज दिया। आवश्यकता थी कम से कम पाँच सौ रुपये की। रमानाथ ने सुकेशी से पूछा कि कितने पैसे होंगे घर में? सुकेशी तत्काल अपना डिब्बा, जिसमें घर खर्च के रुपये रखती थीं, उठा लाईं। रमानाथ ने देखा तो मात्र एक सौ पचहत्तर रुपये के करीब थे। इतने रुपये तो घर पर होने ही चाहिए। अब तो समस्या थी कि तुरंत पाँच सौ रुपये कहीं से इंतजाम कर काम चलाया जाय। समय इतना कम था कि रमानाथ भी कुछ विशेष सोच नहीं पा रहे थे। सुकेशी हमेशा की भाँति आगे आईं। आप अचल को लेकर अपने कपड़े तथा कागज पत्र ठीक करें। मैं अभी कुछ देर में आई। वे अपनी एक अत्यंत विश्वासपात्र मित्र के पास गईं और रुपये का इंतजाम कर वापस आ गईं। सुकेशी ने मुस्कराते हुए कहा, 'लगता है भगवान की कृपा है, आपका काम हो जाएगा।' रुपये उन्होंने पूरे पाँच सौ रमानाथ की ओर बढ़ा दिये। रमानाथ ने कृतज्ञता भरी निगाह से सुकेशी को देखा और रुपये स्वीकार कर लिए।

रुपये आ जाने के बाद रमानाथ थोड़े आश्वस्त हुए और अपने कागजात इत्यादि तथा अपनी थीसिस की प्रति जो उनके पास थी, सूटकेस में रखकर कुछ कपड़े भी रखे। और जाने की पूरी तरह से तैयारी हो गई। उधर सुकेशी ने, रास्ते में खाने के लिए, कुछ पूड़ियाँ, आलू की सूखी सब्जी तथा अचार भी बाँध दिया। अचल ने इस कार्य में उन्हें भरपूर सहयोग दिया। रमानाथ ने सजल को भेजकर अपने मित्र को बुलाया। उनसे उनके आ जाने पर अनुरोध किया कि वे रमानाथ को बस स्टैण्ड तक स्कूटर से छोड़ आएँ। मित्र ने स्थिति को समझा और समय पर आ गए।

सुकेशी ने सजल आँखों से रमानाथ की आँखों में देखा। उन अश्रुबिंदुओं में स्नेह का सागर समाया था। उनमें आशाएँ, अपेक्षाएँ तथा एक सुहागिन की कामनाएँ छलक रही थीं। और छलक रहा था नीरव मन से उभरती हुई सद्भावना तथा शुभकामना का ज्वार, जो अपने मौन स्वर में कहे जा रहा था कि 'प्रियतम मैं सदैव आपके साथ हूँ। आपकी यात्रा शुभ हो, आपका लक्ष्य पूरा हो, मैं आपकी प्रतीक्षा करूँगी आपके बच्चों की पूरी देखभाल करूँगी।' रमानाथ का कृतज्ञ मन, उनकी भावना का बड़ी ही गहराई से अनुभव कर रहा था। उन्होंने सुकेशी को सीने से लगा लिया और सारी बातें आँखों से ही समझाकर आगे बढ़ चले। बच्चों ने माँ द्वारा सिखाये तरीके से एक-एक करके प्रणाम किया और रमानाथ को सप्यार विदा किया । बाहर बरामदे में भरी बाल्टी में गुलाब की तैरती पंखुड़ियों ने रमानाथ की राह मंगलमय हो का सगुन दिखाया और रमानाथ अपना सूटकेस लेकर मित्र के पीछे स्कूटर पर बैठ गए। मुड़कर देखा तो सुकेशी बाएँ हाथ से आँसू पोंछ रही थीं और दाहिना हाथ रमानाथ की मंगलकामना में हिलता जा रहा था।

बस लगभग तैयार थी। मित्र जयदेव ने रमानाथ का सामान एक सीट पर

रख दिया। रमानाथ स्कूटर के पास ही खड़े रहे। जयदेव ने पूछा, 'भाई साहब कब तक आ जाएँगे?' 'हफ्ते दस दिन में' उत्तर था रमानाथ का। ड्राइवर आ गया एक-दो बार उसने भोंपू बजाया, रमानाथ बस में चढ़ गए। बस चल दी फिर भी जयदेव हाथ हिलाते रहे। मुरकांग सेलेक पहुँचकर रमानाथ ने भागलपुर का सीधा टिकट लिया और एक सामान्य डिब्बे में जाकर बैठ गए। उन दिनों इस ट्रेन में कोई व्यवस्था नहीं थी। बैठ कर ही रात गुजारनी थी। अगले दिन दोपहर तक न्यू बोगई गाँव पहुँचेगी। वहाँ से बड़ी लाइन की गाड़ी मिलेगी जो रमानाथ को भागलपुर तक ले जाएगी। गाड़ी तो दिल्ली चली जाएगी।

न्यू बोगई गाँव में पहुँचकर आगे की यात्रा हेतु रमानाथ ने एक बर्थ प्राप्त करने की सोची ताकि आराम से लेटकर पढ़ते, सोते तथा खाते-पीते यह यात्रा पूरी की जा सके। इसी उद्देश्य से उन्होंने अपने पूर्व परिचित श्री सिंह, जो पहले मुरकांग सेलेक में थे, सहायक स्टेशन मास्टर से मिलने का निश्चय किया। संयोग से श्री सिंह ड्यूटी पर थे और उन्होंने स्थिति की गम्भीरता को समझते हुए विशेष प्रयास कर, रमानाथ के लिए एक बर्थ का इंतजाम करा दिया। रमानाथ ने उनका तहेदिल से शुक्रिया अदा किया। कैंटीन में खाना खाया और अपनी बर्थ पर आकर बैठ गए। रात में गाड़ी कहीं लेट हो गई। नियत समय प्रातः साढ़े आठ बजे पहुँचने पर तो रमानाथ को कोई परेशानी नहीं थी क्योंकि उनको तो दस बजे रिपोर्ट करना था। परंतु अब तो ट्रेन दस बजे के बाद ही पहुँचेगी। रमानाथ ने अपनी योजना बनाई कि अब जब भी गाड़ी पहुँचेगी, वे तत्काल, अपना सूटकेस, क्लोक रूम में रखकर तुरंत रिक्शा लेकर विश्वविद्यालय पहुँचेंगे। विलम्ब से आने का कारण बताते हुए अपना वाइवा लेने की प्रार्थना करेंगे। इसी उद्देश्य से रमानाथ ने गाड़ी में ही अपनी दाढ़ी बनाई, कपड़े बदले तथा पूरी तरह से तैयार होकर बैठ गए। ट्रेन भागलपुर पहुँची तो दस बजकर दस मिनट हो चुके थे। तुरंत सामान को क्लोक रूम में रख बाहर आकर रमानाथ ने एक स्वस्थ रिक्शे वाले को कहा, 'भाई विश्वविद्यालय ले चलो?' रिक्शा चल पड़ा। रमानाथ कण्ट्रोलर के कमरे में दाखिल हुए तो दस बजकर पैंतीस मिनट हो चुके थे। जीवन भर लेट न होने वाले रमानाथ आज अपने जीवन की सबसे महत्त्वपूर्ण परीक्षा में लेट पहुँच रहे हैं। उन्हें इसका मलाल था। परंतु कण्ट्रोलर साहब को तो रमानाथ को देखकर प्रसन्नता हुई। श्री मंडल जी (कण्ट्रोलर) को तो आशा ही नहीं थी कि रमानाथ पहुँच भी पाएँगे या नहीं। जब रमानाथ ने अपने यात्रा वृत्तांत उन्हें सुनाए तो वे आश्वस्त करते हुए बोले, 'चिंता की कोई बात नहीं। वाइवा तो दोपहर बाद ढाई बजे रखा है। दस बजे तो रिपोर्ट करने का समय दिया गया है, ताकि आप समय से आकर सारी कागजी कार्यवाही पूरी कर सकें।' कृपालु मंडल जी ने रमानाथ के लिए चाय लाने का आदेश दिया और किसी बाबू का नाम लेते हुए, उन्हें सारे कागजात लेकर आने को बोला। दस मिनट में ही सारे फार्म

भर दिए गए। रमानाथ ने मंडल जी की कृपा के लिए आभार व्यक्त किया और उनकी चाय के लिए तो विशेष कृतज्ञता ज्ञापित की। बिहार में इतना शिष्टाचार, जहाँ रमानाथ को आश्चर्य में डाले हुए था, वहीं शायद श्री मंडल जी भी रमानाथ के विनम्र स्वभाव और प्रभावोत्पादक व्यक्तित्व से अछूते नहीं रहे थे। उन्होंने खड़े होकर रमानाथ को पुनः दो बजकर पंद्रह मिनट पर आने को कहा, और अपनी शुभकामना दी। 'धन्यवाद, बहुत बहुत धन्यवाद सर' कहते हुए रमानाथ बाहर आए।

बाहर आकर रमानाथ ने निश्चिंतता की श्वांस ली। बातों-बातों में श्री मंडल जी से यह भी पता चल गया था कि रमानाथ के गाइड डॉ. शर्मा तथा अन्य एक्सपर्ट्स पहुँच चुके हैं। अतः दोपहर बाद वाइवा होगा ही इसमें संदेह नहीं रह गया। अब रमानाथ ने एक रिक्शा लिया और डॉ. शर्मा के ममेरे भाई डॉ. अनिल के घर जाकर सारा समाचार उन्हें बताने का निश्चय किया क्योंकि वही केन्द्र बिन्दु थे भागलपुर में। मेधावी रीडर डॉ. अनिल तथा उतनी ही मेधावी उनकी पत्नी, शहर के एक गरिमामय जोड़े के रूप में जाने जाते थे। पुराने जमींदार के बेटे, अनिल जी में अब भी जमींदारी की अकड़ तो है पर अतिथियों के लिए उनका घर हमेशा ही खुला रहता। वहाँ पहुँचकर रमानाथ ने सबमें एक खुशी का संचार कर दिया। वे लोग बैठे रमानाथ के न आ सकने के कारणों की विवेचना कर रहे थे। पत्र भी देर से भेजा गया था। राह इतनी कठिन, दूरी इतनी अधिक। डॉ. शर्मा को छोड़कर और किसी को विश्वास नहीं था कि रमानाथ समय से पहुँच पाएँगे।

रमानाथ ने विनम्र स्वर में प्रो. राम प्रवेश सिंह को प्रणाम अर्पित किया तो सभी प्रसन्न हो उठे। अनिल जी ने कहा अभी हम लोग आपकी ही चर्चा कर रहे थे। डॉ. शर्मा, अनिल जी और उनकी पत्नी को भी रमानाथ ने सादर नमस्कार किया। वे सभी लोग रमानाथ के प्रति स्नेह रखते थे।

डॉ. अनिल ने अपनी पत्नी की ओर इशारा करते हुए कुछ चाय इत्यादि लाने को कहा, तो रमानाथ ने विनम्रतापूर्वक मना किया। उन लोगों को बताया कि अभी मैं विश्वविद्यालय से आ रहा हूँ, जहाँ श्री मंडल जी ने चाय पिलाई थी। डॉ. शर्मा प्रसन्न होकर बोले तो आप वहाँ से होकर आ रहे हैं? रमानाथ ने स्वीकारोक्ति प्रगट की और तब डॉ. शर्मा ने पूछा कुछ फार्म भरने होते हैं उन्हें भी भरके आते तो ...रमानाथ ने बताया कि उन्होंने वे सभी फार्म भी भर दिये हैं अब उन्हें दो बजकर पन्द्रह मिनट पर वाइवा के लिए जाना है। सबको रमानाथ की यह त्वरित मति उत्पन्नता बहुत भायी। रमानाथ ने कहा अब वे इस समय इजाजत चाहेंगे क्योंकि उन्हें अपना सामान क्लोक रूम से लेकर किसी उपयुक्त होटल में रहने की व्यवस्था करनी है। स्टेशन से सामान लेकर पास के ही एक होटल में रमानाथ ने कमरा लिया। ठीक से नहाये तथा कुछ हल्का-सा भोजन किया। लेट कर अपनी थीसिस पलटते रहे क्योंकि वाइवा का आधार तो वही उनका काम ही होगा।

समय से तैयार होकर अपने कागजात एवं अपनी थीसिस लेकर रमानाथ विश्वविद्यालय पहुँचे। समय से उनकी परीक्षा प्रारम्भ हुई। तीन-तीन विद्वानों के प्रश्नों को झेलते हुए रमानाथ ने अपना वाइवा दिया। एक घंटे बत्तीस मिनट तक चलने वाले इस वाइवा ने रमानाथ की समस्त देहयष्टि तथा सतर्क मस्तिष्क दोनों को थका दिया। वाइवा समाप्त होने पर तीनों विद्वानों के चेहरे पर एक संतोष की आभा नजर आई। रमानाथ की इसी आभा से उभरकर निकलेगी रमानाथ के जीवन की अब तक की सबसे बड़ी डिग्री, उनकी कल्पना की डिग्री, उनकी सुकेशी की मनोकामना की सार्थकता और उनके बच्चों के भविष्य की एक अपरिचित-सी राह। रमानाथ ने सबको सादर नमस्कार एवं धन्यवाद कहा और अपने कागजात समेटते हुए बाहर आ गए।

कमरे के बाहर ही एक बेंच पड़ी थी। शायद चपरासी के लिए। उसी पर रमानाथ निढाल से होकर बैठ गए। मन में विश्वास था। सफलता पर आशा लगाये बैठे थे कि और कोई नहीं, अगर डॉ. शर्मा बाहर आते तो उनसे अवश्य पूछते कि 'सर, कैसा हुआ वाइवा ?' अपने द्वारा दिये गए उत्तरों की मन ही मन समीक्षा कर रहे थे रमानाथ। तभी एक चपरासी ने आकर आवाज लगाई, 'रमानाथ कौन है?' रमानाथ ने सँभलते हुए उत्तर दिया, 'मैं हूँ, कहिए क्या बात है?' चपरासी ने कहा, 'साहब लोगों ने भीतर बुलाया है।' रमानाथ का मन शंकित हो उठा, परंतु स्वयं को सँभालते हुए पुनः भीतर गए। भीतर तो रमानाथ के जीवन का सबसे बड़ा आश्चर्य या ठीक से कहा जाए तो सबसे बड़ा सुखद आश्चर्य उनकी प्रतीक्षा कर रहा था। प्रो. राम प्रवेश सिंह, भारतीय भूगोल शास्त्र के पुरोधा पुरुष और मगध विश्वविद्यालय के उपकुलपति ने रमानाथ की ओर मुखातिब होते उन्हें डॉ. रमानाथ कहकर सम्बोधित किया। सादर बैठने का आमंत्रण था उनकी आँखों में। विशालकाय मेज पर अनेक मिठाइयाँ तथा खाद्य पदार्थ सजे हुए थे। अन्य विद्वानों ने भी बधाई दी। इन विगत दस-पन्द्रह मिनटों में रमानाथ को इन मनीषियों ने डॉ. रमानाथ बना दिया था। उनके वाइवा एवं शोधग्रंथ से बेहद प्रभावित थे वे लोग। पर अब तक चुप थे, सब कुछ मौन बैठे देख रहे थे डॉ. शर्मा। उनका यह मौन रमानाथ को खलने लगा। उन्होंने अपने इस भाग्य विधाता से अपना मौन तोड़ने का इशारे से आग्रह किया। डॉ. शर्मा ने भी बधाई दी और सबने साथ-साथ मिठाई खाई। चाय पानी समाप्त हुआ। लोगों ने एक बार फिर रमानाथ को डॉ. रमानाथ कहते हुए कांग्रेचुलेट किया और कमरे से बाहर आ गए। रमानाथ ने पलट कर श्री मंडल जी का विशेष अभिवादन किया। चारों तरफ माहौल में एक गरमजोशी, उत्साह और कार्य की पूर्णता का आनन्द भर गया। रमानाथ की वर्षों से दबी अभिलाषा पूरी हुई। डॉ. शर्मा का एक योगी की भाँति इस शोधग्रंथ में लगने एवं पूर्ण कराने की डॉ. शर्मा की कठिन यात्रा रिकार्ड समय में सम्पन्न हुई। सफल हुई श्रीमती शर्मा की अतिथि सेवा। पी-एच.डी. प्राप्त रमानाथ आज बेहद खुश थे। कहीं बहुत गहरे तक कृतज्ञ हो उठे थे डॉ. शर्मा के,

उनकी पत्नी के, और सुकेशी के। इनमें से तीनों का सहयोग न केवल भरपूर मिला वरन् सद्भावना तथा शुभकामना के साथ मिला। इसीलिए शायद वर्षों का काम महज़ एक वर्ष में पूरा हो सका। रमानाथ इन तीनों के प्रति आजीवन कृतज्ञ रहेंगे, ऐसा भाव उनके मन में आज बार-बार उठ रहा था। वे सच्चे मन से इन तीनों के प्रति अपनी श्रद्धा समर्पित कर रहे थे।

भागलपुर से दरभंगा होते हुए रमानाथ पासीघाट पहुँचे। सुकेशी ने बड़ी विनम्रता से आगे बढ़कर प्रणाम करते हुए स्वागत किया। रमानाथ के बच्चे भी खूब खुश थे अपने पिता को पाकर। इस बार रमानाथ जल्दी ही आ गए थे। पी-एच.डी. का परीक्षाफल अभी तक घोषित नहीं हुआ था। अतः रमानाथ को उसकी प्रतीक्षा थी। वैसे तो उन्होंने पत्नी को सारा समाचार बताया और अपनी सफलता की पूरी कहानी रात में सुकेशी से बाँटते-बाँटते ही सोये।

दो हफ्ते के बाद विश्वविद्यालय से घोषित परीक्षाफल के नोटिफिकेशन की प्रति रमानाथ को प्राप्त हुई। उन्होंने उस दिन अपने सभी साथियों मित्रों को भी बताया कि उनका परीक्षाफल आ गया और वे अब पी-एच.डी. हो चुके हैं। इसकी लिखित सूचना, परीक्षाफल की प्रति के साथ, प्राचार्य महोदय को भी दी। इस प्रकार सबसे पहले रमानाथ ने पी-एच.डी. पूरी की। अपने दो अन्य साथियों से भी पहले जिन्होंने उनसे पहले पी-एच.डी. का कार्य आरम्भ किया था। कुछेक लोगों को छोड़ सभी ने प्रसन्नता जताई, बधाइयाँ दीं। परिवार में तो खुशी की लहर ही दौड़ गई। सुकेशी बेहद खुश, बच्चे खुश और स्वयं रमानाथ भी अपने कार्य की इतने कम समय में पूर्णता पर बहुत खुश थे।

इन्हीं दिनों राजकीय महाविद्यालयों ने प्राचार्य के दो पद भरने हेतु विज्ञापन निकाला। अब कई साथियों ने, विशेषकर तृतीय एवं चतुर्थ श्रेणी के कर्मचारियों ने, रमानाथ पर जोर डालना प्रारम्भ किया कि वे इस बार अवश्य आवेदन करें। उन सबों को विश्वास था रमानाथ की क्षमता पर और वे आश्वस्त थे कि यदि रमानाथ प्राचार्य बनेंगे तो कालेज का भविष्य अच्छा होगा। परंतु रमानाथ इस सबके लिए इतनी जल्दी तैयार नहीं थे। दूसरी बाधा यह भी थी कि उनसे बहुत सारे प्रवक्ता सीनियर थे। अगर रमानाथ आवेदन करेंगे तो उन लोगों को कैसा लगेगा? कई दिनों तक रमानाथ इस द्विविधा में पड़े रहे। साथियों का दबाव बढ़ता जा रहा था और वे कोई निर्णय नहीं ले पा रहे थे।

एक दिन शाम को सुकेशी के साथ बैठे, भुने हुए चने तथा चावल का चबेना खा रहे थे। बच्चे खेलने जा चुके थे। रमानाथ को लगा कि यही उचित समय है अपनी प्रेरणा सुकेशी का विचार जानने का। उन्होंने सुकेशी की ओर मुखातिब होते हुए कहा, 'आपका क्या विचार है? मैं प्राचार्य पद के लिए आवेदन करूँ?' 'जैसन आप ठीक समझीं, लेकिन आप कोसिस करिहैं त प्रेंसपल बनि जाइहैं जरूर, ऐसन

हमार मन कहत बा।' जवाब न केवल मनोनुकूल था वरन् उनके अटूट विश्वास से ओतप्रोत भी था। यह अवश्य उनकी अंतरात्मा से निकली आवाज थी क्योंकि वे तो इस पद की तकनीकी बातें या अन्योन्य सरकारी तंत्र की समस्याओं से अवगत नहीं थीं। यह निश्चित रूप से उनकी विशुद्ध भावना का प्रतिबिम्बन था। उन्नीस सौ इक्यासी के जून माह के अंतिम सप्ताह में रमानाथ ने आवेदन पत्र तैयार कर प्राचार्य के मार्फत, तथा एक प्रति सीधे प्रशासन को प्रस्तुत कर दिया। कालेज जुलाई में खुला। रमानाथ भी अन्य प्रवक्ताओं की तरह अपने विभागीय कार्य में जुट गए। विभाग के विद्यार्थियों में रमानाथ के वापस ड्यूटी पर आ जाने से बड़ा उत्साह था। अन्य सहयोगी तथा सहकर्मी बन्धुओं ने भी इसका स्वागत किया। लोगों को रमानाथ की छुट्टी समाप्त होने से पहले ड्यूटी ज्वाइन करने की भावना की सराहना ही करनी पड़ी।

अक्टूबर के माह में साक्षात्कार हेतु रमानाथ को अन्य छः और प्रवक्ताओं के साथ राजधानी में बुलाया गया। देश के अन्य भागों से उन्नीस और प्रत्याशी आए हुए थे। बड़ा खुला और उच्चकोटि का कम्पटीशन था। चुनाघ प्रक्रिया प्रारम्भ हुई। सबने अपने-अपने भाग्य आजमाये। रमानाथ का भी नम्बर आया। वे भी अपना पार्ट अदा करने भीतर गए। एक-दो चेहरे परिचित थे। शेष बाहर के अपरिचित लोग बोर्ड के सदस्य के रूप में विराजमान थे। रमानाथ ने सामान्य शिष्टाचार निभाया और आदेश पाकर बैठ गए। पच्चीस मिनट तक प्रश्नों का प्रहार झेलते रहे। और फिर एक-दो तात्कालिक समस्याओं पर उनका मत पूछा गया। रमानाथ का व्यक्तिगत अनुभव अब काम आया। कालेज की अधिकांश समस्याओं से जुड़े रहने तथा जूझते रहने का सुफल आज उन्हें मिल रहा था। उनकी समस्या पर पकड़ देख सभी सदस्य प्रभावित हुए। उन्हें भी अपनी बात कहने में कहीं कोई झिझक नहीं हुई। इंटरव्यू से पूर्णतः संतुष्ट रमानाथ बाहर आए।

चार-पाँच दिन बाद अंतरंग सूत्रों से पता लगा कि रमानाथ का नाम प्रथम स्थान पर तथा डॉ. सूरी का द्वितीय, डॉ. मूर्ति का तृतीय और डॉ. सिंह का चतुर्थ स्थान पर रखकर बोर्ड ने अपनी संस्तुति सरकार को भेज दी है। यह समाचार कालेज में बहुत कम लोगों को अच्छा लगा। कई सीनियर्स ने तो रमानाथ के खिलाफ अनेक झूठे आरोप लिखकर मुख्य सचिव को भेज दिये और रमानाथ की नियुक्ति न करने का अनुरोध भी किया। रमानाथ की सफलता से जलने वालों की एक फौज ही तैयार हो गई। साप्ताहिक तौर पर लोगों ने सरकार को प्रतिवेदन देना प्रारम्भ किया। परिणाम स्वरूप सरकार को नियुक्ति पत्र देने में अड़चन आने लगी।

इन 'हारे हुए जुआरियों' का विरोध रमानाथ के संकल्प को और मजबूत करता गया और अन्ततः जुलाई उन्नीस सौ बयासी में उन्हें प्राचार्य पद का नियुक्ति पत्र प्राप्त हुआ। उन्होंने उनतीस जुलाई उन्नीस सौ बयासी को इटानगर के राजकीय महाविद्यालय के प्राचार्य पद का कार्यभार सँभाला।

द्वितीय सोपान

प्रथम आख्यान

'कालेज नया, माहौल असहिष्णु और कार्य अनजाना'। दृढ़ निश्चयी रमानाथ ने कार्यभार सँभालते ही अपनी एक दिशा निश्चित की, लक्ष्य निर्धारित किया और लग गए अपने काम में। जो भी समस्याएँ आईं, उसका उचित समाधान खोजने का प्रयास किया। धीरे धीरे एक छोटी-सी टीम तैयार होने लगी। यह टोली उन सहयोगियों की थी जिन्हें कार्य के संचालन में एक नेतृत्व की आवश्यकता दीर्घ काल से महसूस हो रही थी। किसी का भी अनभल न करने वाले रमानाथ को अपना लक्ष्य स्पष्ट दिखने लगा है। हालाँकि मार्ग कंटकाकीर्ण था पर उन्हें लगता था कि सावधानी से चलते हुए लक्ष्य तक पहुँचा जा सकता था। उन्होंने सच्ची नीयत तथा लगन से अपने प्राचार्य जीवन को समाजोन्मुखी बनाते हुए, अपना दायित्वबोध समाज परक करते हुए, उस कंटकाकीर्ण मार्ग पर चलने का निश्चय कर लिया था। चुनौती थी नये कालेज के निर्माण तथा संचालन की, जिसे उन्होंने सहर्ष स्वीकार कर लिया।

दो सप्ताह बाद ही पंद्रह अगस्त का पावन दिन। रमानाथ को अपने महान् विद्यालय के प्रांगण में ध्वजारोहण करना था। उनके जीवन का एक परम सुखदायक क्षण। देश भक्त रमानाथ अपनी मातृभूमि को सचमुच स्वर्ग से महान् मानते और तिरंगे को उसका सर्वश्रेष्ठ प्रतीक। उन्होंने अपने शिक्षक जीवन में कई प्राचार्यों के द्वारा ध्वजारोहण देखा था, उनके भाषण सुने थे और आज वे स्वयं को उनमें से एक के रूप में प्रस्तुत करने वाले थे। समय पर महाविद्यालय पहुँचे। सभी सहकर्मी, जिनकी संख्या उन दिनों तक ज्यादा नहीं थी, विद्यमान थे। विद्यार्थी तथा अन्य कर्मचारी भी मौजूद थे। ध्वज फूलों से बँधा हुआ लटक रहा था। उसे बस रमानाथ को रस्सी खींच कर फहरा देना था। दो कदम आगे बढ़कर रमानाथ ने रस्सी थाम ली, जिसे उनके सहयोगी राष्ट्रीय कैडेट कोर के कमांडिंग अफसर ने उन्हें थमाई थी। रमानाथ ने हल्का-सा झटका दिया और तिरंगा फहरा उठा, फूल बरस पड़े। हवा का मंद-मंद बहाव, तिरंगे को हौले-हौले फहरने में मदद कर रहा था। और नीचे खड़े सभी समवेत स्वर में गा उठे थे जन गण मन...। राष्ट्रगीत समाप्त होते ही रमानाथ ने अपने सभी

साथियों, विद्यार्थियों एवं कर्मचारियों का आह्वान तथा अभिवादन किया। अपने देश के अनगिनत, जाने-अनजाने, शहीदों को याद करते हुए उन्हें अपनी तथा अपनी पीढ़ी की श्रद्धा समर्पित की और दस-बारह मिनट तक इस मंगलमय अवसर पर अपने विचार रखे। रमानाथ आज हिन्दी में बोले। उनका भाषण कुछ लोगों को बहुत अच्छा लगा, तो कुछ लोगों को लीक से हटकर (महाविद्यालय का माध्यम अंग्रेजी है और उन्नीस सौ उन्यासी से वर्ष उन्नीस सौ इक्यासी की छब्बीस जनवरी तक हमेशा प्राचार्यों ने अंग्रेजी में ही सम्बोधित किया था) लगा तो कुछ लोगों को रमानाथ में हिन्दी के प्रति हठधर्मिता दिखाई दी। पर कुल मिलाकर लोगों ने इस अनूठे व्यवहार के लिए रमानाथ को बधाई दी। हालाँकि शिक्षकों के एक वर्ग को इसमें रमानाथ की मजबूरी भी दिखाई दी। मजबूरी भी ऐसी जो आज भी जब रमानाथ को याद आती है तो उन्हें भीतर तक गुदगुदा जाती है। इन साथियों को भ्रम हुआ कि रमानाथ अंग्रेजी अच्छी नहीं जानते। अतः हिन्दी का ही व्यवहार करते हैं और इस राष्ट्रीय पर्व पर भी हिन्दी में बोल सके। मान्यता यह है कि अंग्रेजी में बोलने वाला विद्वान कहलाता है और हिन्दी में बोलने वाला...।

स्वभावतः रमानाथ इन प्रतिक्रियाओं से विशेष प्रभावित हुए बिना अपना कार्य करते रहे। उन्हें अपने प्रति पाले गए भ्रम के निराकरण में कभी कोई रुचि नहीं रही। इसका दुष्परिणाम भी उन्हें कभी-कभी भुगतना पड़ा। परंतु उन्हें स्वयं अपनी सफाई देने की कभी इच्छा नहीं होती। इन मिश्रित प्रतिक्रियाओं का लेखा-जोखा लेने तथा उनका निराकरण करने का तो रमानाथ के पास न समय था और न इरादा। रमानाथ का मानना है कि भ्रम पालना या भ्रम का निराकरण करना—यह व्यक्ति की व्यक्तिगत मानसिकता का परिचायक और उसकी निजी जिम्मेदारी है। क्योंकि जो भ्रम स्वयं के प्रयास से दूर किए जाते हैं उनका दूरगामी और सार्थक प्रभाव पड़ता है पर जो भ्रम दूर करने का प्रयास अन्य कोई करता है वह स्वयं भी कभी-कभी शंका एवं संदेह का शिकार हो जाता है। उस व्यक्ति का भ्रम दूर करने में सफलता मिली या नहीं पर वह व्यक्ति संदेह के घेरे में अवश्य ही आ जाता है। अतः रमानाथ अपने प्रति उठे सवालों, शंकाओं और भ्रमों के निराकरण का कभी भी प्रयास नहीं करते। उन्हें समय पर छोड़ देते हैं। समय बहुधा भ्रमों को तोड़ सत्य का प्रतिपादन करता है। पर कभी-कभी कुछ परिस्थितियों में ऐसा नहीं होता, और भ्रम विकराल अविश्वास को जन्म दे जाते हैं। ऐसी स्थितियाँ कष्टदायक अवश्य होती हैं। इनका पूर्व ज्ञान भी है रमानाथ को पर वे सदैव इसके ही पक्षधर रहे कि भ्रम पालना मानव मन की एक दुर्बलता है और इस पर विजय पाना भी उसी मानव का धर्म। अतः उन्होंने अपने प्रति फैले इस भ्रम को भी पलने दिया। पर धीरे-धीरे यह भ्रम भी समय के गर्भ में समा गया।

अब तक रमानाथ को एक टाइप फोर बंगला मिल चुका था। वे स्वयं उसमें

रहने लग गए थे। सामान्य सुविधाएँ भी उसमें सुलभ थीं। अतः रमानाथ ने अब अपने परिवार को पासीघाट से इटानगर लाने का निश्चय किया। पाँच दिन की छुट्टी लेकर रमानाथ पासीघाट पहुँचे। दोस्तों, मित्रों ने उनका बड़ी गर्मजोशी से स्वागत किया। जो कल तक उनके प्राचार्य बनने के मार्ग में सबसे बड़ी दीवार बने खड़े थे, वे ही रमानाथ को डिनर, लंच तथा ब्रेक फास्ट पर आमंत्रित करने की होड़ में सबसे आगे थे। रमानाथ ने भी अपने स्वभाववश उन्हें भूलने, उन कटुताओं को वहीं दफ़न कर देने का निश्चय कर उन सबों का स्वागत तथा कुछ एक की उपेक्षा और ईर्ष्या को भी स्वभाव से स्वीकार किया। लगभग एक सप्ताह तक यह क्रन जारी रहा। अंततः वह दिन आ गया, जब रमानाथ को अपना प्रिय महाविद्यालय जिसे उन्होंने सत्रह वर्षों तक सच्ची निष्ठा से अपनी पूरी योग्यता तथा मनोयोग से पोषित किया था, छोड़ना था। सामान सब ट्रक पर लद गया था, बच्चे तैयार थे, पत्नी रमानाथ के इशारे की प्रतीक्षा कर रही थीं। लगभग सारा कालेज परिवार ही उमड़ पड़ा। बड़ी ही भावभीनी और अश्रुपूरित विदाई दी जन समूह ने। लगभग दो दर्जन लोग बयालिस किलोमीटर दूर मुरकांग सेलेक रेलवे स्टेशन तक रगानाथ तथा उनके परिवार को छोड़ने आए। उनका प्यार आज भी रमानाथ को भलीभाँति याद है।

गाड़ी छूटी और चल पड़ी अपनी मन्थर गति से। साधारण सवारी गाड़ी जगह-जगह रुकती-चलती दूसरे दिन प्रातः लखीमपुर पहुँची। वहाँ स्वागतार्थ कुछ लोग मौजूद थे। पर अब उनका नाम भी याद नहीं रहा। हाँ दो सहायकों कृष्णा दास तथा रंजीत दास की याद आज भी ताजी है। सामान उतारकर कुछ देर के लिए प्रतीक्षालय में जाने का निर्णय किया रमानाथ ने। वहाँ स्नानादि से निवृत्त होकर सबने कुछ खाया और फिर प्रस्थान कर गए इटानगर के लिए।

ट्रक आने में देर हुई, थोड़ी इससे असुविधा भी हुई पर कुल मिलाकर यात्रा ठीक ही रही। सारा सामान एवं परिवार इटानगर में अपने नये घर में और नये परिवेश में प्रवेश कर गया। सुकेशी ने धीरे-धीरे अपनी गृहस्थी नये घर में जमा ली और जीवन एक बार फिर अपनी गति से चलने लगा।

अब तक चारों बच्चे स्कूल जाने वाले हो चुके थे। अतः रमानाथ ने सबका नामांकन उचित कक्षाओं में करा दिया। स्वयं भी शिक्षक होने की वजह से भी इस कार्य में मदद मिली। बच्चों का स्कूल घर से दूर पड़ता था फिर भी रमानाथ ने अपने बच्चों को आत्मनिर्भर एवं स्वावलम्बी बनाने की पवित्र भावना के तहत गाड़ी होते हुए भी उन्हें हमेशा ही सामान्य जन के बच्चों की तरह, पैदल स्कूल जाने-आने को प्रेरित करते। सौभाग्य से अचल में ये भाव पहले से ही विद्यमान थे। अतः उसने कभी भी गाड़ी इत्यादि के लिए हठ नहीं किया। सबसे छोटे अजय ने भी तथा सबसे कमजोर एवं अस्वस्थ रहने वाले विजय ने भी भाई की देखा-देखी कभी भी अनुचित जिद नहीं की। इन बच्चों पर रमानाथ के संस्कार तथा माता सुकेशी के प्यार भरे

व्यवहार एवं जीवनोपयोगी आदर्शों का इतना प्रगाढ़ प्रभाव था कि उनमें अन्य बच्चों जैसी अनुचित जिद या महँगी वस्तुओं तथा खिलौनों के प्रति आकर्षण कम था। सजल को कुछ इस बात का मान जरूर था कि वह एक राजकीय महाविद्यालय के प्राचार्य का बेटा है। और हर कहीं थोड़ा विशेष बन कर दिखने की सहज बाल सुलभ भावना उसमें विद्यमान थी। परंतु वह भी बड़े भाई का इतना आदर करता था कि कभी भी किसी बात के लिए अनुचित हठ नहीं करता। विशेष दुःखी होने पर बस चुप हो जाता। परंतु सजल की यह चुप्पी सारे परिवार को बहुत ही खलती थी। इससे सबसे ज्यादा प्रभावित रमानाथ स्वयं होते। उन्हें उसकी शैतानियाँ ही ज्यादा भातीं। उसका मौन तो उन्हें बेचैन कर जाता था।

बच्चों का गाड़ी में घूमने-फिरने का शौक बहुत ही स्वाभाविक शौक है। यह बात रमानाथ भलीभाँति जानते थे। अतः कभी-कभी समय निकालकर उन सबों को लेकर मंदिर जाना या किसी और परिचित मित्र के यहाँ हो आना वे नहीं भूलते। फिर भी अजय को अपने स्कूल से धूप में पैदल आता देखकर वे कभी-कभी विचलित हो जाते। रमानाथ सोचते कि कहीं मेरे ये आदर्श मेरे बच्चों के जीवन पर बुरा असर न डाल दें। कहीं गर्मी से बेचैन अजय धूप लगने तथा लगातार चढ़ाई पर लगभग एक किलोमीटर पैदल चलने से बीमार न पड़ जाए। परंतु ईश्वर की कृपा से अजय कभी बीमार नहीं हुआ। खूब स्वस्थ था। घर आकर थोड़ी देर तक आराम करने तथा खाने-पीने के बाद एकदम चैतन्य हो उठता।

एक साल के बाद रमानाथ ने अपना घर बदल लिया। अब जो घर मिला वह बहुत ही सुविधाजनक जगह पर था, और विजय तथा अजय को बिलकुल ही कष्ट नहीं होता। पहले वाले बंगले में चढ़ाई वाली समस्या थी तथा सड़क भी पथरीली थी, वह यहाँ नहीं रही। घर से अजय का स्कूल करीब पाँच सौ मीटर दूर और सारा रास्ता समतल। इस घर से बाजार, अस्पताल तथा स्कूल सभी कुछ सुखद दूरी पर स्थित थे अतः बहुत-सी समस्याओं का समाधान स्वतः ही हो गया। उस घर को छोड़ने का रमानाथ का अपना एक और कारण था। वह था सुकेशी के साथ घटी एक छोटी-सी घटना। सुकेशी को अस्पताल जाना था। रमानाथ ने गाड़ी से सुकेशी को अस्पताल पहुँचा दिया। वहाँ कुछ विलम्ब देख उन्हें वहीं प्रतीक्षा करने तथा डाक्टर को दिखाने को कहकर कालेज चले गए। कालेज पहुँचते ही मुख्यमंत्री जी का फोन मिला। तत्काल मिलने के लिए बुलाया। रमानाथ ने कुछ उपयोगी कागजात लिए और चीफ मिनिस्टर के आफिस पहुँच गए। वहाँ काफी देर लगी। और जब बाहर आए तब सुकेशी को लाने के लिए गाड़ी भेजी। परंतु तब तक बहुत देर हो चुकी थी, और सुकेशी गाड़ी का इंतजार करते-करते ऊब गई थीं। उन्होंने पैदल ही घर जाने का निश्चय किया। पाँव में तकलीफ के बावजूद वे पैदल प्रस्थान कर गईं। रास्ते में काफी दूर आगे जाने पर गाड़ी मिली भी पर उन्होंने गुस्से में गाड़ी पर चढ़ने

से मना कर दिया। पैदल ही घर पहुँच गईं और काफी परेशानी से पहुँचीं। क्योंकि एक तो चढ़ाई, दूसरे धूप और तीसरे पाँव में दर्द। उस दिन शाम को जब रमानाथ घर आए तो सुकेशी परेशान थीं। दर्द और बढ़ गया था पर उससे भी ज्यादा उन्हें रमानाथ के इस लापरवाही भरे व्यवहार पर क्रोध था। रमानाथ ने समझाने की कोशिश की पर उनका मन संतुष्ट नहीं हुआ। उन्हें लगा कि रमानाथ को अब अपनी कुर्सी ज्यादा प्यारी है। उन्हें अब उनकी कोई चिंता नहीं। हालाँकि असलियत यह नहीं थी। रमानाथ तो अपनी सारी सफलताओं का अधिकतर श्रेय सुकेशी को देते थे। परंतु उनके मन में यह बात बैठ गई। रमानाथ का उन्हें समझाने का प्रयास व्यर्थ गया। पत्नी को दुखी देख रमानाथ खिन्न मन से बाहर कुर्सी खींचकर बैठ गए। थोड़ी देर में कृष्णा चाय लाया और सुकेशी तब भी नहीं आईं। तब रमानाथ को लगा कि आघात कितना हृदय विदारक है। क्योंकि साधारण नाराजगी तो चाय पर ही खत्म होती थी। चाय पीने के लिए तो वे अवश्य आतीं। परंतु कुछ मिनट प्रतीक्षा करके रमानाथ भी बिना चाय पिये ही उन्हीं कपड़ों में टहलने चले गए।

कृष्णा ने भीतर जाकर कील पर गाड़ी की चाभी टाँगते हुए कहा, 'अम्माँ ड्राइवर को भेज दें।' 'हम का जानी अपने साहब से जाके पूछ।' उत्तर था नाराज सुकेशी का। कृष्णा ने फिर कहा, 'अम्माँ साहब तो कहीं चले गए, चाय भी नहीं पिये।' तिलमिला उठी सुकेशी और खीझ कर बोली, 'मुझे क्यों नहीं बताया? दिन भर के थके हुए आए तो तुमने चाय तक नहीं दिया।' कृष्णा भी डर गया। पर उनके स्वभाव से धीरे-धीरे परिचित हो चुका था, अतः हिम्मत करके बोला, 'चाय मैंने दिया था परंतु आप चाय पीने गईं ही नहीं, शायद इसीलिए साहब भी चाय नहीं पिये और कहीं उठकर चले गए।' अब तो सुकेशी ने स्वयं को ही दोषी मान लिया। उनके कारण आज उनके स्वामी को चाय नहीं मिली, सोचकर दुःखी होने लगीं। ऐसे अवसरों पर उन्हें अपने बड़े बेटे की विशेष याद आती थी। तुरंत कृष्णा से बोलीं, 'भैया कहाँ है ?' 'बाहर खेल रहे हैं,' उत्तर था कृष्णा का। कृष्णा बाहर गया तो बड़बड़ाती रहीं। स्वयं को कोसती रहीं। दौड़ता हुआ 'भैया' घर में घुसा (रीति है कि बड़े बेटे का असली नाम माता-पिता नहीं लेते, इसीलिए अचल के अनेक नाम या सम्बोधन प्रचलित थे, और उसे सारे सम्बोधनों से बुलाया जाना अच्छा भी लगता) 'तुम्हारे पिताजी चाय पिये बगैर कहीं चले गए। तुम इतना भी नहीं देख सकते?' भैया कुछ कहे इसके पहले ही उसे आदेश मिल गया, 'पिताजी को बुलाकर लाओ, मैं उठती हूँ। चाय बनाऊँगी। कहना अम्माँ को चाय पीने का बहुत मन है, जल्दी चलिए।'

पड़ोस में श्रीवास्तव जी का घर था। कृषि विभाग के अधिकारी थे। खूब अच्छी खेती बारी घर पर भी करते थे। गाय भी पालते थे और पाले हुए थे दो कुत्ते, दोनों मादा। श्रीवास्तव जी ने रमानाथ को बाहर टहलते देखा तो अपनी बागवानी के भीतर

से ही आवाज दी, 'डॉ. साहब कहाँ जा रहे हैं? आइए न!' रमानाथ अन्यमनस्क से उधर ही घुस गए। गेट खोलते ही उनकी दोनों कुतियों ने अपने सरगम आलापे फिर उनकी बेटी ने आगे बढ़कर नमस्कार किया और ड्राइंग रूम खोलने को भीतर लपकी, तब तक श्रीमती श्रीवास्तव भी बाहर आ गईं। अब रमानाथ पर कुतियों की भौंक, जो अब शान्त होती जा रही थी, का असर कम हो गया था। पर अभी भी श्रीवास्तव जी की बिटिया तथा पत्नी नानस्टाप बोले जा रही थीं। श्रीवास्तव जी का परिवार संयमित, सीमित तथा शिक्षित था। परंतु विशेषताएँ उन्हें अन्य परिवारों से बिलकुल अलग करती थीं और वह थी उनकी संख्या सुगमता। पति पत्नी दो, बेटा बेटी दो, कुतिया दो, और गायें दो। और सबमें जैसे ज्यादा बोलने का कम्पटीशन दिन-रात चलता रहता। श्रीवास्तव जी से ज्यादा उनकी पत्नी बोलतीं, दोनों से ज्यादा उनकी बेटी बोलतीं और सबसे ज्यादा उनकी कुतिया बोलतीं। एक अजीब-सा माहौल था उनके घर का। बस शान्त तथा सचमुच बुद्धिमान था उनका बेटा संजय जो बड़ा ही कुशाग्रबुद्धि लड़का था। श्रीवास्तव जी ने रमानाथ को आफिस के कपड़ों में देखा तो तुरंत हाथ धोने को लपके और बोले, 'तब वहीं बैठिए, मैं अभी आया...।' इतने में ही अचल ने आवाज दी, 'पिताजी, अम्माँ को चाय पीने का बहुत मन हो रहा है। जल्दी चलिए।' यह एक सुखद आह्वान था। रमानाथ ने श्रीवास्तव जी से धन्यवाद कहते हुए विदा ली और घर की ओर मुड़ गए पर उनकी दोनों कुतिया फिर से सजग हो भूकने लगीं। भैया भी उनका गेट बंद कर पीछे-पीछे आ गया। कुछ देर बाद वे दोनों भी शायद अपनी प्रयास की व्यर्थता का एहसास कर चुप हो गईं।

तली हुई मूँगफली, चिउड़ा तथा कुछ टुकड़े पापड़ के मिलाकर नमकीन बनाकर तथा एक प्लेट में तीन-चार बिस्कुट रख सुकेशी घर से निकल ही रही थीं कि रमानाथ ने अपना गेट खोला। थोड़ा आगे बढ़े ही थे कि उलाहना भरे स्वर में सुकेशी ने कहा, 'बिना चाय पिये ही चले गए?' रमानाथ ने, जितनी मिठास हो सकी, अपने शब्दों में भरकर कहा, 'आप आईं नहीं इसलिए अकेले चाय पीने का मन नहीं किया और कहीं दूर नहीं गया था। यहीं श्रीवास्तव के घर पर ही था।' कृष्णा ताजी वाली चाय तथा एक गिलास पानी लिए हुए प्रस्तुत हुआ। सुकेशी ने दोनों प्लेट बीच में रखते हुए कहा, 'क्या मैं नहीं रहूँगी तो चाय नहीं पिएँगे?' न जाने किस भावावेश में आकर सुकेशी यह कह गईं, पर रमानाथ को इससे गम्भीर धक्का लगा। वे एकदम उदास हो गए। उन्हें लगा कि आज चाय उनके नसीब में है ही नहीं। वे सोचने लगे कि कहीं यह भविष्य का संकेत तो नहीं। कहीं उन्हें सुकेशी अकेले छोड़ जाएगी क्या? अनेक भाव-कुभाव मन में अभाव का सृजन करने लगे। विचार उठते फिर लुप्त हो जाते, फिर उठते। ज्यादातर ख़याल नकारात्मक ही आ रहे थे, उनके मन-मस्तिष्क में।

चाय तो रमानाथ ने पी, साथ-साथ सुकेशी ने भी चाय पी परंतु आज वह

सुखमय-संतोषप्रद वातावरण न बन सका जिसकी रमानाथ को आदत-सी पड़ चुकी थी। बार-बार उनका मन कुरेदता रहा कि ऐसा सुकेशी ने क्यों कहा? क्या वे अब अपने प्रिय साथी से ऊब गई हैं या फिर उन्हें अब जीने की इच्छा ही नहीं रही। स्वभाव से तो सुकेशी हीनभाव प्रवृत्ति की तो हैं पर निराशावादी नहीं। हमेशा उन्होंने ही रमानाथ को सहारा दिया है। कभी-कभी रमानाथ का डूबता मन उन्हीं के आशावादी एवं उत्साहवर्धक शब्दों से प्रेरणा लेकर अपनी उस मानसिकता से उभर पाया है। उन्हें रमानाथ अपना एक समर्थ साथी मानते रहे। आज उनकी एक छोटी-सी असफलता से सुकेशी में इतना घोर नैराश्य भर उठेगा—ऐसा यकीन कर पाना रमानाथ के लिए मुश्किल-सी बात थी। पर हो तो ऐसा ही कुछ रहा था।

अनमने मन से ही रमानाथ ने खाना भी खाया। घंटे भर कुछ पढ़ते-लिखते रहे पर जब बिस्तर पर गए तो सुकेशी सो चुकी थीं। इससे उन्हें और पीड़ा हुई कि आज सुकेशी उनसे इतनी नाराज हैं कि सोने के पहले उनका इंतजार भी नहीं किया। आखिर ऐसी भी क्या बात हो गई कि उनका व्यवहार इस कदर बदल गया। उन्होंने तो अपने परिवार को कभी सरकारी गाड़ी या अन्य सुविधाओं का गुलाम बनाया भी नहीं। यदि आज व्यस्तता वश समय पर गाड़ी नहीं पहुँची तो क्या सुकेशी को इतना नाराज हो जाना चाहिए। चिंतनशील प्रवृत्ति के रमानाथ जितना ही प्रयास करते स्वयं को इस स्थिति से बाहर लाने का उतना ही उसमें उलझते जाते। एक अजीब-सी ऊहापोह की स्थिति थी। उनका मन अशान्त हो उठा। क्योंकि उन्हें यह कल्पना भी सह्य नहीं कि उन्हें सुकेशी के बगैर भी चाय पीनी पड़ेगी या जिंदगी जीनी पड़ेगी।

विगत चौबीस-पच्चीस वर्षों के जीवन पर रमानाथ ने अपनी दृष्टि दौड़ाई और पाया कि सुकेशी तो उनके दुःख एवं दर्द को बाँटने या कम करने वाली शख्सियत हैं। आज तक हर दुःख में वे रमानाथ के साथ रहीं। आज क्या विडम्बना है कि स्वयं ही रमानाथ के दुःख का कारण बनी हुई हैं। सुकेशी का व्यंग्यबाण काफी गहरी चोट कर गया था, और रमानाथ उससे आहत होकर तिलमिला रहे थे, छटपटा रहे थे और तड़फड़ा रहे थे। परंतु दुःख की बात तो यह थी कि सुकेशी को इसकी जैसे कोई चिंता ही नहीं हो। वे तो शान्त और जैसे निश्चिंत हो सो रही थीं।

रमानाथ ने फिर सोचा कि कहीं उन्होंने ऐसा सोचकर ही यह व्यंगबाण न चलाया हो कि उससे रमानाथ तड़पें, छटपटाएँ या अकुलाएँ। कहीं यह उनकी सोची-समझी विद्या न हो रमानाथ के धैर्य की परीक्षा लेने की या फिर ऐसा भी तो हो सकता है कि वे रमानाथ के दायित्व बोध की परख करना चाह रही हों। रमानाथ का मन शंकाओं में डूबता गया। अनगिनत भाव अनवरत गति से आते-जाते रहे पर सबका परिणाम केवल एक ही था कि रमानाथ और अशान्त होते जा रहे थे। उनके मन की वेदना बाँटने वाला ही आज उनकी वेदना का कारण है, यह सोचकर

उन्हें अत्यंत कष्ट हो रहा था। परंतु वे विवश बालक की भाँति, मन ही मन रोये जा रहे थे, और अपनी उसी माँ से शिकायत किए जा रहे थे, जिसने उसे अभी-अभी थप्पड़ मारा था और जो उसकी वेदना को अब सुनने को भी तैयार नहीं। रमानाथ का मन विवेकहीनता की स्थिति में पहुँच गया था।

अचानक रमानाथ को ख़याल आया कि इस छोटी-सी बात को इतना तूल देना मूर्खता होगी। आजीवन सकारात्मक दृष्टिकोण रखने वाले रमानाथ ने स्वयं को ही फटकारा तथा धिक्कारा कि इतनी विवेकहीन बातें वे क्यों सोच रहे हैं। हो सकता है सुकेशी ने यूँ ही कह दिया हो। हो सकता है उन्हें इसका ज्ञान भी न हो कि इस बात से रमानाथ को इतना कष्ट हो जाएगा और यह भी तो हो सकता है कि वे ऐसा कुछ सोचकर बोली ही न हों। उनका उद्देश्य मात्र इतना ही रहा हो कि मैं रहूँ या न रहूँ आपको चाय तो पीना ही चाहिए थी।

कुछ भी हो रमानाथ का मन आकुल, आहत, उद्विग्न एवं अस्थिर हो सोचे जा रहा था। न जाने कब से उनके आँसू बहे जा रहे थे। यह कल्पना कि सुकेशी का अभाव भी उन्हें सहना पड़ेगा, उनके आँसू थमते ही नहीं थे। पर आश्चर्य तो यह है कि उन्हें पता भी नहीं था कि उनके आँसू बह रहे हैं। वे तो सिरहाने की ओर एक तकिया का सहारा लेकर बैठे सोचे जा रहे थे। अपने घरौंदे के टूटने के काल्पनिक भय से ग्रस्त स्वयं को असहाय-सा महसूस कर रहे थे। उनका मन अपने सशक्त सहारे सुकेशी को गँवाने को तत्पर नहीं हो रहा था। वे चिंता कातर हो उठे। तभी सुकेशी ने करवट ली और उनका हाथ जो हमेशा रमानाथ की छाती पर पड़ता, जब उनके पाँव पर पड़ा तो उनकी आँख खुल गई। रमानाथ का हाल देखकर अवाक् रह गईं। उठ बैठीं, घड़ी पर निगाह फेर बोलीं, 'रात के सवा बारह बज रहे हैं और आप अभी तक सोये नहीं?' रमानाथ के मुखमंडल पर आँसू की धार ने तो उन्हें बेचैन ही कर डाला। आकुलता से उन्होंने रमानाथ के आँसू अपने आँचल से पोंछ डाले। सँभलकर बैठते हुए बोलीं, 'क्या बात है? आप इतने परेशान क्यों हैं? मुझे ही आज न जाने कैसे इतनी जल्दी नींद आ गई। क्या हुआ? किसी ने कुछ कहा क्या?' अपनी व्याकुलता में उन्होंने न जाने कितने सवाल कर डाले। उन सवालों का रमानाथ के पास कोई ठोस एवं स्पष्ट-सा जवाब नहीं था। अतः वे चुप रहे पर उनके आँसू रुकते ही नहीं थे और इससे सुकेशी की पीड़ा पल-पल बढ़ने लगी। स्वयं को धिक्कारते हुए बोलीं कि आज कैसे मैं इतनी जल्दी सो गई? क्यों नहीं रोज की भाँति आपको सुलाकर तब सोई इत्यादि। आहत स्वर में रमानाथ की आँखों में आँखें डालकर बोलीं, 'क्या हुआ? बताते क्यों नहीं?' उनकी जिद से परेशान होकर रमानाथ ने कहा, 'कुछ नहीं सो जाओ?' पर सुकेशी ऐसी बातों से टलने वाली नहीं थीं। उन्हें अब विश्वास हो चुका था कि कहीं कुछ गम्भीर घटना घटी है जो ये मुझसे छिपा रहे हैं और अपने आपको सताए जा रहे हैं। रमानाथ का दाहिना हाथ अपने

हाथ से उठाकर अपने सिर पर रखकर एक जिद्दी बच्चे की तरह आग्रह भरी आवाज में बोलीं, 'अब साफ-साफ बताइए कि क्या हुआ? आप इतने परेशान क्यों हैं?' अब रमानाथ के पास कोई चारा नहीं रहा। उन्होंने बताया कि आफिस से साढ़े पाँच बजे वे आए और तब से अब तक लगभग सात घंटे हो गए। तुमने उनसे बात नहीं की। और तो और साथ चाय पीने भी नहीं आईं। वर्षों की रीति तोड़ी और जब आईं तो क्या कहा? सुकेशी ने कहा, 'क्या कहा...यही न कि चाय तो पीकर जाना चाहिए था।' तब रमानाथ ने याद कराने के लहजे में कहा, 'नहीं, तुमने कहा कि यदि मैं नहीं रहूँगी तो क्या आप चाय नहीं पिएँगे?' आप क्यों नहीं रहेंगी? रमानाथ को छोड़कर वे कहाँ जाने की बात कर रही थीं? ऐसी दुःख देने वाली बात वे क्यों कर गईं ? अब सुकेशी को अपनी गलती का एहसास हुआ, पर बात की गम्भीरता को कम करके प्रस्तुत करने के अंदाज में नकली हँसी हँस कर बोलीं, 'इतनी-सी बात से आप इतने परेशान हो उठे। इसीलिए कहती हूँ ज्यादा पढ़ा-लिखा आदमी भी बुद्धू होता है।' रमानाथ ने तपाक से कहा, 'तब क्यों इतने कष्ट करके मुझे पढ़ाया। और रात को जाग-जाग कर चाय बनाती हो, पढ़ने के समय। बुद्धू बनाने के लिए ही न?'

अब तक माहौल में नरमी आ गई थी। धीरे से सुकेशी ने रमानाथ का हाथ अपने हाथ में लेते हुए कहा, 'इसी बुद्धू पर तो मुझको इतना नाज है। भगवान मेरे इस बुद्धू को सदैव मेरे सामने रखे, यही मेरी कामना है। हाँ आज जो मुझसे गलती हुई, मैं उसके लिए माफी चाहती हूँ। आगे से ऐसा कभी नहीं होगा कि मैं आपसे तीन घंटे से ज्यादा नाराज रहूँ। चाहे जो भी परिस्थिति होगी मैं उसे झेलूँगी पर अगर हम दोनों एक जगह पर हैं, तो तीन घंटे से ज्यादा आपस में नाराज नहीं रहेंगे। यह मेरा वादा है।' रमानाथ को इस बात से बड़ी खुशी मिली। क्योंकि सुकेशी के नाराज होने की स्थितियों में अपना सब कुछ लुटा-लुटा-सा महसूस करते थे। जीवन में व्यर्थता का आभास होने लगता था।

क्षण भर रुककर सुकेशी को याद दिलाने के लहजे में कहा, 'आपने मुझसे मेरे गवने के साल बिना मेरे किसी आग्रह के एक वादा किया था कि आप जीवन भर मेरे सिवा और किसी नारी से दैहिक सम्बन्ध नहीं रखेंगे। मुझे ठीक से याद है और आज साढ़े चौबीस वर्ष बाद मैं घमंड से कह सकती हूँ कि आपने अपना वादा निभाया है। इसीलिए आज मैं भी आपसे एक वादा करती हूँ कि किसी भी परिस्थिति में मैं आपसे तीन घंटे से ज्यादा अलग नहीं रहूँगी।' कहते-कहते उनका चेहरा गम्भीर हो उठा। सुकेशी एक श्रेष्ठ ब्राह्मण परिवार की बेटी थीं, उनकी बात पर अविश्वास करने का रमानाथ के पास कोई कारण नहीं था। वस्तुतः रमानाथ को आज इस घटना में से उभरकर आने वाले सत्य पर मन ही मन विजय का आभास होने लगा। आज के बाद रमानाथ कभी भी तीन घंटों से ज्यादा अकेले नहीं होंगे।

यह एक सुखद क्षण था रमानाथ के जीवन में। सुकेशी के समर्पण पर उन्हें गर्व था पर उनके इस उत्सर्ग की भावना ने उस समर्पण के महत्त्व को और बढ़ा दिया था।

इन दो वादों एवं आवश्यकताओं में बँधे रमानाथ एवं सुकेशी ने बाकी के जीवन को और मधुर बना डालने में सफलता भी पाई। जीवन झंझावतों से जूझने का नाम है। ये झंझावात कभी प्रशासकीय, कभी सामाजिक, तो कभी पारिवारिक रूप में प्रकट होते हैं और मनुष्य को जड़ से हिला देते हैं। उसके उखड़ जाने का, बिखर जाने का खतरा पैदा कर देते हैं। सुकेशी तथा रमानाथ दो तन, एक मन और दो देह, एक प्राण बनकर जीवन के शेष वर्ष इसी संकल्प सूत्र तथा प्रेमबन्धन से बँधे रहकर जीने लगे। झंझावात किसके जीवन में नहीं है ? पर जहाँ प्रेम की प्रगाढ़ता इन मजबूत इरादों, सच्ची नीयत और दृढ़ विश्वास के धरातल पर से प्रस्फुटित एवं पोषित होती है, वहाँ जीवन जीने में एक विलक्षण स्वाभाविकता तथा सरलता का बोध होने लगता है। जीवन सरस, मधुर तथा जीने योग्य बन जाता है।

इस घर से तो अस्पताल एवं स्कूल सभी बहुत नजदीक थे। परंतु फिर भी रमानाथ इस घटना के बाद कभी भी सुकेशी को पैदल कहीं नहीं जाने देते। उनके लिए एक अपनी गाड़ी होनी चाहिए यह कल्पना भी मन में उठने लगी। इस विषय में दोनों ने विचार किया और तै किया कि अगले वर्ष यानी उन्नीस सौ चौरासी में एक नयी अम्बेसडर कार खरीदेंगे। अस्सी-बयासी हजार में आने वाली कार रमानाथ की, उस समय की माली हालत के लिए, एक अपूरणीय कल्पना थी। परंतु चूँकि यह कार्य सुकेशी के सुख को ध्यान में रखकर करने को सोचा है अतः इसे तो करना ही होगा। लगभग सप्ताह में इस विषय में एकाध बार चर्चा अवश्य होती। परंतु यह बात मात्र सुकेशी एवं रमानाथ तक ही सीमित थी। बच्चों को अभी इसकी खबर देना उचित नहीं होगा, ऐसा दोनों ने निर्णय लिया था। इस कार्य हेतु, रमानाथ ने कुछ थोड़े-थोड़े पैसे भी जोड़ने को सुकेशी को कहा और उन्हें आश्वासन दिया कि वे स्वयं भी अपने खर्चों में कुछ कटौती करेंगे। सुकेशी को रमानाथ की यह बात सुनकर हँसी आ गई और बोली, 'कौन-सा खर्च आप कम करेंगे? न आप पान खाते हैं न सिगरेट पीते हैं, न शराब पीते हैं न जुआ खेलते हैं। अरे आपका एक ही तो खर्च है--कुछ किताबें इत्यादि खरीदते रहते हैं अपने पढ़ने के लिए। वही कम करेंगे क्या?' रमानाथ ने कहा, 'हाँ, यही मान लो।' नाराज होकर सुकेशी बोलीं, 'नहीं, ऐसन करे का कौनोऊ काम नाइ बा। अऊर इहऊ सुनिलेई कि दुहनऊ लरिकन के फीस खातिर जब पैसा भेजिथ, उहौ बन्द न करबे। गरीब लइका अहें सब, पढ़ि लेइहें बड़ी पुन्नि होई।'

विद्या के प्रति उनका अनुराग देखकर रमानाथ ने उन्हें आश्वस्त किया वे ऐसा नहीं करेंगे। उन बच्चों की शिक्षा पर बुरा असर नहीं पड़ने पाएगा। हालाँकि रमानाथ

को यह भी साफ-साफ दिख रहा था कि अगले जुलाई-अगस्त तक ही उनका अपना बड़ा लड़का भी कहीं बाहर पढ़ने के लिए जाएगा। उसका खर्च भी पूरा करना होगा। यह सब सोचकर गाड़ी खरीदने का विचार शायद कुछ समय के लिए स्थगित करना पड़ेगा। हालाँकि रमानाथ के लिए यह एक दुःखद निर्णय होगा। वे अपनी सुकेशी के लिए, अपने बच्चों के लिए, कुछ भी करने को तत्पर रहने वाली मानसिकता के व्यक्ति हैं। अतः अपनी पत्नी के लिए कार लेने का विचार मन से निकालना उनके लिए बड़ा कष्टदायक विचार था। उन्होंने यह सब अपने मन में ही रखा।

1984 जून की नौ तारीख। अचल का बारहवीं का परीक्षाफल निकल गया था। अभी तक परीक्षाफल तथा अंक तालिका इटानगर नहीं पहुँच पाये थे। अतः बड़ी बेसब्री से सभी उसकी प्रतीक्षा कर रहे थे। रमानाथ एवं सुकेशी को भी अपने इस लड़के के परीक्षाफल का इंतजार था। अचल पास तो हुआ परंतु उसके नम्बर बहुत अच्छे नहीं थे। इसकी गम्भीरता को रमानाथ समझते थे परंतु सुकेशी तो बेहद खुश थीं कि उनका प्रिय बेटा पास हो गया। उन्हें तो पास फेल दो शब्द महत्त्वपूर्ण लगते थे। अंक, अंकतालिका या उसका भावी शिक्षा पर पड़ने वाला प्रभाव तो उनकी समझ में नहीं आ सकता था। सुकेशी व्यर्थ में परेशान न हों इसलिए रगानाथ ने भी उन्हें विशेष कुछ बताना उचित नहीं समझा। उनका सुख क्यों छीना जाय। जो सम्भव होगा रमानाथ स्वयं ही करेंगे।

द्वितीय आख्यान

अचल की सफलता ने रमानाथ को खुशी कम, और चिंता ज्यादा दी। चिंता दो प्रकार की थी एक तो स्पष्टतः उसके भविष्य के प्रति। क्योंकि इतने कम नम्बरों से अचल को इंजीनियरिंग की सीट मिलना कठिन था और अगर ऐसा नहीं हो सका तो उनकी प्राणप्रिय सुकेशी के सपनों का क्या होगा। वे तो वर्षों से उसे इंजीनियर बनाने के सपने सँजोये जी रही हैं। दूसरी चिंता रमानाथ की यह थी कि इस दुःखद स्थिति को वे कैसे सुकेशी को बतायें? वे अकसर उदास रहते, चिंतित दिखते और मन ही मन सोचते रहते कि यदि अचल को इंजीनियरिंग की सीट नहीं मिली तो उसका भविष्य क्या होगा? रमानाथ को यह स्पष्ट दिख रहा था कि साधारण बी.एस-सी. कराने का कोई अर्थ नहीं है। आज समय तकनीकी ज्ञानार्जन का है। कभी-कभी उन्हें निराशा घेर लेती और वे अकेले में बेचैन हो उठते। सारे राज्य के अनगिनत बच्चों के जीवन-निर्माण से जुड़े रमानाथ को अपने बच्चे का भविष्य अन्धकारमय दिख रहा था।

अब अचल को अन्य किसी तकनीकी कोर्स में सीट दिलाने के प्रयास में

रमानाथ ने अपना ध्यान केन्द्रित किया। उन्हें लगने लगा कि बी. एस-सी. से ज्यादा अच्छा होगा यदि वह किसी और तकनीकी कोर्स में जा सके। उन्होंने एग्रीकल्चर, फार्मेसी, वेटरनरी इत्यादि के कोर्स के लिए फार्म भराये। साथ ही इंजीनियरिंग के कोर्स के लिए भी फार्म भरा दिया। हालाँकि उम्मीद कम थी फिर भी उन्हें पता था कि कभी-कभी कुछ सीटें देर से आती हैं और कभी कोई छात्र किन्हीं कारणों से अपनी सीट का उपयोग नहीं कर पाता। ऐसी हालत में प्रयासरत रहने से लाभ हो सकता है।

अचल को एग्रीकल्चर की सीट अकोला में मिल गई। तत्काल रमानाथ ने उसे इस सीट पर जाकर एडमिशन लेने को भेजा। साथ में अपने प्रिय जनार्दन को भेजा कि उसका एडमिशन ठीक से करा दे। स्वयं इटानगर रहकर प्रयत्नशील रहे। अचल दुःखी मन अकोला के लिए रवाना हो गया। उसका जाना रमानाथ एवं सुकेशी को इतना खला कि जैसे जीवन नीरस हो गया हो, सब कुछ बेमानी लगने लगा। अचल के बिना घर, घर-सा लगता ही नहीं था। परंतु उस पर पिछले डेढ़ माह से जो तनाव था, तथा इस बीच जिस प्रकार के व्यंग उसे सुनने पड़े थे उससे तो यह अच्छा था कि वह एग्रीकल्चर की सीट पर ही आकर पढ़े तथा इसे अपना कर्म फल मान कर स्वीकार करे। रमानाथ की पीड़ाओं का अंदाजा इन दिनों सुकेशी तक को भी नहीं लग रहा था। उन्हें तो एक ही दुःख था कि अचल उनकी नजरों से दूर चला गया। पर रमानाथ को तो इसमें अपनी भी हार दिख रही थी। सारा जीवन शिक्षा में गुज़ारने के बाद अपने बेटे की शिक्षा से संतुष्ट न थे। यह एक अजीब पीड़ा थी। इसमें अतिरेक की स्थिति तब आ गई जब एक दिन रमानाथ कई दफ्तरों में प्रयास करके लगभग असफल लौटे थे और अपनी असफलता पर परेशान तथा निराश अपने उस बच्चे को कोसते हुए बोल बैठे, 'इसे अब एक ट्रक खरीदकर दे देंगे। ड्राइवर बनकर अपना ट्रक चलाकर अपना भरणपोषण करे। यह इसी लायक है।' नैराश्य एवं दुःखातिरेक में रमानाथ ने कह तो डाला पर उससे उन्हें जो पीड़ा हुई वह आज भी उन्हें अपनी मूर्खता का सबसे बड़ा नमूना लगती है। जिस बच्चे को पाने के लिए उन्होंने तथा सुकेशी ने न जाने कितने दुःख सहे, मन्नतें मानीं, दुआएँ कीं और मान-अपमान की परवाह किए बगैर जहाँ-जहाँ आशा की किरण दिखती—डाक्टर, वैद्य, हक़ीम, संत, फकीर—वहाँ-वहाँ दौड़ते रहे, जिस बच्चे के जन्म पर उसके नाना और दादा ने अविस्मरणीय खुशियाँ मनाई, स्वयं रमानाथ ने भी जिस दिन यह उनका लाड़ला पाँच कदम खड़े-खड़े चला था, पूरे महल्ले में मिठाई बँटवाई, जो उन दोनों का प्राणाधार बन चुका था उसी को आज रमानाथ ने स्वयं ड्राइवर बनाने की बात कह डाली। सुकेशी तो इस निराशा भरी बात से दुःखी हुईं और उस दिन खाना भी ठीक से नहीं खा सकीं। रमानाथ भी खाने की औपचारिकता ही करके उठ गए थे। दोनों बहुत दुःखी थे अपने इस कष्टमय वर्तमान से। सुकेशी तो उस रात कितना रोई थीं। किसी प्रकार आधी रात के बाद उन्हें रमानाथ सुला पाये थे। पर स्वयं अपनी

मूर्खता पर इतने लज्जित थे कि उन्हें तो नींद नहीं आई। रात सोचते-सोचते ही बीत गई। सवेरा हुआ पर कोई आशा की किरण नजर नहीं आई।

अकोला से जनार्दन वापस आ गया था। अचल वहाँ ठीक ही था। एडमिशन हो गया था। हॉस्टल में सीट भी मिल गई थी पर न तो अचल खुश था और न जनार्दन। रमानाथ एवं सुकेशी के खुश होने का तो सवाल ही नहीं था। फिर भी भागते भूत की लँगोटी भली। मन को समझाने के लिए कुछ तो था।

आज अचल को गए अट्ठारह दिन हो गए पर रमानाथ को एक रात भी सुख की नींद नहीं आई। हमेशा उसी पर मन लगा रहता। पता नहीं कैसा होगा। अपनी इच्छानुसार विषय नहीं मिला है, अतः ठीक से पढ़ेगा भी या नहीं? इस दुश्चिंता में रमानाथ के दिन बीत रहे थे कि अचानक दो नयी सीटें आ गईं। एकदम समय पर पहुँचकर अपने अचल के लिए इसमें एक सीट पाने हेतु प्रयास प्रारम्भ कर दिया। तीसरे दिन रमानाथ ने देश के गौरवशाली महाविद्यालय बिरला इंस्टीट्यूट ऑफ टेक्नोलाजी की सीट हासिल कर ली। एडमिशन का समय समाप्त हो रहा था। पर अब रमानाथ को आशा की एक किरण नजर आ रही थी। अतः उन्होंने तुरंत प्रस्थान करने का निर्णय लिया।

चौथे दिन रमानाथ इटानगर से राँची पहुँचे। महाविद्यालय में बात करके किसी प्रकार एडमिशन का आश्वासन प्राप्त कर अकोला के लिए रवाना हो गए। कुछ एक घंटों में ही अचल ने अपना सामान समेटा और अपने एक साथी को सारी बातें बताकर रमानाथ के साथ वापस राँची पहुँचा। कृपालु प्रो. मिश्र ने उसको एडमिशन दे दिया। दूसरे दिन हॉस्टल में सीट भी मिल गई। अनेक आवश्यक सामान खरीद कर अचल को दिया रमानाथ ने और उसे हॉस्टल में पहुँचा दिया। दोनों खुश थे। अचल को उसकी मनचाही पढ़ाई का चांस मिला और रमानाथ एवं सुकेशी की कल्पना को साकार होने का अवसर। एकाध दिन और रहकर रमानाथ ने सारी स्थिति का जायजा किया। उन्हें विश्वास हो गया कि अब अचल एक उचित जगह पर आ गया है। हॉस्टल का खान-पान देखकर रमानाथ को परम संतोष हुआ। अत्यंत उत्तम व्यवस्था रहने तथा खाने की। देश भर में इस महाविद्यालय का बड़े आदर के साथ नाम लिया जाता। रमानाथ ने अब वापस इटानगर जाने का निश्चय किया। इस कार्य में रमानाथ के मौसेरे भाई राजेन्द्र तथा उनके परिवार जनों का भरपूर सहयोग मिला। रमानाथ उनके इस उपकार के लिए उनके आभारी रहे। कभी-कभार अचल भी उनसे मिलने जाता था परंतु कालेज लगभग बीस किलोमीटर दूर होने की वजह से हमेशा सम्भव नहीं हो पाता। इससे राजेन्द्र की पत्नी को कष्ट होता। वह अचल को अपने बच्चे की तरह ही प्यार करती। अतः उसके काफी दिनों तक नहीं आ पाने पर नाराज भी होती।

इटानगर पहुँचकर रमानाथ ने सारी बात सुकेशी को बताई और उन्हें आश्वस्त

कर दिया कि अब उनका अचल इंजीनियर बन जाएगा। वे भी काफी खुश। उसे बराबर दुआएँ देतीं। उसकी सफलता के लिए प्रार्थना करतीं। उनका एक आदेश मिला कि अचल हिन्दी में उनके लिए दो-चार लाइन अपने हर पत्र में अलग से लिखे जिसे पढ़कर उन्हें परम प्रसन्नता होती। उन्हीं दो-चार लाइनों को वे बार-बार पढ़तीं। बच्चे द्वारा लिखे गए 'प्रणाम' को पढ़कर बहुत देर तक आशीर्वाद देती रहतीं। उसके स्वास्थ्य एवं सफलता हेतु मंगल कामना करतीं। घर में पुनः खुशी का वातावरण बन गया। वह अँधेरा जो जून की दस तारीख से छा गया था, जिसके अंधकार में रमानाथ घुटन भरी जिंदगी जी रहे थे, छँट गया था। सभी खुश थे। देर आए, दुरुस्त आए वाली कहावत चरितार्थ हो उठी थी।

तीन-चार सप्ताह बाद ही पूजा की छुट्टियाँ हुईं। अचल इटानगर आया। अब उससे सारी बात जानकर सुकेशी को शान्ति मिली। रमानाथ के अन्य शुभचिंतक भी खुश थे। परंतु एक प्राणी बेहद दुःखी था। कारण : कोई अचल या रमानाथ का दुर्व्यवहार नहीं वरन् उनका अपना स्वभाव। किसी की प्रगति से दुःखी होने वाली श्रीमती श्रीवास्तव जो नये घर के पास ही रहती थीं और उनके पति उपशिक्षा निदेशक के पद पर कार्यरत थे। उमर में रमानाथ से लगभग आठ-दस वर्ष बड़े पर पद में बहुत पीछे छूट गए श्रीवास्तव जी को भी रमानाथ की वर्तमान स्थिति से पर्याप्त ईर्ष्या थी। परंतु स्वभाव से गंभीर होने तथा पुरुष होने के नाते यह भाव प्रगट नहीं होने देते थे। पर उनकी पत्नी, जिनको अपने बेटे पर जो इंजीनियर हो रहा था, विशेष घमण्ड था और जिसकी बराबरी किसी पड़ोसी का बेटा कैसे कर सकता था, को अचल को इंजीनियरिंग की सीट मिलना तथा रमानाथ के परिवार की यह छोटी-सी खुशी बहुत नागवार लगती थी। वस्तुतः उनका यह उद्घोष कि 'सबका बेटा इंजीनियर नहीं हो सकता', अचल के बी. आइ. टी. में दाखिले के बाद बड़ा हास्यास्पद हो चुका था। और वे इससे लज्जित होने की बजाय और ईर्ष्यालु हो गई थीं। अन्य सभी खुश थे और सबसे ऊपर, सबसे बढ़कर खुश था सुकेशी की आँखों का तारा उनका अचल। इसी से सभी भाई तथा रमानाथ भी खुश थे। सजल ईर्ष्यालु पड़ोसन को, 'जलने वाले जला करें—किस्मत हमारे साथ है', कहकर बातों-बातों में उचित उत्तर भी दे आया था। यह जानकारी जब विजय ने रमानाथ को दी तो सजल को बहुत डाँट पड़ी। रमानाथ अपने बच्चों को इन बुराइयों से सदैव दूर रखने की कोशिश करते रहे थे। सजल की यह हरकत उन्हें बहुत ही बुरी लगी। अपने से बड़े का उपहास करना अच्छी बात नहीं। यही बात बार-बार सुकेशी ने तथा रमानाथ ने उसे बतायी। परंतु उसे अपने भाई का किया हुआ उपहास तथा तीखा व्यंग अभी भी याद था और वह अवसर पाते ही उन्हें सुना आया। डाँट खाकर भी वह खुश था। ऐसा ही था सजल—मस्तमौला, खूब स्मार्ट तथा शौकीन। किसी की कही बात सुनकर सह जाना उसे पसंद न था। बात से या व्यवहार से वह उसे उचित उत्तर दे ही

आता था।

अचल फिर राँची चला गया। काफी दिनों बाद रमानाथ को राँची जाने का अवसर मिला। बच्चे को खूब स्वस्थ तथा हॉस्टल में पूरी तरह से रमा हुआ पाकर उन्हें बड़ा सुख मिला। रमानाथ ने अपने शुभचिंतक डॉ. सी. बी. मिश्र, अध्यक्ष, मेकेनिकल इंजीनियरिंग, तथा सहायक निदेशक, से मिलने की इच्छा से महाविद्यालय में उनके कमरे के सामने बैठे चपरासी से अपना परिचय देते हुए कुछ क्षण की अनुमति माँगी। भीतर जाकर उन्होंने देखा कि प्रो. मिश्र काफी व्यस्त हैं। परंतु रमानाथ के भीतर प्रवेश करते ही उन्होंने अन्य कामों को छोड़कर बाबू से दो चाय भेजने को कहते हुए बोले, 'कुछ देर बाद में आना।' वह बाबू चला गया। मिश्र जी ने उठने की औपचारिकता करते हुए रमानाथ का हाथ जोड़कर नमस्कार करते हुए स्वागत किया। रमानाथ को नमस्कार की यह पद्धति उनके अतीत में खींच ले गई। ऐसा नमस्कार तो कोई राष्ट्रीय स्वयं सेवक संघ का स्वयं सेवक ही कर सकता है। अतः उन्होंने उसी मुद्रा में उनको नमस्कार का प्रत्युत्तर दिया। धन्यवाद कहते हुए सामने की कुर्सी पर बैठ गए। प्रो. मिश्र ने बच्चे के बारे में पूछा, 'कैसा है? आप मिले या नहीं अभी तक?' रमानाथ ने कृतज्ञता ज्ञापित करते हुए सादर बताया कि बस आपकी कृपा है, एकदम ठीक है। क्षण भर रुककर उन्होंने कुछ याद करते हुए कहा, गत सप्ताह शायद किसी काम से आया था। हजारों बच्चों में एक बच्चे को याद रखना साधारण बात नहीं। रमानाथ को उनकी स्मरणशक्ति पर बड़ा आश्चर्य हुआ और उन्होंने पूछा, 'कैसे याद है आपको ? इतने सारे लड़कों में एक नये लड़के को याद रखना आपके लिए कैसे सम्भव है ?' उनका उत्तर, 'ही इज वेरी स्वीट, हैण्डसम एण्ड इन्नोसेंट', रमानाथ की हृदय की गहराइयों तक छू गया। 'ही इज कल्चर्ड, पोलाइट एण्ड वेरी वेल ग्रूम्ड चाइल्ड।' अपने बच्चे के बारे में उनके ही विचार सुनकर रमानाथ ईश्वर के प्रति कृतज्ञ हो उठे। भावविभोर रमानाथ की आँखें डबडबा आईं। ऐसे लड़के कम होते हैं, इसलिए शायद उसका चेहरा तथा नाम याद हो गया हो, मिश्र जी ने अपनी सफाई पेश की।

इसी बीच चाय आ गई। मिश्र जी ने चाय अपने हाथों से रमानाथ को पकड़ाई। दोनों चाय को अपने-अपने सामने रखकर पीने लगे। अब तक यह तादात्म्य स्थापित हो चुका था जहाँ एक शिक्षक दूसरे शिक्षक से, एक स्वयं सेवक दूसरे स्वयं सेवक से और एक तपःपूत ब्राह्मण दूसरे कुलीन ब्राह्मण से बातें कर रहे थे। अन्य विभेद मिट चुके थे। रमानाथ ने एक बार फिर बात छेड़ी। 'मिश्र जी, मुझे तो उन्नीस सौ बासठ में ही नानाजी एवं सुधीर जी ने नेफा भेजकर जैसे आजीवन बनवास ही दे डाला हो। भगवान श्रीराम को भी मात्र चौदह वर्ष का वनवास काटना पड़ा था। परंतु मुझे तो न जाने कितने वर्ष और सहना होगा। बाइस वर्ष से भी ज्यादा हो चुका है और जंगल में रहते-रहते मैं तो स्वयं भी शायद सभ्य आचरण भूल जाता

हूँ। सचमुच मिश्र जी। मैं तो 'ए मैन फ्राम एन आइलैंड ऑफ आइसोलेशन' बन कर रह गया हूँ। 'व्हाट ग्रूमिंग आई कैन गिव टु माई चाइल्ड'। यह सब आपकी कृपा दृष्टि है जो उसमें आपको इतने गुण नजर आए।' बड़ी आत्मीयता से दोनों कुछ देर और बातें करते रहे। चाय समाप्त हो चुकी थी। रमानाथ को उनकी व्यस्तता का भी ध्यान आया। इजाज़त लेते हुए रमानाथ ने उनसे एक बार फिर बच्चे पर कृपा दृष्टि बनाए रखने का अनुरोध किया। आप निश्चिंत रहें। इतना उसे समझा कर जाएँगे कि यदि कोई समस्या हो तो मुझे सूचित करेगा। धन्यवाद के साथ ही रमानाथ उठ खड़े हुऐ। चलने को तत्पर हुए तो मिश्र जी ने दरवाजे तक आकर सादर विदा दी। और रमानाथ श्रद्धा एवं कृतज्ञता का भाव लिए बाहर निकल आए। संस्कार संपन्न कृशकाय, श्रेष्ठ शिक्षक तथा कुशल प्रशासक मिश्र जी के व्यक्तित्व की छाप उनके विद्यार्थियों पर स्थायी रूप में पड़ती होगी, यह बात रमानाथ को स्पष्ट हो चुकी थी। सौभाग्य एवं संयोग से ही कभी-कभी अनजान जगहों पर परम हितैषी लोग मिल जाते हैं। इस छल-कपट और स्वार्थ भरी दुनिया में अभी भी कुछ अच्छे लोग और कुछ अच्छे शिक्षक मिल ही जाते हैं।

कलकत्ता होते हुए रमानाथ इटानगर आ गए। अचल को हर प्रकार से खुश देखकर उन्हें बड़ा सुख मिला था। उन्होंने सारी बातें सुकेशी तथा बच्चों को भी बताईं। सभी ने अपने-अपने ढंग से इस सुखद समाचार को स्वीकार किया। सुकेशी ने अनेक दुआएँ दीं। सजल ने पूछा, 'भैया फिर कब आएँगे ?' अन्य दोनों भी खुश थे अपने भाई की खबर सुनकर।

बिड़ला इंस्टीट्यूट एक महँगा महाविद्यालय है। सामान्य-जन का मानना है कि यहाँ तो राजकुमार या उद्योगपतियों के बेटे-बेटियाँ ही पढ़ते हैं। रमानाथ को अपनी आर्थिक स्थिति का पूर्णज्ञान था, फिर भी उन्होंने अपने बेटे को यहाँ पढ़ाने में कोई हिचक नहीं दिखाई। अब जब कि बेटे को यहाँ रखा है तो खर्च तो उठाना ही पड़ेगा। उन्होंने इस विषय में सुकेशी से बात की। दोनों ने सोच-समझ कर चलने का निर्णय लिया। घर के खर्च में हर समय कटौती की जाएगी। मात्र एक बात पर ध्यान दिया जाएगा कि उनके चारों बेटों के स्वास्थ्य तथा पढ़ाई पर कोई बुरा असर न पड़े।

अपनी आर्थिक स्थिति के सुधार हेतु रमानाथ सचेष्ट थे, पर कोई सुगम मार्ग नजर नहीं आ रहा था। एक दिन रमानाथ अपने एक शुभचिंतक एवं मित्र श्री सुनेजा के पास बैठे थे। सुनेजा जी जिलाधीश कार्यालय में सर्किल ऑफिसर थे। इस पर आने से पूर्व वे भी शिक्षक थे। उम्र में बड़े तथा सरकारी सर्विस में बहुत सीनियर भी थे। हमेशा रमानाथ को 'छोटे भाई' कहकर पुकारते तथा वही प्यार एवं सम्मान देते। उन्हें इस बात का बड़ा गर्व था कि यू. पी. पंजाब का कोई बंदा इतना प्रतिभाशाली है जो इतनी कम उम्र में अपने अनेकों सीनियर्स को पीछे छोड़कर प्राचार्य पद पर

आसीन है। रमानाथ का एक व्याख्यान शहर के प्रतिष्ठित हाल में उन्होंने सुना था और उससे वे रमानाथ से और प्रभावित थे। जहाँ कहीं उन्हें अवसर मिलता वे दो-चार शब्द रमानाथ की प्रशंसा में अवश्य कहते। वस्तुतः वे स्वयं एक शेर दिल एवं गुण ग्राहक इंसान थे। उस दिन रमानाथ से उन्होंने बड़ी आत्मीयता से पूछा, 'छोटे भाई, बेटे का क्या हाल है?' उत्तर में रमानाथ ने पूरा हालचाल बताया। बहुत खुश हुए यह जानकर कि रमानाथ गत सप्ताह ही राँची से लौटे हैं और बेटा वहाँ बहुत आराम से है। पल भर बाद, उन्हें जैसे कुछ याद आया हो, उन्होंने कहा, 'छोटे भाई, बिड़ला इंस्टीट्यूट तो सुनता हूँ बहुत महँगा है।' सहज भाव से रमानाथ ने हाँ में जवाब दे दिया। यह भी कह डाला कि अब तो बेटे को वहाँ भेज चुके हैं तो किसी प्रकार निभाएँगे ही।

सुनेजा जी रमानाथ के नैतिक मूल्यों की कद्र करते थे, और यह भलीभाँति जानते थे कि यह तो अन्य अफसरों की तरह अपने मूल्यों के साथ समझौता नहीं कर सकेगा। आर्थिक संकट तो अवश्य ही झेलना पड़ेगा। यह विचार कर उन्होंने एक सलाह दी। कहा कि वे अपनी पत्नी के नाम पर एक टैक्सी ले लें। टैक्सी का लाइसेंस वे स्वयं दे देंगे। टैक्सी के लाइसेंस के आधार पर स्टेट बैंक से कर्जा भी मिल जाएगा। इससे उन्हें कुछ आर्थिक सहायता मिलती रहेगी और धीरे-धीरे बैंक का कर्जा भी समाप्त हो जाएगा। उस समय रमानाथ कोई जवाब नहीं दे पाये, क्योंकि उनका इस प्रकार के काम का कोई अनुभव नहीं था। अतः वे मन ही मन डरते थे कि कहीं लेने के देने न पड़ जाएँ। परंतु प्रस्ताव अपने एक शुभचिंतक द्वारा दिया गया था। स्टेट बैंक के मैनेजर सरकार साहब भी रमानाथ को एक अच्छे आदमी तथा विद्वान शिक्षक के रूप में बड़ा सम्मान देते थे। कहीं भी रमानाथ का लेक्चर इत्यादि होता तो वे एक श्रोता अवश्य होते। इससे रमानाथ को यह विश्वास भी था कि सरकार साहब उनकी प्रार्थना को ठुकराएँगे नहीं। टैक्सी खरीदने के लिए उन्हें पर्याप्त कर्ज दे देंगे।

रात में रमानाथ ने सुकेशी को सारी बात बताई। सुकेशी भी सुनेजा जी को भलीभाँति जानती थी और उनका एक बड़े के रूप में बहुत आदर करती थी। उनकी प्रतिक्रिया बड़ी ही स्वाभाविक थी। उन्होंने कहा अगर भाई साहब ने कहा है तो अवश्य इस पर आपको विचार करना चाहिए। उनकी भी टैक्सी है, ट्रक है और नौकरी भी कर रहे हैं। आप क्या यह नहीं कर सकते। इसमें किसी से घूस लेना या चोरी करना जैसा तो कुछ नहीं है न? अगर गाड़ी से हजार पन्द्रह सौ रुपया प्रतिमाह आ सके तो हमारा काम आसानी से चल सकेगा। रमानाथ को लगा कि सुकेशी इसके पक्ष में हैं। साथ ही उन्हें यह भी लगा कि इसी बहाने एक कार हो जाएगी जो हर प्रकार से सहायक एवं उपयोगी होगी।

आज अचल का पत्र आया था। घर भर में खुशी का माहौल था। अचल के

पत्र आने पर सुकेशी का मूड कुछ खास ही हो जाता था। उनका भजन गुनगुनाना, खाने-पीने में एकाध अच्छी चीजें बना लेना तथा बच्चों को विशेष प्यार से बुलाना इत्यादि सामान्य व्यवहार में परिवर्तन स्पष्ट दिखने लगते। अभी शाम के साढ़े छः बजे थे कि एक कार घर के सामने आकर रुकी। गाड़ी की आवाज सुनकर ही सजल ने धीरे से दरवाजा खोलकर झाँका। 'सुनेजा अंकल अम्माँ,' खुशी से बोल उठा सजल। दरवाजा खोल ड्राइंग रूम में बैठाया। रमानाथ एवं सुकेशी भी आ गए वहीं। सभी नमस्कार बंदगी के बाद बैठ गए। पर सुकेशी की साथ में आए सरकार साहब से जान पहचान नहीं थी। अतः थोड़ी देर तक अनजाने के बोध से ग्रसित रहीं। भाई सुनेजा जी ने ही परिचय कराया 'ये सरकार साहब हैं। यहाँ के स्टेट बैंक के मैनेजर। मेरे घर के पास ही रहते हैं।' अब सुकेशी थोड़ा आश्वस्त हुईं तो अपनी खुशी का इजहार कर दिया, 'आज भाई साहब, आपके बेटे का पत्र आया है।' 'कैसा है?' प्रश्न था सुनेजा जी का। भाव-विभोर होकर सुकेशी बताने लगीं।

सुकेशी की बात से तन्तु जोड़ते हुए सुनेजा जी ने कहा, 'बेटे को पढ़ाने में थोड़ी मदद करने के ख़याल से ही आज मैं आया हूँ। साथ ही साथ उन्होंने दो-चार कागजात रमानाथ की ओर बढ़ा दिए। प्रथम तो टूरिस्ट टैक्सी का परमिट था, और शेष सारे फार्म थे बैंक से कर्ज लेने हेतु। उन्होंने यह भी बताया कि मैंने मैनेजर साहब से बात कर ली है। वो आपको कर्ज देने को तैयार हैं। आप इन फार्मों पर जहाँ-जहाँ जरूरी है, दस्तखत कर दीजिए। सरकार साहब ने जहाँ-जहाँ दस्तखत चाहिए थे, वहाँ-वहाँ निशान लगा दिये थे। रमानाथ ने पत्नी को देखा और उन्होंने रमानाथ को—शायद इतने में ही निर्णय हो गया कि फार्मों पर दस्तखत कर देना चाहिए। 'भाई साहब हम तो अंग्रेजी नाइं जानित' सुकेशी की सादगी एवं सफलता से प्रभावित हो चुके सरकार साहब ने कहा, 'आप हिन्दी में ही अपना नाम लिख दीजिए। बाकी मैं सब कर लूँगा।' सरकार साहब ने कलम आगे बढ़ाते हुए कहा। सुकेशी ने हर निशान लगी जगह पर दस्तखत कर दिये। वातावरण में एक खास खुशी व्याप्त हो गई थी। माहौल में एक खास अपनापन भर उठा था। सुनेजा भाई साहब ने रमानाथ के बेटे की पढ़ाई को इतनी अहमियत दी, यह सोचकर आज भी रमानाथ को गहरी कृतज्ञता का बोध हो जाता है। जीवन अच्छे तथा बुरे लोगों का अजीब संगम है। उस दिन सौभाग्य से घर में कुछ खास सामान सुकेशी ने बनाया था ऐसा रमानाथ को आभास था। सुकेशी भीतर जाकर कृष्णा के हाथ दही-बड़े की तीन प्लेटें तथा सूजी के चार-छः लड्डू, पानी इत्यादि भेजकर स्वयं शायद चाय बनाने लगीं। तभी सुनेजा भाई साहब ने आवाज लगाई, तुरंत आकर बैठ गईं और कृष्णा को चाय छानकर लाने को कहकर अंदर भेज दिया। सुकेशी को दूसरों को कुछ खिलाने में बड़ा सुख मिलता था। परंतु आज तो वे विशेष खुश थीं। उन्होंने कहा, 'भाई साहब पाँच मिनट और बैठिए। कुछ और बनाती हूँ।' पर सुनेजा जी ने बड़े ही प्यार से मना कर दिया।

सबने चाय पी। सरकार साहब ने एक बार सारे फार्म फिर से देखे। शायद इस बात से आश्वस्त होने के लिए कि कहीं दस्तखत रह तो नहीं गए हैं। सुनेजा जी उठ खड़े हुए, सभी तत्काल उठ खड़े हुए। उन्होंने रमानाथ से धीरे से कहा, 'बैंक से तुम्हें नब्बे प्रतिशत कर्ज मिल जाएगा, हालाँकि सबको पचहत्तर प्रतिशत ही मिलता है। दस प्रतिशत अर्थात नव हजार के आसपास रुपया तैयार कर लें। मैं गारंटर भी बन जाऊँगा। कोई चिंता न करो। कल जाकर एक प्रोफार्मा बिल लाओ तथा टूरिस्ट टैक्सी परमिट की कॉपी लगाकर बैंक में जमा कर देना। सरकार साहब के हाथ में ही देना।' यह कहकर भाई साहब गाड़ी की ओर बढ़े तब सुकेशी ने कृतज्ञता भरे स्वर में कहा, 'भाई साहब आपका यह एहसान हम कभी नहीं भूलेंगे।' रमानाथ, सुकेशी तथा सजल ने भी उन्हें नमस्कार किया। सरकार साहब ने रमानाथ तथा सुकेशी को नमस्कार किया और गाड़ी में बैठ गए।

सजल इन बातों से समझ गया था कि पिताजी गाड़ी लेने जा रहे हैं। उसके तो जैसे चार पर ही लग गए हों। रमानाथ के बच्चों में सबसे शौकीन सजल को गाड़ी घोड़ा का बड़ा शौक रहा। उससे यह बात हजम नहीं हुई। अपने दोनों भाइयों को भी बता दिया। साथ ही साथ सख्त हिदायत भी दे दी कि अभी किसी को बताना नहीं है।

सुकेशी खुश थी पर माथे पर एक हल्की चिंता की रेखा भी झलक रही थी। रमानाथ बिस्तर पर बैठे कुछ पढ़ रहे थे। किचेन का काम कृष्णा को समझाकर स्वयं भी रमानाथ के पास ही आकर बैठ गईं। रमानाथ ने सुकेशी को बैठे देखा तो तुरंत मैगजीन को किनारे रख दिया और स्वयं को पत्नी की ओर मुखातिब करके बोले, 'थोड़ी चिंतित-सी लग रही हैं क्या बात है ?' सोचती हूँ कि इतना बड़ा बोझा (कर्ज) उठाना सम्भव होगा? उनकी चिंता स्वाभाविक थी। इतनी बड़ी रकम (लगभग अस्सी हजार रुपये) का बोझ उठाना रमानाथ की आर्थिक क्षमता के बाहर तो था। परंतु ऐसा भी कुछ नहीं था कि असम्भव हो अस्सी हजार रुपये जुटाना या उसका भार उठाना। आखिरकार रमानाथ सरकारी अफसर हैं। उन्हें सरकार से भी कार एडवांस मिल सकता है। वे इसके अधिकारी हैं। यह प्रस्ताव तो आर्थिक दृष्टि से ज्यादा ही तर्क संगत तथा भविष्योन्मुखी है। उन्होंने सुकेशी को सहज ढंग से समझाया। इसमें कोई खास खतरा नहीं है। टैक्सी चलेगी तो चलवाएँगे और यदि कोई बड़ी समस्या आई तो सरकार से कार एडवांस लेकर बैंक का कर्ज दे देंगे और गाड़ी अपनी हो जाएगी। आप विशेष चिंता न करें। इस प्रकार समझाने के बाद वे विशेष आश्वस्त हो और सटकर बैठ गईं। धीरे से बोलीं, 'जैसा आप सोचते हैं वही ठीक होगा। मुझे तो कर्ज से बड़ा डर लगता है। इसलिए मैंने ऐसा कहा। अच्छा तो मुझे भी बहुत लग रहा है। ईश्वर करे आपकी इच्छा पूरी हो।' रमानाथ ने धीरे से उनका हाथ अपने हाथ में लेते हुए कहा, 'अवश्य पूरी होगी, क्योंकि वे अपनी सुकेशी के

लिए लेना चाहते हैं।' सारी कागजी कार्यवाही पूरी कर दी गई अगले तीन दिनों में। इधर घर पर नव हजार रुपये जुटाने में सुकेशी ने बड़ी मदद की। उन्होंने सामान्य बचत से जो छः हजार रुपये जोड़े थे उसके अलावा भी अट्ठारह सौ रुपये और दिये। इस प्रकार रमानाथ को कोई खास परेशानी नहीं हुई, दस प्रतिशत का व्यक्तिगत सहयोग जुटाने में। चौथे दिन सरकार साहब ने फोन करके रमानाथ को बैंक बुलाया और पूरे रुपये का बैंक ड्राफ्ट, कार कम्पनी के नाम का, उन्हें पकड़ाते हुए एक पावती भी दी जिस पर सुकेशी के दस्तखत चाहिए थे। रमानाथ ने आश्वासन दिया कि वे अभी करा के भेज देंगे। इस प्रकार कार का पूरा रुपया जमा कर दिया गया। अब प्रतीक्षा थी कार के आने की। उन दिनों पाँच से छः माह लग जाते थे कार की डिलिवरी मिलने में।

रमानाथ काफी संतुष्ट थे कि वे किसी प्रकार अपनी पत्नी के लिए एक कार की व्यवस्था कर सके। अब तो कुछ समय प्रतीक्षा करने की ही बात है। नम्बर आएगा और कार मिल जाएगी। घर में सभी बच्चे भी खुश थे इस आशा एवं कल्पना से कि कुछ दिनों में उनकी अपनी नई कार होगी, और उन्हें पिताजी की सरकारी गाड़ी का भरोसा नहीं करना पड़ेगा। सुकेशी खुश तो थी परंतु कहीं उन्हें इस भारी कर्ज के नीचे अपने पति के दबे होने की पीड़ा सताती रहती थी। कभी-कभी खिन्न मन कहती भी थीं कि सारे खर्चों में आपने एक और खर्च अपने ऊपर लाद लिया। परंतु स्वभाव से कोमल तथा पति की क्षमता पर पूरा गर्व रखने वाली सुकेशी थोड़ी ही देर में पुनः सामान्य हो जातीं।

इस बीच रमानाथ ने दो तीन बार सुकेशी का चेक अप कराया। सामान्य उपचार हुआ। थोड़ा आराम भी हुआ, परंतु पूर्ण-रूपेण उनका पाँव ठीक नहीं हो रहा था। स्थानीय अस्पतालों में उपलब्ध सीमित सुविधाओं द्वारा बीमारी का सही निदान नहीं पता चल पा रहा था। डॉक्टर लोग बाह्य लक्षणों को देखकर उपचार कर देते थे। इससे आराम मिल जाता था परंतु एकाध माह बाद फिर वही परेशानी उभर जाती थी। कारण था कि डॉक्टर बीमारी की तह तक पहुँच ही नहीं पाते थे। धीरे-धीरे बीमारी और गम्भीर रूप लेती जा रही थी।

अब रमानाथ ने उन्हें असम मेडिकल कालेज डिब्रूगढ़ में दिखाने की योजना बनाई। लाभ वहाँ भी कुछ खास नहीं हुआ। परंतु स्वास्थ्य में थोड़ा सुधार हुआ। जिससे सुकेशी स्वयं साहस बँधाती रहतीं कि अब मैं ठीक हो गई हूँ, आप चिंता न करें। रमानाथ भी कुछ आश्वस्त हो कर अपने महाविद्यालय के निर्माण एवं संचालन के कार्य में लग गए।

विश्वविद्यालयीय परीक्षाएँ चल रही थीं। रमानाथ का कालेज नया होने के बावजूद भी राजधानी का महाविद्यालय था। उस पर विश्वविद्यालय की परीक्षा के सुचारु रूप से संचालन की जिम्मेदारी भी आ पड़ी थी। इन्हीं दिनों सुकेशी अचानक विशेष बीमार

हो गईं। उनसे कुछ खाया नहीं जाता था। यदि जोर-जबरदस्ती कर कुछ खातीं भी तो उल्टी हो जाती। एकाध दिन तो दवा दिलायी अस्पताल ले जाकर रमानाथ ने पर कोई लाभ होता नजर नहीं आया। ऐसी स्थिति में डॉक्टरों की सलाह पर उन्हें नाहरलगन के रेफेरल अस्पताल में भर्ती करा दिया गया। दस-बारह दिन वहाँ भी सारे टेस्ट इत्यादि चलते रहे। दवाइयों का प्रयोग जैसे अनुमान से किया जा रहा हो। घर में सारी व्यवस्था अस्त-व्यस्त हो गई। छोटे बच्चों की परीक्षाओं का समय था। एक की परीक्षा समाप्त हुई थी व दो की अभी चल ही रही थी। रमानाथ काफी परेशान। दो वक्त परीक्षाओं को संचालित करना, बच्चों की पढ़ाई तथा परीक्षा, गृहस्थी का भार और सबसे बढ़कर सुकेशी के स्वास्थ्य के प्रति चिंता।

प्रदेश के शिक्षा निदेशक मलखान सिंह त्यागी जी के दफ्तर में रमानाथ अपने कई सरकारी काम लेकर गए थे जब उन्होंने बड़े स्नेह से पूछा, 'आपकी पत्नी के अब क्या हाल हैं?' रमानाथ को आश्चर्य हुआ कि यह नीरस आदमी दिन-रात काम के अलावा और कोई बात ही नहीं करता आज उनकी पत्नी का हाल कैसे पूछ रहे हैं। आश्चर्य मिश्रित भाव से ही उन्होंने सामान्य-सा उत्तर दे डाला। पर वे उस उत्तर से सहमत या संतुष्ट नहीं हुए। उन्होंने खुले शब्दों में कहा कि मेरा लड़का जो उसी अस्पताल में डॉक्टर है, बता रहा था कि किसी को यह पता नहीं चल रहा है कि बीमारी क्या है, और लोग बहू को एक्सपेरीमेंट के गिनीपिग-सा ट्रीट कर रहे हैं। यहाँ से कहीं बाहर ले जाओ। नहीं तो वह यहीं मर जाएँगी और तुम्हारे बच्चे अनाथ हो जाएँगे। उन्हें शीघ्र कहीं बाहर ले जाओ। आदेशात्मक स्वर में कहकर त्यागी साहब चुप हो गए। रमानाथ का चेहरा उतर गया। पर फिर भी उन्होंने अपने सरकारी कामों की बात छेड़ी। त्यागी साहब ने सारी फाइलें ले लीं और कहा 'तुम बहू को बाहर ले जाने की सोचो। ये फाइलें कभी समाप्त न होने वाली यात्रा हैं। इन्हें मेरे ऊपर छोड़ दो। आज परीक्षा समाप्त हो गई?' रमानाथ ने सकारात्मक उत्तर दिया। 'ठीक से सब निपट गया?' रमानाथ ने पुनः हाँ में उत्तर दिया। 'मुझे यही विश्वास था, इसीलिए तुम्हारे कॉलेज को परीक्षा केन्द्र बनाया था, हालाँकि अभी सारी सुविधाएँ तुम्हारे कॉलेज में नहीं हैं।' वे खुश थे रमानाथ की प्रबंध व्यवस्था से। पर नाराज़ बहुत थे यह सोचकर कि काम के पीछे यह अपनी पत्नी की उपेक्षा कर रहा है। उम्र में 10 वर्ष बड़े त्यागी साहब हमेशा खरी बातें कहने वाले अफसर माने जाते थे। व्यंग्यात्मक शैली में बोलने की उनकी पुरानी आदत थी। पर आज बहुत ही संजीदा एवं चिंतामग्न मुद्रा में रमानाथ से बातें करते रहे। रमानाथ ने तत्काल उनसे कहा, 'मैं उन्हें अब देश के श्रेष्ठतम अस्पताल में ले जाऊँगा।' 'कहाँ ले जाओगे?' 'बेलूर' सूक्ष्म-सा उत्तर दिया रमानाथ ने। 'हाँ, अब हुई विद्वान भाई की तरह बात। मैं तो सोचता था तुम्हें पता भी होगा या नहीं। और मन ही मन बेलूर ले जाने की सलाह देने की सोच रहा था। मेरे बेटे ने भी अपनी आंटी का रिकार्ड देखा है।

उसका भी मानना है कि इन्हें किसी विशेष अस्पताल में ही ले जाना चाहिए। मुझे खुशी है कि तुमने मेरे मन की बात समझ ली। ईश्वर तुम्हें राह दिखाये। मेरे लायक कोई भी काम हो तो तनिक भी संकोच मत करना।' रमानाथ नमस्कार कर बाहर आ गए। न जाने कब अपनी गाड़ी में आ बैठे? न जाने कब वहाँ से चल दिये। घर पहुँचकर जब ड्राइवर ने गाड़ी का दरवाजा खोला तब उन्हें पता लगा कि वे तो घर पहुँच गए हैं।

रमानाथ चिंतामग्न मुद्रा में ही ड्राइंग रूम में बैठे सोच रहे थे सुकेशी के इलाज के बारे में। उनका दिमाग उन सारी समस्याओं एवं परिस्थितियों की विवेचना करने में जुटा था जिनका उन्हें आगे आने वाले समय में मुकाबला करना है। कल ही वे जाकर सुकेशी को नाहरलगन के सरकारी अस्पताल से ले आएँगे। कुछ रुपयों का प्रबंध करके उन्हें लेकर बेलोर के लिए प्रस्थान करेंगे।

रात में ही रमानाथ ने सुकेशी को आश्वस्त करते हुए बता दिया कि अब यहाँ से उन्हें ले जाकर वे कहीं बाहर बड़े अस्पताल में उनका इलाज कराएँगे। इसलिए कल प्रातः आकर वे उन्हें अस्पताल से छुट्टी दिलाकर वापस घर ले जाएँगे। सुकेशी का भी इस अस्पताल के इलाज पर से विश्वास उठ गया था। अतः बिना किसी ना नुकर के वे अस्पताल से छुट्टी लेने को तैयार हो गईं। उनकी चिंता का कारण था बच्चों को छोड़कर इलाज कराने बाहर जाने का कष्टप्रद प्रस्ताव। स्वयं वह इतनी कमजोर हो चुकी थीं कि चलने-फिरने में भी असुविधा हो रही थी। कई दिनों से भोजन लगभग छूट-सा ही गया था क्योंकि जोर-जबरदस्ती करके कुछ खाती भी थीं तो तुरंत ही उल्टी हो जाती थी। वमन इतना कष्टदायक होता था कि खाने से ही घबड़ाती थीं।

पाँच मई उन्नीस सौ पचासी को रमानाथ सुकेशी को लेकर कलकत्ता होते हुए बेलूर जाने के लिए प्रस्थान कर गए। तीनों बच्चों को कृष्ण दास (घर का नौकर) के भरोसे पर्याप्त खाद्य सामग्री इत्यादि रखकर, कुछ रुपये भी सजल के हाथ में देकर इस आशा से निकल पड़े कि वहाँ जाकर विशद रूप से टेस्ट इत्यादि कराके सही निदान प्राप्त कर सकेंगे। तत्पश्चात उचित उपचार हेतु दवा इत्यादि लिखाकर सुकेशी को लेकर वापस आ जाएँगे। इटानगर में दवा चलती रहेगी।

कलकत्ते पहुँचने पर रमानाथ के मौसेरे भाई राजेन्द्र एवं मौसेरे भतीजे कृष्णानन्द हावड़ा स्टेशन पर ही मिले। कुछ लोगों ने बहुत कहा कि यहीं रुक जाइए, अपना घर है और कलकत्ता में निदान हो सकेगा। उन्होंने दो-चार बड़े डॉक्टरों तथा मशहूर अस्पतालों के नाम भी बताए। परंतु रमानाथ ने तो निश्चय कर लिया था कि वे सुकेशी को अब श्रेष्ठतम अस्पताल में ही ले जाएँगे। अतः भाई एवं भतीजे भी चुप हो गए। हावड़ा से ही पुनः मद्रास जाने वाली सबसे तेज गाड़ी कोरोमंडल एक्सप्रेस में उचित जगह उन लोगों ने बिठा दिया। इसका रिजर्वेशन इत्यादि भतीजे ने करा

रखा था। मद्रास से काठपाड़ी और फिर एक टैक्सी से बेलूर अस्पताल पहुँचकर रमानाथ ने उसी दिन सुकेशी को दिखाने की व्यवस्था की। रमानाथ सुकेशी के स्वास्थ्य के प्रति विशेष चिंतित हो चुके थे। रास्ते की लम्बी रेल यात्रा की थकान तथा खान-पान की बदपरहेजी से शायद उनके स्वास्थ्य में और गिरावट आ गई। दुःखी मन रमानाथ ने स्पेशल टिकट, जो बहुत ही महँगा होता था, लेकर दिखाने की योजना बनाई। इससे तत्काल सबसे योग्य डॉक्टर तक पहुँचा जा सकता था। उन्होंने सुकेशी को एक व्हील चेअर पर ले डॉक्टर को दिखाया। आधे घंटे तक परीक्षण करने, और सारे पुराने मेडिकल रेकार्ड्स को देखने के बाद उन्होंने तीन-चार टेस्ट लिखे। वे टेस्ट इटानगर में तथा डिब्रूगढ़ में भी किए गए थे। परंतु उन परिणामों पर डॉक्टर को यकीन नहीं आया। उन्होंने पुनः परीक्षण का आदेश दिया। यंत्रवत् अहर्निश चलने वाले इस अस्पताल में सारी व्यवस्था पलक झपकते होती है। ज्योंही उन परीक्षणों हेतु देय धन राशि रमानाथ ने जमा की, नर्स अपने काम में लग गई। ढेर सारा खून लिया और चली गई। इस बीच रमानाथ ने डॉक्टर से उन्हें भर्ती कर लेने की प्रार्थना की जिसे डॉक्टर ने तत्काल स्वीकार कर उपयुक्त व्यवस्था करने का आदेश दिया और उठ गए। शेष सारा काम उचित स्तर पर होता गया और आधे घंटे के अन्दर ही सुकेशी को एक खूब आरामदायक साफ-सुथरे कमरे में ले जाकर लिटा दिया गया। रमानाथ ने उनसे खाने को कहा। पर वे राजी नहीं हुईं। उनकी कमजोरी के मद्देनजर तथा खाने में असुविधा को देखकर डॉक्टर ने ग्लूकोज़ चढ़ाने का निर्देश दिया था। बस सुकेशी अब अपने इस तरल खाद्य से आवश्यक जिजीविषा प्राप्त करने लगीं। अन्य कोई खास दवा इत्यादि नहीं दी गई।

रमानाथ बाहर आकर अपना सामान इत्यादि ले पास में ही एक लोज़ में अपने लिए एक कमरे की व्यवस्था करके लेट गए। थके हुए निढाल रमानाथ को भी याद नहीं रहा कि उन्हें कुछ चाय इत्यादि ले लेनी चाहिए। घंटे दो घंटे में आराम कर, स्नानादि से निवृत्त हो, रमानाथ फिर अस्पताल सुकेशी के पास गए। देखा तो सुकेशी सो गई थीं। ड्रिप चल रही थी, एक नर्स उनके पास ही बैठी थी। रमानाथ को देखते हुए बोली, 'शी कैन नाट स्पीक इंगलिश, आई वाज वेटिंग फार यू।' रमानाथ ने अंग्रेजी में जानना चाहा कि वे क्या चाहती हैं। उत्तर में नर्स ने कहा, मैं यह जानना चाहती हूँ कि ये आपकी कौन हैं? और ये खाना शाकाहारी खाएँगी या मांसाहारी? रमानाथ ने उन्हें सारी बात समझाई। नर्स चली गई। समय पर खाना आया। रमानाथ ने सुकेशी को उठाया, हाथ-मुँह धुलाकर कुछ खाने को कहा। न चाहते हुए भी सुकेशी ने खाने का प्रयास किया। परंतु थोड़ी देर बाद ही उन्हें उल्टी की यातना भुगतनी पड़ी। उल्टी इतनी कष्टप्रद होती कि मानों कलेजा ही निकलकर बाहर आ जाएगा। निढाल होकर पुनः लेट गईं। व्यथित मन रमानाथ अपनी सुकेशी की इस हालत पर दुःखी होते हुए कहीं मन ही मन उनकी इस दशा

के लिए स्वयं को जिम्मेदार पाते थे। प्रायश्चित्त एवं अपराधबोध उन्हें बोझिल कर जाता। वे मन ही मन स्वयं को धिक्कार उठे। उन्हें ऐसा महसूस हो रहा था कि जैसे उन्होंने एक बीहड़ इलाके अरुणांचल में काम करने की जो 'भूल' की थी, उसकी सजा उनकी सुकेशी को मिल रही है। अगर वे अपने शहर में होते तो शायद सुकेशी को सामयिक उपचार एवं बेहतर देखभाल दे पाते। सामान्यतया रमानाथ जीवन में आशावादी एवं पीछे मुड़कर न देखने वाले इंसान हैं। परंतु आज जब अपनी पत्नी को इस बीमार स्थिति में देख रहे हैं तो उनके मन में अनेक इस प्रकार के हीन भाव उठ रहे हैं।

'एन इंजेक्शन प्लीज' कहती हुई नर्स रमानाथ के पास ही आ खड़ी हुई। सोती हुई सुकेशी को पुनः इस पीड़ा से जग जाना पड़ेगा, इस कल्पना से भी रमानाथ खिन्न हो उठे। पर इसी सब के लिए तो वहाँ उन्हें हजारों किलोमीटर दूर लाये हैं। फिर भी उन्होंने बड़ी विनम्रता से नर्स से कुछ देर बाद देने का अनुरोध, जो अनुचित था, कर ही डाला। नर्स ने कहा, 'इट विल हेल्प हर स्लीप मोर कम्फर्टेबिल'। अब रमानाथ ने सुकेशी को जगाना ही बेहतर समझा। नर्स ने इंजेक्शन दिया और चली गई। सुकेशी ने अलसाये हुए भाव में कहा, 'आप ने कहीं रहने का इंतजाम किया? कुछ खाया ?' रमानाथ ने 'हाँ' में उत्तर दिया और उन्हें आश्वस्त किया कि वे उनकी चिंता न करें। डॉक्टर ने विश्राम करने को कहा है और इसलिए उन्हें अभी सुई दी गई है। स्वयं सुकेशी के बालों को ठीक करते हुए सिरहाने की ओर सरककर बैठ गए। धीरे-धीरे उनके सिर तथा माथे पर अपना हाथ फेरते रहे। सुकेशी को इससे हमेशा बहुत सुकून मिलता रहा है। यह रमानाथ की चिर-परिचित विधि थी उन्हें शान्त एवं आश्वस्त करने की। कुछ ही देर में उन्हें फिर नींद आने लगी। सुकेशी ने धीरे से कहा, 'आप भी जाइए और कुछ खा-पीकर आराम क़रिए।'

सुकेशी के कमरे में एक व्यक्ति को रहने की इजाजत ही नहीं वरन् सुविधा भी थी। अतः रमानाथ ने मन ही मन यह निश्चय किया कि वे रात में अपनी पत्नी के पास ही रहेंगे। कुछ देर में ही सुकेशी एक अबोध बालक की भाँति सो गईं। ड्रिप चलती रही। रमानाथ ड्रिप की एक-एक बूँद पर आँखें गड़ाये बैठे रहे। उन्हें लग रहा था कि मानों इन्हीं नन्ही-नन्ही बूँदों के माध्यम से उनकी प्रियतमा में पुनः प्राण फूँके जा रहे हों। अतः वे बड़े भावुक होकर उन बूँदों को निहारते बैठे रहे। हर बूँद, जो एक निश्चित अन्तराल पर अनवरत टपकती जा रही थी, रमानाथ को प्यारी लगती। वे सोचने लगे, क्या ऐसा सम्भव नहीं कि इन्हीं बूँदों के माध्यम से रमानाथ का प्यार भी सुकेशी में समा जाता और उन्हें स्वस्थ करने में मदद पहुँचाता। परंतु यह तो एक मधुर कल्पना मात्र थी। वैसे रमानाथ ही का प्यार तो उन्हें यहाँ तक लाया है। सुकेशी स्वयं भी बार-बार यही कहती रहती थी कि आपने मुझे इतना प्यार, तथा मान दिया है कि मैं कई जन्मों तक भी आपकी सेवा करूँ तब भी उऋण

नहीं हो सकूँगी। परंतु वास्तव में यह उनकी विनम्रता थी। सच्चाई तो यह थी कि उन्होंने रमानाथ को एक सामान्य इंसान से ऊपर उठने में जो योगदान दिया है उसके लिए रमानाथ ही नहीं वरन् समस्त शुक्ल परिवार उनका कृतज्ञ रहेगा। उन्होंने रमानाथ की अभावग्रस्त जिंदगी को चार-चार अनमोल रत्नों से भर दिया। वे सचमुच रत्नगर्भा थीं। वे सचमुच एक सत्यनिष्ठ पत्नी थीं और सबसे बढ़कर वे सचमुच एक माँ थीं।

चर्च के घड़ियाल ने दस बजने की घोषणा की। रमानाथ झट से उठे, बाहर जाकर चार इडलियाँ खाईं, चार केले लिए और वापस सुकेशी के पास आ गए। सुकेशी को शान्त एवं निश्चिंतता की मुद्रा में, गहरी नींद में, देख रमानाथ को अच्छा लगा। ड्रिप अपनी मंथर गति से चल रही थी। अभी भी लगभग बोतल का आधा तरल उसमें शेष था। रमानाथ ने दरवाजा भेड़ दिया और स्वयं भी उन्हीं कपड़ों में साथ में पड़ी चौड़ी-सी बेंचनुमा बिस्तर पर लेट गए।

बारह बजे एक दूसरी नर्स आई। बोतल बदलकर, सुकेशी को ठीक से ढँक कर, खड़ी हो ड्रिप की रफ्तार को आवश्यकतानुसार करने का प्रयास कर रही थी कि तभी उसका पाँव स्टूल से टकराया। थोड़ी आवाज हुई, रमानाथ की आँख खुल गई। नर्स को कार्यरत देख रमानाथ को बड़ी लज्जा-सी लगी। परंतु नर्स के मुँह से निकला 'सॉरी सर' रमानाथ के क्षोभ को द्विगुणित कर गया। उन्हें अपनी लापरवाही पर शर्म महसूस होने लगी। उन्होंने कहा, 'आइ शुड़ हैव इनफार्मड यू।' नर्स ने कहा, 'नो सर, इट इज माई ड्यूटी। यू प्लीज़ टेक रेस्ट।' रमानाथ अब तक पूर्णरूपेण जग चुके थे, और इस भावना की गहराई में झाँकने का प्रयास कर रहे थे। उन्हें स्पष्ट रूप से दिख रहा था कि क्या कारण हैं इस विशाल व्यवस्था के पीछे, जिसकी वजह से यह तीन हजार छः सौ बिस्तरों वाला विशालतम अस्पताल सुचारु रूप से चल रहा है। अस्पताल ने एक सौ वर्ष का अपना कार्यरत जीवन पूर्ण किया था गत वर्ष ही। अनगिनत लोगों की सेवा में अहर्निश रत यह अस्तपाल औसतन पाँच हजार रोगियों को प्रतिदिन अपने बहिरंग विभागों से, बहुत सस्ते दामों में, श्रेष्ठतम सेवा प्रदान कर रहा है। अपने विश्वविख्यात न्यूरोलॉजी, कारडियोलॉजी एवं निफ्रोलॉजी विभागों के माध्यम से, संसार के अनेक विकसित एवं विकासशील देशों से आए रोगियों को सही निदान एवं उचित उपचार दे रहा है। इस विशाल अस्पताल के सर्जरी विभाग की अपनी प्रतिष्ठा है। श्रेष्ठतम यंत्रों एवं कुशल सर्जनों की मदद से उसका ऑपरेशन थियेटर चौबीसों घंटे कार्यरत रहता है और किसी भी एक समय अट्ठारह ऑपरेशन एक साथ किए जा सकते हैं। ऑपरेशन थियेटर के सामने बैठे हुए रोगियों के अभिभावकों की संख्या देखकर आश्चर्य होता है उस थियेटर की क्षमता पर। किसी का रोगी हृदय रोग से पीड़ित था, तो किसी की किडनी खराब थी, किसी को न्यूरोलॉजिकल समस्या है तो किसी को गायनोकोलॉजिकल। सभी को विश्वास है कि ऑपरेश्न के बाद उनका रोगी ठीक हो जाएगा। लोगों ने सौ बरस से भी ज्यादा

समय से इस अस्पताल एवं इस ऑपरेशन थियेटर पर अपना विश्वास बनाये रखा है। यंत्रवत चलता है यह अस्पताल, लगभग दिनरात काम होता है यहाँ। ऐसा कोई विभाग नहीं जो यहाँ न हो। ऐसा कोई रोग नहीं जिसके लिए यहाँ के डॉक्टरों के पास उपचार नहीं। कैंसर जैसे भयानक रोग को भी वर्षों तक काबू में रखने वाले डॉक्टर यहाँ विद्यमान हैं। डॉ. स्टोन जैसे सर्जन की मौजूदगी एवं आशीर्वाद से लाभान्वित सी. एम. सी. अपने जैसा सिर्फ स्वयं है इस देश में।

नौ मई उन्नीस सौ पचासी की सुबह भी हर सामान्य सुबह जैसी थी। परंतु आज सुकेशी जब जगी तो थोड़ी मुस्कान थी चेहरे पर। थोड़ा संतोष था उनके मन में। वे बहुत आशावान हो उठी थीं। रात भर चलने वाली ड्रिप या इंजेक्शन जो उन्हें दिया गया था, शायद अपना काम कर गए थे। उन्हें आज बहुत दिनों के बाद भरपूर नींद आई थी। रमानाथ जो स्वयं नित्यक्रिया से निवृत्त हो चुके थे, सुकेशी को बाथरूम तक सहारा देकर ले गए, हालाँकि उन्हें सहारे की जरूरत नहीं थी। समय पर चाय आ गई। दोनों ने चाय पी। एकाध बिस्कुट भी खाया। सुकेशी को चाय अच्छी लगी। अतः उन्होंने रमानाथ से थोड़ी चाय और देने को कहा। रमानाथ ने दूसरा कप बनाया और उन्हें दे दिया। चाय पीने के बाद सुकेशी ने कंघी माँगी। रमानाथ ने कंघी दी तो वे अपने बाल, जो काफी उलझ गए थे, ठीक करने लगीं। इस प्रक्रिया में वे थक गईं। उन्होंने रमानाथ से कहा अब लेटूँगी। उसी समय दो नर्सें प्रस्तुत हुईं एक ने उन्हें कुछ दवा दी और दूसरी ने कुछ खून दिया। शायद अभी परीक्षण होने थे।

साढ़े नौ बजे के करीब एक डॉक्टर आए। साथ में दो नर्सें तथा मैट्रन भी थीं। उन्होंने रमानाथ से ढेर सारे सवाल किए। सवाल ज्यादातर सुकेशी की केश हिस्ट्री से सम्बन्धित और कुछ एक उनके स्वयं के बारे में। अच्छे स्वभाव के मिलनसार हमउम्र डॉक्टर को पाकर रमानाथ ने उनसे जानना चाहा कि सुकेशी को क्या बीमारी है? उन्होंने कहा अभी तक स्पष्ट नहीं हो सका है। आज जो खून गया है इससे कुछ एक प्रयोग और किए जाएँगे और दोपहर बाद बीमारी का सही पता लग जाएगा। इस बीच आप इन्हें सामान्य भोजन दे दें। सुकेशी की कमजोरी तथा खाने के बाद हो जाने वाली उल्टी का जब रमानाथ ने जिक्र किया तो डॉक्टर थोड़ा गम्भीर हो उठे। अपने दो बहुत सीनियर सहयोगियों के हवाले से कहा, 'किडनी में समस्या के संकेत मिल रहे हैं।' 'प्लीज वेट टिल थ्री पी. एम.' कहते हुए डॉक्टर चले गए। सारी बात अंग्रेजी में ही हुई अतः सुकेशी ने डॉक्टर के जाने के बाद रमानाथ से पूछा, 'क्या कह रहे हैं डॉक्टर ?' रमानाथ ने स्थिति को सहज बनाते हुए कहा, 'अभी पूरी तरह पता नहीं लगा है और दोपहर बाद तक सब पता लग जाएगा। इसीलिए फिर खून ले गए हैं।' फिर सुकेशी ने बच्चों की बात शुरू की तो रमानाथ ने उन्हें समझाया। 'आप ठीक हो जायँ तभी तो बच्चों की देखभाल कर सकेंगी।'

ठीक तीन बजे अपराह्न में डॉक्टरों की एक टीम आई जिसमें प्रोफेसर एम. जी. किरुबाकरन, डॉ. हरिहरन, एक मेडिसिन के प्रोफेसर तथा तीन-चार सहायक डॉक्टर और एक ड्यूटी नर्स थे। मेडिसिन के प्रोफेसर ने सुकेशी को देखा और फिर तमिल में प्रो. किरुबाकरन से कुछ बोले। रमानाथ को लगा कि वे किसी बात के लिए पूरी तरह आश्वस्त होने के लिए साथ में आए थे। अपनी सलाह प्रो. किरुबाकरन को देकर वे चले गए।

प्रोफेसर किरुबाकरन जो एक मध्यम उम्र के काले रंग के व्यक्ति थे, तथा सफेद कमीज पर डॉक्टरों का आभूषण, स्टेथेस्कोप, डाले हुए थे, बड़े ही गम्भीर स्वर में रमानाथ को एक किनारे ले जाकर समझाने की मुद्रा में बोले, 'इनके दोनों गुर्दे खराब हो चुके हैं,' फिर चार्ट तथा रिपोर्टों को पलटते हुए बोले, 'यूरिया तथा क्रिटिनाइन बहुत बढ़ गया है। इस हालत में यह अधिक से अधिक साढ़े पाँच घंटे और जी सकती हैं।' बात को स्वयं ही आगे बढ़ाते हुए फिर बोले, 'एक ही रास्ता है कि इन्हें तत्काल डायलिसिस के लिए भेजा जाय।' रमानाथ को यह सारी तकनीकी बातें तो शायद समझ में नहीं आई थीं, परंतु एक बात जो उन्हें गहरे तक झकझोर गई थी वह थी डॉक्टर की घोषणा कि सुकेशी साढ़े पाँच घंटे बाद मर जाएँगी। प्रो. किरुबाकरन जो नेफ्रोलाजी विभाग की दूसरी यूनिट के अध्यक्ष भी थे, सब कुछ सहज ढंग से बताते हुए रमानाथ को इस लम्बी प्रक्रिया (डायलिसिस) तथा तदूजनित अर्थाभार के बारे में सचेत कर चुप हो गए। शायद उन्होंने रमानाथ को कुछ समय, इस सदमे को सहने के लिए तथा उनकी प्रतिक्रिया जानने के लिए दिया। रमानाथ को संकट के समय अपना संतुलन बनाए रखने की शक्ति पिता से संस्कार में तथा स्वाध्याय से प्राप्त थी। बिना विचलित हुए उन्होंने प्रो. किरुबाकरन को तुरंत सुकेशी को डायलिसिस पर भेजने की व्यवस्था करने का आग्रह किया। प्रो. किरुबाकरन ने डॉ. हरिहरन से कुछ तमिल में कहा, और वे चले गए। पाँच मिनट तक कमरे में एक सन्नाटा-सा छाया रहा। यह सन्नाटा किसी भी तरह से मरघट के सन्नाटे से कम न था। रमानाथ का दिमाग बड़ी तेजी से इस विकट परिस्थिति से निपटने में व्यस्त था। संयोग से यह सारी बातचीत अंग्रेजी में हुई थी। अतः सुकेशी पर तत्काल उसका कोई सीधा प्रभाव नहीं पड़ा था। वे प्रतीक्षा कर रही थीं कब डॉक्टर लोग जाएँ और वे रमानाथ से सारी बात जान सकें।

डॉक्टर हरिहरन तीन नर्सों तथा कुछ बिलों के साथ वापस आ गए। रमानाथ को बिल पकड़ाते हुए उन्होंने रकम अदा करने को कहा, और नर्सों को सुकेशी को ले जाने का आदेश दिया। सुकेशी की मानसिक स्थिति का रमानाथ को भरपूर ज्ञान था अतः उन्होंने रकम अदा करने के लिए जाने से पहले उन्हें समझाते हुए कहा, 'आप घबड़ाएँ मत, आपकी किडनी में कुछ खराबी का पता चला है। अभी डॉक्टर साहब आपको भीतर एक मशीन पर ले जाकर इलाज प्रारम्भ करेंगे। आप भगवान

का नाम लेकर जाने को तैयार हो जाएँ।' सुकेशी ने और कोई प्रश्न भी नहीं किया। उठीं, बाथरूम गई और जाने को प्रस्तुत हो गईं। नर्स ने स्ट्रेचर पर लेट जाने को इशारे से कहा। उन्होंने वैसा ही किया। नर्स ने जब स्ट्रेचर आगे बढ़ाया तब सुकेशी ने रमानाथ की ओर प्रश्नभरी निगाह से देखा। रमानाथ को उनके मन का हाल समझने में पल भर भी नहीं लगा। उन्होंने सुकेशी के माथे पर हाथ रखते हुए आश्वस्त कराया। और नर्स ने स्ट्रेचर कमरे से बाहर कर लिया। सुकेशी की घड़ी तथा अँगूठी नर्स ने निकालकर रमानाथ को दे दी, और स्ट्रेचर लेकर आगे बढ़ गई।

रमानाथ ने लपककर रुपया जमा किया और उसकी रसीद नेफ्रोलाजी लैब के सामने दूसरे तल पर लेकर पहुँचे। सुकेशी अभी भी वहीं स्ट्रेचर पर लेटी थीं। रसीद लेकर नर्स ने चार्ट के साथ लगा लिया। अब सुकेशी अपनी डायलिसिस के लिए पूर्णरूपेण प्रस्तुत हो चुकी थीं। इंतजार था भीतर से आने वाली आवाज का। एक नर्स लैब से बाहर आ उन्हें लेकर जाने लगी तब रमानाथ ने लपककर अपनी सुकेशी का हाथ अपने हाथ में लेकर उनका माथा सहलाते हुए विदा दिया। सुकेशी लैब में चली गई। सुकेशी को उनके ही राम ने डायलिसिस रूपी सूली पर चढ़ा दिया। विधि का विधान कौन बदल पाया है?

तृतीय आख्यान

दस मई उन्नीस सौ पचासी को पुनः उन्हें दूसरी डायलिसिस के लिए जाना था। रमानाथ भी, बिना इस पूरी प्रक्रिया को समझे, डॉक्टरों के आदेश का पालन किए जा रहे थे। कल जब सुकेशी बाहर आई थीं तो उनका शरीर और कमजोर-सा हो गया था। मुख सूखा हुआ था। देखकर रमानाथ को दुख हुआ। इसीलिए आज फिर भेजने को रमानाथ का मन नहीं कर रहा था। एक अजीब-सी बेबसी में रमानाथ फँसे हुए थे। परंतु जब संघर्ष सीधे मौत से हो तो व्यक्ति को स्वयं को सब कुछ सहने योग्य बना लेना चाहिए। कुछ कार्य ऐसे होते हैं जहाँ उसका वश नहीं रहता और उसे औरों की सलाह अच्छी लगे या नहीं, माननी पड़ती है। आज रमानाथ का हाल कुछ ऐसा ही था।

अब तक रमानाथ को यह पता चल चुका था कि डायलिसिस कोई इलाज नहीं है, वरन् यह रोगी को जीवित रखने की एक कृत्रिम कोशिश है। इससे कुछ सोचने-समझने का समय या उपयुक्त किडनी दाता मिलने पर प्रत्यारोपण का अवसर मिलता है। इस समय रमानाथ के समक्ष सबसे कीमती चीज थी समय। कल की डायलिसिस से इतना जो जरूर हुआ था उनकी पत्नी तथा उनके चार बच्चों की माँ अब तक जीवित थी। अन्यथा वह कल शाम को ही मर चुकी होती।

समय पर सुकेशी को डायलिसिस पर भेजकर रमानाथ शहर में गए। तीन-चार लम्बे तार देकर सब जगह सूचित किया कि वे तथा उनकी सुकेशी कितनी बड़ी मुसीबत में पड़ चुके हैं। शिक्षा सचिव, शिक्षा निदेशक, अपने बच्चों को तथा कालेज के कार्यवाह प्राचार्य को पूरी समस्या की जानकारी दी। टेलीग्राम देकर कुछ मामूली सामान भी लेना था, लेते हुए रमानाथ जब अस्पताल पहुँचे तो नर्स ने खबर दी कि उन्हें प्रो. किरुबाकरन खोज रहे थे। शीघ्रता से सुकेशी के कमरे में सामान रखकर रमानाथ डॉ. किरुबाकरन से मिलने उनकी केबिन में गए। डॉ. किरुबाकरन ने रमानाथ को देखा तो बड़े ही आदर भरे भाव से कहा, 'प्लीज कम'। रमानाथ जाकर बैठ गए। दोनों में सुकेशी के केस को लेकर काफी लम्बी वार्ता हुई। इस बातचीत से रमानाथ को समस्या की गम्भीरता तथा इस प्रक्रिया के लम्बे समय तक खिंचने की सम्भावना आदि का पूरा पता लगा। उनपर आर्थिक बोझ कितना बड़ा पड़ेगा इसका पूरा ज्ञान तो नहीं मिल सका परंतु इतना अवश्य था कि यदि प्रत्यारोपण की प्रक्रिया से गुजरना है तो खर्च लाखों रुपये का है। समय कई महीनों तक लग सकता है। रहने-खाने पर जो खर्च होगा वह अलग।

इन बातों के बीच में ही प्रो. किरुबाकरन ने एक अजीब-सा प्रश्न किया रमानाथ से। जिसका उत्तर बड़े ही स्वाभाविक ढंग से रमानाथ ने दिया। परंतु यह उत्तर डाक्टर को अच्छा लगा। उन्होंने स्पष्ट करते हुए कहा, 'जब भी मैंने किसी रोगी को या उसके अभिभावक को यह बुरी खबर दी कि आप या आपका रोगी गुर्दों की पूर्ण असफलता (टोटल रेनल फेल्योर) का शिकार हो चुका है तो लोगों की प्रतिक्रिया बड़ी तीव्र होती है। लोग हमारी बात का विश्वास नहीं करते, हमें उल्टे-पुल्टे शब्द सुनने पड़ते हैं, हम पर अविश्वास किया जाता है। कभी-कभी तो अभिभावकों का कोपभाजन भी बनना पड़ता है। पर आपने इतने सहज भाव से इसे स्वीकार किया और कुछ क्षणों में ही डायलिसिस जैसी जटिल तथा लम्बी प्रक्रिया के लिए हाँ कर दी। यह कैसे सम्भव हुआ? यह हर आदमी के वश की बात नहीं।' रमानाथ ने अपना बेबाक तर्क उनके समक्ष रखा। कहा कि साढ़े पाँच घंटे बाद एक मृत पत्नी और कुछ सोचने-समझने और करने को कुछ समय दिलाने वाली प्रक्रिया डायलिसिस के बीच चुनाव करना था। उन्होंने समय का चुनाव किया और भविष्य में आगे कुछ और कर सकने का अवसर चाहा था। बस इसी आधार पर उन्होंने तुरंत फैसला कर लिया और डायलिसिस पर पत्नी को रखने की अनुमति दे दी। अन्य कोई विकल्प तो था नहीं। परंतु प्रो. किरुबाकरन के लिए यह एक असाधारण परिस्थिति में लिया गया सामयिक एवं असाधारण निर्णय था। इससे वे रमानाथ के व्यक्तित्व से बहुत प्रभावित हुए। कुछ देर तक और बहुत सारी बातें होती रहीं। दोनों में हम उम्र होने के अलावा भी एक बड़ा ही अपनेपन से भरा रिश्ता कायम हो गया।

डॉ. किरुबाकरन की केबिन से निकलकर रमानाथ दूसरे तल पर नेफ्रोलाजी

लैब के सामने पहुँचे। वहाँ पता किया तो पता चला कि अभी आधा घंटा और लगेगा। रमानाथ वहीं बेंच पर बैठ सुकेशी के बाहर आने की प्रतीक्षा करने लगे। उनके मस्तिष्क में अनेक विचार आते रहे। वे अपनी भावी योजना पर चिंतित मन विचारमग्न बैठे सुकेशी के आने की प्रतीक्षा करते रहे। समय और साधन (रुपया) दोनों उनके हाथ से निकलते जा रहे थे। परंतु वे हैं कि बिना इसकी परवाह किए अपनी पत्नी को जीवित रखने का हर सम्भव उपाय करने को कटिबद्ध थे।

लैब का दरवाजा खुला। दो रोगी लगभग साथ-साथ ही बाहर आए। उनमें से एक सुकेशी थीं। रमानाथ ने तत्काल उठकर उनके स्ट्रेचर तक जाकर, उनके माथे पर हाथ रख, उन्हें आश्वस्त करते हुए कहा, 'ठीक है न?' उन्होंने 'हाँ' में जवाब दिया सिर हिलाकर। बहुत कमजोर हो गई थीं। उन्हें जैसे बोलने में भी कष्ट हो रहा था। उनके पाँव में ऐंठन हो रही थी। रमानाथ कमरे में लाकर उन्हें बिस्तर पर लेटा, उनका ऐंठन वाला पाँव दबाने लगे। अपनी उस कमजोरी तथा दर्द से परेशानी में भी उन्होंने रमानाथ का हाथ खींच लिया। आँखों से इशारा करते हुए उनका पाँव न छूने को कहा। परंतु रमानाथ इस पर ध्यान दिये बिना उनके पैर की ऐंठन समाप्त होने तक दबाते रहे। इससे उन्हें आराम मिला।

दोपहर बाद, दूसरी डायलिसिस के पश्चात्, सुकेशी काफी हल्का एवं अच्छा महसूस कर रही थीं। उन्होंने कुछ खाने की इच्छा प्रकट की। रमानाथ को इससे बहुत खुशी हुई। आज कितने दिनों के बाद उनकी सुकेशी ने कुछ खाने को माँगा था। आज तक तो गत लगभग एक माह से उन्हें खाना देखकर गुस्सा ही आता था। जबरदस्ती कुछ खातीं भी तो उल्टी हो जाती। स्वयं कभी भूख लगी है, ऐसा कहा ही नहीं। इसलिए रमानाथ ने तुरंत दो-चार बिस्कुट दिये और थोड़ा-सा पानी पिलाया। शाम की चाय आ गई बड़े ही अच्छे समय पर। वहाँ चाय लगभग साढ़े तीन बजे ही देते थे। उसे देख सुकेशी ने कहा, 'मुझे भी चाय दीजिएगा।' नर्स ने चाय के साथ खाने के लिए सूजी का उत्तपम भी भेजा था। शायद उन्हें पता था कि आज से उन्हें भूख लगेगी। थोड़ा-सा उत्तपम खाया, चाय पी और लेट गईं। रमानाथ मन ही मन प्रार्थना कर रहे थे कि आज उन्हें उल्टी न हो।

शाम को भी थोड़ा खाना खाया। खाना तो डॉक्टरों की सलाह पर अस्पताल के किचेन से ही आता था। स्वाद कम पर स्वास्थ्यवर्धक खाना था। खाने के बाद भी आज सुकेशी को उल्टी नहीं हुई। इससे रमानाथ एवं स्वयं सुकेशी भी खूब खुश थे। रमानाथ बाहर जाकर पास के ही एक अच्छे होटल में खाना खाकर आए। रात में बहुत देर तक दोनों बातें करते रहे। अब सुकेशी को अपने बच्चों की याद विशेष रूप से सताने लगी। रमानाथ ने उन्हें समझाया कि अभी तो उन्हें कुछ समय तक यहाँ रहकर स्वस्थ होना है। उसके बाद ही उन्हें वापस जाने की इजाज़त मिल सकेगी। पर वे आज थोड़ा खुश हैं। उनमें कहीं आशा का संचार हो रहा था। अतः बच्चों

की याद स्वाभाविक ही है।

भावुक होकर सुकेशी कहने लगीं कि कितने अरमानों और मिन्नतों और दुआओं भरी रातें काटी हैं हमने इन बच्चों को पाने के लिए। अचल और सजल अब बड़े हो गए हैं। उन्हें तो सिर्फ पढ़ा-लिखाकर इन्सान बनाना है। वह तो आप करेंगे ही। मुझे पूरा विश्वास है कि मेरा कोई भी बच्चा मेरी तरह अनपढ़ तथा गँवार नहीं रहेगा। जो इनसान अपनी छोटी-सी तनख्वाह से अपने गाँव के दो गरीब बच्चों को इतने वर्षों से पढ़ा रहा है, वह अपने बच्चों को तो अवश्य ही पढ़ाएगा। दुःख इस बात का है कि अजय जो अकसर बीमार रहता था, अभी उसका स्वास्थ्य थोड़ा सुधर ही रहा था, उसे इस समय अच्छी देखभाल एवं प्यार चाहिए था तभी मैं बीमार पड़ गई। अब कौन उसे सँभालेगा। कहीं उसकी तबीयत फिर न खराब हो जाय। हम दोनों यहाँ फँसे हुए हैं। और देखिए न अपने सबसे छोटे बच्चे को भी छोड़कर मुझे जीना पड़ रहा है। मैं भी कैसी अभागी माँ हूँ कि छाती से दूध चूने लगता है पर मेरे बच्चे के मुँह में नहीं जाता। कितना अकेला होगा विजय। किसके पास सोता होगा। उसे तो जब तक हाथ पर उसका सिर रखकर न सहलाओ, सोता ही नहीं। अभी मेरा बच्चा कैसे सो रहा होगा? कैसे खा रहा होगा? वे सब स्कूल भी जा रहे होंगे या नहीं? अनेक प्रश्न थे उनके मुख पर और उससे भी ज्यादा प्रश्न थे उनकी आँखों में। रमानाथ उन सारी बातों तथा उनके अनगिनत प्रश्नों को बड़ी ही संवेदनशीलता के साथ समझते थे। परंतु ऐसी स्थिति में सुकेशी को समझाने और सान्त्वना देने के अलावा कर भी क्या सकते थे। उन्होंने वही किया भी। सुकेशी के सिर पर हाथ रखकर धीरे-धीरे सहलाने लगे। प्यार भरी बातें करते हुए उनका मन बच्चों की ओर से हटाने की कोशिश करते रहे। धीरे-धीरे उनकी आँखों में आलस आने लगा। सुकेशी सो गईं और सो गया उनका, उनके बच्चों से भरा संसार।

ग्यारह मई को सुकेशी ठीक थीं। समय पर कुछ खाया, दवा ली और शाम को वहीं छत पर, दस-बीस कदम रमानाथ के साथ, घूमीं भी। रात दवा देने जब नर्स आईं तो उन्होंने दवा देते-देते पूछा, 'कैसा है?' यह नर्स थोड़ी हिन्दुस्तानी समझती थी। सुकेशी से तीन-चार बार मिल चुकी थी। और ऐसा लगता था जैसे सुकेशी के अपनेपन का जादू इन पर असर कर रहा हो। दवा खिलाकर उन्होंने सुकेशी के बालों की पिन निकाली, हल्की-सी कंघी घुमाई और बोलीं अब सो जाइए। कल फुल डायलिसिस होगा। रमानाथ ने तत्काल उनकी सुविधा के लिए अंग्रेजी में पूछा। फुल डायलिसिस का क्या मतलब सिस्टर। नर्स ने समझाया कि अभी तक इन्हें दो बार हाफ डायलिसिस ढाई-ढाई घंटे की दी गई है। इससे सुधार हुआ है। अब कल इनका फुल डायलिसिस पाँच घंटे का होगा। 'उनका वास्ते कुछ खाना चाहे, अंगूर वगैरह, तो दे सकता है।'

सुकेशी के परहेज में सबसे ज्यादा दो ही चीजों पर जोर था। प्रथम पानी, जो उन्हें नाप कर कम से कम दिया जाता था, और दूसरे रसदार फल। परंतु डायलिसिस से पहले वे पानी भी पी सकती थीं और अपने मन चाहे फल भी खा सकती थीं। क्योंकि डायलिसिस में उसके प्रभाव समाप्त कर दिये जाते थे। इसलिए नर्स ने इशारा किया था कि कुछ खाने का दिल होने पर डायलिसिस पर जाने से पहले या डायलिसिस होते समय खा सकती हैं।

बारह मई के साढ़े आठ बजे दो लड़के स्ट्रेचर लिये हुए आ गए। सुकेशी भी तैयार थीं। रमानाथ सुकेशी के साथ-साथ दूसरे तल पर गए। लैब के सामने उन्होंने कुछ देर के लिए उन्हें रोके रखा। रमानाथ वहीं खड़े उन्हें एक-एक अंगूर का दाना खिलाते रहे। हर प्रकार से उन्हें भरोसा दिलाते रहे, समझाते रहे कि कोई तकलीफ हो तो नर्स को बताना। कोई डॉक्टर हों तो उन्हें बताना। सभी डॉक्टर थोड़ी बहुत हिन्दी समझते थे पर बोलना नहीं चाहते थे। हम शिक्षित होकर भी कितने अशिक्षित हैं, इसका यह एक सुन्दर नमूना था। नर्स तथा छोटे कर्मचारी तो जानते ही नहीं थे हिन्दी इसलिए उन्हें तो क्षमा किया जा सकता है, पर इन सफेदपोश डॉक्टरों को, जो शिक्षित ही नहीं वरन् विशेषज्ञ माने जाते हैं, कौन समझाये। यह दुराग्रह भारत का भाग्य बन चुका है। यह केवल तमिलनाडु तक ही सीमित नहीं है वरन् यह समग्र देश में कमोबेश मात्रा में विद्यमान है। हमारी अनेकता जो एक गौरवशाली धरोहर होनी चाहिए थी, एक विघटनकारी प्रवृत्ति की द्योतक बन चुकी है। फिर भी रमानाथ ने सुकेशी को, जो अन्य कोई और भाषा नहीं बोल सकतीं, सद्भावना भरे भाव से ही समझाया।

नर्स आई। स्ट्रेचर भीतर ले गई, उसी के साथ उनका कुछ अंगूर भी भेज दिया। रमानाथ ने नर्स को यह भी समझा दिया कि ये हिन्दी के अलावा और कोई भाषा नहीं बोलतीं। अतः इस बात का ध्यान रखेंगी। उत्तर सहृदय तथा प्यार भरा था और वह भी हिन्दी में ही था। अतः रमानाथ को संतोष हुआ।

सुकेशी के भीतर चले जाने के बाद रमानाथ को थोड़ी देर तो बड़ा अकेलापन महसूस होता रहा, पर अन्य अभिभावकों की तरह, जिनके स्वजन डायलिसिस के लिए भीतर जा चुके थे, बेंच पर बैठ गए। दो महिलाएँ आपस में बातें कर रही थीं। दोनों असमिया में बात कर रही थीं। एक बहुत ज्यादा उम्र की थी, दूसरी युवती थी। वे दोनों आपस में निश्चिंत बातें कर रही थीं तभी रमानाथ ने उनसे क्षमा याचना करते हुए असमिया में ही पूछा कि वे कौन हैं और कहाँ से आई हैं? दोनों काफी सकते में आ गईं कि यहाँ असमिया जानने वाला आदमी? प्रश्न भरी निगाह से अधेड़ उम्र की महिला ने देखा और पूछा, 'आप हमारी भाषा जानते हैं।' रमानाथ ने सहज ढंग से उत्तर दिया। थोड़ी-थोड़ी असमिया बोल लेते हैं। बस इतना ही काफी था उस अनजान शहर में, अनजाने लोगों के बीच किसी अपने की कमी पूरी करने के

लिए। फिर तो काफी खुलकर बातें हुईं। अधेड़ उम्र की महिला ने बताया कि इसके पिता बीमार हैं जो इस समय भीतर डायलिसिस पर हैं। हम लोग यहाँ लगभग तीन माह से रह रहे हैं। आसाम में जोरहाट जिले के रहने वाले हैं। युवती ने भी अपनी माँ की बातों का समर्थन किया और कहा कि मेरे भाई भी यहीं हैं जो अभी पोस्टआफिस गए हैं। कुछ तारें देने के लिए तथा कुछ लिफाफे लाने को। पिताजी काफी दिनों से बीमार थे और उधर सब जगह इलाज करा लिया। जब कोई लाभ नहीं हुआ तब लोगों ने बताया कि बेलूर ले जाओ। यहीं आकर पता चला कि पिताजी की दोनों किडनी खराब हो चुकी हैं। अतः उन्हें डायलिसिस पर रखकर जिन्दा रखा जा रहा है। प्रत्यारोपण की तैयारी में हैं हम लोग। सभी बहुत दुःखी थे।

रमानाथ ने भी अपना परिचय दिया और बताया कि अभी-अभी जो रोगी भीतर गया है वह उनकी पत्नी है। तीन-चार दिन पहले बड़ी ही गम्भीर स्थिति में उन्हें लेकर वे यहाँ पहुँचे थे। परंतु यहाँ दो डायलिसिस लगने के बाद थोड़ी तबीयत ठीक है। आज तीसरी डायलिसिस के लिए गई हैं। वे तो अकेले ही हैं। बाहर एक कमरा ले लिया है। पर दिन-रात रहता पत्नी के साथ ही हूँ। आप लोगों से मिलकर बहुत अच्छा लग रहा है। कई दिनों से किसी से अपने मन की बात करने का मौका ही नहीं मिला था। युवती की ओर मुखातिब होते हुए रमानाथ ने कहा, 'यदि बुरा न मानें तो एक बात पूछूँ?' युवती ने कहा, 'पूछिए, बेझिझक पूछिए।' 'आपके पिता का नाम क्या है?' रमानाथ ने सद्भाव से पूछा। युवती ने तपाक से उत्तर दिया, 'श्रीमाधव बरदलोई।' तब रमानाथ ने युवती को मिस बरदलोई कहकर सम्बोधित करते हुए अनेक जानकारियाँ प्राप्त कीं।

उन महिलाओं से बात करके रमानाथ को थोड़ी-सी जानकारी भी मिली और साथ ही साथ मिला मन को थोड़ा-सा ढाढस एवं सुकून। आज रमानाथ ने डॉ. किरुबाकरन से बात करने का निश्चय किया था। जब तक सुकेशी भीतर हैं यदि इसी बीच भेंट हो जाए तो बेहतर होगा। ये सोचकर रमानाथ उनकी केबिन की ओर चल दिये। प्रो. किरुबाकरन अत्यंत व्यस्त व्यक्ति हैं। यंत्रवत लगभग ग्यारह-बारह घंटे काम करते हैं। कालेज में भी पढ़ाते हैं और अपने रोगियों पर भी पूर्ण नजर रखते हैं। एक सुयोग्य डॉक्टर तो हैं ही, एक सहृदय-सज्जन व्यक्ति भी हैं। बस ईश्वर ने उन्हें सामान्य से भी कम खूबसूरत बनाया था। शेष सभी बातें श्रेष्ठ एवं उत्तम कोटि में रखी जा सकती थीं। उनकी पत्नी जो काफी खूबसूरत भी थीं, इसी अस्पताल में पैडियाट्रिक्स की रीडर हैं एवं एक योग्य चिकित्सक मानी जाती हैं। दोनों प्रातः आठ बजे एक ही साथ अस्पताल आ जाते और फिर शाम को सात-आठ बजे तक जन सेवा में लगे रहते। दोपहर में दोनों डॉक्टर किरुबाकरन की केबिन में ही बैठकर एक साथ लंच करते और पुनः आधे घंटे बाद अपने-अपने विभागीय काम में लग जाते।

संयोग से डॉक्टर किरुबाकरन अपनी केबिन में बैठे दिख गए। इजाजत लेकर रमानाथ ने प्रवेश किया तो डॉक्टर साहब ने थोड़ी नाराजी जताते हुए कहा आप को इजाजत लेने की जरूरत नहीं। यदि मैं अकेला हूँ तब तो बिलकुल नहीं। हाँ यदि वे किसी मरीज को विशेषकर महिला को देख रहे हों तो थोड़ी देर प्रतीक्षा कर लिया करें। रमानाथ को बातें अच्छी लगीं। इतना अपनापन पराये लोग दे रहे हैं यह माँ वसुन्धरा की कृपा ही तो है। चूंकि बातचीत का माध्यम हमेशा अँग्रेजी ही होता था अतः रमानाथ ने उसी मर्यादा को निभाते हुए पूछा, 'डॉक्टर साहब, इस प्रकार डायलिसिस पर कब तक रखा जाएगा सुकेशी को?' मुस्कराता हुआ डॉक्टर का चेहरा सहसा गम्भीर हो उठा। उन्होंने कहा डायलिसिस तो एक कृत्रिम साधन है खून को यूरिया तथा क्रिटिनाइन जैसे हानिकारक तत्वों से मुक्त रखने का। जो काम शरीर में किडनी हमेशा शाश्वत रूप में करती रहती है वही हम इन मशीनों के जरिए सप्ताह में दो-तीन बार कर देते हैं और रोगी का खून साफ हो जाता है। जब तक यह प्रक्रिया चलती रहेगी, रोगी जीवित रह सकता है। यदि उचित उपचार तथा देखभाल तथा परहेज भी करते रहें। अन्यथा यूरिया-क्रिटिनाइन का स्तर निश्चित मात्रा से ज्यादा होते ही रोगी मर जाता है। उन्होंने आगे कहा कि यह इलाज बहुत लम्बा, खर्चीला तथा बहुत कष्टदायक है।

डॉक्टर किरुबाकरन को थोड़ा समय देने में आज कोई परेशानी नजर नहीं आ रही थी। अतः रमानाथ ने आज उनसे अपना तथा अपनी समस्या का अंतरंग परिचय करा देना उचित समझा। रमानाथ ने विनम्र स्वर में कहा, 'डॉक्टर साहब, मेरे तीन बच्चे इटानगर में हैं जिन्हें वे एक विश्वासपात्र नौकर के भरोसे छोड़कर आए हुए हैं। उनका बड़ा बेटा राँची में इंजीनियरिंग कालेज के दूसरे सेमेस्टर में पढ़ रहा है। वे स्वयं अवकाश पर हैं। अतः इन तीन-तीन जगह पर होने वाले खर्चे का और वह भी लम्बे समय तक के लिए, इंतजाम कर पाना बड़ा ही कठिन कार्य होगा। यह विशेष कर बेलूर में रहकर तो नहीं हो पाएगा। अतः उन्हें वे कोई मार्ग दिखाएँ।' मानवीय गुणों के धनी डॉक्टर किरुबाकरन को समस्या की गम्भीरता समझने में देर नहीं लगी। उन्होंने कहा, 'ठीक है। आज डायलिसिस के बाद उनकी रिपोर्ट देखकर मैं कुछ बता सकूँगा। आप विशेष चिंतित न हों। पर यह भी मान कर चलें कि मैं कोई जादूगर या भगवान नहीं हूँ। रोग जान लेवा है, उपचार संसार भर में यही है जो हम लोग यहाँ कर रहे हैं। आप देख सकते हैं कि हमारे पास अरेबियन देशों, अफ्रीकी देशों और श्रीलंका के अनेक रोगी इलाज करवा रहे हैं। यहाँ तक कि अमेरिका से भी रोगी आए हुए हैं। हम संसार भर में इस विषय में होने वाली नयी खोजों से स्वयं को अवगत कराते रहते हैं। अतः जो भी सम्भव है वह मैं सुकेशी जी के लिए अवश्य करूँगा। 'सी इज ए नोबुल सोल, मे गाड ब्लेस हर।' रमानाथ पूर्णतः संतुष्ट एवं आश्वस्त हो, धन्यवाद कह, बाहर आ गए।

घड़ी पर नजर डाली तो अभी कुल डेढ़ घंटे ही बीते हैं। यह पहाड़-सा साढ़े तीन घंटे का समय कहाँ और कैसे बिताया जाय। इसी सोच में और अपनी समस्या की गम्भीरता का मन ही मन आकलन करते हुए रमानाथ पुनः नेफ्रोलाजी लैब के समक्ष जा पहुँचे। एक नर्स से सुकेशी का हाल जानना चाहा तो उत्तर मिला, 'शी इज फाइन, डोण्ट वरी।' दोनों असमिया महिलाएँ जा चुकी थीं। उनकी जगह रमानाथ की ही उम्र के सज्जन बैठे थे। रमानाथ ने उनसे परिचय करने के खयाल से अपना नाम बताते हुए उनकी तरफ हाथ बढ़ाया तो उन्होंने स्वयं को सोलेंग जयवर्धने बताते हुए रमानाथ का हाथ थाम लिया। एक-दूसरे के पास ही बैठकर बातें करने लगे। बातों का विषय सामान्यतया अपने-अपने रोगियों के स्वास्थ्य के प्रति चिंता ही होती। बातों-बातों में श्री जयवर्धने ने बताया कि वे अपने पुत्र की किडनी प्रत्यारोपित कराने हेतु श्रीलंका के बेलोनिया सूबे से आए हुए हैं। पुत्र की उम्र कुल तेइस वर्ष और वह बी. एस-सी. का छात्र है। गत पाँच माह से यहीं पर है। अपना पूरा टेस्ट करा चुके हैं। ईश्वर की कृपा से उनकी किडनी का बहुत अच्छा 'मैच' उनके सुपुत्र के साथ हो रहा है। अतः वे आशावान हैं कि अगले कुछ हफ्तों में ही प्रत्यारोपण की तिथि मिल जाएगी। वे अपना दायित्व, अपनी किडनी देकर अपने बच्चे को बचाने में, पूरा होता हुआ देख रहे हैं। पढ़े-लिखे सज्जन पुरुष अकेले ही बच्चे के साथ इतने दिनों से रह रहे हैं। हिन्दुस्तान के प्रति तथा यहाँ के इस विख्यात अस्पताल के प्रति उनके मन में अच्छे विचार थे। रमानाथ ने अपना कष्ट बताया तो दुःखी हुए। भगवान बुद्ध को याद करते हुए उन्होंने रमानाथ की पत्नी के कल्याण की कामना की। इस मंत्र को सुनकर रमानाथ को विश्वास हो गया कि जयवर्धने एक बुद्धिस्ट महानुभाव हैं। अतः उन्होंने उन्हें बताया कि वे गोरखपुर के रहने वाले हैं। जहाँ से भगवान बुद्ध का जन्मस्थान एवं निर्वाण स्थल दोनों ही पास हैं वहाँ से सारनाथ भी जाना सुगम है। जयवर्धने काफी तन्मयता से सुनते रहे। खुश हुए यह जानकर कि रमानाथ न केवल उनके धर्म देश भारत के वासी हैं वरन् वे लुम्बिनी और कुशीनगर के बीच बसे सबसे बड़े नगर गोरखपुर के निवासी भी हैं।

लैब का दरवाजा खुला, एक नर्स ने जयवर्धने का नाम पुकारा। जयवर्धने खड़े हो गए तो बताया कि आपके बेटे को एक बोतल खून की जरूरत है। जल्दी से प्रबंध कर दीजिए ताकि वे डायलिसिस के समय ही उसे रक्त चढ़ा सकें। कहकर नर्स भीतर चली गई। पर अब तक सामान्य से ज्यादा खुश नजर आ रहे जयवर्धने अचानक चिंता में पड़ गए। रमानाथ ने उनकी चिंता का अनुमान लगा लिया और स्वयं आगे बढ़कर जयवर्धने के कन्धे पर हाथ रखते हुए बोले, 'क्या बात है?' जयवर्धने ने अपनी समस्या बताई। दो सप्ताह पूर्व ही उनके बच्चे को खून चढ़ाया गया था। अब फिर अनजाने शहर में वे कहाँ से खून की व्यवस्था करें। पिता की चिंता की गहराइयों एवं असमर्थता से उत्पन्न पीड़ाओं का अनुमान रमानाथ जैसे सहृदय पिता

को लगाने में देर न लगी। पूछा, 'क्या ग्रुप है बच्चे के खून का?' उन्होंने बताया कि 'ए' पाजिटिव पर यहाँ खून किसी भी ग्रुप का हो तो काम चल जाता है। क्योंकि यहाँ खून ब्लडबैंक में जमा करना होता है, वह चाहे जिस ग्रुप का हो। उसके बदले में उसके रोगी को उचित ग्रुप का खून बैंक से दिया जाता है। वह खून किसी अन्य रोगी के काम आ जाता है। यह व्यवस्था रमानाथ को अच्छी लगी। उन्होंने कहा 'ए' पाजिटिव तो मेरा खून भी है। अगर आप आज्ञा दें तो मैं आपके बेटे को अपना रक्तदान करने को तैयार हूँ।

बिना ज्यादा समय नष्ट किए दोनों सीधे ब्लडबैंक पहुँचे। रमानाथ को ब्लड देने हेतु लेटने को कहकर वहाँ मौजूद डॉक्टर ने तुरंत ग्रुप 'ए' पाजिटिव का ब्लड जयवर्धने के हाथ में देकर कहा, 'आप इसे लैब में पहुँचा सकेंगे, या मैं कोई अपना आदमी भेजूँ?' उन्होंने तत्काल जाकर खून नर्स को दिया। वापस आए तो रमानाथ की खून देने की प्रक्रिया प्रारम्भ हो चुकी थी। कुछ मिनट बाद दोनों ब्लड बैंक से बाहर आए। जयवर्धने ने रमानाथ को धन्यवाद कहा। पर रमानाथ ने उसे एक मानवीय कर्तव्य कहकर उसको बड़ा महत्त्वपूर्ण काम किया हो ऐसा न मानने की सलाह दी।

इस आकस्मिक छोटी-सी घटना ने दो अपरिचितों को बहुत पास ला दिया। दोनों बाहर जाकर एक-एक गिलास जूस पीकर पुनः लैब के सामने आकर बैठ गए। जयवर्धने स्वयं में हृदय से पवित्र व्यक्ति हैं, ऐसा रमानाथ को आभास हो गया। क्योंकि उनकी कृतज्ञता के भाव उनके मुख पर स्पष्ट दिख रहे थे। रमानाथ भी भीतर से खुश थे कि किसी के काम आ सके।

नेफ्रोलाजी लैब के दरवाजे पर निगाह गड़ाए अपनी पत्नी की प्रतीक्षा में रमानाथ वही बेंच पर बैठे रहे। दरवाजा खुला दो रोगी एक साथ ही बाहर आए। पीछे वाले स्ट्रेचर पर सुकेशी थीं। रमानाथ ने लपककर सुकेशी का हाल पूछा। बहुत ही कमजोरी महसूस कर रही थीं सुकेशी। इशारे से ही बताया कि ठीक हूँ। नर्स के साथ-साथ रमानाथ भी स्ट्रेचर को पकड़कर तीसरे तल पर ले जाने हेतु, लिफ्ट की प्रतीक्षा करने लगे। लिफ्ट आई पर स्ट्रेचर चढ़ाने की जगह नहीं। अतः वहीं खड़े रहने का इशारा कर लिफ्ट वाला ऊपर चला गया। एकाध आदमी स्वयं उसमें घुस सके। वे भी ऊपर चले गए।

कुछ क्षण बाद ही लिफ्ट पुनः आई और सुकेशी को कमरे में लाकर रमानाथ और एक नर्स ने बिस्तर पर लिटा दिया। उन्होनें पानी माँगा तो नर्स ने स्वयं ही बहुत थोड़ा-सा पानी ग्लूकोज मिला कर दिया और रमानाथ को भी स्पष्ट हिदायत दी कि ज्यादा पानी न दें। जाते-जाते नर्स ने यह भी बताया कि अभी इनका खाना आएगा, वही खाना इन्हें खिलाइएगा। नर्स ने स्ट्रेचर को ढकेलते हुए बाहर करके वहीं छोड़ दिया और स्वयं लैब की ओर चली गई। सुकेशी को थोड़ा आराम मिला कुछ लेटने तथा पानी पीने से। थोड़ा आश्वस्त होकर उन्होंने रमानाथ से कहा, 'बड़ी

भूख लगी है।' यह सुनकर रमानाथ को बहुत अच्छा लगा। क्योंकि भूख लगना या खाने की इच्छा का होना उनके स्वास्थ्य में सुधार का प्रथम तथा प्रमुख लक्षण था। रमानाथ ने उन्हें बताया कि नर्स कहकर गई हैं कि अभी आपके लिए खाना आएगा।

पाँच मिनट भी नहीं बीते होंगे कि खाना आ गया। बड़े ही विनम्र व्यवहार से बिना भाषा या शब्दों के व्यवहार के किचेन के आदमी ने चारपाई पर ही टेबल, जो इसी प्रकार के प्रयोग के लिये विशेष रूप से बनी थी, लगाकर खाना सजा दिया। साफ-सुथरा एवं एकदम गरम-गरम खाना देखकर सुकेशी काफी खुश हुईं। उन्होंने हाथ धोने के लिए पानी माँगा। और ज्यादा प्रतीक्षा वे करना नहीं चाहती थीं। वस्तुतः उन्हें भूख काफी तेज लगी थी। खाना खाने लगीं। एकाध चीजें उन्हें पसंद नहीं आईं, कारण दक्षिण भारतीय पद्धति से नारियल के तेल में बना खाना था। फिर भी जो चीजें अच्छी लगीं उन्होंने खायीं। लगभग सामान्य-सा व्यवहार करते हुए, एकाध चीजों को छोड़कर पूरा खाना खा लिया। रमानाथ को यह देख कर बड़ी खुशी हुई कि आज सुकेशी ने लगभग आम दिनों की तरह खाना खाया। अब उनके मन में एक ही भय रह गया था कि कहीं उल्टी न हो। परंतु वे थोड़ा आश्वस्त थे क्योंकि कल से ही उन्हें उल्टी नहीं हो रही थी।

टेबल हटा दिया रमानाथ ने। उन्होंने उतरकर बाथरूम में जाकर हाथ-मुँह धोया और बोलीं, 'थोड़ा बाहर चल सकते हैं?' अच्छा लगा रमानाथ को सुकेशी का यह आग्रह। दोनों छत पर ही टहलने लगे। दो-चार चक्कर लगाकर एक कोने पर रेलिंग के सहारे खड़ी हो गईं। वहाँ से लगभग सारा शहर ही दिखता था। चिर-परिचित शहर की भीड़भाड़, गाड़ियों का शोर तथा धुआँ और कोलाहल। इस शहर का विकास इसी मेडिकल कालेज तथा अस्पताल को केन्द्र मानकर हुआ होगा, ऐसा वहाँ से देखने पर साफ-साफ दिखता था। पहले शायद यह छोटा-सा कस्बा रहा होगा, जिसके दक्षिणी छोर पर कस्बे से बाहर यह अस्पताल बसाया गया था परंतु विगत सौ वर्षों में यह अस्पताल शहर के केन्द्र में आ गया है। चारों ओर शहर से घिर चुका है। कारण कि उस छोटे से शहर के समस्त क्रियाकलाप, कहीं न कहीं इस कालेज या अस्पताल से जुड़े हुए हैं। रोजगार देने वाली यह यहाँ की सबसे बड़ी संस्था है। इसमें हजारों लोग काम करके अपनी जीविका अर्जित कर रहे हैं। अतः वास्तव में यह अस्पताल बेलूर का हृदय है। अन्य कामकाज तथा व्यापार आदि इसी की आवश्यकताओं को पूरा करने के लिए विकसित होते गए हैं। इन विचारों में क्षण भर को रमानाथ का भूगोलवेत्ता खो गया था, जिसे इस शहर की 'अर्बन ज्योग्राफी' बड़ी साफ नजर आ रही थी। सुकेशी ने जैसे रमानाथ के मन की बात जान ली हो, बोलीं, 'क्या सोचने लगे? चलिए अब मुझसे खड़ा नहीं रहा जा रहा है।' दोनों पुनः कमरे में आ गए।

चार्ट को तथा उसमें लगी हुई सारी रिपोर्टों को डॉ. किरुबाकरन ने बार-बार उलट-पलट कर देखा। फिर सुकेशी से बोले, 'अब आप कैसी हैं?' सुकेशी ने अपने

मन से अपना पूरा समाचार उन्हें बताया। उनकी खुशी के लिए डॉ. किरुबाकरन बड़े ध्यान से सुनते रहे। उन्हीं की खुशी एवं संतोष के लिए डॉ. साहब से हिन्दी में पूछा था। हालाँकि वे सुकेशी की अवधी मिश्रित हिन्दी पूरी तरह से समझ नहीं पा रहे थे, फिर भी कम से कम दस मिनट तक उनसे बात करते रहे। उनके साथ के अन्य जूनियर डॉक्टर उनके इस व्यवहार से अत्यंत आश्चर्यचकित थे क्योंकि वे सब जानते थे कि डॉ. किरुबाकरन को अच्छी तरह हिन्दी नहीं आती। डॉ. किरुबाकरन के इस आत्मीय व्यवहार से सुकेशी बहुत प्रभावित हुईं। उन्होंने उन्हें भाई साहब कहकर सम्बोधित किया तो डॉ. किरुबाकरन उनकी इस आत्मीयता के कायल हो उठे। उन्होंने अपना पुराना वाक्य पुनः दुहरा दिया 'शी इज ए नोबुल सोल। मैं फिर आएगा।' कहकर डॉ. किरुबाकरन तथा उनके सभी सहायक कमरे से बाहर हो गए। रमानाथ साथ-साथ बाहर तक गए। वहाँ डॉ. किरुबाकरन ने रमानाथ से, वे सारी बातें, जो सुकेशी ने कही थीं, पर उन्हें समझ में नहीं आई थीं, पूछीं। रमानाथ ने उन्हें अंग्रेजी में सब बताया पर मन ही मन वे भी इस महान् व्यक्ति के कृतज्ञ हो उठे थे। अपने रोगी के संतोष के लिए वे क्या-क्या कर सकते हैं। इस घटना से एक अप्रत्यक्ष लाभ यह हो गया कि डॉ. किरुबाकरन के सारे जूनियर सहयोगी, डॉ. हरिहरन समेत, सुकेशी को बड़ा आदर सम्मान देते, और परिणामतः उनकी बेहतर देखभाल हो सकेगी, इसका रमानाथ को भरोसा हो गया।

दूसरे दिन रमानाथ ने जब डॉ. किरुबाकरन से भेंट की तो उन्होंने कहा, 'रिपोर्ट से लगता है कि काफी सुधार आ रहा है। और जल्दी आ रहा है।' फिर रुककर उन्होंने रमानाथ से पूछा, 'क्या आप एकाध सप्ताह और रह सकते हैं? मेरे विचार से दो डायलिसिस अगले सप्ताह में और हो जाएँ, तो अच्छा रहेगा।' रमानाथ ने कहा, 'जैसा आप उचित समझें।' डॉ. साहब ने कुछ दवाइयाँ भी लिख दीं और रमानाथ बाहर आकर दवा लेने के लिए स्टोर चल दिये। दवा लेकर, जिसमें टॉनिक ही ज्यादा था, रमानाथ सुकेशी के पास आए। वे प्रतीक्षा ही कर रही थीं। आते ही उन्होंने पूछा, 'क्या कह रहे थे डॉ. साहब?' रमानाथ ने उन्हें सारी बात सहज ढंग से समझा दी। और बातों को लेकर तो संतुष्ट हो गईं पर उन्हें कहीं यह चिंता होने लगी थी कि कहीं रमानाथ के पास रुपये न खत्म हो जाएँ। अतः उन्होंने कहा कि क्या इतना दिन रह सकेंगे? रमानाथ ने स्पष्ट एवं सशक्त शब्दों में, उनके संतोष के लिए ही, कहा, 'हाँ। अगर डॉक्टर चाहते हैं तो रहना ही चाहिए। आखिर उन्होंने ही सही निदान किया, उन्होंने ही सही उपचार प्रारम्भ किया। और अब तुम थोड़ा खाने लगी हो, थोड़ा आराम हो रहा है तो उनकी बात तो माननी ही चाहिए।' रुककर बोलीं, 'बड़ा रुपिया खर्च होत बा।' रमानाथ ने उन्हें सान्त्वना दी कि वे इन सब बातों की चिंता न करें।

भावी योजना पर रमानाथ मन ही मन विचार करते रहते। उनका अचानक

चुप हो जाना या अचानक उठकर बाहर चले जाना और छत के एक कोने में खड़े होकर देखते रहना सुकेशी को तनिक बेचैन कर जाता। और वे बार-बार जानना चाहतीं कि आप इतने परेशान क्यों हैं? रमानाथ उन्हें दिलासा दिलाते पर स्वयं को इस भँवर से निकाल नहीं पा रहे थे। उनका संकट दो प्रकार का था। प्रथम तो यह कि सुकेशी को वे कहाँ रखें जहाँ उनकी डायलिसिस बन्द न हो और दूसरे धन का प्रबंध। रुपये के प्रबंध के लिए तो उन्हें इटानगर जाना ही होगा परंतु डायलिसिस वहाँ नहीं हो सकती। यह उनकी मूल समस्या बन रही थी। अब उन्हें अपने कार्य क्षेत्र के पिछड़ेपन का बड़ी गहराई से तथा वेदनादाय एहसास हो रहा था। पर समस्या का समाधान कहीं दूर-दूर तक नजर नहीं आ रहा था।

स्वभाववश रमानाथ को जब भी गहन समस्याएँ घेरतीं वे चुप हो जाते और उनका समाधान स्वयं ही तलाशने में लग जाते। यह भी यहाँ सम्भव नहीं था क्योंकि सुकेशी अकेली हैं। उनसे बातचीत तो करते रहना ही होगा। समस्या इतनी विकराल है इसका उन्हें ज्ञान भी नहीं। वे अब तक यही समझ रही हैं कि एक सप्ताह बाद वे इटानगर अपने बच्चों के पास चली जाएँगी। दवा वहाँ चलती रहेगी। डायलिसिस अब उनके जीवित रहने का एक मात्र रास्ता है, जब तक कि प्रत्यारोपण सम्भव नहीं हो पाता। उन्हें हर हालत में रमानाथ जीवित रखना चाहते हैं। उसी का मार्ग ढूँढ़ने में उनका ज्यादातर समय व्यतीत होता। सामने बैठी या लेटी सुकेशी से वह बातें भी करते रहते परंतु मन ही मन अपनी समस्या के समाधान हेतु विचार भी चलता रहता।

आज सप्ताह की दूसरी डायलिसिस होने वाली है। सुकेशी के स्वास्थ्य में काफी सुधार है और आशा है कि इस डायलिसिस के बाद उनका खानपान एकदम सामान्य-सा हो जाएगा। इस बात से वे बेहद प्रसन्न हैं कि अब डॉक्टर उन्हें जाने देंगे। अब वे अपने बच्चों से शीघ्र ही मिल सकेंगी। बार-बार छोटे बच्चे को याद कर रोती रहने वाली सुकेशी आज डायलिसिस पर जाते समय तनिक चिन्तित या भयभीत नहीं थीं। वास्तव में प्रबल इच्छा शक्ति एवं प्रबल आशा मनुष्य को अदम्य साहसी एवं निर्भय बना देती है। आज सुकेशी में इसी साहस एवं भयमुक्तता का संचार हो रहा है। वे स्ट्रेचर आने से पहले से ही तैयार बैठी हैं।

सुकेशी को डायलिसिस के लिए भेजकर रमानाथ लैब के समक्ष बैठे सोच रहे थे कि उनके मन में एक विचार कौंधा। क्यों न वे सुकेशी को कलकत्ता में बाबू कृष्णानन्द के पास छोड़ कर तब इटानगर जाएँ। कलकत्ता में बेल व्यू बिड़ला अस्पताल में डायलिसिस की व्यवस्था है। वहाँ रहने इत्यादि के लिए जगह की भी कोई समस्या नहीं है। इस विचार के आते ही रमानाथ को जैसे एक सहारा मिल गया हो। उनकी विकट समस्या के समाधान का एक रास्ता दिख गया हो। वे थोड़ा उत्साहित हुए और विचार करने लगे कि आज वे न केवल डॉक्टर से बात करेंगे वरन् सब कुछ

ठीक रहा तो सुकेशी से भी इस विषय में चर्चा करेंगे।

अचानक रमानाथ उठ खड़े हुए। अभी सुकेशी को बाहर आने में घंटों की देर है। अतः उन्होंने इस बीच बड़े पोस्ट आफिस जाकर टेलीफोन से कलकत्ता में कृष्णानन्द से बात करके सब तै करने का निश्चय किया। ईश्वर की कृपा से टेलीफोन से बात हो गई और कृष्णानन्द की स्वीकृति भी मिल गई। रमानाथ ने कृष्णानन्द को अपनी पूरी समस्या से अवगत कराया। इस कठिन समय में उनका सहयोग माँगा। बड़ी ही तत्परता एवं प्यार से कृष्णानन्द हर सम्भव सहायता देने को तैयार हो गए। उन्होंने यह भी बताया कि कलकत्ता में दो जगहों पर डायलिसिस होती है। रमानाथ जहाँ चाहेंगे वहीं चाचीजी का इलाज एवं समय-समय पर डायलिसिस होती रहेगी। रमानाथ इटानगर जा सकेंगे। कोई असुविधा नहीं होगी चाची को।

डूबते को तिनके का सहारा मिला। रमानाथ आज तीन-चार दिनों बाद थोड़े आश्वस्त हुए। वापस अस्पताल आकर वहीं बेंच पर बैठ पत्नी के बाहर आने की प्रतीक्षा करते रहे। प्रतीक्षा कितनी कठिन होती है—इसका अनुमान रमानाथ को सही मायने में वहीं लगा। आइंसटाइन की 'डायलेशन आफ टाइम' की थ्योरी की पूर्ण व्याख्या अपने सर्वांगीण स्वरूप में रमानाथ को शायद यहीं समझ में आई।

सुकेशी बाहर लाई गईं। उन्हें साथ-साथ स्ट्रेचर पर तृतीय तल तक लाकर बिस्तर पर लिटा दिया गया। उन्होंने आज भी शीघ्र ही कुछ खाने को माँगा। तत्काल थोड़ा पानी ग्लूकोज के साथ नर्स ने उन्हें दिया और रमानाथ से कहा कि वे शीघ्र ही खाना भेजवा रही हैं। खाना आ गया, सुकेशी ने खाना खाया और थोड़ा आराम से चारपाई के सिरहाने पर तकिया लगाकर टिककर बैठ गईं। रमानाथ वहीं पास ही कुर्सी खींच कर बैठ गए।

रात को आठ बजे के बाद डॉक्टर किरुबाकरन आए। चार्ट देखकर आज की रिपोर्ट पर निगाह दौड़ाई और कहा, 'अब इन्हें यात्रा की अनुमति दी जा सकती है बशर्ते वे दो दिन बाद पुनः ऐसी जगह पर हों, जहाँ डायलिसिस दी जा सके।' बाहर निकलते हुए रमानाथ से उन्होंने कहा अब आप अपनी यात्रा की योजना बना सकते हैं। रमानाथ ने अपनी आज की कृष्णानन्द से हुई बात का विवरण दिया और डॉक्टर को आश्वस्त कराया कि कलकत्ता में उनके अपने घर परिवार के लोग हैं। वे सुकेशी को वहाँ रखकर इटानगर जा सकेंगे। उनका इटानगर जाना, छुट्टी बढ़ाने तथा रुपये का प्रबंध करने—दोनों दृष्टियों से आवश्यक था। इटानगर में उन्हें कुछ समय लग सकता है। वहाँ उन्हें अपने दफ्तर का चार्ज भी देना होगा क्योंकि अब वे लम्बे समय तक अवकाश पर रहेंगे। छुट्टी की व्यवस्था, रुपये की व्यवस्था तथा बच्चों की देखभाल की कुछ स्थायी व्यवस्था भी करनी होगी।

चतुर्थ आख्यान

डॉक्टर किरुबाकरन से पूरी बात करके रमानाथ ने अब सुकेशी को सारी बात बताने का निश्चय किया। उन्हें तो अभी तक यही पता था कि वे अब वापस जाएँगी और इटानगर में ही रहकर उनका इलाज होता रहेगा। धीरे-धीरे ठीक हो जाएँगी। घर में कृष्णा है जो सारा काम तो सँभाल ही लेता है। बस उन्हें बैठे-बैठे उसे बताते रहना होगा। इस प्रकार बच्चों की देखभाल ठीक से होने लगेगी तथा रमानाथ भी अपना कालेज ज्वाइन कर लेंगे। सब कुछ सामान्य-सा हो जाएगा। पर भाग्य में इसके विपरीत बहुत कुछ ऐसा था जिसकी इस समय न उन्हें कल्पना थी और न रमानाथ को ही।

रिजर्वेशन सुगमता से मिल गया। प्रयासपूर्वक विशेष सुविधाएँ एवं सामग्री तथा दवाइयाँ इत्यादि जुटा लीं रमानाथ ने। कृष्णानन्द को अपने पहुँचने की सूचना दी और निश्चित समय पर निर्धारित गाड़ी से मद्रास से कलकत्ता के लिए प्रस्थान कर गए। रास्ते में सुकेशी सामान्य खाना-पीना करती रहीं। खुश थीं। उचित अवसर तथा अनुकूल मनःस्थिति देखकर रमानाथ ने डॉक्टर के हवाले से सारी बात धीरे-धीरे सुकेशी को समझाई। उन्हें स्थिति की गम्भीरता का सही आकलन नहीं हो पा रहा था। बार-बार बच्चों के पास जाने की बात को प्रधानता देतीं और कहतीं, 'अब तो दवा चल रही है। अब क्या परेशानी है?' रमानाथ ने उन्हें खुले शब्दों में समझाया कि वे जिस मशीन पर जाने से थोड़ी ठीक महसूस कर रही हैं, उस पर हर दो-तीन दिन के बाद, जाते रहना होगा। अर्थात् डायलिसिस चलती रहेगी। तभी वे सकुशल रह पाएँगी। और डायलिसिस की व्यवस्था इटानगर तो क्या अभी गोहाटी में भी नहीं है। अतः उन्हें कलकत्ता में रहना होगा। वहीं उन्हें डायलिसिस लगती रहेगी। कृष्णानन्द से रमानाथ ने अपनी बात का विवरण देते हुए समझाया कि वहाँ उन्हें कोई तकलीफ नहीं होगी।

कुछ देर के लिए तो सुकेशी बेचैन हो उठीं। समस्या इतनी गम्भीर है कि उन्हें कृष्णानन्द बाबू के घर रहकर अपना इलाज जारी रखना होगा। अर्थात् वे अपने बच्चों से नहीं मिल पाएँगी। उनकी ममता ने कहीं गहरे तक उनको झकझोर कर रख दिया। वे धिक्कार उठीं अपने-आपको, अपने दुर्भाग्य को।

प्रथम श्रेणी का कूपे, जिसमें सिर्फ दो ही बर्थ थे, रमानाथ ने प्रयासपूर्वक प्राप्त किया था। उनकी समस्या किसी सहयात्री की कोई असुविधा न बने, इस खयाल से रमानाथ ने यह व्यवस्था की थी। शाम का खाना आया। दक्षिण भारतीय भोजन था। सुकेशी को खिलाने के लिए रमानाथ ने, अपने साथ लाये गए कुछ सामान भी निकाल कर रख लिये क्योंकि वे जानते थे कि सुकेशी को दक्षिण भारतीय खाने से पूर्ण संतोष नहीं होता। दोनों ने भोजन किया। बेयरा आया और बर्तन ले गया।

अब रमानाथ ने कूपे को ठीक से बन्द कर लिया। और सुकेशी को, नीचे वाली बर्थ गिराकर, लेट जाने की व्यवस्था कर दी। वे लेट गईं पर बोलीं, 'आप भी थोड़ी देर यहीं लेट जाइए।' रमानाथ ने वैसा करना स्वयं ही चाहा था क्योंकि सुकेशी काफी परेशान थीं। उन्हें शान्तिपूर्वक सुला देने का खयाल रमानाथ को बार-बार आ रहा था। अतः वे भी ऊपर वाली बर्थ पर न जाकर वहीं सुकेशी के साथ ही लेट गए।

गाड़ी अपनी पूर्ण रफ्तार से चल रही थी। पंखे की हवा तथा कुछ ठंडी हवा बाहर से आकर कूपे को काफी सुखद बना रही थीं। तेज प्रकाश वाली ट्यूब लाइट रमानाथ ने बुझा दी थी, और अपने नीलम प्रकाश को बिखेरता हुआ नाइट बल्ब जल रहा था। पिछले कुछ सप्ताहों में रमानाथ और सुकेशी बड़ी ही कठिन परिस्थिति से गुजरे थे। आज काफी दिनों बाद दोनों एक-दूसरे के इतने नजदीक लेटे हुए थे। प्रथम श्रेणी की बर्थ काफी चौड़ी होती है। फिर भी दो आदमियों के लिए पर्याप्त नहीं होती। अतः दोनों लगभग सट कर ही लेटे थे। रमानाथ ने सुकेशी के बालों को धीरे-धीरे खोल दिया और उनसे खेलने लगे। सुकेशी और भी सिमटकर रमानाथ के पास आ गईं और धीरे से बोलीं, 'मेरी वजह से आपको कितनी तकलीफ उठानी पड़ रही है। सेवा करना मेरा धर्म है। उलटे आप ही मेरी सेवा कर रहे हैं।' यह कहते-कहते उन्होंने अपना बायाँ हाथ रमानाथ के सीने पर रख दिया। करवट लेकर भावुक होकर उन्होंने रमानाथ को अपनी अशक्त बाँहों में जकड़ने का भरसक प्रयास किया। रमानाथ ने, उन्हें इससे संतोष मिलेगा, यह जानकर स्वयं को एकदम उनके हवाले कर दिया। कई बार उन्होंने रमानाथ का भरपूर आलिंगन किया, कई बार चुम्बन लिया और अधीर-सी होकर उन्हें अपने सीने पर आकर लेट जाने का आग्रह करने लगीं। रमानाथ ने उनकी शारीरिक स्थिति को देखते हुए थोड़ी अन्यमनस्कता-सी दिखाई, पर सुकेशी की तो अपना सर्वस्व अपने स्वामी को सौंप कर सुकून प्राप्त करने की चाहत प्रबल हो उठी थी। वे चाहती थीं कि किसी प्रकार से कुछ भी सुख रमानाथ को दे सकें तो अच्छा होगा। अशक्त शरीर पर उद्दाम भावनाएँ एकान्त का सहारा पाकर भड़क उठी थीं। उन्हें पल भर को यह याद ही नहीं रहा कि उनकी शारीरिक स्थिति ऐसी नहीं है कि वे अपने स्वामी को, हमेशा की तरह, सुख से सराबोर कर स्वयं अपने कर्तव्य पालन का सुख पा सकेंगी। रमानाथ अपनी सुकेशी की पूत भावनाओं को न केवल भली भाँति जानते थे वरन् उनकी बड़ी इज्जत भी करते थे। अतः उन्होंने आज सुकेशी के लिए स्वयं को समर्पित कर दिया। दोनों कुछ क्षणों के लिए एकाकार हो गए। समस्त समस्याओं एवं विपत्तियों से मुक्त वे कुछ अनमोल पल एक सुखद याद बनकर रह गए। थककर चूर हो गईं सुकेशी। पर उनकी थकान भरी अलसाई आँखों में एक नीरव सपना तिर रहा था। उन्हें जहाँ यह सुख बहुत प्यारा लग रहा था वहीं यह एहसास कि वे कुछ क्षण ही सही अपने पति के लिए कुछ कर सकीं, बड़ा ही संतोषप्रद एवं सुखदायक भी लग रहा था। वे रमानाथ से

काफी देर तक चिपकी पड़ी रहीं। रमानाथ ने भी स्वयं को अलग करने का तनिक भी प्रयास नहीं किया। बस बार-बार उन्हें दुलारते रहे और उनके बालों को सँवारते, हिलाते, उलझाते तथा सुलझाते रहे। बेजान शरीर पर आँखों में सुखमय सपने सँजोये सुकेशी सो गईं और सो गया रमानाथ का सुखमय संसार।

जवानी के सुखद दिनों में जब कभी भी यात्रा करनी होती तो सुकेशी का अधिकांश समय सोते-सोते ही बीतता। बोलतीं कि रेलगाड़ी में सोने में बड़ा मजा आता है। आज फिर वे खूब गहरी नींद में सो रही थीं। गाड़ी अपनी गति से भागती जा रही थी। उसे तो अपनी मंजिल तक पहुँचना था। उसे क्या लेना-देना किसी की सुखमय नींद या दुःखभरी कराह से। शायद यही जिंदगी है।

सुबह की चाय भी आ गई थी पर सुकेशी सो रही थीं। रमानाथ की इच्छा नहीं हो रही थी कि उन्हें जगाएँ पर चाय ठण्डी हो जाएगी और फिर उन्हें स्वयं भी चाय पीने की इच्छा हो रही थी। प्यार से दुलारकर पुकारा रमानाथ ने। चाय का वास्ता दिया और यह भी कह डाला कि उन्हें चाय पीने की बड़ी इच्छा हो रही है। उठीं। धीरे-धीरे बाथरूम तक गईं और आकर चाय पीने को बैठ गईं। चाय पीकर पुनः रमानाथ की गोद में सिर रखकर लेट गईं। रमानाथ उन्हें आश्वस्त करते रहे। उनके लम्बे घने बालों से खेलते रहे। वे फिर सिर घुमाकर सो गईं। काफी देर तक सोती रहीं। रमानाथ की गोद में सिर रखकर सोना उनके जीवन का सबसे सुखद क्षण हुआ करता था। उनकी इस भावना से रमानाथ खूब परिचित थे। अतः किसी प्रकार से उनकी नींद में तथा उनके इस कुछ मिनटों के सुख में कमी न आ जाए, इसके लिए रमानाथ हिले तक नहीं। साढ़े आठ बजे के करीब जब नाश्ता आ गया तब रमानाथ ने उन्हें उठाना उचित समझा। क्योंकि नाश्ते के बाद उन्हें दवा भी देनी थी। मन में वह भी भाव था कि भूखी होंगी। कुछ खा लें, फिर यदि चाहेंगी तो सुला देंगे। ऐसा विचार कर उन्होंने सुकेशी को उठाया। थोड़ा नाश्ता करके हाथ धोने बाथरूम जाने लगीं तब रमानाथ ने मना किया कि यहीं हाथ धो लें। पर वे जाना चाहती थीं और गईं। आकर रमानाथ से लिपटकर बोलीं, 'इतनी देर तक आपके पैर पर लेटी रही। आप तो थक गए होंगे।' रमानाथ ने उन्हें विश्वास दिलाया कि ऐसा कुछ नहीं हुआ। हाँ उनको सुखपूर्वक सोते देखकर रमानाथ को खुशी ही हुई। सुकेशी ने प्यार से रमानाथ का हाथ चूम लिया और काफी देर तक अपने भाग्य को सराहती रहीं कि उन्हें रमानाथ जैसा पति मिला।

गाड़ी हावड़ा जंक्शन पहुँच गई। कार्यक्रम के अनुसार कृष्णानन्द या परिवार का कोई स्टेशन पर मिलेगा। सारी व्यवस्था उम्मीद से ज्यादा थी। रमानाथ ने सामान इत्यादि उतारा। धीरे से सुकेशी को भी उतार लिया गया। एक व्हील चेयर की सहायता से उन्हें, गाड़ी जो बाहर थी, तक लाया गया। पोटरी रोड वाले मकान में एक कमरा काफी ठीक से तैयार करके रखा गया था। वहीं सब लोग पहुँचे। प्रथम तल पर

जाना था। यह एक समस्या हो सकती थी। पर सुकेशी ने हिम्मत से काम किया और स्वयं ही धीरे-धीरे रमानाथ के हाथ का सहारा ले चढ़ गईं। ऊपर तो आराम की सारी व्यवस्था कृष्णानन्द की पत्नी ने कर रखी थी। दूसरे कमरे में राजेन्द्र पाठक जो बाबू कृष्णानन्द के छोटे साले हैं, सपरिवार रहते थे। वस्तुतः उन्हीं को सुकेशी की हर पल देखभाल करनी थी। कृष्णानन्द सपरिवार थियेटर रोड वाले नये फ्लैट में रहते थे। राजेन्द्र अत्यंत मृदुव्यवहार और खूबसूरत व्यक्तित्व के धनी, छोटे कद के, साफ रंग, सुन्दर देहयष्टि के हँसमुख स्वभाव वाले इंसान हैं। उनको मानों औरों की मदद करने में बड़ी खुशी होती। उनकी पत्नी भी सुकेशी की देखभाल एवं सेवा में कोई कमी नहीं रहने देतीं।

दूसरे दिन बेलव्यू में डायलिसिस के लिए जाना था। समय पर गाड़ी आ गई। सुकेशी को लेकर रमानाथ अस्पताल पहुँचे। बिड़ला परिवार द्वारा अपने परिवार की देखभाल हेतु बनाया गया अत्यंत सुन्दर एवं सुविधा से भरा हुआ अस्पताल है बेलव्यू। वहाँ पर कृष्णानन्द तथा उनकी पत्नी पहले से ही मौजूद थे। उन्होंने लगभग सारी व्यवस्था पहले से ही कर रखी थी। दस मिनट के अन्दर ही सुकेशी को नर्स डायलिसिस के लिए भीतर ले गई। अब सभी बिना किसी कार्य के हो गए। थोड़ी देर बैठे रहे। रमानाथ ने कृष्णानन्द से सारी बेलूर की बातें बताईं। अपनी समस्या की गहनता की एक झलक कृष्णानन्द को रमानाथ ने दी। उनकी पत्नी जो सचमुच एक सुयोग्य सहचरी हैं, भी सारी बातें सुनती रहीं। भावुक हृदया सुशीला (कृष्णानंद की पत्नी) सुनते-सुनते व्यथित हो उठीं। यह देखकर रमानाथ ने तुरंत बात का रुख बदल दिया। पर उनकी बातों का कृष्णानन्द दम्पति पर बड़ा ही अनुकूल असर पड़ा था। कृष्णानन्द, जो परिवार के प्रथम पुत्र हैं, और जिनकी आयु रमानाथ से मात्र एक साल आठ माह ही कम है, अत्यंत गम्भीर स्वभाव के हर किसी की मदद करने को तत्पर तथा आर्थिक दृष्टि से सक्षम पुरुष हैं। सौभाग्य से सारे गुण उनकी पत्नी में भी मौजूद हैं। इन लोगों के व्यवहार को देख तथा उनसे बात करके रमानाथ का मन काफी हल्का महसूस करने लगा। दोनों प्राणियों में दूसरे का दुःख बाँट लेने की अद्भुत क्षमता है। सच्चे अर्थों में दोनों एक-दूसरे के पूरक हैं।

कृष्णानन्द को कहीं जाना था। वे चले गए। कहकर गए कि वे शीघ्र ही वापस आ जाएँगे। चूँकि डायलिसिस में पाँच घंटे से भी ज्यादा का समय लगेगा अतः इस बीच वे अपनी प्राथमिक जिम्मेदारियों को निभाने हेतु चले गए। जाते समय अपनी पत्नी को भी थियेटर रोड वाले फ्लैट, जो वहाँ से काफी नजदीक ही है, पर छोड़ते गए। अब रमानाथ फिर अकेले हो गए। टहल-टहल कर समय बिताना तथा उस सुन्दर संस्था का अवलोकन करने के सिवा उनके पास और कोई काम नहीं था। अस्पताल इतना सुन्दर इतना सुरुचिपूर्ण ढंग से बनाया गया था कि देखने वाला उसकी वास्तुकला तथा उसमें प्रतिबिम्बित हिंदू संस्कृति की प्रशंसा किए बिना नहीं रह सकता।

प्रथम तल पर लक्ष्मी नारायण का अत्यंत मनोहर परंतु छोटा-सा मंदिर अचानक ही आगन्तुक को नतमस्तक होने को आमंत्रण दे उठता है। इसी प्रकार हर तल पर लिफ्ट के गेट के सामने ही सुन्दर लक्ष्मीनारायण की प्रतिमा स्थापित की गई है। ईश्वर में आस्था रखने वाले बिड़ला परिवार ने देश को अनेक मंदिर, धर्मशालाएँ एवं शिक्षण संस्थाएं दी हैं। बेलव्यू अस्पताल भी उन्हीं उच्चतम कोटि की संख्याओं में से एक है।

डायलिसिस समाप्त होने से पहले ही कृष्णानन्द आ गए। उन्हें आता हुआ देख रमानाथ ने आगे बढ़कर बताया कि अभी तक तो सुकेशी बाहर नहीं आईं। दोनों एक साथ ही बैठ गए। रमानाथ ने अपनी भावी योजना कृष्णानन्द को बताई। उन्होंने बताया कि वे अब इटानगर जाना आवश्यक समझते हैं क्योंकि वहाँ जाकर ही कुछ रुपए की व्यवस्था कर सकेंगे। सुकेशी को सप्ताह में दो बार डायलिसिस कराने के अलावा सामान्य देखभाल की जरूरत थी। कृष्णानन्द ने तत्क्षण ही समर्थन जताया और आश्वस्त किया सुकेशी की देखभाल एवं डायलिसिस इत्यादि हेतु। रमानाथ को यह वार्तालाप सुखकर लगा। उन्होंने मन ही मन कृष्णानन्द को धन्यवाद दे डाला।

सुकेशी बाहर आ गईं। पूछने पर उन्होंने बताया कि भीतर बहुत अच्छी देखभाल हुई। डायलिसिस में कोई कष्ट नहीं हुआ। अब वे घर चलना चाहेंगी। तुरंत उन्हें लिफ्ट से नीचे लाकर गाड़ी में बिठा, पोटरी रोड वाले घर ले जाया गया। उन्हें काफी भूख लगी थी। अतः राजेन्द्र की पत्नी ने कुछ खाने को दिया और वे खाकर सोने की इच्छा से लेट गईं। कृष्णानन्द फिर कल आने का आश्वासन देकर जाने लगे तब रमानाथ ने एक बार फिर पूछा कि क्या वे इटानगर जाने की योजना बनाएँ? हाँ में उत्तर दिया उन्होंने और राजेन्द्र से रेलवे टिकट की व्यवस्था करने को कह सीढ़ियों से उतर गए।

आजीवन दूसरों के दुःख से दुःखी तथा दूसरों के सुख में सुखी रहने वाले रमानाथ को कृष्णानन्द एवं उनकी पत्नी सुशीला में वही पवित्र भाव दिखे। वे सोचने लगे कि कहीं यह पवित्र गर्ग वंश की अनमोल विरासत तो नहीं? उन्हें सुशीला का मृदु व्यवहार अत्यंत अपनेपन से पूर्ण लगा। कपटविहीन मानव मन आगन्तुक को सहज ही प्रभावित कर बैठता है। प्रभावशाली व्यक्तित्व, मृदु व्यवहार एवं अद्भुत सौन्दर्य से भूषित सुशीला अपने नाम की सार्थकता सिद्ध करती-सी दिखती। विपत्ति में पड़े रमानाथ तथा सुकेशी को अपने रिश्तेदारों में सबसे समर्थ कृष्णानन्द दम्पति से जो स्नेह भरा व्यवहार मिला, उसका सहज ही वर्णन कर पाना कठिन है। रमानाथ का मन, अपनी समस्याओं के भँवर जाल में डूबता-उतराता, इस सहारे को पाकर, कृतज्ञ हो उठा।

मृत्यु जीवन का सबसे बड़ा और अकाट्य सत्य है। यह सत्य, रमानाथ जैसे विद्वान की संज्ञा से भूषित व्यक्ति को विदित न हो, ऐसा कैसे सम्भव है। परंतु अकाल

मृत्यु या असमय मृत्यु वरणीय नहीं। अपनी पत्नी की चौवालिस वर्ष की अल्पआयु में मृत्यु इसी कारण रमानाथ को स्वीकार्य नहीं थी। साधन से सबल न होते हुए भी, समस्याओं का विकट महाजाल सामने स्पष्ट देखते हुए भी, रमानाथ ने अपनी पत्नी की प्राण रक्षा हेतु यमराज से सीधे टकराने का निश्चय किया। वसुधा पर न कभी कोई यमराज से जीत सका और न शायद कभी जीत पाएगा, परंतु दृढ़ निश्चयी मनुष्य जो अपने संकल्प एवं वैज्ञानिक तथा तकनीकी ज्ञान की बदौलत उन्हें बार-बार ललकारता अवश्य है। और फिर रमानाथ ने तो बचपन में महासती सावित्री की कहानी सुनी थी जिन्होंने अपने पति के प्राण यमराज से वापस पा लिए थे। उन्होंने तो अपने बचपन में अनेक ऋषियों एवं मनीषियों की कहानियाँ पढ़ी थीं जिन्होंने मृत्यु पर थोड़े ही समय के लिए ही क्यों न हो, विजय पा ली थी। उन्होंने तो ऋषिवर चरक तथा च्यवन ऋषि के बारे में सुना एवं पढ़ा था जिन्होंने स्वयं कायाकल्प करके सैकड़ों वर्षों तक युवावस्था बनाए रखी। पितामह भीष्म का स्वरूप भी तो उनके समक्ष एक देदीप्यमान उदाहरण प्रस्तुत करता था जिन्हें इच्छा मृत्यु का वरदान प्राप्त था। तब वे कैसे असमय में ही अपनी जीवन सहचरी को मृत्यु के हवाले कर सकते थे? उनका इरादा तो पहले से ही प्रबल इच्छा शक्ति से पोषित था, पर अब जबकि उन्हें किसी अपने ने (कृष्णानन्द एवं उनकी धर्मपत्नी) थोड़ा सहारा दिया, तो वह इरादा और पक्का हो गया। उन्होंने इस सत्य को वेदना भरे मन से स्वीकार तो किया कि सुकेशी को अब वे पूर्णतया स्वस्थ तो शायद न कर सकें, पर उन्हें हर हाल में, जितने दिन तक भी सम्भव हो, जीवित रखना अपना दायित्व ही नहीं वरन् प्यार भरी विवशता भी मान बैठे थे। अब उनके जीवन का परम लक्ष्य अपनी प्रेयसी, अपनी जीवनसंगिनी तथा अपने अनमोल धन, चार बेटों की माँ की प्राण रक्षा हेतु, वह सब कुछ करना था जो सामान्य मनुष्य की पहुँच में आता है।

सुकेशी का हर अगला दिन जहाँ उन्हें मृत्यु के करीब ले जाता लगता था, वहीं रमानाथ को एक दिन और सपत्नीक जीने का बोध दे जाता था। उन्हें लगता कि आज भी तो उनकी सुकेशी ने न केवल उन्हें वरन् अपने बच्चों को भी सस्नेह निहारा था, उन्हें अपना प्यार एवं आशीष भी दिया था। इसी क्रम को आगे और बढ़ाते रहने की भावना से ओतप्रोत रमानाथ का मन दिन-रात अपनी पत्नी को ठीक कराने, उन्हें कम से कम कष्ट हो, इसका उपचार कराने की योजना बनाता रहता।

कहते हैं दुःख में ही मनुष्य के धैर्य की परीक्षा होती है। रमानाथ के सामने तो दुहरा संकट था। उन्हें न केवल अपने धैर्य एवं संतुलन को बनाए रखना था वरन् यह भी प्रयास करना था कि उनके बच्चे इस विपत्ति से प्रभावित न होने पाएँ। शिक्षक के जीवन का अर्थ संकट तो जैसे पर्याय ही बन चुका है। उन्हें भी इस घोर अभाव की स्थिति को झेलना था, सँभालना था। कभी-कभी उन्हें लगता कि शायद उनकी परीक्षा की घड़ी आ चुकी है। पर बचपन से ही जीवन के दुःख-सुख की आँख

मिचौली से जूझते रहने वाले रमानाथ को इतना विश्वास तो स्वयं पर अवश्य था कि उन्हें कोई भी परिस्थिति पथभ्रष्ट नहीं कर पाएगी। उन्हें अपने लक्ष्य को पाने की धुन-सी सवार हो जाती, और वे अहर्निश उसी लक्ष्य प्राप्ति हेतु स्वयं को समर्पित कर देते। चूँकि अब एक बार फिर उनके सामने एक लक्ष्य था—अपनी पत्नी की जब तक सम्भव हो प्राण रक्षा—उन्हें मार्ग में आने वाले कंकड़ों, काँटों, या ठोकरों की सुध न रही। वे पूर्णतया समर्पित होकर सुकेशी के जीवन का एक-एक दिन एक-एक जीवन की भाँति जीने लग गए थे। उन्हें सुकेशी से दूर होना बिल्कुल अच्छा न लगता। वे चाहते कि चौबीसों घंटे वे अपनी सुकेशी को देखते रहें। उनके लिए कुछ करते रहें। उन्हें खुश रखने के नाना प्रकार के उद्यम करते। उनकी प्रिय रामायण की अनेक घटनाएँ एवं कथाएँ सुनाकर उनका मन बहलाते।

सुकेशी अकसर चुप रहतीं। उनका मौन रमानाथ को बहुत खलता था। वे चाहते थे कि सुकेशी पहले की ही तरह हँसें, गाएँ और तरह-तरह की बातें करें। वह स्वभाव से वाचाल नहीं थीं, परंतु अपने घर परिवार, रिश्तेनाते, एवं बच्चों के भविष्य के बारे में उनका सुनिश्चित मत होता था। उन विषयों पर वे बातें करती थीं। पर इधर जब से बीमार हुईं, कभी-कभार बच्चों की बातें तो करती थीं पर अन्य सारी बातें जैसे उनके लिए महत्त्वहीन हो चुकी थीं। अतः वे अकसर चुप रहती थीं। यही उनका चुप रहना रमानाथ को बहुत खलता था। कभी-कभी तो वे मौन, आँखें रमानाथ के चेहरे पर गड़ाये बैठी या लेटी रहतीं। ऐसे क्षण रमानाथ के लिए असहनीय हो जाते। वे अपनी मौन भाषा में मानों कुछ कह रही होतीं। पर रमानाथ प्रयास करने पर भी उसे समझ नहीं पा रहे थे।

आज बेलव्यू में सुकेशी की दूसरी डायलिसिस थी। इसी के बाद उनकी स्थिति का मूल्यांकन करने के पश्चात् रमानाथ को इटानगर लौटना था। सुकेशी को अब तक पक्की तिथि या कार्यक्रम की सूचना न थी। कृष्णानन्द ने टिकट की व्यवस्था करा दी थी। और सारी जिम्मेदारी तो उन्होंने ले ही ली थी। राजेन्द्र एवं उनकी पत्नी ने पूरी देखभाल का दायित्व सँभाल लिया था। रमानाथ का इटानगर जाना अनिवार्यता थी। इसका कोई विकल्प नहीं था। हालाँकि रमानाथ एक दिन को भी सुकेशी को छोड़ना नहीं चाहते थे। परंतु इटानगर गए बगैर आगे का इलाज सम्भव ही नहीं था। अतः मन को धैर्यपूर्वक समझाकर रमानाथ ने जाने का निश्चय किया था।

डायलिसिस से बाहर आने पर सुकेशी काफी सामान्य नजर आ रही थीं। मन में थोड़ा उत्साह था। तुरंत घर लाकर रमानाथ ने कुछ खाने को दिलाया। खाना खाकर वे लेट गईं तब रमानाथ ने उन्हें आश्वस्त करते हुए बताया कि वह स्वयं कल शाम की गाड़ी से इटानगर जा रहे हैं। बेचैन हो उठीं, तो क्या मुझे यहाँ आप अकेले छोड़ जाएँगे? आँखों में, मुख से ज्यादा, प्रश्न एक साथ उभर आये। रमानाथ ने अपने चिरपरिचित अंदाज में उनके माथे पर हाथ फेरते हुए समझाया कि यदि वे इटानगर

नहीं जाएँगे तो आगे के इलाज के लिए धन की व्यवस्था कैसे हो सकेगी? उन्हें छुट्टी भी लेनी पड़ेगी तथा बच्चों के लिए इटानगर में पुख़्ता व्यवस्था करनी होगी। उन्होंने यह भी बताया कि इसी बीच उनका बड़ा बेटा राँची से उनके पास आ जाएगा। वह उनकी देखभाल करेगा। तब तक सारा प्रबंध करके वे स्वयं उनके पास दो-तीन सप्ताह में वापस आ जाएँगे।

शाम को टेलीफोन से इटानगर से तीनों बच्चों से रमानाथ ने सुकेशी की बात कराई। बात करके थोड़ी आश्वस्त हुईं और उन्होंने ही बच्चों को बताया कि तुम्हारे पिताजी कल की गाड़ी से इटानगर जा रहे हैं। उन्हें अपना भरपूर आशीष एवं प्यार दिया। वे स्वयं अभी नहीं आ सकतीं—यह भी समझा दिया।

खाना खाकर दोनों लेट गए। सुकेशी आज कुछ स्वस्थ महसूस कर रही थीं। अकसर जिस दिन डायलिसिस होती उस दिन कुछ घंटे के बाद स्वस्थ महसूस करती थीं क्योंकि खून की सारी विकृतियाँ उसी दिन दूर की गई होतीं। अतः उन्हें साँस लेने में या अन्य किसी प्रकार की असुविधा नहीं होती। वे आज रमानाथ से विशेष चिपककर लेटी थीं। उन्हें यह आभास था कि कल रमानाथ इटानगर चले जाएँगे। अतः वे आज की रात भरपूर जी लेना चाहती थीं। दोनों बातें करते रहे। घंटों तक एक-दूसरे के बाहुपाश में बँधे, अनिश्चित भविष्य की कभी धुँधली और कभी साफ तस्वीर खींचते बातें करते रहे। आप कल चले जाएँगे तो मैं अकेली कैसे रहूँगी? बिना पानी के जैसे नदी या बिना प्राण के जैसे शरीर। मैं कैसे जी सकूँगी आप के बिना? रमानाथ ने उन्हें उनकी प्रिय लाइन याद कराई, 'हारिये न हिम्मत बिसारिये न नाम। जाही बिधि राखें राम वाही विधि रहिए।' और कहा कि हर संकट की साथी तो तुम्हीं हो। हर दुःख एवं भटकन में राह दिखाने तथा साथ-साथ चलने वाली तो तुम्हीं हो फिर आज इस संकट में भी साथ निभाइए। आप यहाँ कुछ दिन रहिए। वे सारा प्रबंध करके शीघ्रातिशीघ्र वापस आ जाएँगे। वे चुप हो गईं, जैसे सारी सम्भावित वियोग की पीड़ा को आत्मसात् कर रही हों। फिर सुकेशी ने रमानाथ को अपनी ओर खींच लिया। निर्बल तन, उद्वेलित पर प्रेम विह्वल मन एवं अपना सब कुछ अपने स्वामी को सौंप कर जैसे निश्चित हो गई हों। कुछ ही समय बाद दोनों सो गए।

बड़ा बाजार तथा हावड़ा ब्रिज पर होने वाले जाम के भय से दो घंटे पहले ही कार आ गई। रमानाथ ने अपना थोड़ा-सा सामान ही साथ ले जाने का निश्चय किया था क्योंकि शीघ्र ही वापस आना था, और कपड़े, जूते इत्यादि तो इटानगर में थे ही। सुकेशी ने सीढ़ियों तक आकर विदा किया। कार चल पड़ी हावड़ा की ओर। साथ में राजेन्द्र आए थे, जो गाड़ी पर रमानाथ को चढ़ाकर वापसी में हावड़ा वाली फैक्ट्री में कुछ कामकाज देखते हुए जाएँगे। गाड़ी समय पर थी। आठ नम्बर प्लेटफॉर्म पर लगी थी। रमानाथ सुविधापूर्वक अपनी सीट पर बैठ गए। सुकेशी की देखभाल चूँकि राजेन्द्र के भरोसे ही ज्यादा थी, अतः उन्हें पुनः उनकी उचित देखभाल

करते रहने का आग्रह कर, रमानाथ ने उन्हें वापस जाने को कहा। राजेन्द्र अपने विनम्र स्वभाव एवं पारिवारिक मर्यादा का भरपूर पालन करते हैं। तुरंत प्रणाम कर मुड़ चले। रमानाथ भीड़ में उन्हें कुछ दूर तक देखते रहे। वे चले गए तब अपनी सीट पर आकर रमानाथ बैठकर गाड़ी चलने की प्रतीक्षा करने लगे।

इटानगर पहुँचने पर रमानाथ ने देखा कि उनके बच्चे स्वस्थ हैं। सभी अपने-अपने स्कूल जाते रहे हैं। सब कुछ सामान्य-सा ही था। दूसरे दिन रमानाथ अपने ऑफिस पहुँचे। लोगों में तरह-तरह की उत्सुकता थी। जहाँ तक सम्भव हुआ, रमानाथ ने सबकी जिज्ञासा शान्त की। चूँकि उनके पास समय बहुत कम था अतः उन्होंने ही उसी दिन शाम तक परिश्रम करके सारे सरकारी कामकाज निपटाये। ऑफिस छोड़ने से पहले रमानाथ ने तीस हजार रुपए के मेडिकल एडवांस के लिए दरख्वास्त भी तैयार कर ली। शाम को वे डाइरेक्टर श्री त्यागी जी से मिले। उन्हें सारी बात बताई। बहुत दुःखी हुए सुनकर। ऊपर काफी कठोर तथा नीरस दिखने वाले त्यागी जी सही मायने में एक सहृदय व्यक्ति थे। बार-बार रमानाथ पर आई विपत्ति की समीक्षा करते रहे, उसके भावी परिणाम, सम्भावित उपचार की बातें करते रहे और अंत में रमानाथ का उत्साह बढ़ाते हुए कहा, 'चिंता मत करो, जैसा समय आता है, इंसान को वैसा ही ढल जाना चाहिए। समस्याओं से जूझना तो तुम्हारा स्वभाव है। हाँ, मेरे लायक कोई काम हो तो निश्चिंत होकर बताना।' रमानाथ ने बताया कि उनकी प्रथम समस्या आर्थिक है और इस हेतु उन्होंने सरकार से तीस हजार रुपए की अग्रिम राशि माँगी है। उसे दिलाने में मदद करें। त्यागी जी ने कहा, 'कल ही दरख्वास्त प्रो. किरुबाकरन की संस्तुति की प्रति के साथ भेज दो। वे हर सम्भव प्रयास करेंगे।'

दूसरे दिन रमानाथ स्वयं ही आफिस जाकर अर्जी दे आए। आते समय उन्होंने शिक्षा सचिव श्री माटिन दाई साहब से भी बात की। उनका रमानाथ के प्रति पहले से ही बड़ा आदर एवं प्यार भरा व्यवहार रहा था। उन्होंने भी पूरा समाचार जानकर चिंता व्यक्त की और आश्वस्त करते हुए, रमानाथ को हर सम्भव सरकारी सहायता देने का वादा किया। रमानाथ अपने कार्यालय में आकर इकट्ठा हुए काम को निपटाने में लग गए। दस दिन में ही एडवांस स्वीकृत हो गया। कार्य में रमानाथ को अपने सीनियर्स का भरपूर सहयोग मिला। हर किसी ने अपनी सहानुभूति जताई और अपने टेबल का दायित्व पूर्ण किया। पर इस सारी प्रक्रिया में श्री माटिन दाई तथा श्री त्यागी की भूमिका अहम रही।

रमानाथ ने रुपए तैयार कर लिए और लम्बे अवकाश के लिए प्रार्थना पत्र भेज दिया। चूँकि इस बार रमानाथ को ज्यादा समय तक बाहर रहने की पूरी सम्भावना थी। अतः उन्होंने अपना कार्य भार पूरी तरह से अपने सहकर्मी श्री बी. एन. फूकन को दे दिया। उन्हें महाविद्यालय के संचालन में कोई असुविधा न हो इसके लिए

सारी व्यवस्था कर, चार्ज देकर घर आए।

इस बार जब से रमानाथ घर आए थे हमेशा बच्चों को धैर्यपूर्वक लम्बे समय तक अकेले रहते हुए अपना-अपना दायित्व निभाने को प्रेरित करते रहे। बच्चे बचपन में ही बड़े हो गए। अपनी जिम्मेदारियाँ बिना किसी शिकायत के निभाने को न केवल कटिबद्ध हो गए वरन् रमानाथ को भी आश्वस्त करते रहे कि वे उनकी तरफ से बेफिक्र रहें। सबसे बड़ा सहारा यह था कि श्री माटिन दाई साहब की कृपा से रमानाथ का पूरा वेतन हर माह उनके बच्चों को मिलता रहेगा। उसमें से कुछ रुपए अचल के लिए राँची भेजकर शेष बचे रुपए से वे अपना गुजारा करेंगे ऐसा निश्चय किया रमानाथ के इन छोटे-छोटे तीन बच्चों ने। उनकी देखभाल के लिए कृष्णा ने पूरी जिम्मेदारी ली। जनार्दन एवं शाह जी समय-समय पर उन्हें देखते रहेंगे। यह आश्वासन भी रमानाथ को प्राप्त हो चुका था। अतः अब वे अपने लक्ष्य की ओर बढ़ने को उद्यत थे।

अश्रुपूरित विदाई दी तीनों बेटों ने। रमानाथ अपने इन नौनिहालों के त्यागमय दृढ़निश्चय को देख जहाँ गर्व महसूस कर रहे थे, वहीं इन गुणों का मंत्र फूँकने वाली सुकेशी के प्रति कृतज्ञता का बोध भी उन्हें हो रहा था। भावी पथ चम्बल के बीहड़ों से भी बीहड़, अरुणांचल के गहन जंगलों से भी गहन एवं भादों की अँधेरी अमावस्या की रात से भी ज्यादा अंधकारमय था। फिर भी आशा की एक क्षीण किरण का सहारा ले, रमानाथ चल पड़े। पथ कंटकाकीर्ण है, पत्नी की बीमारी असाध्य है तथा साधन सीमित है, फिर भी रमानाथ बढ़ते जा रहे थे पल-पल उस अनिश्चित भविष्य के गहन अंधकार को चीरते हुए। गाड़ी हावड़ा जंकशन पर पहुँच गई। रमानाथ को लेने के लिए कृष्णानंद ने कार भेज दी थी। राजेन्द्र ने सामान उठवाया और दोनों कुली के पीछे-पीछे कार तक आये। सामान रखकर कुली चला गया। राजेन्द्र ने उसे शायद उसकी मजदूरी से कुछ ज्यादा ही पैसे दे दिये थे। ड्राइवर ने राजेन्द्र की तरफ देखकर कहा, 'मालिक चलूँ?' और रमानाथ पोटरी रोड वाले घर पर पहुँच गए। वहाँ अचल को माँ के साथ देखकर उन्हें बड़ी प्रसन्नता हुई। सुकेशी भी ठीक ठाक लगीं। अचल के आ जाने की वजह से उनका कष्ट काफी कम हो गया था। उनका अकेलापन दूर हो गया था तथा अचल माँ की सेवा भी विशेष रूप से कर पाता था। अतः कुल मिलाकर उन्हें ठीक ही पाया। समय-समय पर डायलिसिस भी होती रही थी।

सुकेशी ने व्यग्रता भरे स्वर में विजय, अजय एवं सजल का समाचार पूछा। समाचार सुनने से पहले ही उनके आँसू फूट पड़े। विह्वल मन अपने बच्चों के लिए तड़पती माँ को देख रमानाथ की आँखें भी डबडबा आईं। उन्होंने सारा ब्यौरा विस्तारपूर्वक बताया ताकि उन्हें संतोष हो सके। सुनकर कि वे सब ठीक हैं, और सुकेशी के ठीक होकर वापस जाने तक, अपने बल पर अपना-अपना कार्य करते

रहेंगे—उनके मन को अच्छा लगा। धीरे-धीरे आँसू पोंछ डाला उन्होंने और फिर धीरे से पूछा, 'आप कैसे हैं'

पंचम आख्यान

अब समय आ गया था सुकेशी को पुनः बेलूर ले जाने का। बेलव्यू में डायलिसिस तो होती है, परंतु गुर्दा प्रत्यारोपण का अनुभव बहुत ही कम था यहाँ के डॉक्टरों को। रमानाथ कोई भी चांस नहीं लेना चाहते थे, अतः उन्होंने बेलूर ले जाने का फैसला किया। कृष्णानंद एवं वंशलक्ष्मी सुशीला ने जो कुछ गत सप्ताहों में सुकेशी के लिए किया, उसके लिए धन्यवाद कहकर उसका महत्त्व घटाना नहीं चाहते थे रमानाथ। इसीलिए उन्होंने अपने मन ही मन, अपने परिवार एवं रिश्ते-नातों में उन्हें आजीवन सर्वोपरि स्थान देने का निश्चय किया। वर्षों बाद भी रमानाथ जब कभी जी में आता, उन्हें टेलीफोन कर उनका हालचाल जान लेने का प्रयास करते। उनकी पत्नी सुशीला का मृदु व्यवहार तथा सेवाभाव रमानाथ के जीवन में एक अमिट छाप छोड़ गया था। वे मन ही मन कल्पना करते कि ऐसी ही एक बहू कभी ईश्वर उन्हें भी दे। दोनों के मन कृष्णानन्द दम्पति के प्रति कृतज्ञता से भर उठे।

राजेन्द्र एवं उनकी पत्नी का भी भरपूर सहयोग एवं सेवा प्राप्त हुई सुकेशी को। उन्होंने उन्हें भरे मन से आशीर्वाद दिया।

कृष्णानन्द ने बेलूर जाने हेतु दो प्रथम श्रेणी की बर्थें कोरोमंडल एक्सप्रेस में बुक करा दीं। सुकेशी को बेलव्यू में अंतिम डायलिसिस दिलाकर, रमानाथ उन्हें नियत समय पर मद्रास ले जाने हेतु, सारी तैयारी करके कृष्णानन्द की प्रतीक्षा करने लगे। समय पर सभी आ गए, हावड़ा जंकशन के लिए प्रस्थान किया और कोरोमंडल एक्सप्रेस में सुविधापूर्वक बिठाकर वे सब बाहर गाड़ी के छूटने की प्रतीक्षा करने लगे। चलने से पहले कृष्णानन्द ने रमानाथ से आश्वासन भरे शब्दों में कहा, 'चाचाजी, चिंता न करें, अपनी ड्यूटी करिए और अगर मेरे लायक कोई भी काम हो तो बेझिझक कहिएगा।' उनका यह आश्वासन रमानाथ को काफी ढाढस बँधाता रहा अनजाने लोगों के बीच।

गार्ड ने हरी झंडी हिलाई, कृष्णानन्द ने झट से रमानाथ को गाड़ी में चढ़ने का इशारा किया। रमानाथ चढ़कर गेट पर खड़े हो गए। ज्यों-ज्यों गाड़ी खिसकती जाती त्यों-त्यों कृष्णानन्द के उपकार का भार जैसे रमानाथ के मन पर छाता जा रहा था। उन्होंने हाथ हिलाते हुए विदा ली, और भीतर आकर सुकेशी के पास बैठ गए। सुकेशी सबसे बिछड़ने के गम में रो रही थी। बोलीं, 'बाबू (कृष्णानन्द) चले गए?' 'हाँ' कहकर रमानाथ ने उन्हें शान्त रहने की सलाह दी पर उनका मन विगत

सप्ताहों में किए गए उपकार से उपकृत था। उन सबकी सेवा से मन ही मन आभारी हो उठी थीं सुकेशी। अतः एकाएक शान्त हो पाना सम्भव नहीं हो पा रहा था। कभी कृष्णानन्द की तो कभी उनकी पत्नी की प्रशंसा करतीं। कभी उनके व्यवहार में निष्कपटता का जिक्र करतीं तो कभी उनके उदार मन से किए गए खर्चों की चर्चा छेड़ देतीं। रमानाथ ने, उनका मन हल्का हो जाय—इस उद्देश्य से उनकी हर बात जो मूलतः कृतज्ञता ज्ञापन थी, ध्यान से सुनी। राजेन्द्र की पत्नी की सेवा का जिक्र भी वे बड़े मार्मिक ढंग से करती रहीं। गाड़ी अपनी रफ्तार पकड़ चुकी थी। और सुकेशी थक-सी गई थीं। अतः रमानाथ ने उन्हें लेट जाने की सलाह दी। 'थोड़ा-सा पानी दीजिए।' पानी दिया रमानाथ ने और उसे पीकर सुकेशी लेट गईं।

चार सीटों वाले कूपे में सामने वाली बर्थ पर एक तमिल दम्पति बैठे थे। वे भी मद्रास ही जा रहे थे। पति भारतीय सेना में कर्नल थे। स्वभाव से विनम्र और खूब स्वस्थ एवं सुन्दर पुरुष थे। गोरा चिट्टा रंग देखकर रमानाथ ने जिज्ञासा भरी आवाज में पूछा, 'आप शाकाहारी हैं?' उत्तर में पत्नी बोलीं, 'हाँ! हम अयंगार ब्राह्मण हैं। मांस-मदिरा हमारे परिवार में नहीं चलता।' शुद्ध हिंदी में परंतु तमिल उच्चारण से प्रभावित बोली में उन्होंने अपने पवित्र वंश का परिचय दिया। रमानाथ ने विश्वास भरे मन से कहा, 'तब तो आप गर्ग वंशी भी होंगे अर्थात् आप गर्ग गोत्र के ब्राह्मण होंगे।' कर्नल ने आश्चर्य भरे स्वर में कहा, 'हाँ। पर आप यह कैसे जान गए?' उत्तर में ही प्रश्न लपेटकर उन्होंने रमानाथ पर दे मारा। उनकी जिज्ञासा बड़ी प्रबल हो उठी थी। अतः रमानाथ ने उन्हें अपना परिचय दिया और बताया कि वे भी गर्ग वंशी ब्राह्मण ही हैं। अतः अपने वंश के अनेक ब्राह्मण परिवार जो देश के अलग-अलग हिस्सों में फैले हैं उनके बारे में एक सामान्य ज्ञान के सहारे ही उन्होंने ऐसा कहा। कर्नल को खुशी हुई और फिर अन्य गर्गवंशी समुदाय के ब्राह्मणों के विस्तार पर विस्तृत चर्चा चल पड़ी। रमानाथ का, अपने वंश पर इतना गौरव तथा गर्व देख, कर्नल उनके प्रति धीरे-धीरे आदर के भाव से भरते गए। देश के कोने-कोने में फैले इस श्रेष्ठ वंश की चर्चा में कर्नल तथा उनकी पत्नी ने गहरी रुचि ली। केरल के नम्बूदरी, महाराष्ट्र के चितपावन, गुजरात के मेहता इत्यादि श्रेष्ठ वंशों की चर्चा हुई जिसमें कर्नल ने न केवल गहरी रुचि ली वरन् बहुत कुछ जोड़ा भी। चर्चा उपयोगी रही। गाड़ी चलती रही, चलती रही, और अनेक विषयों पर बातें होती रहीं।

'डिनर सर' कहते हुए पैंट्री कार का बेयरा हाथ में छोटी-सी चौपड़ी लिये हुए खड़ा था। कर्नल ने उसे तमिल में कुछ कहा और उसने झट से नोट कर लिया। इसी बीच सुकेशी ने रमानाथ को बताया कि बहू रानी ने बहुत ढेर सारी खाने की सामग्री दी है। अतः वे बेयरा से कुछ न खरीदें। रमानाथ ने वैसा ही किया। बेयरा चला गया।

नौ बजे के आस-पास रमानाथ ने सुकेशी से कहा कि वे कुछ खा लें तो

उन्हें उनकी दवा दे दें। उठकर बैठीं और इशारा किया पास रखी हुई टोकरी की ओर। रमानाथ ने टोकरी में देखा तो सचमुच ढेर सारी वस्तुएँ, जो सुकेशी खा सकती थीं, बहूरानी ने बना कर दी थीं। अखबार बिछाकर कागज के प्लेट में रमानाथ ने सुकेशी को खाना दिया। उन्होंने अकेले खाने से मना कर दिया। अतः रमानाथ ने भी कुछ और पूड़ियाँ निकाल कर उसी प्लेट में रख लीं। अपने लिए दी गई मसाले तेल वाली सब्जी भी निकाल ली और दोनों खाना खाने लगे। कर्नल का खाना भी आ गया था। अतः वे दोनों भी अपना डिनर लेने लगे थे। खाना समाप्त होने पर रमानाथ ने सुकेशी का हाथ धुलाया। वे बाथरूम गईं, आकर अपनी दवाइयाँ लीं और उन्हें खाकर लेट गईं। रमानाथ ने भी सामान समेट कर बाथरूम में जाकर हाथ धोया और आकर वहीं सुकेशी के पास ही बैठ गए। धीरे-धीरे उनका सिर सहलाने लगे और सुकेशी सो गईं। अब रमानाथ ने भी ऊपर जाकर सोने का निश्चय किया। कर्नल ने दरवाजा बंद किया और वे भी ऊपर की बर्थ पर जाकर लेट कर कुछ पढ़ने लगे। रमानाथ को थोड़ी देर में ही नींद आ गई और वे सो गए।

प्रातः विशाखापत्तनम् में गाड़ी रुकी तो बेयरा झट से चाय दे गया। सुकेशी चाय की प्रतीक्षा ही कर रही थीं। रमानाथ का लटका हुआ हाथ हिलाकर चाय आ गई है की सूचना दी। रमानाथ झटपट उठकर बाथरूम गए। हाथ-मुँह धोकर आए तब सुकेशी चाय बना रही थीं। टोकरी से दो-चार बिस्कुट भी निकालकर रख लिए थे उन्होंने। दोनों ने चाय पी और ट्रे धीरे से रमानाथ ने नीचे रख दिया। सुकेशी की पुरानी आदत थी कि प्रातः की चाय पीने के बाद उन्हें कुछ क्षण रमानाथ की गोद में लेटना बहुत ही सुखकर लगता था। इसी मनसा से उन्होंने रमानाथ से इशारे से पूछा। रमानाथ ने तुरंत उन्हें खींचकर अपनी जाँघों पर लिटा लिया। गाड़ी अपनी मंजिल की ओर फिर चल पड़ी थी। सुकेशी के बालों में रमानाथ का हाथ अनायास ही फिरने लगा और वे इस आनन्दातिरेक में डूबी सो गईं।

मद्रास से काठपाडी और फिर बेलूर पहुँचे रमानाथ अपनी सुकेशी के साथ। राह की अनेक कठिनाइयाँ झेलती हुई सुकेशी थक गई थीं। लॉज में एक साधारण-सा कमरा लेकर रमानाथ ने उनके आराम करने की व्यवस्था कर दी। तुरंत थोड़ी खाने-पीने की चीज़ें खरीद कर रमानाथ लाए और दोनों खाकर लेट गए। पता नहीं क्यों अचानक रमानाथ को अपने पिताजी की याद आ गई और वे जैसे उन्हें देख रहे हों। पिताजी हमेशा की तरह धीर-गम्भीर तथा तटस्थ भाव से रमानाथ को समझा रहे थे। वत्स,

धीरज धर्म मित्र अरु नारी।
आपद काल परखिये चारी।।

तुलसीदास की इन अनुभव सिद्ध पंक्तियों से सीख लो, और अपने अनिश्चित तथा भयावह भविष्य का सामना करो। अपनी पत्नी की सच्ची निष्ठा से सेवा तथा उपचार

करो। इसी से तुम्हें संतोष एवं सुख मिलेगा। एक अद्भुत संवाद की स्थिति में रमानाथ पूरे मनोयोग से अपने पिता के शब्द सुनते रहे। उनका स्वरूप रमानाथ की आँखों के सामने ऐसा स्पष्ट दिख रहा था, मानों वे सचमुच सदेह पधारे हों। यह एक चौंका देने वाला अनुभव था, जिसने रमानाथ को अपने भविष्य के प्रति आगाह तो किया ही पर उससे भी बढ़कर अपना कर्तव्य निभाने की बेपनाह शक्ति एवं साहस भी दे गया।

तंद्रा टूटी, रमानाथ सामान्य-सी स्थिति में आ, बार-बार अपने पिता को प्रणाम कर उन्हें आश्वस्त करने हेतु कुछ बड़बड़ा रहे थे। उनका अपने आप से बातें करना, वह भी काफी ऊँची आवाज में, सुकेशी को झकझोर गया। वे नींद की पहली शुरुआती दशा में थीं। पति का यों बड़बड़ाना सुनकर सप्रयास उठ बैठीं। बोलीं, 'अभी आप सोये नहीं? किससे बातें कर रहे थे अकेले में। मैं तो सो गई थी।' रमानाथ की दशा देखकर वे काफी बेचैन हो उठीं। वस्तुतः रमानाथ को पता ही नहीं था कि जब से उन्होंने पिताजी को देखा है, उनके अश्रु रुके ही नहीं। वे न जाने किस लोक में विचरण कर रहे थे। सुकेशी ने घबड़ाकर उन्हें झकझोरते हुए पूछा, 'क्या हुआ? आप इतने परेशान क्यों हैं? आप रो क्यों रहे हैं?' रमानाथ ने अपने आप को सँभालते हुए कहा, 'अभी-अभी पिताजी आए थे, मैं उन्हीं से बातें कर रहा था।' सुकेशी ने ऐसी स्थिति में रमानाथ को पहले भी एकाध बार देखा था। अतः उन्हें समझने में देर नहीं लगी। उन्होंने रमानाथ को सो जाने की सलाह दी और पानी का गिलास आगे बढ़ा दिया। रमानाथ ने थोड़ा-सा पानी पिया, शेष सुकेशी पी गईं। और फिर दोनों एक-दूसरे से एकदम सटकर सो गए। ऐसा लगता था मानो उन्हें एक-दूसरे से अलग करने की हर कोशिश को वे नाकामयाब कर देंगे।

सुबह साढ़े आठ बजे रमानाथ तैयार होकर अस्पताल गए। प्रो. किरुबाकरन से मिलना जरूरी था। पिछले दिनों सुकेशी की डायलिसिस इत्यादि जो हुई है उसका लेखा-जोखा उन्हें देना था तथा आगे क्या करना होगा, उसकी एक रूपरेखा तैयार करनी थी। दस मिनट बाद ही प्रो. किरुबाकरन आ गए। उन्होंने रमानाथ को देखते ही केबिन में आने का इशारा किया। रमानाथ साथ-साथ ही उनके छोटे से कमरे में दाखिल हो गए। स्वयं बैठते हुए तथा रमानाथ को भी कुर्सी दिखाते हुए पूछा, 'हाऊ इज माई पेशेण्ट?' रमानाथ ने सहज-सा उत्तर दिया। सारा विवरण बताया। बेलव्यू में जितनी डायलिसिस लगी थी, सबका ब्योरा भी दिया। सम्बन्धित कागजात भी उनके सामने रख दिया। थोड़ी देर गौर करके उन्होंने पूछा, 'ह्वाट नेकस्ट?' रमानाथ ने तुरंत उत्तर दिया, 'ऐज यू डिसाइड।' और भी अनेक बातें होती रहीं। रमानाथ की छुट्टी, पेमेण्ट्स तथा किडनी डोनर इत्यादि संबंधित ढेर सारी बातें। अन्ततः उन्होंने पुनः सुकेशी की जिम्मेदारी लेने का वादा किया और रमानाथ को आदेश दिया कि वे आज ही तीन बजे सुकेशी को ले आएँ। वे उनका पूरा चेकअप करेंगे।

तीन बजने में दस मिनट कम ही थे जब रमानाथ सुकेशी को लेकर प्रो. किरुबाकरन की केबिन के बाहर पहुँच गए थे। वहीं सुकेशी को व्हील चेयर पर ही बैठाये पास ही खड़े रहे। प्रो. किरुबाकरन किसी अत्यंत व्यस्त तथा जिम्मेदार आदमी की तरह काम करते। वे लगभग यंत्रवत प्रातः साढ़े आठ बजे से शाम तक व्यस्त रहते। हर आदमी के लिए उनके पास समय था और हर समय उनके पास भरपूर काम। सार्थक जीवन जीने की कला उन्हें बखूबी आती थी। क्रोध तो उन्हें शायद कभी आता ही नहीं था। अतः उनके द्वारा दिये गए समय का पालन करना अत्यंत आवश्यक ही नहीं/वरन् अपने हित में भी होता था। क्योंकि अगर कोई लेट हो गया तो वे उसके लिए प्रतीक्षा नहीं करते। अपने अगले कार्य में लग जाते। लेट या विलम्ब से आने वाले व्यक्ति को डाँटते या कुछ कहते नहीं वरन् उसी शान्त मन से समय मिलने पर उसका भी कार्य करते।

समय के पक्के प्रो. किरुबाकरन लैब से झटके से निकले और अपनी केबिन की तरफ मुड़े तो उनकी निगाह व्हील चेयर पर बैठी सुकेशी पर पड़ी। सुकेशी ने अपने प्रिय डॉक्टर साहब को देखा तो स्वभावतः दोनों हाथ जुड़ गए। विनम्र पर भारी स्वर में उन्होंने नमस्कार किया।

प्रो. किरुबाकरन ने प्रयासपूर्वक हँसी लाते हुए नमस्कार का जवाब दिया और पाँच मिनट प्रतीक्षा करने को कहकर भीतर केबिन में घुस गए। आधे दर्जन लोगों को इंटरकाम से हिदायतें दीं, डॉ. हरिहरन को पेजर से सूचना दी और फिर सुकेशी को भीतर लाने की इजाजत। अगले पाँच मिनट भी, जो उन्होंने माँगे थे, बीत न पाये थे कि सारी टीम आकर उपस्थित हो गई। एक सीनियर नर्स ने आकर सुकेशी को ले जाने की इजाजत माँगी। रमानाथ तो इसी पल की प्रतीक्षा ही कर रहे थे। वे भी साथ हो लिए, पर भीतर केवल वही सीनियर नर्स, डॉ. हरिहरन तथा स्वयं किरुबाकरन के अलावा किसी और को आने की इजाजत नहीं मिली। ब्लड लेने को तैयार दो नर्सें, मूत्र लेने को दो नर्सें तथा दो नवयुवक डॉक्टर और रमानाथ सभी बाहर ही खड़े रहे। पता नहीं किस काम से एक स्वीपर (सफाई कर्मचारी) भी मौजूद था। लगभग पन्द्रह मिनट बाद डॉक्टर हरिहरन बाहर आये। रमानाथ से बोले, 'हम इन्हें भर्ती कर रहे हैं।' एक मिनट बाद ही नर्स बाहर आई। रमानाथ को रुपए जमा कराने हेतु दो स्लिपें दे गई।

रमानाथ सबसे नजदीक वाले कैश काउण्टर पर लपके। पूरे अस्पताल में दिन में आठ कैश काउण्टर काम करते थे, और रात में दो। हर एक काउण्टर पर लगभग हमेशा ही भीड़ लगी रहती। संयोग से जिस काउण्टर पर रमानाथ गए वहाँ दो-तीन और लोग ही थे। शीघ्र ही रुपया जमा हो गया। रसीद मिली, लेकर वापस आए तो सुकेशी वहाँ नहीं थी। सारे डॉक्टर वहाँ से जा चुके थे। सीनियर नर्स भी उनके साथ गई। पर मूत्र इकट्ठा करने के लिए आई एक नर्स ने बताया कि वे सब सुकेशी

के साथ ही चौथे तल पर एक प्राइवेट रूम में गए हैं। आप वहीं जा सकते हैं। भाषा की महत्ता वहीं समझ में आती है। इतनी-सी बात बताने में उस नयी लड़की को अनेक कठिनाइयाँ हुईं। पर रमानाथ किसी प्रकार अपना गंतव्य समझ चुके थे। शीघ्र ही उस रूम में पहुँचे तो सुकेशी को एक अच्छे कमरे में लेटा हुआ देखा और देखा कि नर्स उनके दाहिने हाथ से खून ले रही थी। खून ले लेने के बाद प्रो. किरुबाकरन ने उस नर्स से तमिल में कुछ कहा। उसने डमरू की ताल में सिर हिलाया और भागती हुई-सी बाहर चली गई।

रमानाथ ने सीनियर नर्स हंसा जी को रसीदें दीं। उन्होंने तुरंत इंटरकाम से रसीदों का नम्बर कई जगहों पर लिखा दिया। सारा काम यंत्रवत चलता रहा। प्रो. किरुबाकरन वहीं बैठ गए। डॉ. हरिहरन तथा अन्य दोनों डॉक्टरों को भी उन्होंने अपने-अपने काम पर जाने की इजाजत दे दी। पर सिस्टर हंसा को नहीं जाने दिया। रमानाथ ने पूछा, 'डॉक्टर सुकेशी कैसी हैं ?' उन्होंने कहा दो-चार मिनट प्रतीक्षा करें। कोई चिंता की बात नहीं है। अभी रिपोर्ट मिल जाएगी। तब स्पष्ट रूप से सही स्थिति का ज्ञान हो सकेगा। और मुड़ गए सुकेशी की ओर और उनसे बातें करने लगे। उन्हें बहुत ढाढस बँधाया और यह कहा कि जो कुछ भी सम्भव होगा वे सब कुछ करेंगे। आप चिंता न करें। आपके पति बहुत ही साहसी एवं बुद्धिमान व्यक्ति हैं। आपको भी उन्हीं की तरह साहसपूर्वक परिस्थिति का मुकाबला करना चाहिए। सुकेशी ने उनकी इस उत्साहवर्धक बात के लिए हाथ जोड़कर धन्यवाद दिया तो प्रो. किरुबाकरन ने उनके जुड़े हुए हाथ अपने हाथ में थाम लिए। अपनी टूटी-फूटी हिंदी में बोले, 'आप बहुत अच्छी हैं। आप एकदम चिंता न करें।' रमानाथ ने देखा कि डॉक्टर एवं सुकेशी में एक भावनात्मक रिश्ता कायम हो गया है। सुकेशी की सरलता थी ही संक्रामक।

डमरू की ताल पर सिर हिलाने वाली नर्स फिर दाखिल हुई। हाथ में एक कागज, जो शायद खून की जाँच का ब्यौरा होगा, उसने प्रो. किरुबाकरन की ओर बढ़ा दिया। कुछ क्षणों में प्रो. ने निर्देश पलंग पर लटके चार्ट में लिख दिये। रमानाथ से अंग्रेजी में बोले, 'चिंता की कोई बात नहीं है, कल डायलिसिस करा देंगे।' कलकत्ता की डायलिसिस से संतुष्ट नहीं लगे डॉक्टर। बाद में हंसा सिस्टर ने बताया कि सुकेशी के गालों पर जो सूजन थी उसी से डॉक्टर चिंतित थे। शायद यूरिया विशेष बढ़ गया होगा। पर रिपोर्ट उतनी खराब नहीं है। कल की डायलिसिस के बाद फिर से सब नार्मल हो जाएगा।

सिस्टर हंसा के हाथ में दवाइयों का छोटा-सा ट्रे। साथ में डॉ. हरिहरन थोड़ी देर बाद ही कमरे में आए। डॉ. हरिहरन सुकेशी को सिस्टर कहकर पहले से ही बुलाते थे। पर प्रो. किरुबाकरन के समक्ष उन्होंने इस प्रकार की कोई बात नहीं की। चार्ट देखकर मुस्कराकर बोले, 'कल ठीक कर दूँगा।' सिस्टर ने एक इंजेक्शन दिया,

दो गोलियाँ खिलाईं और रमानाथ से बोलीं, 'रिलैक्स प्लीज। नो प्राबलम। आठ बजे शाम को खाना आएगा। खिला दीजिएगा। यदि सम्भव हो तो आप यहीं रहिएगा।' रमानाथ तो चाहते ही यही थे। वे सुकेशी को एकदम अकेला छोड़ना नहीं चाहते थे। इजाजत मिल गई तो उन्हें खुशी हुई।

दूसरे दिन साढ़े आठ बजे दो आदमी तथा एक नर्स एक स्ट्रेचर लिये कमरे में दाखिल हुए। सुकेशी लगभग तैयार ही थीं। बाथरूम गईं और आ कर स्ट्रेचर पर लेट गईं। हर तीसरे दिन यह पाँच घंटे की सूली पर चढ़ाई और फिर दो-तीन दिन तक जीवित रह सकने का आश्वासन और फिर वही सूली...। मन मार कर और कोई रास्ता भी तो नहीं था, रमानाथ ने इस प्रक्रिया हेतु इजाजत दी थी। वे किसी भी कीमत पर सुकेशी को जितने दिन भी हो सके जीवित रखना चाहते थे। दो ढाई बजे वापस आईं तो काफी थकी हुई थीं। परंतु डॉ. हरिहरन के अनुसार अब वे ठीक हैं। कुछ खाकर लेट गईं। पास ही रमानाथ बैठे बातें करते रहे उनका मन बहलाने के लिए।

तीन-चार माह इसी प्रकार बीत गए। इस बीच रमानाथ ने सथुआचारी में एक मकान किराये पर ले लिया था। किडनी के बीमार को छूत से तुरंत गम्भीर खतरा पैदा हो सकता है। ऐसे रोगी बहुत ही नाजुक मिजाज हो जाते हैं। अतः उन्हें अस्पताल से पाँच किलोमीटर दूर एक साफ-सुथरी कालोनी में रखने की व्यवस्था की थी रमानाथ ने। वहाँ कई अन्य किडनी पेशेण्ट भी घर लेकर रहते थे। उनके घर से एक भतीजा तथा बहू आ गए थे। अतः खाने-पीने की कोई समस्या नहीं थी।

बनारस से एक डोनर (किडनी दाता जो दाता तो था परंतु निःस्वार्थ नहीं वरन् उसका मूल्य लेकर) भी आ गया था। वह भी वहीं रहता था। इस प्रकार पाँच प्राणियों का एक परिवार भी चलाना पड़ रहा था रमानाथ को। किडनी डोनर के भी अनेक टेस्ट कराने होते हैं और अन्ततः मदुराई ले जाकर बीमार तथा डोनर का टीसू मैच भी कराना पड़ता है। सारी प्रक्रिया बेहद महँगी एवं समय साध्य है। रमानाथ सब कुछ धैर्यपूर्वक करते जा रहे थे।

सरकार से एक बार फिर पच्चीस हजार रुपए आ गए थे। किसी प्रकार काम चल रहा था। पर इसी बीच रमानाथ एक चक्कर मारकर इटानगर से ऐसा आर्डर करा लाए ज़िसके तहत अस्पताल को यह निर्देश दिया गया था कि वह सुकेशी का इलाज करे और बिल सरकार के पास भेज दे। इस प्रकार रमानाथ हर समय हर टेस्ट तथा दवा या डायलिसिस के लिए रुपए की चिंता करने से मुक्त हो गए। पर अन्य खर्चे तो थे ही।

बहुत दिन हो गए बच्चों को देखे हुए। सुकेशी बच्चों की याद कर बहुत बेचैन हो जातीं। कभी-कभी तो घंटों रोती रहतीं और अपने भाग्य को कोसती रहतीं। उनकी यह पीड़ा रमानाथ से देखी नहीं जाती। अतः उन्होंने निश्चय किया कि वे अपने

बच्चों को एक बार बेलूर में ही बुला लेंगे। अचल से सम्पर्क स्थापित कर उन्होंने अवकाश होते ही सभी भाइयों को इटानगर से लेकर बेलूर आने को कहा। अचल स्वयं भी माँ को देखना चाहता था। रमानाथ का यह प्रस्ताव उसे अच्छा लगा। हालाँकि उसे बहुत ज्यादा यात्रा करनी पड़ रही थी फिर भी वह खुशी-खुशी राँची से, छुट्टी होते ही इटानगर गया। तीनों भाइयों के साथ बहुत-सा आवश्यक सामान साथ में लेकर मद्रास के लिए प्रस्थान कर गया। सफलतापूर्वक तथा सकुशल सारे सामानों के साथ अचल सथुआचारी रमानाथ के क्वार्टर के सामने तक आ पहुँचा। पूछने पर कि कोई दिक्कत तो नहीं हुई यहाँ पहुँचने में, हँसकर बोला, 'इतने बड़े ज्योग्राफर का बेटा हूँ। यह क्या कहीं भी जा सकता हूँ।'

बच्चों को पाकर सुकेशी बहुत खुश हुईं। उन्होंने एक-एक करके सबको प्यार किया और छोटे बेटे विजय को लेकर साथ ही लेट गईं। हालाँकि उनके पास किसी का भी सोना वर्जित था, परंतु रमानाथ ने ममता की इस देवी से उसका यह सुख छीनने की कोशिश भी नहीं की। महीनों बाद बच्चों को देख उन्हें भी काफी आनन्द मिला।

अचल अपने साथ ढेर सारा जरूरी सामान भी लाया था जिससे रहन-सहन में थोड़ी सुविधा बढ़ गई। स्कूटर जो तीसरे दिन जाकर काठपाडी से लाया था, काफी उपयोगी सिद्ध हुआ। रमानाथ के भतीजे ने बच्चों को साथ लेकर शहर तथा आसपास के दर्शनीय स्थलों का भ्रमण कराया। एक दिन उन्हें अस्पताल भी ले जाकर दिखा लाया। अस्पताल की विशालता तथा उसका यंत्रवत अहर्निश चलना सभी बच्चों को बहुत प्रभावित कर गया। वे संतुष्ट थे कि उनकी माँ का इलाज देश के ही नहीं वरन् विश्व के कुछेक विशालतम एवं प्राचीनतम अस्पताल में से एक में हो रहा है।

अचल एवं सजल ने एक-एक बोतल खून भी ब्लड बैंक में सुकेशी के खाते में जमा कराया। रमानाथ ने अचल को प्रो. किरुबाकरन से भी मिलाया। वे बहुत खुश थे यह जानकर कि वह अपनी माँ की इच्छानुसार भाइयों को लेकर बेलूर न केवल आया वरन् उनके खाते में एक बोतल खून भी दिया।

अचल तो अपनी किडनी देने को भी तैयार था परंतु जिस दृढ़ता से सुकेशी ने उसे ऐसा करने से मना किया, उसके बाद न तो रमानाथ और न कोई और ही यह साहस जुटा पाया कि यह बात और आगे बढ़ाये।

बच्चों के साथ कांचीपुरम जाने की योजना बनाई रमानाथ ने। बहुत खुश चारों भाई जाने को तैयार हो गए। पर जब यह जान पाये कि माँ नहीं जा सकती तब उनका उत्साह काफी ठण्डा पड़ गया। परंतु रमानाथ ने उन्हें समझाया कि वे तो अभी यहीं हैं। स्वस्थ होने पर उन्हें पुनः रमानाथ ले जा सकेंगे। उन्हें तो आज डायलिसिस पर भी जाना है। किसी प्रकार सब राजी हुए। कांचीपुरम में बच्चों ने खूब घूमा-फिरा और आनंदित हुए। अपने ढंग की अनुपम देव नगरी है कांचीपुरम।

हिंदू धर्म के श्रेष्ठतम पीठों में से एक। विशालमंदिर, तालाब एवं अनेक भव्य पुरानी इमारतें किसी भी आगन्तुक का सहज ही मन मोह लेती हैं। अपनी वास्तुकला तथा कांचीपुरम सिल्क की साड़ियों के लिए विख्यात यह धर्म पीठ दक्षिण भारतीय जन मानस का हृदय है।

घूमे फिरे। कुछ खाया-पिया और फिर शाम तक बेलूर लौट आए सभी। माँ प्रतीक्षा कर रही थीं। बच्चे खुश थे। और रमानाथ भी थोड़ी-सी तनावमुक्तता का अहसास कर रहे थे। छः रुपए किलो बिकने वाला अंगूर बच्चों ने रास्ते से ही खूब खाया। उन्हें अंगूर बहुत सस्ते लगे क्योंकि इटानगर में तो मिलते ही नहीं। और यदि कभी कोई लाया भी तो पचास रुपए किलो से कम तो प्रश्न ही नहीं उठता। अतः सब खूब खुश थे अंगूर की बहार देखकर। विजय को बेलूर का फूलबाजार बहुत अच्छा लगा। अनेक प्रकार के फूल ट्रक में लद-लद कर बाजार में लाये जाते। ऐसी व्यवस्था उत्तर के नगरों में तब नहीं थी। उसे प्रकृति प्रेमी होने के नाते बेलूर की फूलमंडी बहुत अच्छी लगी। काफी दिनों बाद तक इसका तथा अंगूरों का जिक्र करता था।

छुट्टियाँ समाप्त होने को आईं। रमानाथ बच्चों को मद्रास रेलवे स्टेशन तक छोड़ने गए। सकुशल बच्चे घर पहुँचें इसकी कामना करते हुए वापस आने की तैयारी में थे तभी वर्षा प्रारम्भ हो गई। इतनी मूसलाधार वर्षा हुई कि सारा आवागमन ठप हो गया। परंतु रमानाथ को तो बेलूर पहुँचना था। भीगते हुए पैदल ही बस स्टेशन गए। घुटनों तक पानी लगा था। रिक्शे इत्यादि चलने बन्द हो गए थे।

बस भी कोई जाने वाली न थी। पुनः रेलवे स्टेशन भीगते हुए वापस आए और काठपाडी जाने वाली गाड़ी की प्रतीक्षा करने लगे। बेलूर पहुँचे तब तक गीले कपड़ों में रमानाथ को छः घंटे बीत चुके थे। कँपकँपी के साथ बुखार हो आया। दो-तीन दिन बीमार रहे। पर तब तक बच्चे इटानगर पहुँच गए थे। उनके सकुशल घर पहुँचने का समाचार पाकर सुकेशी भी काफी खुश हुईं और रमानाथ भी धीरे-धीरे ठीक हो गए।

पति-पत्नी के जीवन में बच्चे बहुत महत्त्वपूर्ण संयोजक की भूमिका निभाते हैं। दोनों को दीर्घ काल तक जोड़े रहते हैं। हर माता-पिता अपने बच्चों से प्यार करते हैं पर रमानाथ दम्पति अपने बच्चों से कुछ विशेष प्यार करते दिखते थे। कई बार तो इनके इस प्यार को कई लोगों ने अनेक नाम दिये और कई लोगों ने तो इन्हें अपने बच्चों के लिए 'पागल' तक कह डाला। परंतु रमानाथ एवं सुकेशी को इस सबका कोई असर नहीं होता। सुकेशी कहती किसी को अपनी कोठी से प्यार है। किसी को अपने पद तथा गाड़ी पर घमंड है। पर मुझे अपने बच्चों से ही इन सब चीजों से बढ़कर प्यार है। रमानाथ के जीवन में भी बच्चे बहुत ही महत्त्वपूर्ण हैं। उनका जीवन भी इन्हीं चार बच्चों को समर्पित रहा। बाद में उनके जीवन में

एक बेटा जनार्दन पाण्डेय तथा एक बेटी सन्ध्या जिसे वे सोनू कहकर पुकारते, और जुड़ गए। अब रमानाथ का जीवन इन्हीं छः को अंतिम साँस तक समर्पित है। उनके परिवार में कुल सैंतालिस प्राणी हैं, उनमें उनके भाइयों की संतानें तथा उनके परिवार भी शामिल हैं। उनकी अपनी बहू तथा चार पोते-पोतियाँ भी हैं। सब पर उनका स्नेह रहता है। परंतु उपर्युक्त छः बच्चे जिन्हें वे अपना 'प्राणधन' कहते हैं, शायद आज भी उनकी प्राणवायु हैं। अतः जब रमानाथ को यह निश्चित सूचना मिल गई कि उनके बेटे इटानगर सही-सलामत पहुँच गए तो उन्हें बहुत अच्छा लगा।

षष्ठम आख्यान

लगभग सात माह बीत गए सुकेशी को डायलिसिस के सहारे जीवित रखा जा रहा था। परंतु यह कोई स्थायी समाधान नहीं इस समस्या का। अतः रमानाथ गुर्दा प्रत्यारोपण के लिए पूरी तरह से स्वयं तैयार हो चुके थे और सुकेशी को भी तैयार कर लिया था। इसमें विलम्ब था तो तीन बाह्य कारणों से। प्रथम, डोनर तथा बीमार के समस्त टेस्ट सम्पन्न कराने में विलम्ब। दूसरा, आपरेशन तिथि का निर्धारण तथा तीसरा गम्भीर आर्थिक संकट। रमानाथ इन तीनों समस्याओं पर अपना ध्यान केन्द्रित किए हुए थे। सारे टेस्ट तो अब लगभग सम्पन्न होने ही वाले थे। पर सबसे महत्त्वपूर्ण टेस्ट 'टीसू मैच' जो मदुरै जाकर कराना था, शेष रह गया था। उसके लिए रमानाथ ने तिथि निर्धारित कर सारे कागजात तैयार कराये, और सुकेशी तथा डोनर केदार को लेकर मदुरै (मदुरई) के लिए प्रस्थान कर गए। एक टैक्सी ली और स्वयं साथ जाकर टेस्ट कराके वापस आए। टीसू मैच का परिणाम सीधे प्रो. किरुबाकरन के पास बंद लिफाफे में पहुँच गया।

तिथि, प्रत्यारोपण हेतु, निर्धारित कराने में विशेष बाधा थी धन की कमी। उसके लिए रमानाथ प्रयासरत थे। चालीस हजार रुपए तो मात्र ऑपरेशन थियेटर का खर्च इत्यादि जमा करना था। इसके अलावा लगभग इतना ही रुपया और चाहिए था अन्य खर्चों के लिए। इसमें डोनर का रुपया भी शामिल था। इसी अस्सी नब्बे हजार रुपए की व्यवस्था में रमानाथ लगे हुए थे। यह एक बड़ी रकम थी। रमानाथ के सामने कोई रास्ता नहीं दिख रहा था।

चिंतामग्न रमानाथ अपने क्वार्टर में चटाई पर बैठे कुछ सोच रहे थे। उन्हें आज अपने आदर्श खोखले लग रहे थे। उनका मन उन्हें धिक्कार रहा था कि तुम्हारे खोखले आदर्श आज तुम्हारी पत्नी की जान नहीं बचा सकते। आज आवश्यकता है, अस्सी हजार रुपए की जो शायद सुकेशी को नया जीवन दे सकते हैं। धर्मभीरु रमानाथ का मन पुनः विद्रोह कर उठा। तो क्या पाप के रुपए से वे अपनी पत्नी

का इलाज कराते। ऐसे गंदे खयाल आज उनके मन में क्यों आ रहे हैं? क्या उनका विश्वास डगमगा रहा है? क्या वे अपनी सारी निष्ठा, ईमानदारी तथा देश के प्रति कर्तव्य परायणता को अपनी आज की स्थिति के लिए जिम्मेदार मान रहे हैं? रमानाथ का मन एक अजीब-सी उलझन में फँसा हुआ था। उनको यह पूर्ण बोध नहीं हो रहा था कि उन्होंने जो अपनी मातृभूमि की निष्ठा से सेवा की है, वह गलत था। उन्हें भी अन्य लोगों की तरह दुनियादार बनकर चलना चाहिए था। विचारों का बवंडर अपने पूरे वेग पर था, और रमानाथ का दिमाग इस व्यर्थ तथा दिशाहीन बवंडर से निकलने को तड़फड़ा रहा था। निर्णय लेने में ज्यादा देर नहीं लगी। उन्होंने साफ तथा अडिग मन से यह स्वीकार कर लिया कि उनका मार्ग ही ठीक था। भले ही आज वे भयानक अर्थ संकट का सामना कर रहे हैं पर इससे वे विचलित होकर अपने वर्षों के संचित पुण्य को व्यर्थ न मानें। अर्थ संकट का कोई न कोई हल अवश्य निकलेगा।

उसी रात लगभग साढ़े दस बजे रमानाथ चटाई पर लेटे इस समस्या के समाधान की तलाश में लगे हुए थे कि अचानक उन्हें अपने पुराने मित्र दिलीप परांजपे का ध्यान आया। उन्होंने निश्चय किया कि वे कल टेलीफोन से दिलीप से बात करेंगे। पता नहीं क्यों इस बात से उन्हें तत्काल ही बड़ी राहत मिली। उन्हें लगा कि उनकी समस्या का हल निकल आएगा।

दूसरे प्रातः तैयार होकर रमानाथ, हेड पोस्ट ऑफिस गए। मात्र वहीं से ट्रंक काल की जा सकती थी। बात हुई और बड़ी ही उत्साहवर्धक बात हुई। दिलीप ने पहले तो रमानाथ को डाँटा कि इतने दिन से भाभी बीमार हैं और उसे खबर तक नहीं दी रमानाथ ने। फिर कहा आप तुरंत बम्बई आ जाइए। हम सब मिलकर कुछ करते हैं। रमानाथ ने तय किया कि वे अगले ही दिन बम्बई के लिए प्रस्थान करेंगे। भतीजा देवेन्द्र तो था ही सुकेशी की डायलिसिस तथा सामान्य देख-रेख हेतु। अतः कोई खास दिक्कत नहीं थी उनके जाने में।

बम्बई में पुराने दोस्तों ने जो प्रेम एवं आत्मीयता दी वह रमानाथ के जीवन का अविस्मरणीय अनुभव बनकर रह गया। पहले रमानाथ ने दिलीप से मिलकर सारी स्थिति बताई। परेशानी की सघनता, स्थिति की गम्भीरता और रमानाथ की आर्थिक परेशानी का अंदाजा लगाने में दिलीप जैसे सच्चे मित्र को बहुत देर नहीं लगी। उन्होंने उससे भी आगे बढ़कर रमानाथ से उनकी तात्कालिक आवश्यकता का लेखा-जोखा लिया और रमानाथ को कहा आप आराम कीजिए। मैं शाम को आपको सारी योजना की रूपरेखा समझाऊँगा।

दिलीप ने ऑफिस जाकर अपने कुछ मित्रों से चर्चा की। कइयों से टेलीफोन से सम्पर्क किया और उन्हें रमानाथ की याद दिलाते हुए उनकी वर्तमान समस्या से अवगत कराया। शाँम चावला, अरुन परांजपे, किरीट सोमय्या एवं विजय कनितकर

इत्यादि सभी मित्रों से इसमें आगे आकर अपना सहयोग देने को कहा। सभी सम्भव सहायता देने को तैयार हो गए। शाँम ने दिलीप को तत्काल कहा, 'तुम अभी आकर मुझसे कुछ रुपए ले जाओ। क्योंकि मैं कल स्विट्ज़रलैंड जा रहा हूँ। आने के बाद मैं भाई रमानाथ से मिलूँगा।' दिलीप ने न जाने कैसे समय निकाला और वर्धमान चैम्बर्स में जाकर शाँम से मिले। शाँम ने उनसे पूछा, 'कितना रुपया लगेगा, भाभी के इलाज में?' दिलीप ने अपना अनुमान किया हुआ आँकड़ा शाँम को बताया। 'यह रुपया कैसे ले जाओगे?' दिलीप के सामने अस्सी हजार रुपया रखते हुए शाँम से पूछा? दिलीप ने स्पष्ट कहा, 'रमानाथ भाई को रुपए के अलावा सभी की शुभकामना एवं स्नेह भी चाहिए, बात केवल रुपए तक ही सीमित नहीं।' टेबल पर से दस हजार रुपए की गड्डी लेकर दिलीप ने अपने ब्रीफकेस में रखते हुए कहा, 'शेष रुपए रख दो, जरूरत होगी तब मैं कहूँगा।' दिलीप की योजना थी कि इसी बहाने हम सभी पुराने मित्र एक मंच पर आ सकेंगे। अतः वे ज्यादा से ज्यादा मित्रों को इस कार्य में शामिल करना चाहते थे। शाँम ने कहा, 'मैं छः-सात दिनों के लिए बाहर जा रहा हूँ। इस बीच भाई साहब को तकलीफ न होने पाये।' दिलीप का भावुक चेहरा देखकर शाँम सहम गया। उसे लगा कि कहीं दिलीप की भावना को उसकी बात से ठेस लगी है। उसने तत्काल दिलीप को मनाने के लहजे में कहा, 'तू तो अभी भी बच्चों की तरह भावुक हो उठता है। मैं तो इतना ही कह रहा था कि संयोग से मैं एक सप्ताह देश से बाहर रहूँगा। इस बीच अगर तुम लोग मुझसे कुछ और अपेक्षा करोगे तो मैं तुम्हारी उम्मीदों पर खरा न उतरं सकूँगा।' खैर, उसने तुरंत दिलीप से क्षमा माँगी और 'आकर मैं तुमसे सम्पर्क स्थापित करूँगा,' कहते हुए उठ खड़ा हुआ। शाँम की व्यस्तता का भरपूर अंदाज था दिलीप को। अतः वह भी झट उठे। दोनों लिफ्ट की ओर लपके। नीचे उतरकर दिलीप ने शाँम को धन्यवाद कहना चाहा तो शाँम ने उन्हें सीने से लगाते हुए कहा, 'मैं तो तुम्हारे जैसे दोस्त पर गर्व करता हूँ।' 'लज्जित न करो', कहता हुआ अपनी बुलेट प्रूफ इम्पाला में धँस गया। दिलीप भी पास ही खड़ी अपनी फियेट पद्मिनी में बैठ स्वयं चलाते हुए न्यू चरनी रोड की ओर मुड़ गए।

आठ बजे के आसपास दिलीप घर पहुँचे। चाय के एक बेहतरीन दौर के बाद दिलीप ने सारी योजना बताई और शाँम से उसके ऑफिस में भेंट हुई थी यह भी बताया। दस हजार रुपए देते हुए दिलीप ने बताया कि शाँम कल स्विट्ज़रलैंड चले जाएँगे। रमानाथ को अपने पुराने मित्रों की याद आती रही। वे एक-एक करके सबों के बारे में पूछते गए। दिलीप ने सबसे सम्पर्क स्थापित करने की कोशिश की थी। परंतु सोमय्या एवं कनितकर जो शहर से बाहर थे, से सम्पर्क नहीं हो पाया। उनके लिए भी उन्होंने संदेश छोड़ रखा है। वापस आकर वे दिलीप को सूचित करेंगे।

दूसरे दिन दिलीप ने ढेर सारा काम स्वयं के लिए रखा पर एक दो लोगों से

मिलने के लिए रमानाथ को भी जाना था। चार-पाँच दिन में ही रमानाथ की पुरानी मित्र मंडली ने पचास हजार रुपए इकट्ठा कर उसका ड्राफ्ट बनवाकर दिलीप के हाथों रमानाथ के पास भेज दिया। और रुपए का प्रबंध भी हो जाएगा, यह आश्वासन भी दिया। वैसे तो शाँम, सोमय्या और चोकसी में से हर एक ने स्वयं ही इलाज का शेष सारा खर्च उठाने का प्रस्ताव रखा। पर दिलीप जो उस संस्था के संचालक हैं, उन्हें यह स्वीकार नहीं था। वे चाहते थे कि रमानाथ के पुराने सभी मित्र एवं परिचित अपनी इच्छा से इस कार्य में सहयोग करें। अतः उन्होंने किसी एक से पूरा रुपया लेना उचित नहीं माना। वे तो इसी बहाने सब की शुभकामना भी चाहते थे।

दिलीप की पत्नी दाक्षा जी न केवल एक सुयोग्य गृहिणी हैं वरन् एक दक्ष माँ एवं प्रिय सहचरी हैं। उनके दो बच्चे सुप्रिया एवं अभिजीत को एक नजर देखने मात्र से यह स्पष्ट हो जाता कि वे किसी सुयोग्य एवं ममता भरी माँ की कुशल देखरेख का प्रतिबिम्ब हैं। सौन्दर्य की प्रतिमा सुप्रिया कालेज तथा अभिजीत कक्षा आठ में पढ़ता था। खूब खुशहाल परिवार की यदि कोई महान् लेखक या कवि कल्पना करना चाहे तो उसे दिलीप का परिवार देखना चाहिए। दिलीप कोई सोमय्या, शाँम या चोकसी की भाँति करोड़पति तो नहीं थे पर गरीब भी नहीं। उनके उच्च विचार से सहस्त्रों लोग प्रभावित थे। वस्तुतः वे ही इस बिखरी हुई मित्र मंडली के सूत्रधार थे। घर परिवार का संचालन तो दाक्षा जी के कुशल हाथों में ही रहता। इसी कुशल गृहिणी की देखरेख में रमानाथ पाँच-छः दिन रहकर बेलूर वापस आ गए।

अब रमानाथ को ऑपरेशन के लिए तिथि लेने में कोई बाधा नजर नहीं आ रही थी। उनके पास पर्याप्त रुपया इस तात्कालिक समस्या से निपटने के लिए उपलब्ध था। अतः उन्होंने अब और समय नष्ट किए बगैर अपनी पत्नी सुकेशी का ऑपरेशन कराने तथा प्रत्यारोपण कराके उन्हें इस डायलिसिस की प्रताड़ना से बचाने का निश्चय किया।

दूसरे दिन सुकेशी की डायलिसिस थी। रमानाथ ने सोचा कि पत्नी को डायलिसिस पर भीतर भेजकर वे प्रो. किरुबाकरन से मिलेंगे तथा उनसे शीघ्र ही ऑपरेशन की तिथि निर्धारित करने का अनुरोध करेंगे।

सुकेशी भीतर चली गईं तब रमानाथ अपनी योजनानुसार प्रो. किरुबाकरन के केबिन में गए। संयोग से प्रो. मौजूद थे। उनके सामने एक भद्र-सी महिला बैठी किसी समस्या पर बात कर रही थीं। प्रो. किरुबाकरन की निगाह रमानाथ पर पड़ी तो उन्होंने तत्काल उन्हें बुला लिया और बैठ जाने का इशारा करते हुए कुछ लिखने लगे। चार-पाँच मिनट बाद वह नोट उन्होंने उन भद्र महिला को दिया और कुछ तमिल में समझाया। वे उठीं और सादर नमस्कार कर बाहर चली गईं। तब प्रो. किरुबाकरन ने रमानाथ से पूछा, 'हाऊ इज माई पेशेण्ट?'

कुछ सामान्य चर्चा होती रही और फिर अवसर देखकर रमानाथ ने अपनी योजना बताई। उन्होंने कहा कि अब वे चाहते हैं कि सुकेशी का ऑपरेशन हो जाए।

प्रो. किरुबाकरन ने कहा, 'ठीक है वे आज ही सुकेशी का फाइनल चेकअप आरम्भ कर देने को कहेंगे।' रमानाथ को उन्होंने कहा कि आप चालीस हजार रुपए जमा करा दें। फिर वे यूरोलॉजी विभाग तथा ऑपरेशन थियेटर से सम्पर्क स्थापित कर ऑपरेशन की तिथि निश्चित करेंगे। साथ ही साथ उन्होंने चार बोतल खून भी तैयार रखने की हिदायत दे डाली।

ब्लड बैंक से पता करने पर पता लगा कि सुकेशी के खाते में अभी दो बोतल खून है। अतः मात्र दो बोतल और खून जमा होने पर ऑपरेशन कराया जा सकेगा। बच्चे, भतीजा तथा स्वयं रमानाथ भी खून समय-समय पर देते रहे थे। स्वयं अपना खून देना सम्भव नहीं था क्योंकि गत माह ही तो रमानाथ एवं देवेन्द्र ने एक-एक बोतल खून दिया था। बीच-बीच में सुकेशी को खून चढ़ाना पड़ता था। शिक्षक रमानाथ ने इस समस्या का हल शिक्षक के रूप में ही निकाला। बेलूर में एक नया इंजीनियरिंग कालेज खुला था। रमानाथ ने वहाँ जाकर प्राचार्य से बात की और उनके आह्वान पर छः नवयुवक रक्त दान करने को तैयार हो गये। रमानाथ ने उनमें से चार को रक्तदात हेतु अपने साथ ले लिया। प्राचार्य को धन्यवाद देकर वे लोग सी. एम. सी. पहुँचे। चारों नवयुवकों ने सहर्ष रक्तदान किया। अब सुकेशी के खाते में छः बोतल रक्त विद्यमान था। नवयुवक छात्रों को एक-एक गिलास मौसमी का जूस पिलाकर सस्नेह सधन्यवाद रमानाथ ने कृतज्ञ मन से विदा करना चाहा तभी उनमें से एक बेलू ने आग्रहपूर्वक कहा, 'मैं अपनी प्रिय सिस्टर को देखना चाहता हूँ जिसके लिए मैंने रक्तदान किया है।' रमानाथ इसी मानवीय पक्ष पर ध्यान न दे सके थे। इस पर उन्हें ग्लानि हुई। उन्होंने विनम्र स्वर में खेद व्यक्त करते हुए चारों को साथ ले लिया। नेफ्रोलॉजी वार्ड में ले जाकर उन चारों का सुकेशी से परिचय कराया तथा उन्हें बताया कि इन नवयुवक भाइयों ने तुम्हारे लिए रक्तदान किया है और वे तुमसे मिलना चाहते हैं। सुकेशी भावुक हो उठीं। उन्होंने उन सबों को बारी-बारी से प्यार भरा आशीष दिया। सभी उनकी निश्छलता तथा विनम्रता से प्रभावित हुए और नमस्कार कर प्रस्थान करने को उद्यत हुए तभी रमानाथ ने कहा चलिए आप सबको बाहर तक छोड़ आएँ। यह आवश्यक था अन्यथा उन्हें सुरक्षाकर्मी परेशान कर सकते थे। बेलू ने कहा, 'सर, हमें कोई परेशानी नहीं होगी।' फिर भी रमानाथ साथ गए और मेन गेट से दो रिक्शे बुलाकर उन्हें इंजीनियरिंग कालेज ले जाने को कहते-कहते पाँच रुपए भी दे दिये। नवयुवकों ने मना किया पर रमानाथ ने इतना करना अपनी प्राथमिक जिम्मेदारी समझी। रिक्शे चले गए। रमानाथ ने दूर जाते हुए रिक्शे से मुड़कर देखते हुए बेलू को हाथ हिलाकर एक बार फिर कृतज्ञता ज्ञापित की और फिर अस्पताल की ओर मुड़ गए।

कल सुकेशी के सारे टेस्ट्स पूरे हो जाएँगे। इन्हीं के परिणामों पर निर्भर करता है ऑपरेशन। यदि सब कुछ सामान्य होगा तब तो तिथि जल्दी मिल जाएगी। अन्यथा

समय लगेगा। पहले डॉक्टर उस कमी को दूर करने हेतु उपचार करेंगे फिर टेस्ट करके प्रमाणित करेंगे कि अब पेशेण्ट ठीक है ऑपरेशन हेतु, तभी नयी डेट (तिथि) मिलेगी। टेस्ट की सारी प्रक्रिया पूरी हुई और सुकेशी को अस्थायी तौर पर डिस्चार्ज कर दिया डॉक्टर हरिहरन ने। रमानाथ उन्हें अपने क्वार्टर पर लाए। उनकी देखभाल की समुचित व्यवस्था तो थी ही। समय-समय पर डायलिसिस हेतु सी. एम. सी. ले जाना पड़ता था।

सारे टेस्ट्स के परिणाम आ गए। हीमोग्लोबिन कम था। अन्य सारी चीजें सामान्य थीं। अतः निश्चय किया गया डॉक्टरों द्वारा कि सुकेशी को आयरन टेबलेट के बजाय इनफेरोन इंजेक्शन दिये जाएँ ताकि शीघ्र हीमोग्लोबिन की मात्रा सामान्य हो सके। रमानाथ ने सथुआचारी में ही एक प्राइवेट नर्स से सम्पर्क कर सात इंजेक्शन लगवाए। तत्पश्चात् पुनः हीमोग्लोबिन टेस्ट हुआ। लगभग सामान्य हो चुका था। अतः डॉक्टरों ने प्रो. किरुबाकरन से बात करने की योजना बनाई ताकि वे उचित तिथि निर्धारित करवा सकें।

सभी एक साथ ही प्रो. के केबिन में पहुँचे। प्रो. को इस विषय में सारी सूचना पहले से ही थी। उन्होंने पूछा हीमोग्लोबिन आज कितना है? डॉक्टर हरिहरन ने सही स्थिति बताई। प्रो. किरुबाकरन इसके पहले ही यूरोलोजी तथा थियेटर के संचालक से बात करके डेट फाइनल कर चुके थे। वे भी इसी उम्मीद में थे कि हीमोग्लोबिन नार्मल हो जाएगा और तिथि की घोषणा कर देंगे। उन्होंने डॉक्टर हरिहरन को तिथि बताते हुए कहा, 'गो एहेड।' डॉक्टर ने आकर रमानाथ को बताया। तिथि निर्धारित हो जाने के बाद रमानाथ ने अपने बड़े बेटे अचल को खबर देने का निश्चय किया। वे चाहते थे कि कम से कम अचल तो उस समय बेलूर में हो। खबर मिलते ही अचल आ गया।

समय से सुकेशी को ऑपरेशन के लिए भर्ती करा दिया गया। ऑपरेशन से एक रात पहले केदार (डोनर) को भी भर्ती करा दिया गया। इस ऑपरेशन की जटिलता का एहसास तथा समस्या की गम्भीरता का अनुमान सामान्य आदमी के लिए लगा पाना अत्यंत कठिन है। यही एक मात्र ऑपरेशन है जिसमें एक बीमार आदमी को बचाने के लिए एक एकदम स्वस्थ आदमी को भी उतना ही गम्भीर ऑपरेशन झेलना पड़ता है जितना कि रोगी को। केदार की मानसिक स्थिति का रमानाथ को ज्ञान था। पर कोई उपाय नहीं था। अतः वे जितनी लगन के साथ सुकेशी की देखभाल कर रहे थे उतनी ही चाहत के साथ केदार की भी देखभाल कर रहे थे। केदार का मनोबल उच्च बना रहे, उसमें भी दाता का गर्व भरा सुख अनुभूत होता रहे इसकी रमानाथ को विशेष चिंता थी। क्योंकि वे नहीं चाहते थे कि केदार को ऑपरेशन के बाद कोई कष्ट हो। वह कष्ट फिर चाहे शारीरिक, मानसिक या आर्थिक किसी प्रकार का हो इसके लिए रमानाथ सतर्क भी थे और सचेष्ट भी।

अचल समय से आ गया। अस्पताल में माँ से मिलने गया। दोनों का मिलन एक अद्भुत मर्मस्पर्शी दृश्य था। महीनों से अपने प्राणधन अचल से सुकेशी मिल नहीं पाई थी। अचल भी मजबूरी वश बी. आइ. टी. में रहता, पढ़ता तथा खाता-पीता जरूर था पर उसका मन भी सदैव अपनी माँ पर ही लगा रहता। उसका कोमल तथा भावुक मन हर क्षण अपनी माँ को स्वस्थ देखने को तरसता रहता। हमेशा अपनी बाल सुलभ कल्पना में अपने को इंजीनियर के रूप में माँ के सामने प्रस्तुत करने की योजनाएँ बनाया करता। पर जब माँ की भयानक बीमारी का खयाल हो आता तब अचल बेचैन हो जाता। उसे कभी-कभी लगता कि मेरी प्यारी माँ मुझे इंजीनियर के रूप में देख भी पाएगी या नहीं? वह हमेशा अपनी माँ की ममतामयी छाया अपने सर पर देखना चाहता था।

सुकेशी को अपने इस बड़े बेटे की शादी करने का बड़ा अरमान था। जब वह कक्षा आठ में पढ़ता था तभी उसके मामा अपने पड़ोस के 'बहुत बड़े आदमी' की लड़की का रिश्ता अपनी अगुआई में ले आए थे। रमानाथ के पिता भी तब जीवित थे। उनकी भी लगभग मौन तथा अप्रत्यक्ष स्वीकृति रमापति (अचल के मामा जी) प्राप्त कर चुके थे। अपनी बहन सुकेशी को तो उन्होंने काफी प्रभावित कर रखा था। लगता था कि अचल की शादी हो ही जाएगी। जब रमानाथ को इस बात का पता लगा तो उन्होंने बड़ी ही विनम्रता से अपने पिता को समझाया कि अचल अभी बच्चा है। अभी उसकी शादी करना न केवल अनुचित है वरन् एक अक्षम्य अपराध भी है। रमानाथ ने अपने जीवन का साक्ष्य देकर अपने पिता को यह समझाने का प्रयास किया कि आपकी इसी प्रकार की भूल का परिणाम है रमानाथ का अधूरा जीवन। कृपया ऐसे और अपराध या पाप अब आप न करें। रमानाथ के पिता एक सहृदय, विवेकशील पर धर्मभीरु पुरुष थे। उनकी समझ में सारी बात आ गई। उन्होंने रमापति तथा उनके साथ आए पंडित जी, जिनकी लड़की थी, को बुलाकर सारी बात समझाकर कह दिया कि बच्चा अभी छोटा है। उसे आगे बहुत पढ़ना-लिखना है अतः अभी शादी नहीं की जा सकती। रमानाथ ने सुकेशी को बहुत देर तक बहुत से दृष्टान्त देकर समझाया था। वे ममता के हृदय पर, पत्थर रखकर मान तो गई थीं पर उनकी लालसा दबी रह गई थी। आज जब वे स्वयं को मृत्यु एवं जीवन के बीच झूलती हुई पा रही थीं तो उनका मन फिर एक बार अपने लड़के को दूल्हा बने हुए देखने को ललचा उठा था। उनकी कल्पना में एक ऐसी सुन्दर सुघड़ बहू थी जिसे वे लाएँ तो बहू बनाकर पर रखें बेटी की तरह। वे अपनी बहू में बेटी के लिए अतृप्त ममता को भी पोषित करती रहती थीं। रमानाथ ने उन्हें आश्वासन दिया कि वे दोनों ही प्राणी अपनी बड़ी बहू को बेटी का प्यार देंगे तथा उसमें अपने जीवन की इस महत्त्वपूर्ण कमी को पुष्पित एवं पल्लवित होते देखेंगे। रमानाथ को अपनी पत्नी से किया गया वादा याद रहा।

अचल से बहुत देर तक बातें करती रहीं। अचल अपनी माँ के लिए शुद्ध अवधी में बातें करता। रमानाथ को अपने इस लाडले बेटे पर जहाँ अपार प्यार आता, वहीं उसकी इस निश्छल, स्नेहिल एवं दुनियादारी से दूर व्यवहार पर बड़ा गर्व भी। उसे माँ से सीखी हुई अपनी मातृ भाषा अवधी बोलने में कोई हिचक या संकोच नहीं होता। वह सहज भाव से माँ की गोद में सिर रखे न जाने कब तक बातें करता रहता पर तभी डॉ. हरिहरन के साथ एक नर्स तथा दो-तीन जूनियर डॉक्टर पधारे। उन्हें देखकर अचल सँभलकर बैठ गया। डॉक्टरों को उचित सम्मान देते हुए कमरे में एक किनारे खड़ा हो गया। नर्स ने कुछ खून लिया। डॉक्टरों ने कुछ सामान्य-सी जाँच की तथा उनकी मानसिकता का अंदाज लगाने के खयाल से उनसे बातें करते रहे। डॉ. हरिहरन को तो सुकेशी भाई बना ही चुकी थी, अतः सारी बातें उनसे बड़े खुलेपन के साथ करतीं। डॉक्टरों में वह ही ऐसे थे जो लगभग नब्बे प्रतिशत बातें सुकेशी की समझ भी पाते थे।

जाते-जाते डॉ. हरिहरन ने अचल की ओर इशारा करते हुए पूछा यह कौन है। सुकेशी ने सप्यार जवाब दिया, 'भाई साहब यही मेरा सबसे बड़ा बेटा है।' फिर एकाध बातें और कर रमानाथ को बताने लगे कि कल ऑपरेशन साढ़े नौ बजे से होगा। आप उन्हें तैयार रखेंगे। एकदम शाम को प्रो. किरुबाकरन भी आए। सामान्य हालचाल पूछ कर सुकेशी को सीधे समझाया कि कल उनका ऑपरेशन होगा। सुकेशी को इससे कोई परेशानी नहीं हुई क्योंकि रमानाथ बार-बार इस विषय में बातें करते रहते थे। उन्हें किसी प्रकार का भय न लगे तथा वे मानसिक तौर से ऑपरेशन के लिए पूरी तरह तैयार हो जाएँ इसी खयाल से रमानाथ उन्हें अकसर समझाते रहते। अतः वे तैयार ही नहीं वरन् खुश भी थीं।

उनका हौसला तथा मनोबल देखकर प्रो. किरुबाकरन बहुत खुश थे। 'बेस्ट आफ लक' कहते हुए वे बाहर चले गए। अब अचल आकर फिर माँ के पास बैठ गया। माँ से अपने कुछ गीत गाने का आग्रह करने लगा। सुकेशी काफी अच्छा लोकगीत गाती थीं परंतु अब उनका स्वास्थ्य ठीक नहीं था। अतः उन्हें गाने में साँस लेने में कठिनाई होने लगती थी। पर आज जब उन्होंने अपने बच्चे का अनुरोध सुना तो वे गाने को तैयार हो गईं। अचल तुरन्त अपनी योजनानुसार माँ के गीत रिकार्ड करने हेतु टेप लेकर रिकार्डर में डाला और उसे चालू कर माँ से बोला, 'हाँ माँ अब गा दो।' सुकेशी ने दो-तीन गीत गाये। अचल ने उन्हें फिर वे गीत उन्हीं की आवाज में सुनाये तो बड़ी प्रसन्न हुईं। इसी बीच रमानाथ ने उनसे एक विवाह गीत गाने को कहा और यह वादा किया कि उनका गाया विवाह गीत उनके हर बेटे की शादी में गाये जाने वाला प्रथम गीत होगा। अर्थात् उस गीत के बजने के बाद ही अन्य शुभ गीत प्रारम्भ किए जाएँगे। उन्हें अपने पति पर शतप्रतिशत विश्वास था। रमानाथ ने भी उनसे आजीवन एकनिष्ठ प्यार किया था। इस विश्वास के आधार पर कि

वे इस गीत को हर शादी में पहले बजाने को कहेंगे, उन्होंने एक बड़ा ही प्यारा श्री रामचन्द्र के विवाह गीतों में से एक गाया। दम फूल रहा था पर वे सप्रयास पूरा गीत गाकर ही मानीं। अचल ने बड़ी ही सावधानी से उसे रिकार्ड किया। रमानाथ को अपने वादे भूलते नहीं और वे दो बार इस गीत को बजवा चुके हैं। भविष्य में भी अपनी पत्नी को दिया गया वादा निभाने का उनका दृढ़ निश्चय है। अजय एवं विजय की शादी में पुनः यह गीत बजेगा और फिर आगे के सभी कार्यक्रम आरम्भ हो सकेंगे।

रात काफी हो गई थी। सुकेशी का खाना भी आ गया। उन्हें अपने सामने ही खिलाकर रमानाथ तथा अचल सथुआचारी के लिए प्रस्थान करेंगे ऐसा मन में सोच रखा था। डोनर केदार के भी खानपान की उचित व्यवस्था हो इसका भी रमानाथ विशेष खयाल रखे हुए थे। सुकेशी ने खाना खाया और फिर अचल के साथ रमानाथ अपने कृपालु किडनी दाता के पास गए। उन्हें भी संतुष्ट तथा शारीरिक एवं मानसिक तौर पर तैयार पाया और तब दोनों देर रात सथुआचारी लौटे।

सप्तम आख्यान

आज रमानाथ के जीवन का एक महत्त्वपूर्ण दिन है। वे प्रातः उठकर दैनिक क्रिया से निपटकर स्नानादि करके मंदिर गए। अपने मन की शांति एवं सुकेशी के ऑपरेशन की सफलता हेतु भगवान से प्रार्थना की। भतीजे देवेन्द्र तथा बेटे अचल को भी समय से तैयार होकर सी. एम. सी. पहुँचने का आदेश दे तैयार हो चुके थे। सबने कुछ नाश्ता किया और अस्पताल के लिए चल पड़े। सुकेशी को भी नर्स ने तैयार कर लिया था। उन्हें रमानाथ ने भगवान का प्रसाद दिया। उन्होंने बड़ी श्रद्धा से प्रसाद ग्रहण किया। उनका मन काफी खुश था। वे जैसे चिंता मुक्त थीं। भय मुक्त थीं और शीघ्रातिशीघ्र ऑपरेशन कराके इस असहनीय वेदना से भी मुक्त होने को उद्यत थीं।

उन्होंने अचल से बात की। उसे समझाया कि वह अपनी पढ़ाई ठीक से करता रहे। उनकी चिंता न करे। उनकी देखभाल के लिए तो उसके पिता हैं ही। उनके रहते उन्हें कोई तकलीफ नहीं हो सकती। फिर उन्होंने भतीजे देवेन्द्र से बातें कीं। उसे भी अपनी शुभकामना एवं आशीष दिया। फिर इटानगर में पड़े अपने तीनों बच्चों को याद करके भावुक हो उठीं। उन्हें शायद एक क्षण को लगा कि वे अब अपने उन बच्चों से नहीं मिल पाएँगी। उन्होंने रमानाथ से प्रार्थना की कि वे उनका ख्याल रखेंगे यदि उन्हें कुछ हो जाए तो। वस्तुतः हर प्रकार से तैयार होते हुए भी मन शंकित हो रहा था उनका। क्योंकि उन्होंने भी सुना था कि यह एक कठिन तथा

बहुत बड़ा ऑपरेशन होता है। रमानाथ ने उन्हें पूरा भरोसा दिलाया कि वे शीघ्र ठीक होकर अपने बच्चों के पास चलेंगी। वे अपना धैर्य एवं विश्वास बनाए रखें। सुकेशी शांत हो गईं।

स्ट्रेचर लिये हुए दो नर्सों ने प्रवेश किया। उन्हें बाथरूम जाने की हिदायत दी। और वापस आने पर स्ट्रेचर पर लेट जाने को कहा। सुकेशी ने वैसा ही किया। रमानाथ देवेन्द्र तथा अचल सभी उनके स्ट्रेचर के साथ-साथ ऑपरेशन थियेटर के प्रथम कक्ष तक गए। अचल ने माँ को प्रणाम किया, देवेन्द्र ने प्रणाम किया तथा रमानाथ ने उनके माथे पर हाथ फेर कर अपनी चिर-परिचित विधा से उन्हें आश्वस्त किया। सुकेशी ने हाथ जोड़कर रमानाथ को प्रणाम करते हुए कहा कि यदि कोई भूल-चूक हुई हो तो क्षमा करेंगे तथा अपने बच्चों का खयाल करेंगे। रमानाथ ने आश्वासन दिया, वादा किया तथा उन्हें जाते-जाते अपने हाथों का सहारा दिया। उनका माथा सहलाकर प्यार भरी विदा दी।

सुकेशी भीतर चली गईं। सी. एम. सी. के थियेटर में एक समय पर अट्ठारह ऑपरेशन होते रहते हैं। सारा का सारा कार्य यंत्रवत चलता रहता है। कहते हैं उस थियेटर से अब तक कोई मृत व्यक्ति (लाश) बाहर नहीं आया था। उसे बहुत ही शुभ माना जाता था। रात-दिन बारह महीने काम करने वाले इस थियेटर की अपनी गाथा है। अपना एक अद्भुत इतिहास है। उन्नीस सौ छत्तीस से प्रारम्भ यह ऑपरेशन थियेटर अब तक अनगिनत लोगों को प्राणदान दे चुका है। आज सुकेशी भी अपने दाता केदार के साथ इसी ऑपरेशन थियेटर में प्रवेश पा चुकी हैं। रमानाथ को विश्वास था कि सुकेशी का ऑपरेशन भी सफल होगा। उनका धैर्य एवं आत्मविश्वास दोनों आज कसौटी पर लगे थे। रमानाथ भयमुक्त थे पर अचल चंचल था। उसका मन काफी अस्थिर तथा व्यग्र था। अतः रमानाथ ने उसे समझाने का प्रयास किया। देवेन्द्र तथा अचल दोनों को बाहर जाकर घूम आने तथा कुछ खा-पीकर आने का आदेश दिया। उनका खयाल था कि बाहर शहर में जाने से अचल का मन कुछ बहल जाएगा। पर वह तत्काल जाने को तैयार न हुआ। वहीं ऑपरेशन थियेटर के सामने पड़ी बेंच पर सभी बैठ गए।

अब बैठे-बैठे प्रतीक्षा करने तथा मन ही मन ईश्वर से सुकेशी के कल्याण हेतु प्रार्थना करने के सिवाय कोई और काम न था। बहुत से और रोगियों के परिजन भी वहीं बैठे अपने-अपने रोगी के बाहर आने की प्रतीक्षा कर रहे थे। रमानाथ के बगल में ही एक भद्र महिला बैठी थीं। उन्होंने रमानाथ की बेचैनी देखी तथा बार-बार अपने बेटे को सहारा देते समझाते देखा तो उनसे रहा न गया। उन्होंने रमानाथ से पूछा कि क्या अभी-अभी आपकी पत्नी भीतर गई हैं। रमानाथ ने हाँ में जवाब दिया तब उन्होंने बड़े भरोसे तथा विश्वास भरे शब्दों में कहा, 'इस थियेटर से रोगी ठीक होकर बाहर आता है। ऐसी मान्यता है। देखिए न मैं भी बैठी प्रतीक्षा कर रही हूँ

अपने पति के बाहर आने की। उन्हें दिमाग में ट्यूमर था उसी का ऑपरेशन आज हो रहा है। वे प्रातः चार बजकर तीस मिनट पर भीतर गए हैं। लगभग छः घंटे होने वाले हैं। पर मैं धैर्यपूर्वक उनकी प्रतीक्षा कर रही हूँ क्योंकि मुझे विश्वास है कि इस थियेटर के भीतर डॉक्टरों के साथ-साथ भगवान भी मरीजों की रक्षा करने में जुटे रहते हैं।' उनकी बात सुनकर रमानाथ को एक बार तो हँसी-सी आने लगी पर विश्वास में कितनी शक्ति है, इसका अनुमान रमानाथ को अवश्य था अतः उन्होंने उनके विश्वास को और दृढ़ता देते हुए कहा, 'ईश्वर आपके विश्वास का फल अवश्य देंगे।' भद्र महिला ने भी उसी आत्मीयता के साथ रमानाथ को भी भरोसा रखने को कहा।

इसी बीच उधर से एक उत्तर भारतीय जोड़ा गुजरा। चौंतीस-पैंतीस की छरहरे बदन की गोरी तथा पढ़ी-लिखी-सी महिला और साथ में उसका बीमार साथी, शायद पति ही हो—जिनकी आँखों पर इतनी मोटी लेंस का चश्मा कि उन्हें लगभग अंधा ही कहा जा सकता है। रमानाथ को अचल से हिंदी में बात करते देख ठिठक गए। परिचय की अपेक्षा से उन्होंने रमानाथ की ओर देखा। रमानाथ ने सहृदय अभिवादन करते हुए उन्हें अपने पास ही बैठने का संकेत दिया। उनके साथ ही महिला को भी रुकना पड़ा। महिला के मुखमंडल पर चिंता की स्पष्ट रेखाएँ झलक रही थीं। काफी दुःखी थीं भीतर ही भीतर पर बाह्य रूप से स्वयं को संयत किए हुए वहीं खड़ी हो गईं।

रमानाथ ने अपना परिचय दिया और अपने बेटे तथा भतीजे को भी उन्हें नमस्कार करने को कहा। उन्होंने यह जानना चाहा कि रमानाथ सपरिवार यहाँ क्यों बैठे हैं। उत्तर अचल ने दिया, 'मेरी माँ का आज किडनी का प्रत्यारोपण हो रहा है। एक डेढ़ घंटे हुए माँ तथा दाता दोनों भीतर जा चुके हैं। हम सब उन्हीं की प्रतीक्षा में बैठे हैं।' किडनी के ऑपरेशन की बात सुनकर उन्होंने रमानाथ में और दिलचस्पी ली। ढेर सारी बातें जानने के उद्देश्य से उन्होंने अपना पूर्ण परिचय दिया। 'मैं जगदीश कक्कड़, उत्तर प्रदेश के सरकारी इंटर कालेज का लेक्चरर हूँ। मुझे भी किडनी की ही बीमारी है। अभी तो मैं डायलिसिस पर हूँ और डोनर का टेस्ट चल रहा है।' उन्होंने यह भी बताया कि उनके एक डोनर का टेस्ट अंतिम स्टेज पर पहुँचकर अस्वीकार हो गया। और आगे उन्होंने बताया कि वे सथुआचारी में एक किराये के क्वार्टर में रहते हैं। ये, खड़ी नारी की ओर इशारा करते हुए बोले मेरी पत्नी है तथा ये भी शिक्षक हैं।

पता नहीं किस प्रेरणा से जगदीश ने ये सारी बातें बताईं, पर सुनकर रमानाथ को उनके प्रति स्नेह भरी सहानुभूति हो आई। उनकी श्रीमती जी को काफी देर से खड़ा देखकर रमानाथ ने उन्हें आश्वासन दिया कि वे पुनः उनसे मिलेंगे और तब ढेर सारी बातें होंगी। चूँकि आपकी पत्नी काफी देर से खड़ी हैं। अतः वे अभी चलें। जगदीश उठ खड़े हुए, रमानाथ इस जोड़े को जाते निहारते रहे। शायद इसलिए कि

कहीं उनको इस जोड़े में अपनी समस्याओं की झलक मिल रही है। बल्कि उन दोनों की उम्र का ध्यान करें तो शायद उनका दुःख रमानाथ के अपने दुःख से भी ज्यादा गम्भीर एवं सघन था।

अचल ने जगदीश की सरलता तथा बेबाक खुलेपन पर उन्हें एक अच्छा इंसान मानते हुए कहा कि भगवान अच्छे लोगों को ही इस प्रकार के भयानक कष्ट क्यों देता है? उन्हें शायद जगदीश के साथ सच्ची सहानुभूति हो आई थी। स्वभाव से भावुक तथा निष्कपट अचल उनके बारे में सोचता हुआ काफी देर तक मगन रहा। उसे इस प्रकार चिंतामग्न देखकर रमानाथ को चिंता होने लगी कि बच्चे पर इन सांसारिक समस्याओं का कहीं कोई बुरा असर न पड़े। इसी उद्देश्य से उन्होंने देवेन्द्र से कहा, 'अब तुम दोनों जाओ कुछ चाय इत्यादि पी कर आ जाओ।' दोनों उठे और बाहर की ओर चल पड़े, उसी तरफ जिधर से अभी कुछ क्षण पहले जगदीश तथा उनकी पत्नी गए थे।

जब वे दोनों चले गए तब रमानाथ को बार-बार ऐसा लगता रहा कि जगदीश कक्कड़ नाम सुना-सुना-सा क्यों लग रहा था। उन्होंने बार-बार प्रयास कर याद करने की कोशिश की पर ठीक से कुछ याद नहीं आ रहा था। सामान्यतया नाम का सम्बन्ध चेहरे से होता है और तभी उसका उचित प्रतिबिम्बन दिमाग में हो पाता है। जगदीश को देखकर यह बात तो साफ थी कि रमानाथ ने उन्हें पहले कहीं नहीं देखा था। पर नाम अवश्य किसी प्रकार से परिचित या सुना-सुना सा लग रहा था। थोड़ी देर इसी उधेड़बुन में रमानाथ लगे रहे कि अचानक उन्हें कुछ याद-सा आया। बात तीन-चार सप्ताह पहले की है। रमानाथ सुकेशी की डायलिसिस कराने के लिए उन्हें भीतर लैब में भेजकर बाहर बैठे इंतजार कर रहे थे। इसी बीच एक नर्स जगदीश का नाम लेकर पुकारती हुई बाहर आई। उसके हाथ में एक पर्चा था। दो-तीन बार उसने पुकारा, 'कोई जगदीश कक्कड़ का गार्जियन है?' नर्स नेफ्रोलोजी की प्रथम यूनिट की थी। अतः रमानाथ भी ठीक से पहचानते नहीं थे। सुकेशी तो द्वितीय यूनिट में थी। प्रथम यूनिट प्रो. शास्त्री के निर्देशन में काम करती थी तथा दूसरी यूनिट प्रो. किरुबाकरन के मार्फत थी। जब नर्स ने पुनः पुकारा तो रमानाथ से रहा न गया। वे समझ गए कि कोई समस्या अवश्य है। वे उठे और नर्स के पास जाकर बोले, 'मैं जगदीश कक्कड़ को तो जानता नहीं हूँ और लगता है कि इस समय उनके परिवार का कोई व्यक्ति यहाँ है भी नहीं। क्या मैं कुछ सहायता कर सकता हूँ? कृपया बताइए क्या काम है?' नर्स तनिक देर तो झिझकी पर फिर पर्चा बढ़ाते हुए कहा, यह दवा अभी चाहिए। रमानाथ ने पर्चा लिया और शीघ्रता से स्टोर की ओर लपके। कुछ मिनट बाद ही दवा लाकर उसे भीतर 'जगदीश कक्कड़ के लिए है,' कह कर भिजवा दिया। दवा पाने के बाद और शायद उसका उपयोग करने के बाद वही नर्स फिर बाहर आई और उसने रमानाथ को धन्यवाद देना चाहा। शायद दवा जरूरी थी।

रमानाथ ने कहा, आप इस व्यर्थ की औपचारिकता में न पड़ें। कृपया मरीज को दवा दे दें। बात आई गई और रमानाथ भी भूल गए इस घटना को। आज जब वह नाम पुनः सामने आया तो दिमाग ने कुरेदना प्रारम्भ किया। अब रमानाथ को तसल्ली हो गई कि यही वह नाम था, और यही उस नाम के व्यक्ति जगदीश कक्कड़ हैं जिनको उस दिन रमानाथ ने मात्र साढ़े बारह रुपए की दवा लाकर समय पर उनके उचित उपचार में सहयोग देने का सौभाग्य पाया था। शायद उनकी नेक नीयती तथा अच्छाई ने ही रमानाथ को यह सेवा का अवसर दिया था। अब रमानाथ मन ही मन जगदीश के आभारी हो रहे थे।

इस संक्षिप्त परिचय के बाद एक-दो बार जगदीश से फिर मुलाकात हुई। संयोग से रमानाथ भी शिक्षक होने के नाते, शिक्षकों के प्रति एक बड़ा ही सद्‌भाव भरा दिल रखते थे। दोनों ही शिक्षक थे, अतः उनके मन में इनके प्रति मानवीय धरातल पर तो सहज सहानुभूति थी ही, वे दोनों उत्तर भारतीय भी थे, शायद इससे और ज्यादा निकटता आई हो। जगदीश कई बार स्वास्थ्य ठीक रहने पर, टहलते हुए रमानाथ के क्वार्टर पर आ जाते। कई बार रमानाथ भी उनके अस्थायी निवास पर हो आए थे। धीरे-धीरे जगदीश और रमानाथ में काफी निकटता आ गई थी। पर जगदीश की पत्नी जो अकेले होने की वजह से ज्यादा ही व्यस्त रहती थीं, इस सम्बन्ध की प्रगाढ़ता से विशेष परिचित नहीं थीं।

जगदीश के व्यवहार में एक शिक्षक की सहजता तथा ईमानदारी झलकती थी। अपने अतीत तथा वर्तमान दोनों के प्रति उनका स्पष्ट नजरिया था। दिखावे और पाखण्ड से ग्रस्त पंजाबी समाज के सदस्य होने के बावजूद शायद वे झूठ बोलना या कपटाचरण में लीन रहना उचित नहीं मानते थे। बेवाक एवं खुला व्यवहार उन्हें पसंद था ऐसा रमानाथ को अनुभव हो चुका था। इसी वजह से इन दोनों का सम्बन्ध बहुत अच्छा था। शायद एक वजह सम्बन्ध में निकटता लाने की यह भी हो सकती है कि दोनों ही उन दिनों दुर्दैव से समान समस्या से जूझ रहे थे। कभी-कभी एक-दूसरे का दुःख बाँटने में भी सुकून मिलता है।

सोलेंग जयवर्धने जिनसे रमानाथ का काफी अच्छा परिचय हो चुका था तथा उनके इस त्याग से कि वे अपनी ही किडनी अपने पुत्र को दान कर रहे हैं, रमानाथ उन्हें एक श्रेष्ठ पिता तथा श्रेष्ठ मानव मानने लगे थे। वे भी नेफ्रोलोजी की प्रथम यूनिट के ही अन्दर थे और रहते भी सथुआचारी में ही थे थोड़ी दूरी पर। अचानक उन्हें एक दिन तीन हजार दो सौ रुपए की जरूरत पड़ गई। उनका रुपया श्रीलंका से भेजा जा चुका था और इस आशय का केबिल ग्राम उन्हें मिल चुका था पर रुपया नहीं। वे थोड़े परेशान से लगे। रमानाथ ने मिलते ही पूछा, 'व्हाट इज द मैटर, यू लुक सो साम्बर?' उन्होंने अपनी समस्या बताई। रमानाथ ने आगे पूछा कि अभी कितनी देर में बेटा बाहर आएगा? उनके अनुसार लगभग दो घंटे और लगेंगे। सुकेशी

के बाहर आने में भी अभी देर थी। अतः रमानाथ ने उनका हाथ पकड़ा। और पास के बैंक में जहाँ रमानाथ का एकाउंट था, ले गए। रुपया निकालकर रमानाथ ने उन्हें तीन हजार पाँच सौ रुपए दिये। उन्हें सहसा यकीन ही नहीं हो रहा था। पर रमानाथ के आग्रह करने पर उन्होंने रुपया ले लिया और उनका रुपया आते ही उन्हें लौटाने का भरोसा भी दिया। दोनों पुनः आकर वहीं लैब के सामने बैठ गए। अभी भी बहुत समय था दोनों के प्रियजनों के बाहर आने में। पर वे वहीं बैठे बहुत सारी बातें करते रहे।

जयवर्धने का बेटा बाहर आया, काफी कमजोर लग रहा था। जयवर्धने उसे लेकर सथुआचारी जाने की सोच ही रहे थे कि डॉ. शास्त्री आ गए। उन्होंने स्ट्रेचर पर रखे चार्ट को लेकर देखा। नर्स वहीं बगल में खड़ी हो गई। उन्होंने कुछ नर्स से तमिल में पूछा और उत्तर पाकर प्रसन्न तथा संतुष्ट नजर आए। जयवर्धने तथा रमानाथ ने उन्हें अभिवादन दिया, और जयवर्धने ने उनसे जानना चाहा कि बेटे का क्या हाल है। उन्होंने समझाया कि वह एकदम फिट है ऑपरेशन के लिए। केवल यह अंतिम टेस्ट अपना तथा बेटे का आज ही करा सकें तो ऑपरेशन की डेट की प्रक्रिया प्रारम्भ की जाय।

जयवर्धने सथुआचारी आने का विचार छोड़ लड़के को लेकर टेस्ट के लिए रक्त देने हेतु जाने को उत्सुक हुए तभी प्रो. शास्त्री ने कहा, 'आपको कहीं जाने की आवश्यकता नहीं। सब कार्य यहीं हो जाएगा। बस आप इसका पैसा जमा करा दें।' रमानाथ ने कहा आप यहीं लड़के के पास रहें। मैं रुपया जमा करके आता हूँ। जब तक रमानाथ रुपया जमा करके आए तब तक रक्त लेने वाले टेकनीशियन आ चुके थे। उन्होंने लड़के तथा पिता दोनों के ब्लड सैम्पल्स लिए और फिर चले गए। लड़के को कुछ तत्काल खिलाकर, जयवर्धने सथुआचारी चले गए। रमानाथ अभी भी अपनी पत्नी की प्रतीक्षा कर रहे थे।

शाम को पाँच बजे के कीरब सुकेशी को बाहर लाया गया। वे ठीक थीं। उस दिन उनका कोई विशेष टेस्ट डोनर के साथ होने की डॉ. हरिहरन ने आवश्यकता बताई थी। पता करने पर उन्हें बताया गया कि तेरह सौ पचास रुपए लगेंगे टेस्ट के। अगले दिन रविवार था। और रमानाथ यह भी निश्चित रूप से नहीं जानते थे कि उनके बैंक एकाउंट में इतना रुपया होगा भी या नहीं। थोड़ी मन में चिंता लिए सुकेशी को आटो में लेकर सथुआचारी पहुँचे। उन्हें कुछ खिलाकर आराम करने को कहा पर वे ड्राइंग रूम में ही चटाई पर रमानाथ के पास ही बैठी रहीं। बोलीं, 'आप थोड़े परेशान से लग रहे हैं।' रमानाथ ने कहा, 'ऐसी कोई बात नहीं।' पर पति की रग-रग से वाकिफ सुकेशी से अपने मनोभाव छिपा सकना बहुत कठिन कार्य हुआ करता। न जाने वे कैसे रमानाथ की छोटी से छोटी परेशानी का अनुमान लगा लेतीं। रमानाथ कुछ आगे कहें तब तक जगदीश एकदम सफेद कुर्त्ता पायजामा पहने रमानाथ

के गेट में घुसते दिखाई दिये। चूँकि सुकेशी का ही मुख बाहर की ओर था, उन्होंने ही कहा, 'कक्कड़ भाई साहब आ रहे हैं। आप उनसे बात करें। मैं लेटती हूँ।' जगदीश की ओर मुस्कराते हुए हाथ जोड़ कर उन्होंने नमस्कार किया और उतनी ही विन्रमता से जगदीश ने भी नमस्कार करते हुए पूछा, 'आप कैसी हैं?' 'ठीक हूँ भाई साहब,' कहते हुए भीतर चली गईं।

रमानाथ और जगदीश काफी देर तक बातें करते रहे। जगदीश के मुख से सोलेंग जयवर्धने के लड़के का जिक्र सुनकर रमानाथ ने उन्हें आज दिन में घटी घटना का ब्योरा दिया। फिर यह भी बताया कि सोलेंग का काम तो तत्काल चल गया परंतु शाम को जब सुकेशी बाहर आईं तो उनके साथ भी एक टेस्ट की स्लिप थी जिसे डोनर के साथ कराना था और उसकी फीस है तेरह सौ पचास रुपया। पाकेट में कुल चार-पाँच सौ रुपए हैं और जयवर्धने को देने के बाद एकाउंट का क्या हाल है यह ठीक से रमानाथ को पता नहीं। फिर कल रविवार भी है। अजीब-अजीब परेशानियाँ खड़ी हो जाती हैं। जगदीश सब सुनते रहे। अपनी भी सारी प्रगति का लेखा जोखा दिया। फिर बोले, 'स्नेह घर पर अकेली है इजाज़त दीजिए।' उठते हुए नमस्कार कर गेट की ओर चल पड़े। रमानाथ साथ-साथ गेट तक गए और जगदीश को विदा कर गेट बन्द कर भीतर लौट आए।

देवेन्द्र से बात करते-करते रमानाथ ने बताया कि कल का टेस्ट तो लगता है नहीं हो सकेगा, क्योंकि रुपया पर्याप्त हाथ में नहीं है। देवेन्द्र चिंतित हो उठा। और उत्सुकतावश पूछ बैठा, 'इससे कोई विशेष हानि तो नहीं होगी चाची को?' रमानाथ ने समझाया कि ऐसा होना तो नहीं चाहिए। दोनों ने खाना लगाने को कहा—देवेन्द्र की पत्नी ने खाना लगाकर दो थाली में लाकर रखा ही था कि जगदीश पुनः गेट पर दिखाई दिये। रमानाथ ने कहा, 'क्या हुआ कुछ छूट गया क्या?' वे कुछ नहीं बोले, भीतर चले आए और कमरे में आकर बैठते हुए बोले, 'आप लोगों का खाना भी खराब किया।' रमानाथ ने कहा, 'ऐसा कुछ नहीं। आप यहीं खाइए।' उन्होंने तत्काल कहा नहीं खाना तो स्नेह बना चुकी हैं। मैं तो यह रुपए देने आया था ताकि कल का टेस्ट कराया जा सके। उन्होंने तेरह सौ रुपए निकालकर रमानाथ के हाथ पर रखे और उठने लगे। रमानाथ कुछ कहें, इससे पहले वे गेट की ओर मुखातिब हो चुके थे। इस मानवीय पक्ष के धनी जगदीश हमेशा के लिए रमानाथ के निकट के व्यक्ति बन गए। उनकी सादगी, निष्कपटता तथा बेबाक व्यवहार से रमानाथ परिचित ही थे पर यह उदारता अन्य गुणों में चार चाँद लगा देती है। वे एक बहुत अच्छे इंसान थे। और रमानाथ के साथ उनका सामान्य से कुछ ज्यादा ही घनिष्ठ रिश्ता बन गया था। उनकी पत्नी स्नेह जी से हालाँकि कोई विशेष बातचीत नहीं हो पाती थी, पर उनका अपने पति के प्रति सेवा भाव रमानाथ को अच्छा लगता था। मन ही मन वे स्नेह जी की इज्जत करने लगे थे।

दोनों देवेन्द्र तथा अचल घूम घाम कर वापस आ गए। रमानाथ वहीं बैठे रहे। बच्चों को आया हुआ देख उन्होंने कहा, 'अब तुम दोनों यहाँ बैठो। मैं चाय पीकर आता हूँ।' रुपए-पैसे वाला चमड़े का बैग देवेन्द्र को पकड़ाते हुए रमानाथ ने कहा, 'यदि कोई जरूरत पड़े तो पूरी करना। इसमें पर्याप्त रुपए हैं। मैं अभी पन्द्रह मिनट में आता हूँ।' देवेन्द्र ने बैग लेते हुए कहा, 'ठीक है।' रमानाथ बाहर जाकर थोड़ी देर तक तथा थोड़ी दूर तक घूमते रहे। हनुमान जी के एक मात्र मंदिर में गए और प्रणाम कर सुकेशी के कल्याण हेतु प्रार्थना की। प्रसाद लेते हुए वापस आते समय चाय पीकर, ऑपरेशन थियेटर के सामने आ पहुँचे। दोनों बच्चे वहीं बैठे प्रतीक्षारत थे। दोनों चुप थे, जो उनकी उम्र के प्रतिकूल आचरण था। अतः रमानाथ को यह देखकर चिंता हुई कि क्या बात है। पूछा तो पता चला कि ऐसी कोई बात नहीं। वे आश्वस्त हुए जब देवेन्द्र ने बताया कि भीतर से अभी तक कोई खबर नहीं आई। इसीलिए चिंता हो रही है मुझे भी और अचल को भी इसलिए परेशान हैं। रमानाथ ने उन्हें समझाया अभी कम से कम दो घंटे और लगेंगे। यह कोई फोड़े का ऑपरेशन नहीं, किडनी का ऑपरेशन हो रहा है। इसमें दो ऑपरेशन एक समय पर ही करना है। अतः देर तो लगेगी, घबड़ाने की कोई बात नहीं। इस प्रकार दोनों को आश्वस्त कर रमानाथ भी वहीं बैठ गए। देवेन्द्र ने चमड़े का बैग पुनः रमानाथ को थमा दिया। उसे सँभालते हुए रमानाथ ने पूछा इस बीच किसी चीज की जरूरत नहीं पड़ी? उत्तर अचल ने दिया, 'नहीं।' अचल का मौन टूटा तो रमानाथ को अच्छा लगा। उसे बातों में उलझाया रखने के खयाल से रमानाथ ने उससे बिरला इंस्टीट्यूट ऑफ टेकनोलोजी, जहाँ वह पढ़ता था, की बात छेड़ी। वहाँ पर अपने मित्र एवं शुभचिंतक, डॉ. मिश्र के बारे में पूछने पर अचल ने कहा, 'उन्हीं से तो छुट्टी के लिए प्रार्थना की थी, उन्हें बताया भी था कि माँ का ऑपरेशन होना है, कृपया इजाज़त दे दें।' कृपालु मिश्र जी ने बच्चे की कोमल भावना को पहचानते हुए अवकाश दे दिया था। अचल बातें कर तो रहा था पर बड़े ही अन्यमनस्क मन से क्योंकि उसका मन तो किसी और बात में लग ही नहीं रहा था। उसे तो सिर्फ अपनी माँ की प्रतीक्षा थी। उसे सफल ऑपरेशन के बाद पुनः बाहर अपनी माँ को पाने की उत्कट अभिलाषा थी। वह अभिलाषा, जितनी ही देर हो रही थी, बेसब्री एवं बेचैनी में बदलती जा रही थी। अतः रमानाथ ने उस प्रसंग को वहीं समाप्त कर दिया।

अब तीनों चुपचाप बैठे प्रतीक्षा करने लगे। रमानाथ को लगा कि यह समय इन दोनों को काफी भारी पड़ रहा है। अतः उन्होंने कहा, 'तुम दोनों जाओ बाहर और कुछ खा-पीकर आना। साथ ही पास वाले हनुमान जी के मंदिर में भी प्रणाम कर आना।' ऐसा रमानाथ ने इसलिए कहा कि यदि वे सिर्फ खाने-पीने की बात कहेंगे तो वे दोनों जाने से कतराएँगे और यहीं चिन्तामग्न बैठे रहेंगे। बाहर जाने से थोड़ा मन बहल जाएगा। मन्दिर जो थोड़ी दूर था, वहाँ तक घूम आएँगे तो कुछ

समय बीत जाएगा। रमानाथ की योजना कामयाब हुई, और दोनों बाहर चले गए। दोनों के पास पर्याप्त रुपए हैं कुछ खाने-पीने हेतु, ऐसा रमानाथ ने प्रातःकाल ही आश्वस्त कर लिया था स्वयं को।

अकेले बैठे पं रमानाथ अपने अतीत में डूबते जा रहे थे तभी डॉ. कृष्णनन की टीम के एक जूनियर सर्जन बाहर आते दिखाई दिये। रमानाथ की तन्द्रा अनायास ही टूटी और वे सुकेशी का हाल जानने हेतु लपके। डॉक्टर जल्दी में थे, सिर्फ इतना ही कहा कि अधिक से अधिक आधा घंटा और लगेगा। सब ठीक ठाक है, चिंता की कोई बात नहीं। कहते हुए डॉक्टर आगे बढ़ गए, तब तक किडनी दाता केदार को लिये हुए तीन नर्सें बाहर आईं। स्ट्रेचर पर बेहोश पड़े केदार को वे अब बाहर विशेष कक्ष में ले जा रही थीं। एक नर्स ने खून का बोतल हाथ में थाम रखा था। दूसरी ने पेशाब की नली से लगी थैली। शेष दोनों स्ट्रेचर को सँभाल-सँभाल कर ले जा रही थीं। लिफ्ट के दरवाजे पर स्ट्रेचर रुका तो रमानाथ ने एक झलक देखी। केदार बेहोश था। पर मानो अपनी बेहोशी में भी वह कह रहा हो कि 'मैंने बहन की खातिर अपनी एक किडनी दे दी।' केदार काफी दिन तक रमानाथ के परिवार के साथ रहा था और सुकेशी का स्नेहिल व्यवहार उसे अच्छा लगता था। उसने उन्हें अपनी बहन का दर्जा दे देखा था। रमानाथ का मन कृतज्ञ हो उठा। वे बुदबुदाए, 'धन्यवाद, मेरे भाई।'

लिफ्ट का दरवाजा अब तक खुला नहीं और सभी वहीं खड़े प्रतीक्षा करते रहे। इसी बीच अचल तथा देवेन्द्र भी आ गए। दोनों झपटकर आगे बढ़े और अपनी माँ की जान बचाने हेतु इतना बड़ा त्याग करने वाले केदार को देख थोड़े आश्वस्त हुए। अचल ने नर्स से पूछा, 'हाऊ इज ही सिस्टर?' नर्स ने बड़े ही सहिष्णु एवं सहानुभूतिपूर्ण ढंग से जवाब दिया, 'ही इज फाइन नथिंग टु वरी।' अचल माँ के बारे में कुछ पूछ पाता उससे पहले ही लिफ्ट आ गई, और नर्स स्ट्रेचर को सावधानी से लिफ्ट पर चढ़ाकर तीसरे तल पर ले गईं जहाँ केदार को रखने की व्यवस्था पहले से की जा चुकी थी। स्ट्रेचर के साथ-साथ देवेन्द्र और अचल दोनों ऊपर गए। और कमरे में साथ चलते रहे। इसी बीच अचल ने अपनी माँ के बारे में पूछा। नर्स ने कहा, 'आधा घंटे बाद वे भी आ जाएँगी। सब ठीक है।' भीतर जाना वर्जित था, अतः वे दोनों वापस आ गए और रमानाथ को बताया कि 'माँ आधे घंटे में बाहर आ जाएँगी तथा सब ठीक है।' रमानाथ ने डॉ. से हुई बात का ब्योरा दिया। तीनों पुनः वहीं लगी बेंच पर आकर बैठ गए।

समय थम-सा गया था, सब कुछ जैसे जहाँ का तहाँ ठहर-सा गया हो। अचल की बेचैनी बढ़ती जाती। कभी वह बैठता कभी उठकर टहलने लगता। देवेन्द्र की मनःस्थिति भी कुछ ऐसी ही थी पर वह स्वभाव से ज्यादा गम्भीर तथा उम्र से बड़ा होने के नाते ज्यादा उतावलापन नहीं दिखा रहा था। रमानाथ स्वयं बैठे-बैठे अपने

आराध्य हनुमान जी का ध्यान करते रहे। तभी भीतर से एक और स्ट्रेचर बाहर की ओर आता दिखा। अचल बढ़कर देख आया। यह भी उसकी माँ नहीं। कोई और न्यूरोलाजी का रोगी था। खीझ कर वहीं पुनः आकर बैठ गया। सभी तनाव-सा महसूस कर रहे थे पर रमानाथ अपने आपको संयत रखते हुए इन दो नवयुवकों का ढाढस बँधाते हुए बैठे रहे।

रमानाथ की चिंता के कारणों में एक महत्त्वपूर्ण कारण यह था कि उनकी पत्नी का ऑपरेशन विश्वविख्यात गुर्दा प्रत्यारोपण विशेषज्ञ डॉ. पाण्डेय नहीं कर रहे थे। उनके स्थान पर टीम का नेतृत्व उनके ही सहयोगी डॉ. कृष्णन कर रहे थे। डॉ. कृष्णन को अपने कार्य में पूर्ण महारत हासिल थी, परंतु डॉ. पाण्डेय जैसे वट वृक्ष के नीचे उन्हें पूर्ण प्रस्फुटन नहीं मिल पा रहा था। युवक डॉ. कृष्णन में प्रतिभा तथा नेतृत्व की कमी नहीं थी। आत्मविश्वास तो इतना था कि कभी-कभी उसको लोग गर्व की संज्ञा दे बैठते थे। पं. रमानाथ को उनकी सारी योग्यताओं एवं गुणों का ज्ञान था, अतः उन्होंने डॉ. कृष्णन द्वारा सुकेशी के प्रत्यारोपण की योजना को स्वीकृति दे दी थी। डॉ. पाण्डेय पं. रमानाथ से अन्य लोगों की तरह ही 'कुछ विशेष' की अपेक्षा करते थे जो रमानाथ को स्वीकार्य नहीं था। अन्ततः डॉ. पाण्डेय ने अपनी जगह डॉ. कृष्णन को ऑपरेशन का भार सौंप स्वयं को अलग कर लिया। पं रमानाथ ने कोई विरोध नहीं जताया। और इस प्रकार आज सुकेशी का प्रत्यारोपण डॉ. कृष्णन की टीम कर रही थी। अपनी मर्यादाओं की सीमा में बँधे रमानाथ को, डॉ. पाण्डेय की अपेक्षाओं को पूरा करना ज्यादा दुष्कर लगा और उन्होंने डॉ. कृष्णन से ऑपरेशन कराने में कोई हर्ज नहीं पाया। इस बात ने तनिक देर के लिए रमानाथ के मन को छेड़ा पर प्रबुद्ध रमानाथ जब किसी बात से स्वयं को अलग करना चाहते हैं तब तनिक से प्रयास से सहज ही ऐसा कर लेते हैं। और इसी प्रकार उन्होंने क्षण को दिमाग में आई इस बात को बड़ी ही सरलता से निकाल दिया। पूर्ण स्वस्थ हो बैठे रहे। मन को इस बात से परे करके अपनी आगामी योजनाओं पर लगा, वे सोचने लगे कि कब तक अचल को यहाँ रखना चाहिए। उसका कालेज खुला है। उसे शीघ्रातिशीघ्र राँची पहुँचना चाहिए। उन्होंने सोच लिया कि सुकेशी के सघन सेवा कक्ष (इंटेंसिव केयर यूनिट) से बाहर आने के एकाध दिन बाद वे अचल को वापस भेज देंगे।

ऑपरेशन थियेटर के दरवाजे पर आँख लगाये अचल थोड़ा तनाव भरी मुद्रा में बैठा रहा। उसका मौन रमानाथ को बहुत खलता। अतः वे भी मन ही मन सोचने लगे कि अब इसकी चिंता का अंत तभी होगा जब उसकी माँ बाहर आ जाएगी। उन्होंने अचल को भगवान पर भरोसा रखने को कहा। और जीवन की कठिनाइयों से जूझने की सामर्थ्य पैदा करने का आह्वान किया। अचल का 'स्व' जाग उठा और उसने अपने मन को संयत रखने तथा चिंतामुक्त होकर ईश्वर में आस्था रख, सहज

मुद्रा में बैठ गया। उसे यह आभास हो गया कि उसकी चिंताग्रस्त स्थिति उस के पिता को परेशान कर देती है। अतः उसने अपने मन को तैयार किया। जब मनुष्य मन से किसी भी कार्य के प्रति सन्नद्ध हो उठता है तो वह सब कुछ बड़े ही स्वाभाविक रूप में कर ले जाता है। अचल ने ठीक ऐसा ही किया। माहौल तनाव मुक्त-सा हो गया।

तभी थियेटर का मुख्य द्वार खुला। चार-पाँच नर्स तथा एक डॉक्टर स्ट्रेचर के साथ बाहर आए। अचल ने उठकर देखा तब तक एक परिचित नर्स ने उसे इशारे से बता दिया कि वह उसकी माँ ही हैं। दोनों भाई स्ट्रेचर के पास पहुँच गए। रमानाथ भी उठे और बड़े ही संयत भाव से डॉक्टर से दो क्षण बात कर सब कुछ ठीक है, का आश्वासन पा सुकेशी को देखा। वे अभी भी बेहोश ही थीं। धीरे-धीरे स्ट्रेचर लिफ्ट तक और फिर ऊपर के तल पर बने सघन सेवा कक्ष तक पहुँच गया। यहाँ पर दो नर्सें तथा डॉक्टर और अचल इत्यादि रुक गए। भीतर कार्य करने वाली दो नर्सों ने चार्ज ले लिया। थियेटर से आई नर्सें स्ट्रेचर सहित वापस चली गईं। दरवाजा बन्द हो गया। अब रमानाथ एवं दोनों भाई सुकेशी को होश में आने तक वहीं रुकना चाहते थे परंतु वहाँ रुकना या बात करना सख़्त मना था। अतः लाचार होकर दोनों बेटों सहित रमानाथ नीचे आ गए। डॉक्टर कृष्णन पूरी टीम सहित बाहर आए। काफी थके हुए से लग रहे थे। फिर भी रमानाथ ने उनसे सुकेशी का विशेष हाल जानने की गरज से अनुरोध किया कि वे उन सबों को बताएँ कि ऑपरेशन कैसा रहा। उन्होंने बड़े मधुर एवं विश्वास भरे स्वर में कहा, 'एव्रीथिंग इज फाइन, शी विल बी ओ. के. इन थ्री डेज। आप लोग जाकर आराम कर सकता है शाम में आकर देख सकेगा, तब तक होश में आ जाएगा। वेरी ब्रेव लेडी।' कहते हुए डॉक्टर आगे बढ़ गए। उनके साथ सारे जूनियर डॉक्टर भी चले गए। रमानाथ भी थोड़ा आश्वस्त महसूस करने लगे। दोनों को साथ लेकर सथुआचारी के लिए प्रस्थान कर गए।

अष्टम आख्यान

तीनों बाहर आए ही थे कि बस आ गई। कुछ लोग सी. एम. सी. के गेट पर उतरे और रमानाथ को एक सीट मिल गई। वैसे इस बस रूट पर बसों में सीट मिलना दुर्लभ ही होता है। मद्रास जाने वाले मार्ग की अति व्यस्त बसें हैं। अधिकतर बसें तो सथुआचारी रुकती भी नहीं। पर संयोग कि यह वहाँ रुकने वाली बस भी थी। रमानाथ बैठ कर थोड़ी राहत महसूस कर रहे थे। लगता था जैसे मीलों दूर का सफर तै करके आए हों और अचानक ही किसी शुभचिंतक ने घनी छाँह में बैठने का आवाहन कर एक गिलास ठंडा पानी आगे बढ़ा दिया हो। हालाँकि शारीरिक तौर पर ऐसा

कुछ भी नहीं किया था रमानाथ ने। उनका मन एक शीतलता एवं उत्पीड़न विहीनता का अनुभव कर रहा था।

बस चल पड़ी। दोनों लड़के वहीं ऊपर चमड़े के लटकते पट्टों को पकड़े खड़े थे। रमानाथ ने डेढ़ रुपये निकालकर देवेन्द्र को देते हुए कहा, 'कण्डक्टर के आने पर वह उन तीनों का टिकट ले ले।' देवेन्द्र के पास तक, जब तक कण्डक्टर आए, सथुआचारी ही आने वाला हो गया। अचल ने, अपने विचारों में खोए रमानाथ को कन्धे पर हाथ रख एहसास दिलाया कि अब उतरना है। और रमानाथ झटपट उठ खड़े हुए। बस पूरी तरह स्थिर भी नहीं हो पाई थी कि अचल उतर गया। देवेन्द्र पैसे देने में कुछ क्षण विलम्ब के कारण अभी नहीं उतर पाया था। तब तक बस पूरी तरह रुक गई। रमानाथ उतरे और पीछे मुड़कर देखा तो देवेन्द्र भी उतरने ही वाला था। वहाँ से घर लगभग पाँच सौ गज की दूरी पर था। तीनों पैदल ही चल दिये।

घर पर ठण्डे खाने को पुनः गरम करके देवेन्द्र की पत्नी ने जल्दी-जल्दी लगा दिया। ठीक से हाथ-मुँह धोकर, स्वस्थ हो, सब ने खाना खाया। खाना खाने के बाद रमानाथ वहीं उसी चटाई पर ही लुढ़क गए। उन्हें जैसे बड़ी थकान-सी महसूस हो रही थी। जाने कब उन्हें नींद आ गई। शायद घंटे भर से ज्यादा सोते रहे। इस बीच बच्चे घर पर क्या करते रहे रमानाथ को इसकी कुछ खबर नहीं। पर जब नींद खुली तो दोनों भाई पुनः तैयार हो चुके थे, अस्पताल जाने को। किंतु बिना रमानाथ से परामर्श या आज्ञा लिए जाने में संकोच कर रहे थे। इतने में ही रमानाथ की नींद टूटी तो उन्हें अच्छा लगा। उन्होंने मुख धोया और एकदम हल्का महसूस करने लगे। अचल ने पूछा, 'आप भी अस्पताल चलेंगे?' इशारा स्पष्ट था कि वे सभी, बहूरानी समेत, जाना चाहते थे। रमानाथ को जागा हुआ देख, बहू रसोई की तरफ लपकी और आननफानन में एक चाय, एक गिलास पानी और दो-तीन बिस्कुट लेकर वापस आईं। रखते हुए बोलीं, 'आप भी चाय पी लीजिए तब सभी साथ ही चलते हैं।' रमानाथ को यह प्रस्ताव अच्छा लगा।

चाय खत्म करते-करते रमानाथ उठ खड़े हुए। अचल हाथ में उनकी कमीज-पैंट लिये वहीं खड़ा था। उनका एक मात्र जूते का जोड़ा भी साफ़-सुथरे रूप में, मोजे समेत, लाकर रख चुका था। अचल को यह सेवा भाव अपनी माँ से विरासत में मिला है। और उसे देख-देख कर उसके अन्य भाइयों में भी यह भाव घर कर गया था। परिवार में बहुत बाद में प्रवेश पाये जनार्दन में यह सेवा भाव काफी सघन रूप में विद्यमान है। रमानाथ कहीं से यदि आते तो उनकी जो भी संतान पाँच बेटे तथा एक बेटी—मौजूद रहता तो वही उनके जूते श्रद्धापूर्वक उतार, मोजे निकाल, उसे उचित स्थान पर रखता। परिवार की यह रीति आज भी विद्यमान है। उनके बच्चों में अपने बड़े हो जाने का यह एहसास जैसे आया ही न हो। यह छोटी-सी सेवा रमानाथ को

अतीव सुखकर लगती। वस्तुतः पं. रमानाथ के जीवन में सुख के पल कुछ कम ही हैं। अतः उन्हें जब कोई सच्चे प्यार से तनिक-सी भी सुखानुभूति देता तो वे उससे निहाल हो उठते। उनका मन अपने इस सुख को सदैव-सदैव के लिए संचित कर लेने को लालायित हो उठता। ईश्वर की अनुकम्पा से उन्हें यह सुख भरपूर उपलब्ध है। विशेषकर जब उनका बड़ा बेटा, जो अपनी माँ का एक अनुपम प्रतिबिम्ब है, उन्हें इन सुखद क्षणों का अनुभव कराता तो रमानाथ अपनी अकिंचनता में भी सुखद विराम, मोहक विश्राम का अनुभव करने लगते। अचल का जूते उतारकर, पाँव को गोद में रख हल्की मालिश करके अँगुलियों को चटखाना जीवन की जैसे सारी तपिश को ही मिटा जाता। मन ईश्वर का कृतज्ञ हो उठता और सुकेशी का ऋणी हो जाता जिसने ऐसा सपूत जना है, जिसमें ईर्ष्या, क्रोध एवं घमंड का पूर्णतः अभाव है। जो अपनी उम्र, अपने पद या अपनी सबल आर्थिक एवं सामाजिक स्थिति से बेखबर अपने बुजुर्गों पर सब कुछ न्योछावर करने को तत्पर रहता है। वास्तव में वह सुकेशी की सबसे सबल सुकृति है। शादी के साढ़े ग्यारह बरस बाद गुरु गोरखनाथ के प्रसाद एवं आशीर्वाद स्वरूप प्राप्त अपने इस लाडले में उन्होंने समस्त मानवीय गुणों को उतार दिया है। वे कभी-कभी कहती भी थीं कि अचल तो मेरी ममता की लाज रखने ही आया है। भावुक रमानाथ अपनी भावनाओं में गोते लगाते उतराते अब तक कपड़े तथा जूते पहन चुके थे। अस्पताल वाला चमड़े का बैग वे माँगें उसके पहले ही देवेंद्र ने उनकी ओर बढ़ा दिया। अचल ने दरवाजे पर ताला लगाया और सभी अस्पताल के लिए चल पड़े।

सघन सेवा कक्ष (इंटेंसिव केयर यूनिट) के पास एक और सम्भ्रांत पुरुष अपने पाँच-छः साल के बच्चे के साथ मौजूद थे। उनकी पत्नी भी इसी यूनिट की दूसरी पेशेंट थीं। उनका हृदय रोग सम्बन्धी कोई ऑपरेशन हुआ। वे वहाँ पर पहले से ही थीं। सम्भ्रांत पुरुष ने अपने बच्चे को गोद में उठाकर शीशे की ऊँचाई पर लाकर, उस पार खड़ी उसकी माँ से मिलाया। स्वयं भी इशारे में ही कुछ बातें कीं। अब रमानाथ की बारी थी। उन्होंने शीशे के भीतर झाँका तो वहाँ का नज़ारा ही कुछ विचित्र लगा। भीतर दो बिस्तर, दो नर्सें तथा यंत्रों का एक विशाल जखीरा, उस सघन सेवा कक्ष में विद्यमान था। दवाइयों की छोटी अलमारी, पानी की समुचित व्यवस्था और न जाने क्या-क्या? देखकर रमानाथ को ऐसा लगा कि यह तो एक अलग ही दुनिया है। उन्होंने देखा सुकेशी अपने बिस्तर पर लेटी पड़ी हैं। एक बोतल खून का उलटा लटका हुआ तथा दूसरा शायद ग्लूकोज़ का उन्हें चढ़ाया जा रहा है। नर्स वहीं बैठी उनकी गति, प्रगति पर सचमुच सघन दृष्टि गड़ाये थी एक व्रती की तरह सेवा रत। रमानाथ ने इससे पहले कभी इंटेंसिव केयर यूनिट देखा भी नहीं था। इसलिए उन्हें यह सब एक मायाजाल सा लगा।

सुकेशी ने शीशे की ओर नजर घुमाई। रमानाथ को देखकर एक फीकी-सी

मुस्कान चेहरे पर लाईं और पुनः इशारे से कहा सब ठीक है। दोनों हाथ हिलाकर कुशलता का इशारा करते-करते, उनके हाथ जुड़ गए। उन जुड़े हुए हाथों को माथे तक ले जाते हुए उन्होंने शायद रमानाथ को प्रणाम किया। चेहरे पर उभरे भाव जो शीशे के बाहर भी साफ पढ़े जा सकते थे वे थे परम संतोष एवं कृतज्ञता बोध के भाव। रमानाथ ने इशारे से ही उन्हें सांत्वना दी, और सब ठीक हो जाएगा यह भाव चेहरे पर लाते हुए अचल को शीशे के सामने खड़ा कर स्वयं पीछे हट गए। माँ बेटे की मूक भाषा छलकते आँसू की भाषा बन गई और रमानाथ अचल को खींचकर सीने से लगा उसे ढाढस बँधाने लगे। देवेन्द्र ने भीतर झाँका। सुकेशी ने उसे भी हाथ हिलाकर आशीष दिया। कुछ बुदबुदाईं परंतु उस साउंडप्रूफ कमरे के बाहर कुछ भी सुनाई नहीं दिया।

इस कक्ष का अनुशासन अनुकरणीय है। समय सीमा का कड़ाई से पालन करना पड़ता। दूसरे अभिभावक ने जब शीशे की खिड़की खुली पाई तो अपने बच्चे को उठाकर पुनः उसकी माँ से मिलाया। उसकी माँ को धीरे-धीरे चलने की इज़ाजत थी। अतः वे पुनः शीशे के पास आकर अपने बच्चे तथा पति को बड़ी ही बेसब्र एवं बेचैन निगाहों से देखने लगीं। पति ने कहा कल तुम्हें यहाँ बाहर वार्ड में ले जाएँगे। परंतु भीतर कुछ सुनाई पड़ेगा इसकी तो लेशमात्र भी आशा नहीं।

तीनों (रमानाथ, देवेन्द्र एवं अचल) फिर केदार को देखने गए। उनसे मिलकर अचल ने सजल नेत्रों से अपनी माँ की जान बचाने के लिए कृतज्ञता ज्ञापित की। रमानाथ ने उनके सिर पर हाथ फेर अपनी मूक मनोभावना को प्रगट किया। देवेन्द्र ने सामान्य हालचाल पूछा। उन्होंने बताया कि कल से उन्हें उठने-बैठने की अनुमति मिल जाएगी। और परसों से उन्हें सामान्य खाना इत्यादि भी शायद मिलने लगेगा, ऐसा उन्हें शायद किसी नर्स से पता लगा है। उनका खून या ग्लूकोज, आज का, समाप्त हो चुका है। परंतु फिर कल ग्लूकोज चढ़ेगा ऐसा डॉक्टर साहब नर्स को समझा रहे थे, और उन्होंने ऐसा सुना था। वे हर प्रकार से खतरे से बाहर थे परंतु कमजोरी बहुत लग रही थी। हम सब पुनः आएँगे कहकर वापस सुकेशी के कक्ष की ओर प्रस्थान कर गए। बहू अभी वहीं थी और बाहर से अपनी प्रिय चाची से न जाने क्या-क्या कह रही थी। रमानाथ को आता देख शीशे से दूर हट कर खड़ी हो गई। सब ने बारी-बारी से सुकेशी को फिर से देखा। फिर आएँगे का इशारा किया। और चूँकि वहाँ रहकर कुछ करने को नहीं था, वापस सथुआचारी जाने का विचार किया।

इसी बीच रमानाथ को एक विचार कौंधा—क्यों न भीतर की नर्स, जो सुकेशी की सेवा में लगी है, उससे कुछ विशेष जानकारी प्राप्त की जाय? इस ख़याल से रमानाथ ने इशारे से उस नर्स को बाहर वाले दरवाजे की ओर बुलाया। नर्स बड़े ही संयत भाव से उठी। दोनों बोतलों की ओर देखा। शायद सब ठीक था। अतः दरवाजे की ओर आ गई। थोड़ा-सा दरवाजा खोलकर पूछा, 'क्या बात है?' रमानाथ

ने बड़ी ही विनम्रता से पूछा कि उनके रोगी का क्या हाल है। उन्होंने सीधा-सा परंतु मिठास भरे लहजे में जवाब दिया, 'अब कोई खतरा नहीं है। बाकी बात एक दो दिन के बाद ही पता लगेगी। चिंता न करें।' रमानाथ ने कृतज्ञता ज्ञापित की और अभिवादन कर पीछे हट गए। सारा वार्तालाप अचल तथा देवेन्द्र ने भी सुना था। अतः वे दोनों भी आश्वस्त महसूस कर रहे थे। भाषागत दिक्कत के बावजूद भी नर्स ने अपनी बात कह ली थी और रमानाथ को उससे पूरा संतोष मिला।

बहू ने बच्चे को उठाया और सभी लिफ्ट की ओर चल पड़े। चलते-चलते अचल ने एक बार फिर खिड़की से अपनी माँ को देखा और जबरदस्ती लिफ्ट की ओर मुड़ गया। शाम सघन हो चली थी। सभी सथुआचारी वापस आ गए थे। प्रातः सबसे पहले कौन जाएगा। अचल ने तपाक से कहा मैं जाऊँगा। आप लोग बाद में नौ बजे जब डॉक्टरों की विजिट होगी, तब तक पहुँच जाइएगा। वही तै पाया गया और सभी कपड़े उतार हाथ-मुँह धोकर चटाई पर बैठ गए। पर बहू रानी का काम तो अभी बहुत बाकी है। पहले सबको चाय पिलाकर, स्वयं भी चाय पीकर खाना बनाने में जुट गई। अमित (देवेन्द्र के बेटे) को घुमाने या झुलवाने का दायित्व निभाया देवेन्द्र एवं अचल ने।

अमित को गोद में लेकर दोनों भाई बाहर चले गए। बहू पाकघर में व्यस्त हो गई और रमानाथ अब अकेले ड्राइंग रूम में बिछी चटाई पर बैठे रहे। काफी हल्का-सा महसूस कर रहे थे, जैसे कोई बहुत बड़ा भार उतर गया हो। हालाँकि इस कार्य को उन्होंने कभी भार या बोझ नहीं माना था और अपनी पत्नी का उपचार सच्ची निष्ठा एवं चाहत के साथ करा रहे थे। फिर भी ऑपरेशन सफलतापूर्वक सम्पन्न हो गया, इसलिए एक राहत-सी महसूस कर रहे थे। उनके मन में तरह-तरह के विचार आ रहे थे। कभी उनका मन करता कि अपने सभी शुभचिंतकों को धन्यवाद दें, तो कभी ईश्वर को नतमस्तक उनका मन 'कल पुनः मंदिर जाऊँगा' ऐसा सोचता। सारी सोच-विचार के बीच भी रमानाथ को एक अजीब-सी खुशी का अनुभव हो रहा था। उन्हें लग रहा था कि जैसे इस बीहड़ कठिन राह की मंजिल अब कहीं दूर सही पर दिखाई जरूर पड़ रही है। कम से कम इस दुर्गम पथ का एक बड़ा पड़ाव तो अवश्य ही आ गया है। यहाँ कुछ देर ठहरकर, विश्राम कर पुनः आगे पोस्ट ऑपरेटिव केयर की यात्रा प्रारम्भ की जा सकेगी। शायद आगे की इस यात्रा में उतने कष्ट नहीं होंगे, उतनी अनिश्चितता नहीं होगी। किसी दाता की कृपा दृष्टि का याचक नहीं बनना पड़ेगा। शायद अब खर्च भी कुछ कम हो सकेगा। नाना प्रकार की भावनाओं के भँवर में गोते खाता उनका मन, एक काल्पनिक पर सुखद भविष्य के खयालों में खोया हुआ था। न जाने कब तक वे इसी उधेड़बुन में पड़े रहते, यदि जगदीश जी अपनी चिर-परिचित मुद्रा में धवल कुर्त्ता एवं पाजामा पहने, 'डॉ. साहब नमस्कार' के सम्बोधन से उनकी तंद्रा न तोड़ते।

बड़े ही सहज भाव से पास आकर बैठ गए जगदीश जी। नमस्कार का प्रत्युत्तर देते-देते रमानाथ भी थोड़े और व्यवस्थित होकर बैठ गए। उन्होंने सुकेशी का हाल पूछा। सारा ब्योरा रमानाथ ने इस खयाल से भी देना उचित समझा कि उससे उनका ढाढस बँधेगा और उनका मार्ग प्रशस्त होगा। चालीस हजार जो ऑपरेशन फीस लगी थी उसके अलावा क्या कुछ और खर्च हुआ? उनका एक अत्यंत व्यावहारिक प्रश्न था। रमानाथ ने समझाया कि अस्पताल की तरफ से अभी तक और कोई माँग नहीं की गई है पर सावधानीवश कुछ रुपए तो अपने पास रहने ही चाहिए। जाने कब क्या जरूरत पड़ जाए। रमानाथ ने आगे कहा कि वे तो दस हजार रुपए और लेकर अस्पताल गए थे। पर आज तो उसमें से कुछ भी खर्च नहीं हुआ। हाँ अलग से दो बार आने-जाने में तथा लड़कों को वहाँ कुछ खिलाने-पिलाने में कुल तीस-चालीस रुपए खर्च हुए होंगे। हाँ अब आगे हरि कृपा। फिर उन्होंने अपना हालचाल बताया। जहाँ तक याद आता है, उन्होंने मदुरै से अपना टीसू मैच का परिणाम जो अनुकूल था, का विवरण भी दिया। उन्होंने यह भी बताया कि वे शाम को इसके पहले भी समाचार लेने के लिए आए थे पर ताला बन्द देख वापस चले गये थे। अभी स्नेह कुछ खाना-पीना बना रही थी तो मैंने सोचा थोड़ा समाचार ले आऊँ। रमानाथ ने उन्हें धन्यवाद कहते हुए आश्वासन दिया कि अब उन्हें कष्ट नहीं करना पड़ेगा। वे स्वयं उन्हें समय-समय पर समाचार देते रहेंगे। गेट पर विदा की मुद्रा में रमानाथ की ओर उनके हाथ उठ गए। रमानाथ ने भी अभिवादन का समुचित उत्तर दिया। वे सड़क पर बिखरी बिजली की रोशनी में अपने घर की ओर धीरे-धीरे चले जा रहे थे। रमानाथ उन्हें दूर तक तथा देर तक निहारते रहे।

हालाँकि जगदीश चौथे घर के बाद के मोड़ के बाद आँखों से ओझल हो गए पर रमानाथ अभी भी वहीं गेट पर खड़े-खड़े उन्हीं के बारे में सोचते रहे। उन्हें ईश्वर की लीला का रहस्य समझ में नहीं आ रहा था कि इतने सहज स्वभाव के अच्छे इंसान को इतनी यातना क्यों? यही प्रश्न उनके मन में कई बार सुकेशी की यातना भरी जिंदगी के बारे में भी उठता। पर सिवाय इसके कि सब अपने पूर्व जन्म के कर्मों का फल है, कोई और उत्तर जेहन में आता ही नहीं। शायद इन्हीं उलझाव भरे, अस्पष्ट से प्रश्नों के उत्तर हेतु, हिंदू धर्म एवं संस्कृति ने पुनर्जन्म के दर्शन की अवधारणा प्रस्तुत की है। आखिर संसार में अनेक और धर्म हैं जिनमें कहीं भी किसी भी रूप में पुनर्जन्म की कल्पना तक नहीं की जाती जबकि हिंदू धर्म इस अवधारणा पर सघन विचार-विमर्श के बाद इसे प्रतिष्ठापित करता-सा नजर आता है। आज जब अनेक ऐसे लोग हमारे बीच में आ चुके हैं, जिन्हें अपने पूर्व जन्म की बहुत सारी बातें याद हैं—अपने माता-पिता, गाँव, घर, यहाँ तक कि अपनी मृत्यु का कारण भी—तो इस अवधारणा को बड़ा सम्बल मिलता है। इसमें शायद हमारे मनीषियों की यह भी मंशा रही हो कि बुरे काम का बुरा परिणाम न केवल वर्तमान जन्म

में ही भुगतना पड़ता है, वरन् इसकी यातना आने वाले जन्मों में भी प्रताड़ित करती है। यह संदेश देकर मानव मात्र को बुरे कर्मों से हर प्रकार से दूर रखने की भी शायद कोशिश रही हो। क्योंकि और कोई व्याख्या, सुकेशी जैसी पवित्रमना नारी को किडनी प्रत्यारोपण जैसी कठोर यातना का भागी नहीं बना पाती। जगदीश के बारे में रमानाथ शायद अल्पज्ञ हैं, परंतु अपनी पत्नी, जिसे वे गत तीस वर्षों से जानते हैं, के बारे में पूर्णतया आश्वस्त हैं कि उन जैसी स्नेहिल नारी से ऐसा कोई दुष्कर्म हो ही नहीं सकता जिसकी सजा गुर्दा प्रत्यारोपण बन पाये। अतः ईश्वर की लीला पर वे विस्मित एवं भ्रमित मन अपना दायित्व निभाये चले जा रहे थे। यंत्रवत रमानाथ ने गेट बन्द किया और पुनः कमरे में आकर वहीं सपाट फर्श पर पसरी चटाई पर पसर गए।

बहू रसोई में थी और कोई घर पर था नहीं। रमानाथ अपने इन्हीं विचारों में खोये पड़े रहे। उन्हें लग रहा था कि इस कठिन, लगभग असाध्य रोग के समक्ष सशक्त विज्ञान भी बौना बनकर रह गया है। क्योंकि उन्हें पता था कि आज भी सी. एम. सी. जैसे अस्पताल ने भी किसी भी रोगी को पूर्ण जीवनदान नहीं दिया। प्रत्यारोपण के अनगिनत कष्टों को झेलता हुआ रोगी जब इस यातना से भी गुजर चुकता है तब भी उसे साल दो साल, या अधिक से अधिक चार-पाँच साल तक ही जीवित रखा जा सकता है। यह जीवन भी एक पूरी तरह विकलांग का-सा जीवन होता है। और अत्यधिक महँगी दवाओं के सहारे रोगी जी पाता है। वस्तुतः उसकी जिंदगी मृतप्राय ही रहती है। पर 'जब तक साँस तब तक आस' के सहारे चलता रहता है।

गेट खुला, उसकी कर्णकटु चरचराहट की आवाज से रमानाथ का ध्यान उधर गया। बच्चे आ रहे थे। अमित पिता की गोद में ही सो चुका था। उसे लाकर देवेन्द्र ने धीरे से लिटा दिया। दोनों भाई कपड़े बदल, मुँह-हाथ धोकर वहीं आकर बैठ गए। अब प्रतीक्षा थी तो सिर्फ भोजन की थालियों की। ज्यादा प्रतीक्षा नहीं करनी पड़ी। थालियाँ लग गईं, अचल ने भाभी की मदद की। सब ने भोजन किया। बहू ने 'बाद में खाऊँगी' कहकर थोड़ा बाहर की ओर गेट तक चली गई।

सुबह तड़के ही अचल उठकर तैयार होने लगा। छः बजे तक स्नानादि से निवृत हो, एक बिस्कुट खा पानी पी लिया। हालाँकि वहाँ जाकर कुछ करना नहीं है। बाहर से एक कप चाय भी अपनी माँ को नहीं दे सकेगा। क्योंकि जो भी उचित होगा वहीं से मिलेगा। फिर भी उसकी उत्कट इच्छा का सम्मान करते हुए रमानाथ ने उसे जाने की इजाजत दे दी। पूछने पर पता चला कि उसके पास अभी कल दिए गए रुपए पड़े ही हैं अतः और रुपए की जरूरत नहीं।

रमानाथ को आज कई दिनों बाद ठीक से नींद आई थी। थोड़े तनाव मुक्त होकर पूरी रात सोये थे। वे भी उठे और तैयार होने की प्रक्रिया में लग गए। चन्द्रा

(बहू) ने चाय दी। पीते-पीते रमानाथ ने हिदायत भरे स्वर में कहा कि हम लोग साढ़े आठ बजे जाएँगे और कुछ ऐसा करो कि ठीक से एक बार ही खाकर जाएँ। पता नहीं कब आने का अवसर मिले। चन्द्रा चली गई और रमानाथ चाय पीते-पीते सोच रहे थे अपनी भावी योजनाओं के बारे में। भविष्य इतना अनिश्चित हो चुका था कि कुछ भी सोचना बेमानी लगता था। फिर भी स्वभाववश रमानाथ हमेशा ही भावी कदम के बारे में सोच-समझकर ही कदम रखते हैं। उन्होंने सारी बातों को दिमाग से निकालकर सिर्फ समय से अस्पताल पहुँचने का निर्णय किया।

डॉ. कृष्णन अपनी दो-तीन डॉक्टरों की टीम के साथ आए। उन्होंने केदार को देखा, उनसे पूछा भूख लगी है। उन्होंने जवाब सिर हिलाकर हाँ में दिया। पर दक्षिण भारतीय लोगों का सिर हिलाकर स्वीकृति देने का तरीका अलग होता है। वे पूरे सिर को अगल-बगल हिला कर हाँ कहते हैं जब कि उत्तर भारतीय लोग सिर को आगे-पीछे हिलाकर। अतः तत्काल रमानाथ ने उन्हें समझा दिया कि वे कह रहे हैं कि उन्हें भूख लगी है। उन्होंने ऊपर पड़ी चादर को हटाकर घाव को देखा। तभी रमानाथ ने भी देखा और स्तम्भित रह गए कि गुर्दादाता का घाव भी उतना ही बड़ा होता है जितना रोगी का जिसे गुर्दा लगाया जाता है। एकाध मिनट उन्होंने नर्स को कुछ समझाया और पुनः पलंग पर लटके चार्ट पर कुछ लिखा। उस कमरे में शायद केदार उनके एकमात्र मरीज थे अतः वे आगे बढ़ गए। सारे डॉक्टर भी उन्हीं के साथ बगल वाले कमरे में चले गए।

देवेन्द्र के साथ रमानाथ सीधे सघन सेवा कक्ष की ओर चले गए क्योंकि उन्हें अन्दाजा हो गया था कि डॉक्टर अभी वहाँ तक नहीं पहुँचे हैं। वहाँ पहुँचने पर अचल ने बताया कि उसने माँ को देखा। वे ठीक हैं। परंतु अभी कुछ खाने को नहीं दिया गया है। सभी डॉक्टर के आने की प्रतीक्षा कर रहे हैं। देवेन्द्र ने कहा, 'डॉक्टर पूरी टीम के साथ आ रहे हैं। अभी वे इससे नीचे वाले तल पर रोगियों को देख रहे हैं। उन्होंने केदार को देखा और बताया कि सब कुछ नार्मल है। आज उन्हें कुछ खाने को भी मिलेगा मेरा खयाल है कि कुछ देर में ही डॉक्टर आ जाएँगे।'

डॉक्टर आए, सीधे भीतर गए और नर्स से कुछ देर तक बातें करने के बाद, उन्होंने घाव देखा। फिर चार्ट पर कुछ अंकित करते-करते नर्स को कुछ हिदायतें भी देते रहे। बाहर कुछ भी सुनाई नहीं देता था। परंतु शीशे से देखा जा सकता था। दस मिनट बाद जब डॉक्टर कृष्णन बाहर आए तो उन्होंने स्वयं ही रमानाथ को नजदीक बुलाकर बताया कि अब इन्हें खून की जरूरत नहीं है। ग्लूकोज एक दो और चढ़ेगा। दोपहर से तरल खाद्य भी उन्हें दिया जाएगा। शेष बातें कल, परसों तक ही पता लग सकेंगी। डॉक्टर उदास से खड़े अचल को ढाढस बँधाते हुए चले गए।

अब रमानाथ ने सब जगह अपने परिवार के सदस्यों, अपनी सरकार, अपने ऑफिस तथा कुछ निकट के रिश्तेदारों को सफल ऑपरेशन की सूचना देने का निर्णय

लिया। इस उद्देश्य से बड़े पोस्ट ऑफिस पहुँचे। जहाँ के लिए जो सुविधा उपलब्ध थी वहाँ उसी माध्यम से सूचना देने का विचार उनके मन में उभरा। अपने बच्चों, अपने दफ्तर तथा अपने शिक्षा सचिव को उन्होंने टेलीफोन से खबर की। अपने भतीजे कृष्णानंद के पास भी टेलीफोन कर दिया। शेष जगहों पर तार (टेलीग्राम) द्वारा खबर भेज दी, जिसमें प्रमुख थे उनके अपने बड़े भाई और सुकेशी के छोटे भाई। चूँकि ये लोग गाँवों में रहते थे और उनके पास टेलीफोन की सुविधा नहीं थी अतः उन्हें तार से शीघ्र सूचना दी जा सकती थी। शेष और जगहों पर अवसर निकालकर पत्र लिख देंगे, ऐसा सोचकर उन्होंने पर्याप्त अन्तर्देशीय पत्र ले लिए। वापस अस्पताल पहुँचे तो दोनों बेटे बाहर ही मिल गए। पूछने पर पता लगा कि वहाँ तो किसी को ज्यादा देर तक रुकने नहीं देते।

रमानाथ को लगा कि अचल तो भूखा भी होगा। ऐसा विचार कर उन्होंने दोनों को साथ लेकर पास ही के बहुत अच्छे होटल में ले जाकर कुछ खिलाने-पिलाने की बात सोची। वहाँ अभी भी इडली मिल रही थी, उन्होंने तीन जगह लाने का आदेश दिया। देवेन्द्र चूँकि खाकर आया था उसने मना किया पर रमानाथ को भूखे अचल का ख़याल था। इडली आई देवेंद्र तथा रमानाथ ने एक-एक इडली अपने में से उठाकर अचल को दे दी। उससे उसका नाश्ता भरपूर हो गया और देवेन्द्र को अनिच्छापूर्वक खाने से बचा लिया। दोनों को वहीं बैठे-बैठे बताया कि वे कहाँ-कहाँ टेलीफोन तथा कहाँ-कहाँ तार से सूचना भेज आए। साथ ही उन्हें अन्य जगहों पर पत्र लिखकर समाचार देने की हिदायत भी दे दी। पर्याप्त अन्तर्देशीय पत्र उन्होंने खरीद रखे हैं।

तीन दिन बाद सुकेशी को सघन सेवा कक्ष से बाहर लाकर एक उच्च कोटि के कमरे में रखने के रमानाथ के अनुरोध को मानकर रखा गया। यह कमरा बड़ा तथा हवादार था। साथ का बाथरूम साफ-सुथरा एवं सुविधाजनक था। सबसे बड़ी सुविधा यह थी कि इसमें रात-दिन एक अभिभावक भी साथ-साथ रह सकता था। उसके सोने रहने का पूरा प्रबंध था। रमानाथ ने स्वयं रहकर सुकेशी की देखभाल का निश्चय किया। कमरे की सफाई उच्चतम स्तर पर बनाए रखने हेतु उन्होंने स्वयं ही यह कार्य भी करने की योजना बनाई। उसके लिए थोड़ी-बहुत आवश्यक सामग्री भी मँगा कर रख ली।

अचल, देवेन्द्र तथा चन्द्रा सभी आते-जाते रहते। माँ को बाहर पाकर अचल बहुत खुश था। उनसे देर तक बातें करता रहा। रमानाथ के समझाने पर कि उन्हें ज्यादा बात करना मना है, मान गया। देवेन्द्र तथा चन्द्रा ने भी सामान्य हालचाल जानने के खयाल से बात की।

उधर केदार को अब सामान्य भोजन दिया जाने लगा। उनकी प्रगति सामान्य से थोड़ी बेहतर ही थी। अतः सातवें दिन उनके टाँके काट दिये जाएँगे और वे एकाध दिन बाद बाहर जा सकेंगे। दोनों भाई बराबर उनकी देखरेख में लगे रहते। उनके

पास देवेन्द्र घंटों बिताते। उससे उन्हें संतोष एवं सुख मिलता। वस्तुतः सभी उनके इतने आभारी हो चुके थे कि उनके लिए कुछ करने की सभी के मन में एक प्रबल इच्छा थी।

हफ्ते भर की तीमारदारी के बाद अब सुकेशी उठकर सहारा लेकर बैठ सकती थीं। उन्हें परम संतोष था अपनी देखभाल एवं सेवा शुश्रूषा से। सुकेशी को बार-बार सिर्फ एक बात ही कचोटती रहती कि जो सेवा करना उनका धर्म तथा कर्तव्य था वह सेवा उनकी उनके पूज्य पति रमानाथ कर रहे हैं। इस मानसिक वेदना से उन्हें उबारने के लिए रमानाथ नाना प्रकार की पौराणिक कथाओं का हवाला देकर समझाते। इसी में उनका बहुत सारा समय बीत जाता। धीरे-धीरे उन्होंने पचासों श्रेष्ठ कथाओं का श्रवण किया। रमानाथ ने उनके लिए, उनकी भाषा (अवधी) में शास्त्रों, पुराणों, रामायण एवं महाभारत की अनेक कथाएँ कहीं। एक दिन कृष्ण-सुदामा की कथा सुनाते समय उन्होंने पूछा, 'आपको इतनी सारी कथाएँ याद कैसे हैं?' रमानाथ ने उन्हें बड़े ही सहज भाव से बताया, 'अधिकांश कथाएँ उन्हें उनके पिताजी से बचपन में ही सुनने का सौभाग्य प्राप्त हुआ था, तथा कुछ एक उन्होंने स्वयं भी पढ़कर सीखी हैं।' उनके चेहरे पर एक अजीब संतोष एवं गर्व का भाव छलक आया।

ऑपरेशन के बाद आज पहली बार प्रो. किरुबाकरन भी डॉ. कृष्णन के साथ-साथ आए। उन्हें देखकर सुकेशी का मुखमंडल खिल उठा। शिकायत भरे स्वर में बोलीं, 'भाई साहब कितने दिन के बाद आज आप आए हैं?' प्रो. किरुबाकरन ने उन्हें समझाया कि अब तक उनका काम नहीं था। अब उनका काम है इसलिए वे फिर आ गए और आगे उन्होंने कहा थोड़ा लेट जाइए। सुकेशी लेट गईं। डॉ. कृष्णन ने घाव खोलकर दिखाया। फिर दोनों डॉक्टरों ने चार्ट को ध्यान से पढ़ा। प्रतिदिन होने वाली पेशाब का तथा पानी जो उन्हें दिया जाता था, उसका चार्ट भी ध्यान से देखा। प्रो. किरुबाकरन ने कुछ कहा तो नहीं परंतु उनके चेहरे पर उभरे भाव को यदि रमानाथ सही पढ़ सके थे तो वे इस चार्ट को देखकर बहुत प्रसन्न नहीं हुए। उन्होंने डॉ. कृष्णन से एक दवा को और देने को कहा। सुकेशी की ओर देखते हुए अपनी सहज मुस्कान बिखेरते हुए उन्होंने कहा, 'सब ठीक है। आपको दो दिन में अस्पताल से छुट्टी दे दूँगा। तब जाकर अपने बेटे के साथ सथुआचारी में रहिएगा।' सुनते ही सुकेशी की आँखें भर आईं और बोलीं, 'भाई साहब, वो तो राँची चला गया।' बाहर जाते-जाते उन्होंने रमानाथ से कहा, 'हर यूरिन आउट पुट इज लेस दैन एक्सेप्टेड। वी विल टेक केयर आफ इट, डे आफ्टर, वी विल टेक हर बैक फ्राम यूरोलोजी।'

डॉक्टरों के चले जाने के बाद रमानाथ थोड़ी चिंता में पड़ गए। अगर पेशाब पर्याप्त मात्रा में नहीं हो रही है तो इसका सीधा मतलब हुआ कि प्रत्यारोपित किडनी अभी पूरी तरह कार्य नहीं कर रही है। पता नहीं आगे भी दवा इत्यादि की सहायता

से यह कमी पूरी हो सकेगी या नहीं? नाना प्रकार के प्रश्न रमानाथ के मानस पटल पर उभरने लगे। तभी सुकेशी ने उन्हें टोका, 'क्या सोच रहे हैं? डॉक्टर साहब ने क्या कहा?' रमानाथ ने उन्हें सिर्फ इतना बताया कि परसों से उन्हें प्रो. किरुबाकरन देखेंगे। ये नये डॉक्टर लोगों का काम समाप्त हो गया। शीघ्र ही, शायद दो दिन बाद, उन्हें अस्पताल से छुट्टी भी मिल जाएगी।

आज यूरोलोजी की यूनिट दो की पूरी टीम डॉ. कृष्णन के साथ आई। सारा विवरण ठीक से देखा। सुकेशी का पूरा चेकअप किया, और पास के ही माइनर ऑपरेशन थियेटर में ले जाकर उनके घाव, जो सूख चुका था, के टाँके काटकर एक नीले रंग का लेप लगा कर, उन्हें वापस ला वहीं लिटा दिया। जाते-जाते डॉक्टर कृष्णन ने रमानाथ से कहा, 'अवर जाब इज ओवर।' रमानाथ ने धन्यवाद दिया और वापस कमरे में आकर सुकेशी के पास ही बैठ गए। चादर हटाकर देखा तो टाँके काट दिये जा चुके थे। घाव एकदम सूख चुका था। सुकेशी से पूछा कोई तकलीफ तो नहीं हुई। उन्होंने थोड़ा कहा, 'दर्द हल्का-हल्का हुआ था जब टाँके काट रहे थे। अब तो ठीक है।'

केदार को दो दिन पहले ही छुट्टी मिल चुकी थी। उन्हें घर पर पूरी देख-रेख में रखा था। उचित आहार-विहार का पूरा प्रबंध कर दिया गया था। उन्हें प्रतीक्षा थी तो सुकेशी के वापस आने की। वे चाहते थे तथा सुकेशी भी यही चाहती थीं कि उन्हें वापस भेजने से पहले वे घर पर उनके साथ कुछ समय बिता सकें। ईश्वर की कृपा से आज उनकी यह इच्छा भी पूरी हो रही थी। उन्हें आज 3 बजे तक अस्पताल से छुट्टी मिल जाएगी। रमानाथ लगभग आधे घंटे व्यस्त रहे—कुछ कागजात इत्यादि तैयार कराने में, कुछ छोटे-मोटे बिल जमा कराने में और अन्ततः दवाइयाँ जिनका प्रयोग उन्हें करना है, उन्हें प्राप्त करने में। सब कुछ समय से हो गया। प्रो. किरुबाकरन ने उन्हें आकर व्यक्तिगत तौर से अस्पताल से जाने की इज़ाजत दी। और दवाइयों के बारे में सारी बातें रमानाथ को समझा दीं। तीन दिन बाद पुनः चेकअप के लिए लाना होगा। उन्होंने समझाया कि प्रत्यारोपण के बाद की देखभाल डॉक्टरों की निगरानी में बहुत ही सावधानीपूर्वक होनी चाहिए अतः वे किसी प्रकार की लापरवाही न बरतें।

आटो सथुआचारी वाले घर के सामने रुका। धीरे-धीरे सुकेशी ने घर में प्रवेश किया। सब ने राहत की साँस ली जब वे अपने पहले से तैयार किए गए बिस्तर पर सकुशल लेट गईं और मुस्कराते हुए चाय पीने की इच्छा जाहिर की।

केदार आज वापस बनारस जाएँगे। वातावरण गमगीन-सा हो उठा था। गत चार माह से वे एक साथ रहते-रहते परिवार के एक सदस्य से ही बन गए थे। उनके जाने की सारी व्यवस्था देवेन्द्र पहले ही कर चुके थे। उन्हें इच्छा एवं सामर्थ्य भर कपड़े, सामान इत्यादि तथा पर्याप्त रुपए देकर विदा किया गया। सुकेशी की कृतज्ञ

आँखें भर आईं। उन्होंने सबसे यथा उचित नमस्कार करके विदा ली। देवेन्द्र उन्हें छोड़ आए। वे सकुशल अपने घर पहुँच जाएँ यही सबकी कामना थी।

नवम आख्यान

सुकेशी को घर वापस आकर अच्छा लग रहा था। वे आराम से लेट कर बातें करती रहीं। रमानाथ भी आज काफी तनावमुक्तता की स्थिति में थे। बड़ी राहत-सी महसूस कर रहे थे। चन्द्रा ने क्या खाएँगी का सवाल प्रस्तुत किया तो बड़ा सहज-सा जवाब दे डाला उन्होंने। कहा कि आज दाल पूरी बनाओ और थोड़ी बखीर डाल दो, एकाध सब्जी जरूर बना लेना नहीं तो तुम्हारे चाचा का काम नहीं चलेगा। बहू रानी चली गई। थोड़ी देर में ही चाय के तीन गिलास लेकर वापस आई तो रमानाथ ने कहा देवेन्द्र कहाँ हैं? बाजार गए हैं थोड़ी सब्जी लाने के लिए। सब्जी भी घर के पास नहीं मिलती थी। दूर मुख्य सड़क के पास जाना पड़ता था। अतः तीनों ने चाय पी ली। अमित अपने केक में मस्त था और बार-बार उसे तोड़ कर गिराता फिर उसी गिरे हुए टुकड़े को उठाकर खाता था। अब रमानाथ को देवेन्द्र के आने तक अमित को देखना था ताकि बहू अपना रसोई का काम कर सके। दाल पूरी बनाना एक झंझट वाला खाना माना जाता है। परंतु हर शुभ अवसर पर दाल पूरी और बखीर बनाने की पुरानी रीति है। अतः आज इस खुशी के मौके को और सार्थकता प्रदान करने के विचार से ही सुकेशी ने चन्द्रा को दाल पूरी तथा बखीर बनाने को कहा था। चूँकि चन्द्रा को भी यह पुरानी वंश परम्परा पता थी अतः उसने तत्काल ही हाँ भर दी और प्रबंध में जुट गई।

अचल तथा इटानगर में रह रहे तीन अन्य बच्चों को भी रमानाथ ने सुकेशी के घर आ जाने की खबर दे दी। अब सुकेशी की देखभाल एवं उपचार पर ही सारा ध्यान केन्द्रित करना था। गुर्दा प्रत्यारोपण का रोगी बड़ा ही संवेदनशील एवं नाजुक मिज़ाज हो जाता है। तनिक-सी लापरवाही से झट बड़ी समस्या खड़ी हो सकती है। प्रतिदिन उनको दिया जाने वाला पानी हमेशा नाप कर देना तथा उसका उचित रिकार्ड रखना पड़ता। उससे भी महत्त्वपूर्ण बात होती प्रतिदिन कितनी मात्रा में पेशाब होती है उसका भी चार्ट बनाकर रखना। जब भी डॉक्टर के पास जाना हो, वे दोनों चार्ट अवश्य होने चाहिए।

समय-समय पर दवा, डॉक्टरों के बताए गए मार्ग पर चलते हुए नापकर पानी देना और उनके सामान्य खानपान का ध्यान रखना अब रमानाथ की दिनचर्या के प्रमुख अंग बन गए। पेशाब का हिसाब रखना नितांत आवश्यक इसलिए भी था क्योंकि ऑपरेशन के बाद से ही उनका यूरिन आउटपुट सामान्य से कम हो रहा

था। उसमें सुधार हेतु ही डॉक्टर दवाइयों का प्रयोग कर रहे थे। प्रत्यारोपित गुदा शरीर में पूरी तरह स्थापित हो जाए और इस गुर्दे में तथा शरीर के अन्य अवयवों में पूर्ण सामंजस्य बना रहे, सारी पोस्ट ऑपरेटिव केयर का यही मूल आधार होता है। इस बात से पूर्णरूपेण परिचित रमानाथ किसी प्रकार की तनिक भी लापरवाही न होने देने को कृत संकल्प सुकेशी की देखभाल का मुख्य दायित्व स्वयं अपने ऊपर ही रखते रहे।

तीन दिन बाद सुकेशी का चेकअप होने को है इस बात को ध्यान में रखते हुए रमानाथ हर वह बात ध्यान में रखते जिसका असर उनकी प्रगति पर पड़ सकता। वे किसी प्रकार का खतरा मोल लेने की स्थिति में नहीं थे। अतः सम्पूर्ण मनोयोग से वे अपनी पत्नी की सेवा में लगे थे।

सुकेशी का चेकअप कराने के लिए आज प्रातः तैयार होकर तथा अपनी पत्नी को भी तैयार करके रमानाथ समय से नेफ्रोलोजी विभाग में पहुँच गए। मात्र दो और रोगी थे। नर्स ने सबको आवश्यक हिदायतें दीं। सुकेशी को एक छोटी बोतल पकड़ाते हुए बोली, 'थोड़ा यूरिन करके लाइए।' रमानाथ ने उनको व्हील चेयर पर बैठे-बैठे ही बाथरूम तक पहुँचाकर कहा, 'भीतर जाकर पेशाब कर के लाएँ।' उन्होंने वैसा ही किया। रमानाथ पुनः उन्हें उसी स्थान पर लाकर बैठा कर उनके अगले कदम या आदेश की प्रतीक्षा करने लगे। तभी दो नर्सें आईं और उनका नाम पूछ कर कुछ रक्त लेकर चली गईं। अब डॉक्टर हरिहरन आते हुए दिखे। पास आकर अत्यंत स्नेह भरी आवाज में बोले, 'अब क्यों आया है? आपको तो ठीक करके भेज दिया था।' उनके इस सहज मज़ाक को भी सुकेशी ने गम्भीर भाव से ही लिया। बोलीं, 'भाई साहब, आप कहेंगे तो मैं बड़ी खुशी से चली जाऊँगी। उस दिन बड़े डॉक्टर साहब—प्रो. किरुबाकरन ने कहा था इसीलिए आई हूँ।' परंतु इतना कहते-कहते उन्हें भी समझ में आ गया कि डॉक्टर मज़ाक कर रहे थे। उन्हें आना ही था और आगे भी आना ही होगा।

डॉक्टर ने यूरिन आउटपुट तथा वाटर इन टेक के चार्ट को ध्यान से देखा और रमानाथ से अंग्रेजी में कई सवाल, उनके खानपान तथा जो दवाइयाँ दी जा रही थीं, उनके बारे में पूछे। रमानाथ ने सही स्थिति का ज्ञान करा दिया और तब डॉक्टर ने एकाध सवाल सुकेशी से किया और उन्हें स्ट्रेचर पर लिटा कर चेकअप करने लगे। फिर उनसे पूछा, 'क्या कुछ खाने को मन करता है?' उन्होंने तुरंत कहा, 'भाई साहब, खाना फीका-फीका लगता है, क्या एकाध मिर्च खा सकती हूँ?' तुरंत डॉक्टर ने समझाया, ज्यादा नहीं और सिर्फ हरी मिर्च ही, एकाध खा सकती हैं। सुकेशी का चेहरा खिल उठा जैसे कोई भारी नियामत मिल गई हो। हँसते हुए बोलीं, 'आप ने सुन लिया न? भाई साहब ने मुझे एकाध हरी मिर्च खाने को कहा है।' रमानाथ ने सकारात्मक उत्तर देते हुए डॉक्टर से उनकी स्थिति की जानकारी हेतु एकाध प्रश्न

किए। डॉक्टर हरिहरन ने कहा, 'सब कुछ ठीक है पर यूरिन आउटपुट उम्मीद से थोड़ा कम है। मैं एक दवा बदल देता हूँ, इससे स्थिति में सुधार सम्भव है।' उन्होंने रमानाथ से कार्ड लेते हुए उस पर नई दवा लिखते हुए उसके पहले वाली दवा को बंद करने का आदेश देते हुए उस दवा के सामने × का निशान लगा दिया, ताकि कोई संदेह न हो।

शेष यूरिन रिपोर्ट तथा ब्लड रिपोर्ट लेने तो दोपहर बाद आना होगा। डॉक्टर ने रमानाथ से कहा कि रिपोर्ट लेकर वे उन्हें दिखा लें। इन्हें (सुकेशी को) अब आप ले जा सकते हैं। चार्ट सावधानीपूर्वक भरते रहेंगे। जाते-जाते डॉक्टर हरिहरन ने सुकेशी को विदा की मुद्रा में देखा तो सुकेशी के मुँह से फूट पड़ा, 'भाई साहब, आपको भगवान बड़े डॉक्टर साहब से भी बड़ा डॉक्टर बनाएँ।' सुनकर डॉक्टर हरिहरन ठहर गए, मुड़कर बोले, 'डॉक्टर किरुबाकरन इस देश के सबसे बड़े डॉक्टर हैं, हम लोग उनके सामने बच्चा हैं। आप ठीक हो जाओ मुझको बहुत खुशी मिलेगा।'

डॉक्टर वहाँ से सीधे डॉक्टर किरुबाकरन के केबिन में गए। शायद उन्हें सुकेशी तथा अन्य दोनों रोगियों की स्थिति से परिचित कराने के खयाल से। अभी रमानाथ सुकेशी को लेकर लिफ्ट की ओर मुखातिब ही हुए थे कि प्रो. किरुबाकरन अपनी केबिन के बाहर दिखाई पड़े। रमानाथ ठहर गए कि अभिवादन करके तभी चलेंगे। वे सीधे सुकेशी के पास आए और उन्हें फिर से लेटने को कहा। रमानाथ को थोड़ी चिंता हुई, इस बात से कि शायद कुछ गड़बड़ है जिसकी सूचना डॉक्टर हरिहरन से पाकर प्रो. स्वयं देखना चाहते हैं। फिर भी सुकेशी के चेकअप तक वे खामोश खड़े रहे। प्रो. किरुबाकरन ने दो मिनट बाद उन्हें उठाते हुए कहा, 'आप जो खाना चाहें खाइए। केवल पानी जितना रमानाथ देंगे उतना ही पीना है। आप ठीक हो जाएगा जल्दी ही।' आशा भरे शब्दों ने सुकेशी को उत्साहित किया और रमानाथ को आश्वस्त। दोनों ने पुनः प्रो. को उनकी कृपा हेतु धन्यवाद दिया।

नीचे आकर मुख्य द्वार पर व्हील चेयर में उन्हें छोड़ रमानाथ आटो रिक्शा लेने बाहर गए। कुछ क्षण बाहर आकर उन्होंने सुकेशी को उस पर बैठाया और व्हील चेयर जमा कर आए। अब आटो सथुआचारी की ओर भाग रहा था। घर के सामने आकर रुका तो देवेन्द्र ने सुकेशी को सहारा देकर उतारा और धीरे-धीरे भीतर ले गए। रमानाथ भीतर आकर सुकेशी के पास ही चटाई पर बैठ गए। चन्द्रा एवं देवेन्द्र को सारी बात बताई।

सोलेंग जयवर्धने आज पाँच-छः दिनों बाद आए। रमानाथ ने सामान्य शिष्टाचार के बाद पूछा, 'हाऊ आर यू एण्ड योर सन?' उत्तर में अपनी सहज प्राकृतिक मुस्कान बिखेरते हुए उन्होंने कहा, 'फाइन।' फिर उन्होंने बताया कि वे गत तीन दिन तक बेटे के व्यापक टेस्ट इत्यादि कराने में व्यस्त रहे। परिणाम संतोषजनक निकले हैं, अतः अब डॉक्टरों ने उन्हें अपने देश श्रीलंका जाने की इजाज़त दे दी है और उन्होंने

बताया कि उन्हें बीच-बीच में दूरभाष से सम्पर्क करते रहना होगा। तीन-चार माह बाद एक बार पुनः लड़के को लेकर चेकअप के लिए आना होगा। आगे उन्होंने कहा कि मद्रास से टिकट लेने के लिए किसी एजेण्ट को माध्यम बनाया है। हवाई जहाज का टिकट मिलते ही वे प्रस्थान की योजना बनाएँगे।

चाय पीते-पीते सोलेंग ने आगे कहा कि उनका अनुभव यहाँ का बहुत सुखद रहा। बहुत अच्छे डॉक्टर नर्सों का समूह तथा अन्य कर्मचारी मिले। बाहर भी बहुत ही कृपालु लोग हैं। वे यदि स्वस्थ रहे तो रमानाथ के गृह नगर गोरखपुर जो उनका सबसे बड़ा तीर्थ स्थल है (उनका इशारा लुम्बिनी तथा कुशीनगर जहाँ भगवान बुद्ध का आविर्भाव एवं निर्वाण हुआ था) अवश्य आएँगे। उन्होंने रमानाथ का पूरा पता माँगा, जो उन्होंने तत्काल दे दिया पर उन्हें अपेक्षा थी दूरभाष नम्बर की जो रमानाथ के पास नहीं था। अतः उनके आग्रह पर रमानाथ ने उन्हें अपने मौसेरे भाई, जिनका घर पास ही है, का नम्बर दे दिया। अपना कार्य स्थल, तथा उसका पूरा पता, दूरभाष समेत, दिया। चाय भी समाप्त हो चुकी थी। उठते-उठते उन्होंने कहा कि जाने से पहले वे अवश्य मिलने आएँगे।

तीसरे दिन ही वे पुनः मिलने आए और आते ही कहा, 'टुमारो वी आर गोइंग।' वे खुश थे। समाचार सुनकर रमानाथ को भी अच्छा लगा कि उनके देश में आकर एक विदेशी उनकी मातृभूमि के प्रति कृतज्ञता का भाव लेकर जा रहा था। पर उन्हें एक मित्र के बिछुड़ने का दुःख भी हो रहा था। धीरे-धीरे न जाने कब रमानाथ के मन में, इस परदेशी के प्रति, जो एक सच्चे पिता के रूप में अपार सम्मान का हक़दार था, वह मित्रता में परिवर्तित हो गया था, उन्हें पता भी न चला। उन्होंने सोलेंग को सीने से लगा लिया और कहा, 'बुद्धं शरणम् गच्छामि, धर्मम् शरणम गच्छामि, संघम् शरणम् गच्छामि।' 'मे गाड ब्लेस यू एण्ड योर सन।' सोलेंग की आँखें छलछला आईं और जबरदस्ती अपने आँसू रोकते हुए वे सुकेशी के कमरे के दरवाजे तक जाकर उन्हें शुद्ध भारतीय विधि से नमस्कार कर वापस गेट की ओर चल दिये। रमानाथ उन्हें पीछे से दूर तक हाथ हिलाते रहे। एक अत्यंत दुःखद प्रकरण का एक सुखद समापन देख रमानाथ को अच्छा लगा। उनका मन कहीं भीतर ही भीतर सोचने लग गया अपनी सुकेशी के बारे में। क्या उन्हें भी इसी प्रकार का सुखान्त सुलभ हो पाएगा?

ऑपरेशन के तीन माह बीत जाने के बाद भी डॉक्टरों ने कोई स्पष्ट राय नहीं बना पाई थी सुकेशी के भावी जीवन के बारे में। उनका संघर्ष जारी था शरीर के उन अवयवों एवं तंतुओं को मनाने का जो प्रत्यारोपित गुर्दे को सहर्ष स्वीकार नहीं कर पा रहे थे। सुकेशी को भी कभी-कभी निराशा होने लगती कि वे अब अपने बच्चों तथा अन्य प्रियजनों से कभी नहीं मिल पाएँगी। उनको अपने पति की शारीरिक, आर्थिक एवं पारिवारिक परेशानियों तथा जिम्मेदारियों का भी पूरी तरह ज्ञान था।

वे विचलित हो जातीं और कहतीं कि अब तो जीने को जी नहीं करता। यदि यही जीवन जीना है कि आपके तथा अपने नन्हे-नन्हे बच्चों के भविष्य पर बोझ बन कर रहना है तो ऐसी जिंदगी जी कर मैं क्या करूँगी।

सुकेशी का मन बहलाने के लिए रमानाथ ने उनका बच्चों से सम्पर्क कराना अनिवार्य समझा। अतः वे एक आटो में लेकर शहर के बड़े पोस्ट ऑफिस गये। केवल यहीं पर दूर सम्पर्क की व्यवस्था थी–इटानगर से दूरभाष से बच्चों से बात कराई। बारी-बारी से तीनों बच्चों ने बात की। फिर बाद में रमानाथ ने भी छोटे बेटे से बात की जिसने प्यार की छटपटाहट, असहायपने के एहसास तथा करुणा मिश्रित वाणी में कहा, 'पिताजी अब आ जाइए न।' रमानाथ का सामान्यतया जल्दी विचलित न होने वाला गम्भीर स्वभाव भी प्रभावित हुए बिना न रह सका। वे भीतर ही भीतर उद्विग्न से हो उठे। एक सौ बारह रुपए आठ आने जमा करके सुकेशी के पास आए और बोले, 'आप यहीं बैठें। मैं आटो लेकर आता हूँ।' तुरंत ही आटो मिल गया। अपनी प्रेयसी, परम प्रिय पत्नी को लेकर सथुआचारी की ओर चल पड़े। जीवन में इससे पहले इतना बड़ा टेलीफोन बिल रगानाथ ने कभी नहीं दिया था, पर फिर भी वे खुश थे कि अपनी पत्नी को अपने बच्चों से बात करा सके जिससे सुकेशी के मन को थोड़ा सुकून अवश्य मिला होगा।

रास्ते में आटो अपनी रफ्तार में भागता सुकेशी को बेशुमार झटके झेलने को विवश कर रहा था। रमानाथ ने आटो वाले से कहा, 'पेशेंट।' वह समझ गया और तुरंत ही रफ्तार कम करके बहुत सावधानी से चलने लगा। झटकों से बेहाल सुकेशी रमानाथ के सीने पर, सहारा ले, अटक गईं। थोड़ी देर बाद आश्वस्त होकर बोलीं, 'अच्छा लगा बच्चों से बात करके।' रमानाथ को उनका यह वाक्य बहुत अच्छा लगा। वस्तुतः रमानाथ की जिदंगी उनके दुःख-सुख के साथ इस तरह जुड़ गई थी कि यह सामान्य-सी बात भी उन्हें कहीं अंतरमन तक छू गई। कई बार रमानाथ को बौद्धिक स्तर पर यह एहसास हो चुका था कि उनकी जीवन संगिनी अब बहुत दिन तक उनका साथ नहीं निभा सकेगी, पर हृदय इस कठोर सत्य को स्वीकार करने को तैयार नहीं होता।

बच्चों की मानसिक स्थिति तथा सुकेशी की उनसे मिलने की उत्कट अभिलाषा का जिक्र दूसरे दिन रमानाथ ने प्रो. किरुबाकरन से किया। वे स्वयं ही कह उठे कि उन्हें भी ऐसा प्रतीत हो रहा था कि एक बार सुकेशी जी को अपने बच्चों से मिल आना चाहिए। आगे बात को समापन की ओर ले जाते हुए व्यस्त प्रोफेसर ने कहा, मैं आज ही उनके विशद परीक्षण का आदेश दे दूँगा। तत्पश्चात यदि सब कुछ सामान्य रहा, तो वे जाने की इजाजत देंगे।

सुकेशी का विशद परीक्षण (कम्प्रीहेंसिव टेस्ट) प्रारम्भ हो गया। सारे परिणाम प्रो. किरुबाकरन के पास पहुँचा दिये गए। उन्होंने डॉ. हरिहरन को भी बुलाकर कुछ

बातें कीं और कुछ हिदायतें देकर सुकेशी को इटानगर जाने की अनुमति दे दी।

काठपाड़ी जाकर रमानाथ ने दो द्वितीय श्रेणी स्लीपर तथा दो एयर कंडीशंड टू-टायर में रिजर्वेशन करा लिया। आगे के रिजर्वेशन हेतु प्रार्थनापत्र देकर अपने भतीजे कृष्णानन्द को कलकत्ता में सूचना दे दी। वहीं गाड़ी बदलनी थी। समय कम होगा और अगर सभी रेलवे स्टेशन पर आ सकें तो अच्छा होगा ताकि सबसे भेंट हो जाए। ऐसा संकेत भी दे दिया।

शाम को भोजन के समय यह सारी बातें सुकेशी तथा देवेन्द्र को बताईं। सुकेशी सुनकर बहुत खुश हुईं। उनके मन में अपने बच्चों से मिल पाने की लालसा जाग उठी। देवेन्द्र से रमानाथ ने आवश्यक सामान समेटने को कहा। कल का पूरा दिन उनके हाथ है। घर को छोड़ना नहीं है पर उसकी सुरक्षा की व्यवस्था भी करनी होगी। यह कार्य रमानाथ ने स्वयं निपटाने की सोची। शेष चन्द्रा और देवेन्द्र करेंगे। रास्ते के लिए पर्याप्त उबला हुआ पानी तथा कुछ खाद्य-पदार्थ, विशेषकर सुकेशी के लिए, घर से ही लेकर चलना होगा। क्योंकि गुर्दा प्रत्यारोपण के नाजुक रोगी को चार दिन की लम्बी यात्रा पर लेकर निकलना था। समुचित तैयारी अनिवार्य थी।

पड़ोसी पंडित जी को घर पर नज़र रखने को तथा मकान मालिक से घर किसी को न देने का अनुरोध कर रमानाथ ने सारी व्यवस्था लगभग सम्पन्न कर ली। आसपास के एकाध पड़ोसियों से जिनसे जान पहचान हो गई थी सुकेशी ने विदा ली। सभी मद्रास के लिए नियत समय पर प्रस्थान कर गए।

दशम आख्यान

कोरोमण्डल एक्सप्रेस अपनी रफ्तार में भागती चली जा रही थी। सुकेशी एवं रमानाथ अपने कम्पार्टमेंट में आराम से लेटे बातें करते रहे। सुकेशी ने रमानाथ के बालों में हाथ फेरते हुए कहा कि ईश्वर यह यात्रा आराम से पूरी करे ताकि मैं बच्चों से मिल सकूँ। रमानाथ ने उन्हें विश्वास दिलाया कि उनकी इच्छा अवश्य पूरी होगी। वे शान्त रहें तथा ईश्वर में अपनी अडिग आस्था को बनाए रखें।

इटानगर में अचल तो नहीं होगा? उनकी आँखों में प्रश्न तथा एक कमी का एहसास दिलाने वाली नीरवता तैर गई। रमानाथ उनके इस अभाव के पीड़ा बोध से सुपरिचित थे। अतः उन्होंने उन्हें भरोसा दिलाया कि अचल की सेमेस्टर की परीक्षा शीघ्र ही समाप्त होने वाली है। वे उससे कहेंगे कि वह इस सेमेस्टर ब्रेक में इटानगर आ जाए। इस प्रकार वे उससे भी मिल सकेंगी। थोड़ी आश्वस्त होते हुए बोलीं, 'अब आप कुछ खा लीजिए।' सुकेशी को घर से लाया हुआ खाना खिलाकर, उनकी दवाइयाँ तरतीबवार देकर उन्हें लेट जाने को कहा रमानाथ ने। उन्होंने वैसा ही किया।

दक्षिण भारतीय खाना जो गाड़ी में दिया गया था खाकर रमानाथ ने थाली ले जाने वाले वेटर से सुबह की चाय का समय पूछा। वेटर ने हम लोग कहाँ तक जाएँगे जान कर थाली उठायी और चला गया। अब रमानाथ ने निश्चिंतता की मनोदशा में दरवाजा बन्द किया।

रमानाथ ने अपनी सोने की योजना ऊपर वाली बर्थ पर बनाई थी, परंतु सुकेशी के आग्रह से उनके पास ही बैठ गए। सुकेशी ने स्वयं को और समेटते हुए कहा, 'आप भी कुछ देर यहीं लेट जाइए।' रमानाथ ने यंत्रवत वही किया। इस प्रकार बाल सुलभ निर्मलता तथा स्नेह की धनी सुकेशी को बड़ा सुकून मिला। वे अपने विचारों में मग्न थीं, तभी रमानाथ ने कहा, 'मुझे यहाँ लेटने को कहकर कहाँ खो गईं?' सुकेशी का उत्तर था—'कहीं नहीं, केवल आपके बारे में सोच रही थी।' तपाक से रमानाथ ने पूछा, 'क्या सोच रही थीं?' बड़े ही गम्भीर स्वर में बोलीं, 'मेरा मरना तो निश्चित है, पर मैं यह सोच रही थी कि आप जैसे पति को छोड़कर क्या मैं स्वर्ग में भी सुखी रह सकूँगी?' आगे कहने लगीं, 'न जाने कितने जन्मों के पुण्य थे कि आप जैसा पति मिला। इस जन्म में तो मैंने कोई पुण्य किया नहीं। अतः अगले जन्म में आपको कैसे पा सकूँगी?' उनका मन प्रेम एवं कृतज्ञता के भाव से विभोर होता चला जा रहा था। आगे उन्होंने कहा, 'हालाँकि मुझे बच्चों की चिंता ज्यादा नहीं है क्योंकि मैं जानती हूँ वे गर्ग वंश के श्रेष्ठ विद्वान के बच्चे हैं। उनके पिता को अपनी जिम्मेदारियों का पूरा एहसास है, और वे समर्थ भी हैं उन्हें पाल-पोस, पढ़ा-लिखाकर बड़ा कर देने में। परंतु मुझे सदैव यह चिंता खाए जाती है कि आप अकेले हो जाएँगे और मैं करमजली जी भरकर आपकी सेवा भी न कर सकी।'

रमानाथ ने उनके भावावेश में डूबते मन को उबारने के खयाल से उन्हें अपने पास खींच लिया और उनके सिर को तथा गालों को सहलाते हुए बोले, 'ऐसा आप क्यों सोचती हैं? अभी तो आप अपने बच्चों से मिलने की बात सोचिए। रमानाथ की चिंता करने की कोई जरूरत नहीं।' उन्होंने आगे कहा, 'अब तो ऑपरेशन भी हो गया है, अब वे अवश्य ठीक हो जाएँगी।' इसी खयाल से कि शीघ्र उनका मन बहक जाए, रमानाथ ने उन्हें भविष्य के सुनहरे सपनों की दुनिया में ला खड़ा किया, जहाँ वे अपने अचल को एक इंजीनियर के रूप में देखेंगी। उसका ब्याह करेंगी और एक खूबसूरत-सी बहू, जिसे वे अपनी बेटी की तरह रखेंगी, लाएँगी। सहजमना सुकेशी का मन धीरे-धीरे हल्का होने लगा। वे अवसाद मुक्त हो गईं और थोड़ी देर में उन्हें नींद आ गई। रमानाथ उठकर ऊपर वाली बर्थ पर जाकर लेट गए पर देर तक सुकेशी की बातें उनके मन में गूँजती रहीं। विचारों में डूबे रमानाथ को कब नींद आ गई पता भी नहीं चल सका और वे सो गए।

भूखे निशाचर की तरह तेज रफ्तार गाड़ी, रात के सघनतम तिमिर को चीरती चली जा रही थी। कभी-कभार उसकी सीटी की आवाज नींद में व्यवधान बन जाती

पर सुकेशी तथा रमानाथ अपनी-अपनी बर्थ पर सोते रहे।

सुबह सुकेशी पहले जाग गईं। मुँह-हाथ धोकर आ चुकी थीं पर रमानाथ को इसलिए नहीं जगा रही थीं कि अभी चाय आने में देर थी। उन्होंने सोचा कि चाय आ जाए तभी उठाऊँ। बिस्तर पर पुनः लेट गईं और अपने प्रिय इष्ट देव श्री हनुमान जी की चालीसा, जो पूरी कंठस्थ थी, का पाठ करने लगीं। रमानाथ की आँख खुली तब तक चाय नहीं आई थी। पर नीचे मुड़कर झाँका तो सुकेशी अपने में मग्न हनुमान चालीसा गाए जा रही थीं। धीरे से नीचे आकर रमानाथ ने उनका माथा चूम लिया और पूछा, 'मुँह-हाथ धो चुकीं?' उत्तर में उन्होंने सिर हिला दिया। रमानाथ समझ गए कि वे चालीसा समाप्त करके ही बोलेंगी। अतः अपना टूथब्रश आदि लेकर वे बाथरूम चले गए। वापस आए तो चाय भी आ चुकी थी। रमानाथ को आता देख वे सप्रयास उठीं और चाय बनाने का उपक्रम करने लगीं। रमानाथ के मना करने पर भी वे नहीं मानीं और अपने हाथ से चाय बनाकर दो बिस्कुट निकाल, पानी ले लेने का इशारा करते हुए, प्रतीक्षा करने लगीं। रमानाथ ने कंघी रखी, पानी लिया। तब वे बिस्कुट बढ़ाते हुए बोलीं, देखिए कहीं चाय ठण्डी तो नहीं है। रमानाथ ने पानी पीने के बाद चाय की प्रथम चुस्की लेते ही उन्हें आश्वस्त किया कि चाय ठीक ही है। साधारणतया जैसी रेलगाड़ी में चाय मिलती है उससे बेहतर भी है और गरम भी है। उन्होंने भी चाय के साथ एक बिस्कुट लेकर चाय पीना प्रारम्भ कर दिया। ठीक से सो पाये? उत्तर में रमानाथ ने बताया कि खूब ठीक से, क्योंकि गत रोज उन्हें काफी दौड़ धूप करनी पड़ी थी, अतः वे थके हुए थे जिससे खूब गाढ़ी नींद आई। एक ही नींद में सुबह हो गई—सुनकर सुकेशी को अच्छा लगा।

चाय खत्म होते-होते रेलगाड़ी खण्डगपुर रेलवे जंकशन पर पहुँच गई। यह उसका हावड़ा से पहले का अंतिम पड़ाव था। चाय वाला आया, सामान उठाकर बाहर रखकर पुनः अपनी चौपड़ी लेकर नाश्ते में क्या लेंगे, जानने को तत्पर रमानाथ की ओर मुखातिब हुआ। पूछने पर दक्षिण भारतीय इडली तथा बड़ा और अंडे का आमलेट तथा पाव रोटी के टुकड़े के अलावा और कुछ नहीं दे सकेगा, ऐसा बताया। रमानाथ ने सोचा कि आमलेट तो हमेशा और हर जगह मिलेगा पर इडली पता नहीं कब मिले। अतः इडली-बड़ा लाने को कहकर सुकेशी की ओर देखा। उनकी आँखों में एक प्रश्न था। बेयरा चला गया। रमानाथ ने सोचा कि वे अपने लिए भी कुछ मँगाना चाहती थीं पर शायद कह नहीं सकीं। रमानाथ के आग्रह करने पर उन्होंने कहा, 'नहीं मुझे कुछ नहीं चाहिए। मैं तो हैरान थी कि आप इतने दिनों से यही इडली-डोसा खा रहे हैं फिर भी आपका मन नहीं ऊबा। और आज भी आपने इडली-बड़ा ही बोल दिया। क्या आपको इससे संतुष्टि मिल जाती है।' हालाँकि सुकेशी रमानाथ के स्वभाव तथा निरन्तर बदलाव में उनकी रुचि को जानती थीं पर वे चकित थीं कि कितने सहज भाव से आज भी उन्होंने वही मँगाया जबकि दूसरा नाश्ता (आमलेट

एवं डबल रोटी) भी उपलब्ध था। क्या इससे आपको कोई असुविधा महसूस नहीं होती? उत्तर में रमानाथ मुस्करा दिये। सुकेशी, जिन्हें रमानाथ की हर मुस्कान का सही अर्थ मालूम था, मन ही मन तिलमिला उठीं। वे भावावेश में भी अपने स्वामी की इस रहस्यमयी मुस्कान के सघनतम अर्थ तक पहुँच गईं। उन्होंने महसूस कर लिया कि इस मुस्कान के पीछे कितनी विवशता है? कितनी पीड़ा है? और है कितनी करुणा? अपने को मन ही मन दोषी मान खिन्नमना उदास-सी हो गईं।

कानों को झनझना देने वाली कोरोमण्डल एक्सप्रेस की सीटी बजी, थोड़ी आपाधापी मची, और फिर चल पड़ी अपने अन्तिम पड़ाव (हावड़ा जंकशन) की ओर। अपने समय की सबसे तेज रफ्तार तथा अपने रेलवे जोन की जान उनका मानबिन्दु कोरोमण्डल एक्सप्रेस सचमुच अपनी गति, अपनी यात्री सेवा एवं समय की पाबंदी के लिए उस समय भारतीय रेल की प्रतिष्ठा का प्रतीक बन चुकी थी। गाड़ी रफ्तार में आ गई थी, तभी रमानाथ ने कहा, 'इस गाड़ी की रफ्तार का आनन्द लेना चाहेंगी?' सुकेशी ने हाँ कर दी और दोनों बाहर आकर दरवाजे पर खड़े हो गए। रमानाथ ने सुकेशी को एक हाथ से थामे रहकर उन्हें बाहर देखने को कहा। गति इतनी थी कि आने वाली हवा को झेल पाना मुश्किल हो रहा था। दूर के पेड़ लगता था भूपरिक्रमा कर रहे हैं। वे धीरे-धीरे पीछे छूटते नजर आ रहे थे। कुछ क्षण इसका आनन्द लेकर सुकेशी ने कहा, 'आप चलिए, मैं बाथरूम से होकर आती हूँ।' वे गईं पर रमानाथ वहीं खड़े रहे अपनी सहचरी की प्रतीक्षा में। उन्हें सुकेशी के बिना कम्पार्टमेंट में जाना अच्छा नहीं लगा। वे आईं, दोनों अपने कूपे की ओर चले ही थे कि बेयरा अपनी कृत्रिम मुस्कान बिखेरता उन्हीं की ओर आ रहा था। उस झक काले आदमी के तन पर लाल रंग का कपड़ा अजीब-सी विद्रूपता का आभास दे जाता। पर उसके अत्यंत साफ धवल, उजले एवं सुघड़ दाँत अपनी ओर आकर्षित किए बगैर नहीं रहते। पंद्रह प्रतिशत हिंदी और लगभग इतनी ही अंग्रेजी और शेष तमिल बोलकर भी वह अपना न केवल काम चला लेता था वरन् एक अद्भुत भाषागत सामंजस्य का उदाहरण भी प्रस्तुत करता था। बात में मिठास, व्यवहार में अजीब-सी लोच एवं सम्मोहन उस आदमी की दैहिक कुरूपता को समर्थ रूप में ढँक रहे थे। 'अन्ना इडली बड़ा' कहते-कहते उसने ट्रे रख दिया। उसका सहायक इतने में चाय का एक भरा हुआ पात्र भी थमा गया।

रमानाथ ने सुकेशी के नाश्ते की सामग्री निकाली। अपनी इडली में से एक ग्रास सुकेशी को खिलाते हुए, सुकेशी को नाश्ता करने को कह, स्वयं अपनी इडली-बड़ा खाने लगे। सुकेशी का नाश्ता भी ठण्डा था और शायद वह सुकेशी की रुचि का नहीं बना था। बेमन से उन्होंने खाया। वस्तुतः उन्हें अन्य कम ही लोगों के हाथ का खाना पसंद आता। कारण कि वे स्वयं एक बहुत अच्छी रसोई बनाती थीं। उन्हें बहुत प्रकार के व्यंजन बनाने तो नहीं आते थे, पर जो वे जानती थीं या बनाती

थीं उसमें उनकी बराबरी कर पाना भी बहुत कम स्त्रियों के बस की बात थी। अकसर शायद इसीलिए अच्छे पाक शास्त्री लोगों को दूसरे के हाथ का बना खाना अरुचिकर लगता है।

कुछ खाया और कुछ छोड़ दिया उन्होंने। रमानाथ ने चाय बना कर दी। बड़े प्रेम से चाय पी उन्होंने साथ-साथ और फिर लेट गईं। बर्तन सब नीचे कोने में रखकर रमानाथ हाथ धोने बाहर गए तभी बेयरा आ गया। उसे इशारे से प्रतीक्षा करने को कहा सुकेशी ने क्योंकि अब वह अपनी चौपड़ी निकाल, कल से आज तक का सारा हिसाब लेने को आया था। रमानाथ ने उसका हिसाब चुकता किया और सुकेशी के हाथ से उसे दस रुपए और दिलाये। अति विनम्र भाव से दुआ देने की मुद्रा में उसने सुकेशी को देखा और रुपए थाम लिए।

रमानाथ ने थोड़े से सामान जो फैल गए थे, उन्हें समेटना प्रारम्भ कर दिया तभी सुकेशी ने पूछा, 'क्या कलकत्ता आने वाला है?' हाँ में उत्तर दिया रमानाथ ने और अपना काम भी करते रहे। फिर उन्होंने पूछा कि कृष्णा बाबू को खबर दिये हैं कि नहीं? रमानाथ ने उन्हें समझाया कि वे चिंता न करें। वे अब कलकत्ता में स्टेशन पर ही विश्राम करेंगी, घर जाने और फिर आने भर का समय नहीं है। हो सकता है बाबू आ जाएँ। खबर तो दी थी। थोड़ी-सी निराश हुईं। उनकी इच्छा थी बहू (कृष्णानन्द की पत्नी) से मिलने की। रमानाथ यह भाव समझ गए।

सुकेशी को उतारकर व्हील चेयर पर लेकर उच्चश्रेणी के प्रतीक्षालय में बैठा कर रमानाथ कृष्णानन्द को पहुँचने की सूचना देने हेतु बाहर आए। दूरभाष पर अगली गाड़ी, कामरूप एक्सप्रेस का समय भी बता दिया। कृष्णानन्द ने कहा, 'चाचा जी हम सब आएँगे। हमें भी चाची से मिलना है।' अत्यंत संकोची स्वभाव के तथा सब की मदद को तत्पर रहने वाले, शुक्ल वंश के सबसे सम्पन्न एवं विनम्र बाबू कृष्णानंद के सेवा भाव से सुकेशी बहुत प्रभावित थीं। उन्हें जब रमानाथ ने बताया कि वे सब (बहू सहित) आ रहे हैं तो उन्हें बहुत अच्छा लगा।

कामरूप एक्सप्रेस के छूटने में अभी साढ़े चार घंटे का समय शेष था। अतः रमानाथ ने स्वयं भी स्नान करने तथा सुकेशी को भी नहलाने का विचार किया। साथ ही देवेन्द्र आदि को भी स्नानादि करके कुछ खा-पीकर विश्राम करने की हिदायत दे डाली।

कुछ खाया, कुछ खिलाया और सभी पुनः अगली यात्रा के लिए मानसिक तौर पर तैयार होकर बैठ गए। सुकेशी को वहीं सोफे पर ही लेट जाने को कहा।

एक अत्यंत आवश्यक काम था यह जानकारी प्राप्त कर लेना कि सारे टिकट कनफर्म हैं या नहीं। अतः रमानाथ ने स्वयं जाकर पता करने की सोची। हरिकृपा से सब ठीक था। गाड़ी के डिब्बे एवं बर्थ नम्बर नोट कर रमानाथ वापस आ गए और थोड़े आश्वस्त होकर बैठ गए। अब इंतजार था तो बाबू कृष्णानन्द तथा परिवार

के अन्य सदस्यों के आने का। उनके साथ आगे की यात्रा के लिए खाना तथा पीने का पानी भी आना था। बेलूर से लाया गया खाना अभी भी बचा था, पर उसे अब सुकेशी को देना रमानाथ को उचित नहीं लग रहा था। उससे भी ज्यादा जरूरी लग रहा था उबला हुआ, फिल्टर किया हुआ पानी जो अब समाप्तप्राय था। अतः प्रतीक्षा थी उन सबों के आने की।

प्रतीक्षा की घड़ियाँ लम्बी होती जा रही थीं। सुकेशी का धैर्य जवाब देने लगा था। कुछ उदास मन से बोलीं, 'शायद बाबू नहीं आएँगे।' रमानाथ ने ढाढस बँधाते हुए कहा, 'आप धीरज रखें, वे सब आएँगे। कहीं रास्ते में जाम में फँस गए होंगे।' तभी देवेन्द्र ने आकर बताया कि गाड़ी आठ नम्बर प्लेटफॉर्म पर लग गई है। चलकर बैठना चाहिए। तत्काल, रमानाथ ने कुली को बुलाकर सामान समझाया तथा स्वयं सुकेशी को व्हील चेयर में लेकर प्लेटफॉर्म की ओर चल दिये। हावड़ा जंकशन की भीड़ देखकर सुकेशी को घबड़ाहट होने लगती। रमानाथ ने उन्हें समझाया, 'आप आँखें बन्द कर लें तथा आराम से बैठी रहें, भीड़-भाड़ से क्या घबड़ाना।' अपने निर्धारित डिब्बे के पास पहुँचकर रमानाथ ने सुकेशी को व्हील चेयर से उतरने को कहा तथा सहारा देकर उन्हें उचित बर्थ पर ले जाकर बैठा दिया।

कुली ने सामान लगा दिया। देवेन्द्र ने भी अपनी पत्नी एवं बच्चे समेत अपने डिब्बे में सीट ले ली। थोड़े से पैसे कुली को देने थे, इसीलिए रमानाथ नीचे उतरे। अधेड़ उम्र के कुली को बुलाकर, जो वहीं गेट के पास ही खड़ा था पैसे देने लगे। उस समय उनको एक अजीब से अनुभव से गुजरना पड़ा। हावड़ा जंकशन शायद देश का, बरौनी जंकशन के बाद, दूसरा सबसे बदनाम जंकशन माना जाता है। यह बात भली भाँति रमानाथ जानते थे कि यहाँ के कुली यमराज के दूतों से या मथुरा तथा काशी के पण्डों से किसी भी प्रकार कम नहीं होते। जब कुली ने रुपए लेने से मना किया तो रमानाथ ने समझा शायद उसे रुपए कम लग रहे हैं। अतः पाँच रुपए और निकाल कर देने लगे। कुली ने अप्रत्याशित विनम्रता से कहा, 'ना मालिक। हम एकऊ रुपिया न लेब।' रमानाथ के आग्रह और आश्चर्य भरे प्रश्न के उत्तर में उसने प्रश्न किया, 'रउँवाँ सुकुल बाबा हईं ना?' रमानाथ ने उसे समझाने के भाव से कहा, 'हाँ, पर वे सुकुल बाबा हैं गोरखपुर में। यहाँ एक यात्री हैं और आपको अपनी मजदूरी लेनी चाहिए।' उसका सुलझा हुआ एवं स्पष्ट उत्तर सुनकर रमानाथ के पाण्डित्य का दम्भ चूर-चूर हो गया। वे हताश उसका स्थिर भाव से अपनी बात कहने का तरीका देख स्तम्भित रह गए थे। उसने कहा, 'रउँवाँ गोरखपुर क हईं, तब तो निश्चय ही रउँवाँ गर्ग वंशी होइवें।' बिना रुके उसने आगे कहा, 'बाबा यहि धरती पे गंगा, गऊ, गर्ग अऊर गुरु से बड़हन के बा?' उसके इस उत्तर-मय प्रश्न ने रमानाथ को न केवल निरुत्तर कर दिया वरन् उन्हें अपनी संस्कृति की मजबूत जड़ों को, जिसे सदियों की गुलामी एवं आक्रान्ताओं के प्रबल विनाश ताण्डव भी

नष्ट नहीं कर पाये, देखने का सौभाग्य भी प्राप्त हुआ। अब रमानाथ में उसके आग्रह को टालने का सामर्थ्य शेष न रहा और वे परास्त हो चुके थे।

कुली ने पुनः धीरे से कहा, 'बाबा राउर हुकुम होईत मैय्या का गोड़ धई लेंई।' रमानाथ यंत्रवत् उसके प्रेमभाव, विह्वलता, धर्म भीरुता एवं निष्कलुष श्रद्धा भाव से आप्लावित, गेट से तनिक किनारे हो गये। वह गाड़ी पर चढ़ा, सुकेशी के पास गया, उनके पाँव छुए और श्रद्धा भाव से ओतप्रोत वापस आने लगा तभी सुकेशी ने उसे रोका। बाबू कृष्णानन्द इत्यादि को देने के लिए निकालकर रखे तिरुपति नाथ, बालाजी के प्रसाद में से चुटकी भर प्रसाद उसे भी दिया। प्रंसाद देते-देते सुकेशी ने बताया कि यह तिरुपति बाला जी का प्रसाद है। वह निहाल हो गया। बड़े प्रेम से प्रसाद लिया। उसे माथे चढ़ाया तथा फिर से सुकेशी को प्रणाम कर बाहर आया। हथेली रमानाथ के सामने खोलते हुए कहा, 'बाबा देखी। मैय्या हमईं अमृत दिहलीं और रउँवाँ हमके पैसा देत रहलीं।' खुश, मग्न, गद्गदमना कुली रमानाथ को झुककर प्रणाम कर भीड़ में समा गया। तभी रमानाथ ने दौड़कर उसे बुलाया। पूछा, 'राउर नाऊँ का है?' कुली ने कहा, 'राम चरन महतो।'

चालीस मिनट तक हावड़ा-बड़ा बाजार के जाम में फँसे रहकर बाबू कृष्णानन्द, उनकी पत्नी तथा रमानाथ के छोटे मौसेरे भाई राजेन्द्र, वहीं गाड़ी छोड़कर पैदल भागते हुए रमानाथ के पास पहुँचे। बहू रानी जिन्हें रमानाथ प्यार एवं सम्मान से वंश लक्ष्मी मानते हैं, लगभग हाँफ रही थीं। शायद वर्षों बाद इतनी दूर पैदल चली थीं और उस पर भी लगभग दौड़ते हुए। उनकी यह श्रद्धा एवं प्यार सुकेशी तथा रमानाथ दोनों को बहुत अच्छा लगा। झटपट बहू रानी ने लाया हुआ पानी तथा खाद्य सामग्री सुकेशी के पास रख, फिर पूछा, 'अभी कितना और समय है गाड़ी छूटने में।' रमानाथ ने बताया, 'बैठ जाओ, अभी दस-बारह मिनट और शेष हैं।' बहू रानी वहीं सुकेशी के पास बैठ गईं। रमानाथ बाहर निकल आए। जाने क्या-क्या उनमें आपस में बातें हुईं पर जब बहू रानी बाहर आईं तो संतुष्ट लग रही थीं। जैसे उनकी इतनी दौड़-धूप व्यर्थ न गई हो, और उन्हें चाची को देखकर थोड़ा सुख एवं सुकून मिला हो। तिरुपति धाम का प्रसाद भी उन्होंने सबको बाँट दिया।

राजेन्द्र जो बेलूर जाने के समय भी इसी हावड़ा जंकशन पर ही मिले थे, आज वापस आने के समय भी यहीं उनको देखकर रमानाथ को पल भर को संसार के रिश्तों की व्यर्थता का गहन एहसास होने लगा। विगत साढ़े पंद्रह महीनों में उन्होंने एक कार्ड डालना भी उचित नहीं समझा। कारण था उनका यह भय कि 'कहीं भैया कुछ रुपए न माँग बैठें।' झूठी सहानुभूति जताने को वे केवल एकमात्र रिश्तेदार नहीं थे। अनेक और भी करीबी रिश्तेदार थे जिन्होंने किनारा कर लिया था। इनमें से एक प्रमुख नाम लिए बिना यह कथा अधूरी ही नहीं वरन् असत्य के कगार पर पहुँच जाएगी। अतः वह नाम भी अंकित करना आवश्यक लग रहा है। रमानाथ के रिश्तेदारों

में सबसे धनी बनने वाले, उनके सगे बहनोई, मशहूर करोड़पति श्री छांगुर मणि तिवारी जी का नाम। इन्होंने रमानाथ को हर मौके पर अपमानित करने, तथा उनका और उनके परिवार का उपहास करने में कभी कंजूसी नहीं की थी। वे करोड़पति श्री छांगुर मणि तिवारी संकट के उस कठिन और लम्बे दौर में कभी भी एक पत्र तक नहीं लिखे।

रमानाथ को इस संकट ने काफी अनुभव सिद्ध इंसान बना दिया था।

रहिमन विपदा हू भली, जो थोरे दिन होय।
हित अनहित यही जगत मा, जानि परे सब कोय।।

और रमानाथ का यह विपदा का दौर तो 'थोरे' दिनों का नहीं था। वह तो अपने पूरे विस्तार में लगभग उन्तीस महीनों में पसरा था। मात्र बेलूर वास ही साढ़े पंद्रह महीनों का हो चुका था। उनकी गृहस्थी का हर अंग पीड़ित था, उनकी अस्मिता घायल थी, उनका पौरुष जीवन की सबसे बड़ी चुनौती का मुकाबला कर रहा था, उनके बच्चे, अपनी माँ को पुनः पा सकने की मृगतृष्णा में जी रहे थे और उनका अर्थतंत्र पूर्णरूपेण बिखर चुका था।

इस सबके बीच उन्हें शाश्वत जिजीविषा देने वाली ऊर्जा थी उनकी सुकेशी। 'दीरघ रोगी', जो सामान्यतया अप्रिय बन जाता है, होने के बाद भी रमानाथ अपनी चिरसंगिनी सुकेशी को पल भर भी यह महसूस नहीं होने देना चाहते थे कि उनके प्रति रमानाथ का प्यार तनिक भी कम हुआ है। क्योंकि वे रमानाथ की न केवल पत्नी थीं वरन् वे उनकी प्रेरणा भी थीं। सुकेशी न केवल रमानाथ के मन प्राण में रमने वाली तथा उसे शाश्वत संचरित करने वाली यज्ञ समिधा थीं वरन् वे उनकी चार पुत्रों की जननी भी थीं। सुकेशी उनका पुण्य थीं, सुकेशी उनकी कल्पना, और सुकेशी ही उनके अस्तित्व का सम्बल भी थीं। अतः वे दीरघ रोगी भी थीं तो क्या हुआ? वैसे तो रमानाथ के प्रथम पुत्र के जन्म के बाद से ही, जबसे उन दोनों को साथ रहने का सौभाग्य एवं सुख मिला, सुकेशी उन्हें बहुत प्रिय थीं, पर उनकी इस विकट एवं असाध्य बीमारी ने रमानाथ को उनके और अधिक करीब ला दिया था। शायद रमानाथ को कहीं भीतर भी यह भान होने लगा था कि उनकी सुकेशी अब उनके साथ बहुत दिन नहीं रह पाएँगी। अतः उनका प्यार भयग्रस्त हो उनको और करीब से पा लेने को प्रेरित करता रहता। विगत पंद्रह-सोलह महीनों में तो रमानाथ ने, कुछ क्षण अपने बिखरे हुए बच्चों के लिए देने के सिवा, और कुछ सोचा ही नहीं। रमानाथ वस्तुतः इन कठिन दिनों में सुकेशीमय हो चुके थे। अपनी सुकेशी को बचाने की धुन-सी सवार थी उन पर। अन्य सब कुछ नगण्य-सा लगता था उन्हें। एक अजीब मानसिक स्थिति में जीते हुए भी, रमानाथ अपना सर्वस्व दाँव पर लगाए, दुनिया की नजरों में अति सामान्य से दिखते हुए भी पल भर को भी शान्त नहीं हो पाते। वे पीड़ित थे, घायल थे, पर थे मोहित और थे बेसुध, अपनी सुकेशी की

सुध में। अपनी प्रिय सुकेशी की सुध में अपनी सुध-बुध गँवाए रमानाथ जिये जा रहे थे, अपनी उसी सुकेशी को जीवित रखने के लिए जो उनकी प्राणवायु बन चुकी थी। पल-पल क्षीण होती हुई प्राणवायु।

सीटी इतनी जोर से बजी कि रमानाथ को अपनी तन्द्रा से हिलाकर रख देने की ताकत थी उसमें। पर इसी बीच राजेन्द्र ने कहा, 'भैया गाड़ी तैयार है आप चढ़ जाइए।' रमानाथ ने सबकी शुभकामनाएँ लीं, सबका अभिवादन स्वीकार किया और गाड़ी पर चढ़कर पलट कर पुनः उन्हीं स्वजनों की ओर निहारने लगे जो उन्हें तथा उससे भी ज्यादा उनकी सुकेशी को अपना प्यार एवं साहाय्य देने आए थे। गाड़ी ने रेंगना शुरू कर दिया। एक बार फिर सबने सब प्रकार से अभिवादन एवं शुभकामना दी और एक ऊहापोह की स्थिति में मुड़ गये जंकशन से बाहर जाने को। गाड़ी तेज रफ्तार हो चुकी थी। अब अपना कोई भी स्वजन वहाँ उस अपार मानव मुण्डों के हुजूम में दिखाई नहीं दे रहा था। रमानाथ भी सुकेशी के पास आकर बैठ गए। गाड़ी हावड़ा से बाहर निकलते ही अपनी रफ्तार में गौहाटी की ओर चल पड़ी। भारतीय रेल सब की सेवा में सब के लिए, सब समय तत्पर, 'अहर्निशं सेवामहे' के भाव से कार्यरत अनगिनत लोगों को जोड़ती, अनगिनत लोगों को छोड़ती अपनी गति के पागलपन में मदमस्त चली जा रही थी। अब रमानाथ तथा सुकेशी अपने छोटे से कूपे में एक-दूसरे के लिए, एक-दूसरे के साथ अपनी साध सँजोए अपने गंतव्य की ओर बढ़ते तथा बीच-बीच में कुछ चर्चा करते चले जा रहे थे।

दूसरे दिन गौहाटी और फिर इटानगर पहुँच गए। सुकेशी को पाकर उनके बच्चे निहाल हो उठे। सुकेशी की खुशी का ठिकाना नहीं रहा। अपनी बीमारी, अपनी थकान तथा अपनी मानसिक तथा शारीरिक पीड़ाओं को भुलाकर वे अपने बच्चों में समा जाने को उद्यत थीं। बच्चे भी अपने-अपने ढंग से बहुत प्रतीक्षा के बाद आई माँ की ममता का भरपूर रसास्वादन करने लगे। साथ लाई हुई कुछ खाद्य सामग्री बच्चों में अपने हाथ से बाँट-बाँट कर खिलाने लगीं। आज बहुत दिनों के बाद वे खुश थीं और खुश थे उनके प्राण प्रिय बच्चे। इस खुशी में दो और प्राणी भी खूब मग्न थे, वे थे कृष्णा तथा स्वयं रमानाथ।

तृतीय सोपान

प्रथम आख्यान

विधि का विधान भी विचित्रताओं, विविधताओं, विद्रूपताओं, विसंगतियों तथा विरोधाभासों का एक विलक्षण, विशाल एवं विकराल तिलिस्म है। इसे समझ पाने में ज्ञानियों ने जीवन भर तप कर भी असमर्थता व्यक्त की। संतों-महात्माओं ने इस रहस्य को रहस्य बने रहने देने की सलाह दी। भक्तों ने इसे परमपिता परमेश्वर की लीला का अंग माना। कई बार हम सामान्य जन इसे भाग्य या कर्मफल की संज्ञा दे लेते हैं। यह विधि का लेख या कर्म फल अवश्यंभावी है। किसी भी सामान्य मनुष्य के प्रयत्नों से यह हल नहीं हो सकता। इसकी सार्वभौमिकता तथा अटलता को स्वीकारते हुए महासंत, परमभक्त एवं आत्मज्ञानी संतशिरोमणि कबीर ने कहा है :

'करम गति टारे नाहिं टरी।
मुनि वशिष्ठ से पंडित ज्ञानी, सोधि के लगन धरी।
सीता हरन, मरन दसरथ को, बन में विपति परी।।
करम गति...।।

पं. रमानाथ शास्त्री इस भवितव्यता से पूर्णरूपेण सहमत थे, तथा हस्तरेखा के अपने स्वल्प ज्ञान के आधार पर यह भली भाँति जानते भी थे कि उनकी पत्नी के ये सुखमय क्षण, जो उन्हें उनके बच्चों से मिलाकर वे दे पाए हैं, दीर्घकालिक या स्थायी नहीं हैं। प्रचार से दूर रहने की प्रवृति, रमानाथ के संकोची तथा मितभाषी स्वभाव का एक सहज विस्तार ही था। कुछेक लोगों को छोड़ सामान्य लोगों को इसका पता तक नहीं था कि वे हस्तरेखा विशारद भी हैं। वस्तुतः उन्हें इसके तहत मिल सकने वाले प्रचार के प्रति एक वितृष्णा का भाव ही था।

हस्तरेखा ज्ञान भारत की प्राचीनतम धरोहरों में से एक है जिसका विकास, देश की गुलामी के काल में, बुरी तरह से अवरुद्ध रहा। कहीं-कहीं कभी-कभी कोई ब्राह्मण, संत या योगी इसका अभ्यास व्यक्तिगत स्तर पर करता और अपनी मृत्यु से पूर्व अपने किसी निकट के प्रिय, शिष्य, या संतान को दे जाता। इसी प्रकार यह ज्ञान लुकते-छिपते आक्रांताओं से बचते-बचाते जीवित रहा। पं. रमानाथ शास्त्री का

ध्यान इस ओर तब गया जब वे स्वयं कक्षा ग्यारह के विद्यार्थी थे। अपनी उम्र से आगे सोचने वाले, बालक रमानाथ ने उसी अल्पआयु में हिंदी साहित्य विशारद की परीक्षा देने की ठानी। सामान्य स्कूली शिक्षा के साथ-साथ वे विशारद की तैयारी भी करने लगे। दुर्बल शरीर, पाँच मील (लगभग सात किलोमीटर) दूर स्थित इंटर कालेज में रोज पैदल जाना और पाँच मील आना, उसके बाद रात को लालटेन की मद्धिम रोशनी में देर रात तक पढ़ना और कभी-कभी पिता की बुरी आर्थिक स्थिति का दुष्प्रभाव भी झेलना, सब कुछ स्वीकार था उस दृढ़ निश्चयी बालक को। यह सब करने की प्रेरणा तथा ऊर्जा बालक रमानाथ को अपनी माता एवं पिता के सच्चे प्यार से प्राप्त होती। पिता में तो रमानाथ को न केवल एक अच्छे पिता के दर्शन होते वरन् उनके प्रति समाज में जो आदर का भाव था उसका भी बालक रमानाथ के दिमाग पर इतना गहरा प्रभाव पड़ा था कि उसे अपने पिता में सच्चाई, ईमानदारी एवं सत्य के प्रति समर्पित एक महापुरुष के दर्शन भी होते। उसके पिता लगभग उसके आदर्श पुरुष बन चुके थे। अतः उनकी बातें, उनके आदेश और उनके उपदेश वह बड़े गौर से सुनता तथा यथासम्भव उन पर आचरण करता।

एक दिन प्रातः रमानाथ के पिता आग के पास बैठे हाथ सेंक रहे थे। रमानाथ वहीं पास में बैठा घनानन्द के छन्द एवं कविताओं की व्याख्या में लीन था तभी पिता ने आदेश भरे स्वर में कहा, दीवार के पास धूप आ गई है, वहीं एक छोटी चारपाई रख दो, मैं वहीं बैठूँगा। तुरंत रमानाथ पुस्तक के पन्नों के बीच एक संठे का टुकड़ा रख, किताब बन्द कर, चारपाई उठाकर धूप में रखने चल पड़ा। पिताजी भी लगभग साथ ही साथ वहाँ पहुँच गए। रमानाथ ने चारपाई रखी तो धूप का रुख देखकर पिताजी ने तुरंत चारपाई की दिशा बदलने को कहा। साथ ही साथ एक श्लोक बोलते हुए समझाने लगे कि चारपाई की पायदान जहाँ तक सम्भव हो उत्तर या पूरब की ओर ही होना चाहिए। तत्काल रमानाथ ने चारपाई का रुख बदल दिया। श्लोक तो याद न हो सका पर उसका बताया गया तात्पर्य रमानाथ को आज भी चारपाई की दिशा वास्तु शास्त्र के आधार पर निर्धारित नियमों के अनुसार रखने का ध्यान दिलाता है।

रमानाथ के पिता जी आज कुछ भावुक एवं दार्शनिक-सी मुद्रा में थे। चारपाई पर बैठते-बैठते बोले, 'तुम भी यहीं बैठो।' रमानाथ ने कहा, 'ठीक है,' पर वह अपनी पुस्तक ले ले तब यहीं बैठ कर पढ़ेगा। परंतु पिताजी ने उसे तुरंत बैठ जाने को कहा। उसने वैसा ही किया। पिता के पायदान की ओर बैठकर प्रतीक्षा करने लगा कि अवश्य पिताजी उससे कुछ खास बात कहने वाले हैं। तभी पिताजी ने अपना दाहिना हाथ आगे बढ़ाते हुए कहा, 'अपना दाहिना हाथ आगे बढ़ाओ।' रमानाथ ने वैसा ही किया। सूर्यदेव धीरे-धीरे ऊपर उठते जा रहे थे। अब धूप खिल उठी थी। पिता श्री रमानाथ का हाथ अपने हाथ में लेकर बड़े गौर से देखने लगे। हाथ

देखकर कभी मुस्कुराते, कभी गम्भीर हो जाते, कभी खूब खुश होते। यह देखकर रमानाथ को आभास हो गया कि पिताजी हस्तरेखा का अध्ययन कर रहे हैं। रेखाओं के फलाफल उनके चेहरे पर उभरते, उतरते, डूबते भावों के कारण थे।

दस एक मिनट के बाद पिताजी ने 'ॐ आदित्याय नमः' कहकर सूर्यदेव को प्रणाम किया और फिर ध्यान से रमानाथ के हाथ को निहारने लगे। क्षण भर बाद बोले, 'बेटा! तुम्हारा हाथ एक कर्मयोगी का हाथ है। तुम्हें अपने कठोर परिश्रम का फल जरूर मिलेगा। तुम सामान्य मनुष्य से थोड़े अलग स्वाभाव के एक निर्भीक तथा एकान्त प्रेमी आदमी बनोगे। दूरस्थ प्रदेश में तुम्हारी ख्याति बढ़ेगी।' पिताजी ऐसे बोलते गए जैसे कोई पुस्तक पढ़ रहे हों। रमानाथ विस्मयमभरी दृष्टि से उनके बदलते हुए मनोभावों को, जिनका प्रतिबिम्ब उनके मुखमंडल पर स्पष्ट उभरता जा रहा था, देखता रहा। निर्मलमन पितृभक्त बालक रमानाथ ने पिता श्री की सारी बातों को ध्यान से सुना और उन्हें अपने जीवन का सत्य मानकर स्वीकार कर लिया।

पिताजी ने आगे कहा, 'तुम प्रशिक्षक बनो या प्रशासक, लेखक बनो या वक्ता सबमें भरपूर सफलता की राह सुगम रहेगी। किंतु एक समय पर लगातार एक ही काम में जुटे रहने की प्रवृत्ति कमजोर है, अतः चरम बिंदु तक पहुँचने में व्यवधान आएगा जिसे सच्ची लगन एवं मेहनत से हासिल किया जा सकता है।' रमानाथ आश्चर्य चकित अपने आदर्श, अपने निर्माता, अपने पिता की बातें सुनता रहा। पिता श्री ने और भी बहुत सारी बातें बताईं जो रमानाथ के भावी जीवन में अक्षरशः सत्य सिद्ध हुईं। उन्हीं बातों में एक सबसे दुःखद बात यह थी कि रमानाथ को एक सच्ची, सत्यनिष्ठ पर रोगी पत्नी मिलेगी (उस समय रमानाथ की शादी हो चुकी थी पर रीति के हिसाब से गवना नहीं हुआ था। अतः किसी को रमानाथ की पत्नी के स्वभाव या स्वास्थ्य के बारे में कुछ भी मालूम नहीं था) जो जीवन के मध्याह्न में ही उसका साथ छोड़ सकती है।

आज पिताजी बहुत ही अच्छी मनोदशा में थे। उन्होंने अनेक और बातें बताईं। उन्होंने एक सुखद बात यह भी बताई कि तुम्हारा प्रथम पुत्र तुम्हारा यश और आगे बढ़ायेगा पर उससे भी ज्यादा तुम्हारा नाम बढ़ाएगा तुम्हारे ज्येष्ठ पुत्र का पुत्र।

यह सारी बातें सुनकर रमानाथ को जैसे अविश्वास-सा होने लगा। उसने अपने पिता पर अपनी अगाध श्रद्धा के बावजूद भी थोड़ी शंका से भरी दृष्टि डाली। पिताजी तुरंत समझ गए। उन्होंने आगे बताना तत्काल बन्द कर दिया और इतना ही कहा कि अपना हाथ किसी अन्य को दिखाने से बचें। समझाते हुए उन्होंने कहा, 'ये कुछ लकीरें किसी के जीवन की खुली किताब की तरह होती हैं। बस इन्हें उचित पाठक चाहिए।' उस दिन रमानाथ के कोमल मन पर 'हस्त रेखा एक समर्थ विज्ञान है और अवसर मिलने पर वह उसे अवश्य सीखेगा', ऐसी एक अमिट-सी छाप पड़ गई जिसे कालान्तर में रमानाथ ने सप्रयास अवसर पाते ही सीखने की ठान ली।

अवसर मिलते ही रमानाथ ने अपनी यह जिज्ञासा पूरी भी की पर शायद यह उन्हीं रेखाओं का ही प्रभाव है कि उन्हें इस विज्ञान में भी पूर्ण दक्षता प्राप्त नहीं हुई। उससे भी बड़ी बात यह रही कि स्वभाव से प्रचार से दूर रहने वाले रमानाथ ने इस ज्ञान को अत्यंत गुप्त रखना चाहा। फलतः अभ्यास की कमी हो गई और धीरे-धीरे उनके इस ज्ञान की चमक मंद पड़ने लगी।

एक और घटना ने रमानाथ को इस ज्ञान के प्रति बड़ा उदासीन बना दिया। लगभग तेइस वर्षों में प्रथम बार रमानाथ की भविष्यवाणी जो हस्तरेखा पर ही आधारित थी, गलत सिद्ध हुई। अत्यंत कम लोगों को इसका पता था कि रमानाथ का हस्त रेखाज्ञान काफी संतुलित है। पर जिन्हें पता था उन्होंने उसका लाभ लिया था। क्योंकि भविष्य के प्रति जिज्ञासा मनुष्य की प्रबल जिज्ञासा होती है और रमानाथ को हाथ दिखाने में कोई खर्च भी नहीं था। साथ ही साथ उन्हें यह भी पता था कि उनके हस्तरेखा अध्ययन से प्राप्त जानकारी रमानाथ स्वयं तक सीमित रखने में भी समर्थ हैं। इस घटना में उनके द्वितीय पुत्र के जीवन पर पड़ने वाले प्रभाव का जिक्र है जो रमानाथ की भविष्यवाणी की विपरीत परिस्थति में जीवन-यापन कर रहा है। इससे रमानाथ को काफी आघात लगा और उन्होंने हाथ देखना, जो पहले से ही अत्यंत कम एवं गुप्त रहा करता था, लगभग त्याग ही दिया।

काफी बड़े अन्तराल के बाद रमानाथ ने हाल ही (मई 1998) में अपने प्रिय भतीजे चन्द्र प्रकाश का हाथ देखना अपना दायित्व समझा, और देखा भी। चन्द्र प्रकाश की पत्नी तथा वह स्वयं संतान सुख से वंचित थे हालाँकि उसकी पत्नी कई बार गर्भवती हुईं। एक बार तो एक पुत्र को जन्म भी दिया पर वह भी न रहा। इस कमी से परिवार का सबसे सजीव लड़का निराशा के अंधकार में डूबता जा रहा था। उसकी यह पीड़ा रमानाथ से देखी नहीं गई और उन्होंने उसका हाथ देखा। ईश्वर की कृपा से मंगल के लक्षण थे और रमानाथ ने उसे स्पष्ट शब्दों में बताया कि शीघ्र ही वह अपने जीवन की चिर प्रतीक्षित खुशी से निहाल हो उठेगा। वैसा ही हुआ। आज चन्द्र प्रकाश परिवार के हर बेटे की तरह ही संतान सुख से सराबोर है। इस बात ने रमानाथ को काफी संतोष एवं सुख दिया। तहेदिल से वे अपने पोते को दीर्घायु एवं यशस्वी होने का आशीर्वाद देते रहते हैं।

सुकेशी के वापस आने की खबर बड़ी तेजी से फैल गई। अब उनसे मिलने के लिए, उन्हें पुनः इतने बड़े अंतराल के बाद देखने तथा बात करने के लिए उनकी सहेलियों एवं पड़ोसियों का दौर प्रारम्भ हुआ। औरतें, मर्द, बच्चे सभी उन्हें देखने को उत्सुक थे, सभी उनसे अपने मन के दो शब्द कहने को आतुर दिखे। हालाँकि सुकेशी को ज्यादा लोगों से सम्पर्क करना एक तरह से वर्जित था, पर यह उनकी मजबूरी समझता कौन था। बताना भी बुरा लगता था कि उन्हें ज्यादा देर तक ड्राइंग रूम में बैठना न केवल कष्टदायक लगता है, वरन् यह उनके चिकित्सकों की दृष्टि

में हानिकारक भी हो सकता था। उन्हें संक्रमण के प्रभाव से बचाना अनिवार्य था।

लोगों के आने का दौर थम चुका था। बच्चे भी अपनी-अपनी सामान्य दिनचर्या में लग गए थे। इसी बीच अचल राँची से आ पहुँचा। उसका आना सुकेशी को ही नहीं रमानाथ को भी बहुत अच्छा लगा। रमानाथ को अपने इस बेटे से भी सुकेशी को मिलाने की उत्कट इच्छा थी। माँ से मिलकर अचल भी खुश हुआ। परंतु समझदार हो चुका अचल बहुत संतुष्ट नहीं हुआ उनका स्वास्थ्य देखकर। रमानाथ से अकेले में अनेक प्रश्न करता रहा। रमानाथ ने समझाया बच्चों से मिलना जरूरी था इसी लिए उन्हें डॉक्टर से इजाजत लेकर लाये थे। सब कुछ सामान्य-सा दिखे अतः रमानाथ भी अपना पद भार ग्रहण कर नियमित रूप से अपने कार्यालय जाने लगे थे। सब कुछ सामान्य नहीं था—यह रहस्य केवल रमानाथ को ही मालूम था पर अचल अवश्य ही भाँप गया था कि उसकी माँ पूर्ण स्वस्थ नहीं हैं।

इटानगर में उपलब्ध उपचार की सुविधाएँ अत्यंत सीमित थीं अतः रमानाथ को हमेशा सुकेशी के स्वास्थ्य की चिंता बनी रहती। अपने हस्तरेखा ज्ञान एवं इंट्यूशन (भविष्य के आभास) से भी उन्हें निकट भविष्य में ही किसी भयानक घटना का संकेत मिलता था। अतः वे सदैव चिंतित एवं व्यथित रहते थे।

अर्थव्यवस्था भी पूरी तरह चरमरा गई थी। उनका मन सिहर उठता था यह सोचकर कि यदि निकट भविष्य में उन्हें पुनः सुकेशी को बाहर ले जाना पड़ा तो वे क्या करेंगे। अचल भी आ गया है। उसे भी जाने के समय रुपए देने होंगे। घर पर लोगों का आना-जाना बढ़ जाने से भी खर्च बढ़ गया था। वैसे भी दस प्राणियों का खर्च तो था ही क्योंकि देवेन्द्र, उनकी पत्नी तथा बच्चा और कृष्णा भी साथ ही रह रहे थे। रमानाथ का कष्ट और बढ़ जाता था क्योंकि उन्हें अपने प्रिय बच्चों के समक्ष एक नकली खुशी का मुखौटा लगाकर जीना पड़ रहा था।

लम्बे अन्तराल के बाद रमानाथ अपने कार्यालय में गए थे। वहाँ भी बहुत कुछ बदल चुका था। निहित स्वार्थ काफी मुखर होकर उभर आए थे। शिक्षक वर्ग में तीन चार शिक्षकों का गुट रमानाथ को पुनः इस पद पर प्रतिष्ठापित नहीं होने देना चाहता था। उसने एक योजना के तहत सरकार को अलग-अलग ज्ञापन देकर रमानाथ के लम्बे अवकाश के कारणों को उनकी मजबूरी नहीं वरन् उनका अपने कर्तव्य से पलायन बता कर उन्हें स्थानान्तरित और पदावनति की उपहासास्पद स्थिति में ला खड़ा करने का षड्यंत्रपूर्ण अनुरोध किया जा रहा था। यह प्रक्रिया कई महीनों से चल रही थी। परंतु रमानाथ के पद भार सँभालते ही सारी प्रक्रिया रुक गई। एक बात और जो इस दुष्ट प्रवृत्ति वाले गुट की मनोकामना के फलीभूत होने के मार्ग में बाधक हुई वह थी सरकार की ओर से मिली अवहेलना एवं उनके पत्रों की घोर उपेक्षा। रमानाथ के व्यक्तित्व की छाप प्रशासन में अधिकांश लोगों पर इतनी गहरी थी कि इन बातों को मूर्खों एवं असंतुष्ट तत्त्वों के मिथ्या प्रचार से ज्यादा महत्त्व

नहीं मिला। दूसरी बात यह थी कि रमानाथ सारे उपचार के दौरान होने वाली हर घटना से शिक्षा सचिव, शिक्षा निदेशक एवं राज्य के मुख्य मंत्री को हमेशा सूचित करते रहते थे। उनकी हर समस्या एवं परेशानी से प्रशासन न केवल भलीभाँति वाकिफ था वरन् सहृदय एवं सहानुभूतिपूर्ण रवैया अपनाते हुए उन्हें समय-समय पर आर्थिक एवं प्रशासनिक सहायता भी देता रहा था। अतः इस चण्डाल चौकड़ी की सारी चाल उल्टी पड़ी और रमानाथ पहले से भी ज्यादा स्वीकार्य एवं मजबूत स्थिति में अपने पद पर आसीन हो गए।

विभागीय समस्याओं से सफलतापूर्वक निपट लेने के बाद पल भर को ऐसा लगा कि अब शायद रमानाथ के जीवन की सघन समस्याओं का समापन नजदीक है। वे आज कुछ सामान्य से बेहतर मनःस्थिति में घर लौटे। कार्यालय से थोड़े रुपए भी मिले थे। अतः उनके मन में था कि आज वे अचल को भेजकर कुछ उसके मन की चीज मँगाएँगे ताकि वह तथा उसके अन्य भाई भी जी भर कर उसका आनन्द ले सकें। वस्तुतः रमानाथ को यह बात हमेशा कचोटती रहती थी कि उनके बच्चों की देखभाल में बहुत कमी आ गई है। इस परिस्थिति का बुरा असर उन बच्चों के खानपान पर पड़ रहा है।

कहते हैं दुर्दिन में मनुष्य की सहनशक्ति बहुत बढ़ जाती है। पं. रमानाथ शास्त्री के बच्चे इसकी जीवंत मिशाल हैं। माँ की बीमारी सघन होने के बाद से आज तक किसी बेटे ने एक बनियान या कच्छे तक की माँग नहीं की थी। किसी ने भी किसी नयी चीज के लेने हेतु आग्रह नहीं किया। घर में कुछ भी बना उसे खाकर संतुष्ट रहने की अद्भुत क्षमता का प्रदर्शन किया। सबने अपना-अपना स्कूल जाना जारी रखा। समस्याओं और अभावों की कमी नहीं थी रमानाथ के घर परिवार में उस दौरान परंतु सुकेशी के दिये हुए संस्कार तथा ईश्वर कृपा से उस परिस्थिति को झेलने का अद्भुत धैर्य भी दिखाया बच्चों ने।

आज जब रमानाथ की जिंदगी एक राह पर आ चुकी है उनका हर बच्चा स्वयं समर्थ हो चुका है। तब उन्हें पीछे मुड़कर देखने पर अपने इन बच्चों पर गर्व होता है। जो जितना ही समर्थ, सुखी और सुव्यवस्थित है, वह उतना ही सहृदय एवं विनम्र है। प्रत्यक्ष अथवा परोक्ष रूप में चारों बेटों ने पं. रमानाथ को अपने-अपने दायित्व से मुक्त कर दिया था। सबमें अपने इस जुझारू पिता के लिए कुछ करने की इच्छा है।

गाड़ी से उतरते ही रमानाथ ने देखा कि विजय भाग कर उनके पास पहुँच गया। बड़ा खुश था क्योंकि सजल भैया उसके स्कूल का प्रोजेक्ट बनाने में लगे हुए हैं। सजल की निपुणता पर सबको बहुत भरोसा रहा करता था। सभी (रमानाथ एवं सुकेशी समेत) यह मानते थे कि यदि वह कोई कार्य करने में लग जाए तो अवश्य ही सर्वोत्तम ढंग से करेगा। रमानाथ ने बालक की उत्सुकता देखकर कहा, 'तो आप

भैया को क्या देंगे ?' उत्तर के लिए मानों विजय तैयार नहीं था। सकपका-सा गया। तत्काल रमानाथ ने उसे गोद में उठा लिया और बोले, 'आप अभी अचल भैया तथा कृष्णा दादा के साथ इसी गाड़ी से जाकर डेढ़ किलो मीट और पन्द्रह रसगुल्ला लाएँगे और भैया को खिलाएँगे।' विजय खुशी से गोद से कूद पड़ा और भीतर जाकर अचल एवं कृष्णा को लेकर आया। सभी बाजार गए। सभी खुश थे।

भीतर सुकेशी अपने कमरे में लेटी थीं। रमानाथ को आया हुआ देखकर उठने का उपक्रम करने लगीं। तभी रमानाथ ने उनके बगल में बैठते हुए कहा, 'आप लेटी रहें। और आगे पूछा, 'तबीयत कैसी है?' उत्तर था, 'ठीक ही हूँ। आज कई घंटे तक बैठी रही इसलिए शायद थोड़ी थकान-सी लग रही है। आज कुछ ज्यादा ही लोग आ गए थे।'

आज सुबह जब उठीं तब सुकेशी की तबीयत कुछ ढीली थी। चाय पीने के लिए डाइनिंग टेबल पर आकर बैठीं पर उतनी खुश नहीं लग रही थीं। चाय पीकर पुनः अपने कमरे में जाने की इच्छा प्रकट की जब उन्होंने तब रमानाथ को कुछ अटपटा-सा लगा। क्योंकि, अकसर वे चाय पीने के बाद बहुत खुश होतीं। उन्हें चाय बहुत प्रिय थीं। सुबह की चाय की तो जैसे आदी ही बन चुकी थीं। यह चाय उन्हें न केवल औरों से थोड़ी ज्यादा चाहिए होती थी वरन् औरों से ज्यादा मीठी भी होती। चाय पीने के बाद नाश्ते में क्या बनेगा, बच्चों का टिफिन क्या होगा, दोपहर का खाना क्या होगा आदि बातों का वे हमेशा ध्यान रखती थीं और इस हेतु कृष्णा को समय से उचित हिदायत देती थीं। परंतु आज उन्होंने ऐसा नहीं किया। इसलिए रमानाथ समझ गए कि आज उनकी तबीयत ठीक नहीं है।

सभी अपनी-अपनी दिनचर्या में लग गए। बच्चे स्कूल और रमानाथ अपने दफ्तर चले गए। घर पर चूंकि अचल था। अतः रमानाथ थोड़ा ज्यादा ही निश्चिंत महसूस करते। ऑफिस जाकर काम में व्यस्त रमानाथ को एक तरह से ध्यान से उतर ही गया कि आज सुकेशी की तबीयत कुछ ढीली थी। शाम को घर आए तो रमानाथ को अपनी सुकेशी की हालत ठीक नहीं लगी। तुरत चेकअप की व्यवस्था हेतु पास ही स्थित रामकृष्ण अस्पताल ले गए। इमरजेंसी में डॉक्टर ने बताया रक्तचाप काफी बढ़ा हुआ है, इसी वजह से बेचैनी महसूस कर रही हैं। एकाध दवाइयाँ दीं। लेकर वापस आए और बेलूर में डॉक्टर किरुबाकरन को पूरा समाचार बताने की इच्छा से रमानाथ ने टेलीफोन किया। डॉ. ने जो दवा दी थी उसके बारे में भी पूछा कि क्या यह दवा उन्हें दी जा सकती है? प्रो. किरुबाकरन ने सलाह दी कि तत्काल आराम के लिए उन्हें यह दवा दे दी जाय। आगे कहा उन्होंने कि यदि सम्भव हो तो यूरिया तथा क्रेटेनाइन की मात्रा का आकलन करा लें। दुर्भाग्य से यह इटानगर में सम्भव नहीं था। दूसरी ओर रक्तचाप को कम करने की दवा से शायद उन्हें आराम मालूम हुआ और वे अच्छा महसूस करने लगीं। सभी सामान्य हो गए। परंतु रमानाथ

को गहराता संकट स्पष्ट दिखाई देने लगा।

दो-तीन दिन बाद फिर वही बेचैनी सुकेशी महसूस करने लगीं। रक्तचाप के बढ़ने के कारण उनकी बेचैनी आज भी उसी प्रकार की थी जैसी पहले हुई थी। वही दवा पुनः दी गई पर लाभ नहीं हुआ। समस्या बढ़ती गई और उन्हें साँस लेने में परेशानी होने लगी। अब रमानाथ ने उन्हें तत्काल अस्पताल में भरती करने का निर्णय लिया। उन्हें कुछ समय में रामकृष्ण मिशन अस्पताल में भर्ती करा दिया गया। समस्या गम्भीर थी। डॉक्टरों ने तत्काल सारे उपचार एवं प्रयास प्रारम्भ कर दिये। परंतु दुर्दैव से उन दिनों अस्पताल में कोई भी ऐसा डॉक्टर नहीं था जो उन्हें क्या उपचार देना है, इसका उचित निर्णय कर पाता। रमानाथ ने अपनी ओर से उन्हें सारा सहयोग दिया। बेलूर में कराये गए उपचार के सारे कागजात भी दिखाए। परंतु शायद डॉक्टरों की समझ से परे थी सुकेशी की परेशानी।

इस समय रमानाथ को अपनी भौगोलिक स्थिति पर दुःख होना स्वाभाविक था। उन्हें खीझ-सी आने लगी कि उन्होंने एक ऐसे प्रदेश में सेवा कार्य करना क्यों उचित समझा। प्रारम्भिक कठिनाइयों ने, माना, उन्हें यहाँ कार्य करने को बाध्य किया होगा पर उसके बाद तो उन्हें बाहर जाने के यहाँ तक कि दो बार विदेश जाने के भी अवसर मिले। उन्होंने उसका लाभ क्यों नहीं लिया। उन्हें ऐसा लगने लगा जैसे अपनी सुकेशी की इस दशा तथा अपनी असमर्थता के लिए वे स्वयं ही शतप्रतिशत जिम्मेदार हैं।

रमानाथ का ध्यान अपने बच्चों पर गया। उनके मासूम चेहरे उनकी आँखों के सामने तैर गए। उन्हें लगा कि बच्चों का यह सुख जो उन्हें साढ़े सोलह महीनों की प्रतीक्षा के बाद मिला था, शीघ्र ही छिन जाएगा। वे कैसे निर्दयी पिता हैं कि अपने बच्चों को, जिन्होंने गत लगभग दो वर्षों से उनसे कुछ भी नहीं माँगा था, उनकी माँ भी, उनकी रुग्णा माँ भी नहीं दे पा रहे हैं। उनकी आँखों के सामने उनके बच्चे अनाथ होने वाले हैं, बिना माँ के बच्चे बनने वाले हैं और वे निरीह से, असहाय से, और किंकर्त्तव्यविमूढ़ से खड़े निहार रहे हैं।

ऊपर से तो शान्त दिख रहे थे रमानाथ, पर भीतर ही भीतर उनमें एक अदृश्य परंतु अजस्र ऊर्जा स्रोत जन्म ले रहा था। जन्म भर के जुझारू रमानाथ इतनी सहजता से हार मान लेने वाले तो नहीं थे।

किसी प्रकार रात बीती। डॉक्टरों ने सुकेशी को आक्सीजन की सहायता प्रदान की। रक्तचाप को नियंत्रित रखने के सामान्य उपाय, जो वे कर सकते थे, किए। रात में ही रमानाथ ने निर्णय लिया कि वे पुनः सुकेशी को बेलूर ले जाएँगे। इस बार उनका निर्णय काफी दीर्घकालिक था। उन्होंने यह स्पष्ट रूप से समझा लिया था कि यदि सुकेशी को बेलूर में ही बचाया जा सकता है तो वे अपनी गृहस्थी वहीं बसाएँगे। अपने लिए कोई काम ढूँढ़ कर अपने बच्चों को वहीं ले जाएँगे। अपनी

सुकेशी को वे हर हालत में जीवित रखना चाहते थे। कड़े कदम उठाने में कठोर निर्णय लेने में भी रमानाथ को उतनी महारत हासिल थी जितनी किसी दुःखी इंसान की मदद करने हेतु अपनी वर्तमान सीमाओं से बाहर भी जा कर कुछ कर सकने में। उन्होंने यह निर्णय ले लिया कि वे कल प्रातः डॉक्टर से एवं स्वामीजी से बात करेंगे, और उन्हें पुनः बेलूर ले जाने की अनुमति प्राप्त करेंगे।

तात्कालिक समस्या थी ले जाने हेतु रुपए की। तीन लाख से भी ऊपर रुपए खर्च करके वापस आए रमानाथ के लिए अपनी गृहस्थी जो तीन भागों में बँट चुकी थी (बेलूर, इटानगर एवं राँची) को सँभाल पाना बहुत मुश्किल हो रहा था। परंतु विधाता को मानों रमानाथ की परीक्षा लेने की पड़ी थी। दैव की क्रूरता का एहसास बड़ी गहराई से हो रहा था रमानाथ को। उनकी हालत लगभग उस माझी जैसी हो रही थी जिसे अपना किनारा तो दिख रहा था पर उसमें उस किनारे तक पहुँचने की सामर्थ्य नहीं शेष थी। जुझारू माझी जैसे लहरों के थपेड़ों को झेलता अंतिम साँस तक लहरों से लड़ता रहता है उसी प्रकार रमानाथ भी अपनी इस गृहस्थी की नाव को किनारे तक ले जाने को बेचैन हो रहे थे। उन्हें भली भाँति पता था कि इस समय सब कुछ उनके प्रतिकूल है। कोई देवी या देवता भी उनके बच्चों के ऊपर रहम खा कर उनके दुःख को कम करने को नहीं आएगा। अतः उन्होंने भविष्य को भविष्य के ही सहारे छोड़ केवल वर्तमान में जीने की ठानी।

एक ओर अनिश्चितता, अभाव एवं आशंका तो दूसरी ओर भावात्मक विह्वलता तथा विवशता के बीच रमानाथ गौहाटी जाने तथा वहाँ से बेलूर पहुँचने की दिशा में प्रबंध व्यवस्था में जुट गए। अस्पताल ने पूरा सहयोग दिया। चूंकि आकाशमार्ग से जा पाना वर्जित था। अतः एक नयी कार की व्यवस्था भी हो गई। अचल को भी साथ लेने का निर्णय था। कुछ काम भर के काम चलाऊ रुपए भी इकट्ठे कर लिए। दो-तीन अप्रत्याशित परिचितों ने बिना माँगे भी रुपए दिये। क्षणिक सुखद आश्चर्य हुआ रमानाथ को। आवश्यकता थी ही, ले लिये।

अपने ऑफिस में आवश्यक सूचना एवं अवकाश हेतु आवेदन भी रमानाथ ने दे दिया। बात बड़ी तेजी से फैल गई। अनेक शुभचिंतक अस्पताल पहुँचने लगे। योजनानुसार शाम को प्रस्थान करना था। रात भर चलकर सुबह की कामरूप एक्सप्रेस में, ए. सी. टू टायर के दो बर्थों पर कलकत्ता के लिए प्रस्थान करना था। आगे की व्यवस्था हेतु भी सूचना दे दी थी ताकि आगे की यात्रा भी सुगमतापूर्वक मद्रास तक की जा सके।

सुकेशी को व्हील चेयर पर लाया गया। साथ में एक आक्सीजन का सिलिंडर भी स्वामी जी ने डॉक्टरों की राय से दिया था। सुकेशी को कार में बैठा दिया गया। बच्चे तथा अनेक और लोग वहाँ जमा हो गए। सुकेशी ने सबको हाथ जोड़कर अभिवादन किया। बोलने में लगभग असमर्थ हो गई थीं। साँस लेने में दिक्कत होने

लगी थी। अतः आक्सीजन नाक में लगा दी गई और वे थोड़ा सरककर बैठ गईं। सुकेशी ने हाथ के इशारे से रमानाथ को बताया कि उनके छोटे बेटे का विशेष ध्यान रखेंगे। वह अभी बहुत छोटा है। उनका उठा हुआ हाथ उस समय जैसे सबको अंतिम विदा कह रहा हो। बच्चों की तरफ देखा। एक बार गाड़ी में हाथ उठा कर जैसे छोटे को सम्बोधित कर उसकी देखभाल एवं सेवा का अश्वासन माँग रही हों। रमानाथ सहज ही समझ गए। उन्होंने उन्हें अपनी गोद में खींचते हुए उन्हें पूर्ण आश्वस्त कर दिया कि उनके बच्चों को कभी कष्ट नहीं होने देंगे। रमानाथ की हर बात पर उन्हें अगाध श्रद्धा एवं विश्वास था। और इतने लम्बे दाम्पत्य जीवन में शायद ही कभी दोनों ने एक-दूसरे को अँधेरे में रखा हो। शायद ही कभी झूठ का सहारा लिया हो। ऐसी आस्था एवं ऐसे अटूट विश्वास पर टिकी थी रमानाथ की गृहस्थी कि उसमें अविश्वास, छल, दिखावा या प्रपंच कहीं स्थान नहीं पाते थे। निर्मल था उन दोनों का प्रेम, निश्छल थी उनकी काया। सम्पूर्ण रूपेण समर्पित थे वे एक-दूसरे के प्रति।

सुकेशी अशान्त-सी लगती थीं। रमानाथ यह समझ नहीं पा रहे थे कि यह केवल इनकी शारीरिक वेदना के कारण है या फिर इसमें मानसिक क्लेश का भी हाथ है। वस्तुतः उनकी आँखों में जो बेबसी तथा बेकली थी वह शारीरिक कारणों से ही नहीं थी। शायद अभ्यासवश ही सही पर उनमें पीड़ा सहने की बहुत शक्ति पैदा हो गई थी। अवश्य ही यह उनकी आंतरिक पीड़ा थी जो उन्हें बेचैन किए जा रही थी। उन्हें शायद आभास हो गया था कि यह उनकी अंतिम यात्रा है। अतः वे बार-बार अपने बच्चों की ओर बेबस नजरों से निहारतीं। अश्रुपूरित नयन उनके रमानाथ को व्यथित करने लगे। तभी रमानाथ ने अचल को भी बैठने को कहा और गाड़ी चलाने का आदेश दे दिया। भीड़ ने, बच्चों ने और शुभचिंतकों ने सुकेशी को विदा दी। वे चल पड़ी थीं अपनी अंतिम यात्रा पर। यह सत्य शायद वे समझ चुकी थीं। उन्होंने अपनी गीली आँखें बन्द कर ली थीं। चेहरा भावहीन एवं निर्विकार हो चुका था। बस सुख था तो रमानाथ एवं अचल के सान्निध्य का। सहारा था तो अपने पति का और विश्वास था ईश्वर की असीम कृपा पर। अजीब है मानव मन जो कहीं न कहीं अवलम्ब तलाश ही लेता है।

कामरूप एक्सप्रेस तैयार थी। अचल ने माँ को सहारा देकर डिब्बे में बैठाया। सामान इत्यादि की देखभाल रमानाथ ने कर ली। डिब्बे में लाकर बैठाने भर में सुकेशी निढाल हो चुकी थीं। कारण कि उनकी साँसों का सहारा-आक्सीजन भी हट गया था। उन्हें बर्थ पर लिटाकर अचल ने पुनः साँस के रास्ते में आक्सीजन की नली लगा दी। थोड़ी राहत महसूस करने लगीं। यात्रा लम्बी थी। दूसरे दिन कलकत्ता पहुँचना था और फिर वहाँ से आगे जाने की योजना बनानी थी। अब रमानाथ को स्पष्ट हो चुका था कि यदि सब कुछ सामान्य रहा तो कलकत्ता में एक-दो डायलिसिस दिलाकर तब उन्हें आगे की यात्रा पर ले जाएँगे।

तबीयत खराब होने की वजह से उन्होंने कुछ खाया नहीं पर अचल को तथा रमानाथ को खाने के लिए बाध्य करती रहीं। रास्ते में तबीयत और खराब होती गई। रात में तो उन्हें साँस लेने में काफी तकलीफ होने लगी। थका हुआ अचल सो गया था। रमानाथ जाग रहे थे। पल-पल उनकी पीड़ा को उनके साथ-साथ स्वयं भी झेल रहे थे। एक बार बाथरूम ले जाना पड़ा और आकर बहुत कमजोर महसूस करने लगीं। थोड़ा कुछ खिलाकर रमानाथ ने स्वयं भी कुछ खाया और वे सो जाएँ इसकी प्रतीक्षा करते रहे। गाड़ी रात के सन्नाटे को चीरती चली जा रही थी, बीच-बीच में आने वाले छोटे स्टेशन जैसे उनके स्वागत हेतु खड़े हों। स्टेशन मास्टर की हरी बत्ती हिलती दीखती और कामरूप एक्सप्रेस गड़गड़ाती उनके सामने से ही गुजर जाती। क्षण भर को रमानाथ ने पाया कि सुकेशी सो गई हैं। उन्हें बड़ा ढाढस बँधा क्योंकि वे गत दो दिनों से सो नहीं सकी थीं। उनके ` ` े हाथ को अपने गोद में लिये बैठे-बैठे ही रमानाथ को नींद आ गई।

रात भर में सुकेशी की हालत और बिगड़ गई। अब वे बोल भी नहीं पाती थीं। साँस लेने में बहुत कष्ट हो रहा था। पर न जाने क्यों रमानाथ को लगने लगा कि अब तो कलकत्ता आने ही वाला है और उन्हें वहाँ सीधे बेलव्यू अस्पताल में ले जाकर डायलिसिस दिलाएँगे। इससे उन्हें अवश्य आराम हो जाएगा। उन दिनों कलकत्ता के बाद सम्पूर्ण पूर्वोत्तर में कहीं भी यह सुविधा उपलब्ध नहीं थी। अतः गाड़ी के हावड़ा पहुँचने का बड़ी बेसब्री से रमानाथ को इंतजार था।

करीब नौ बजे गाड़ी हावड़ा प्लेटफॉर्म नम्बर आठ पर लगी। असंख्य लोगों में उतरने-चढ़ने की होड़, नाना प्रकार का शोर तथा बीच-बीच में गाड़ी की चीत्कार भरती सीटियों की आवाज, एक अजीब-सा उबाऊ माहौल। रमानाथ ने तत्काल जाकर ह्वील चेयर का प्रबन्ध किया। अचल उन्हें उतारकर प्लेटफॉर्म पर लाकर बैठा ही रहा था कि रमानाथ ह्वील चेयर लेकर आ गए। अब एकदम बोल नहीं पा रही थीं। यह उतरना भी उन्हें बहुत कष्टसाध्य लगा। वस्तुतः उन्हें उठाकर ही बाहर लाया गया।

ह्वील चेयर पर उन्हें बैठा कुली को सामान उठा रमानाथ आगे-आगे चले। अचल को टैक्सी प्वाइंट तक, उन्हें कुली के साथ लेकर आने को कह वे आगे बढ़े। टैक्सी ले पाना भी हावड़ा में एक टेढ़ी खीर है। पर किसी प्रकार एक पुलिस वाले को अपनी पत्नी की हालत की बात बताकर टैक्सी प्राप्त कर वापस भीतर लेकर आए। तुरंत कुली ने सामान रखा। अचल एवं ड्राइवर ने मिलकर सुकेशी को पीछे की सीट पर बैठाया। अब उनमें अचेतावस्था आ चुकी थी पर रमानाथ आशावान हो चुके थे कि अब अगर एक घंटा और मिल गया तो वे सुकेशी को बेलव्यू में डायलिसिस लगवा सकेंगे और इससे यूरिया की मात्रा रक्त से निकाल दिये जाने से उन्हें पुनः आराम हो जाएगा।

कुली को पैसा दिया तथा अनुरोध किया कि ह्वील चेयर भी वह उचित स्थान

पर पहुँचा दे। टैक्सी तैयार थी। रमानाथ भी आकर भीतर पीछे की सीट पर ही बैठ गए। सुकेशी का सिर रमानाथ की गोद में था। उन्होंने टैक्सी वाले को बेलव्यू अस्पताल जल्द से जल्द पहुँचाने को कहा। टैक्सी चली। स्टेशन से बाहर आते ही आते सुकेशी की आँखें आगत भवितव्य की सूचना-सी देने लगीं। कुछ पल में हुगली (गंगा की एक बाँही) पुल के ऊपर टैक्सी पहुँचेगी उससे पहले ही सुकेशी ने अपनी अंतिम साँस जोर से ली, मुख से एक दो बूँद थूक बाहर आया और सब कुछ समाप्त हो गया। वे शान्त हो गईं। सदा-सदा के लिए शान्त हो गईं। समस्त पीड़ाओं, चिंताओं एवं कष्टों से दूर, बहुत दूर चली गईं। रह गए हाथ मलते रमानाथ और उनका बिलखता बेटा। रमानाथ की यात्रा तो अधूरी रह गई, परंतु सुकेशी ने अपनी यात्रा पूरी कर ली थी आज दिनांक तेइस अक्टूबर उन्नीस सौ छियासी के दिन।

द्वितीय आख्यान

टैक्सी भागती हुई बेलव्यू अस्पताल के प्रांगण में पहुँची जहाँ आपातकालीन सेवा सुलभ नहीं थी और मृत शरीर को वे लोग मृत घोषित करने की प्रक्रिया भी पूरी करने में आनाकानी करते नजर आए। रमानाथ समय गँवाने के पक्ष में नहीं थे। अतः पास ही थियेटर रोड पर कृष्णानन्द के घर पहुँचे। गाड़ी में सुकेशी तथा अचल को छोड़ ऊपर गए। संयोग से कृष्णानन्द घर पर ही थे। खबर सुनते ही नीचे आए। गाड़ी निकालने को कहते हुए अपने पुराने घर (पाटरी रोड) की तरफ चल दिये। टैक्सी ड्राइवर ने उनकी कार का पीछा किया। सी. आइ. टी. रोड से होता हुआ बाबू कृष्णानन्द का ड्राइवर किसी परिचित डॉक्टर की डिस्पेंसरी के पास रुका। टैक्सी भी वहीं रुक गई। कृष्णानन्द ने डॉक्टर से भीतर कुछ अनुरोध किया। वे बाहर आए, सुकेशी की छाती पर दोनों हाथ से जोर-जोर से दबा कर पुनः उन्हें जीवंत करने का प्रयास किया, पर सब असफल रहा।

फिर उन्होंने मृत्यु का प्रमाणपत्र दे दिया, जो अत्यंत आवश्यक था उनकी अंत्येष्टि हेतु। बिना इस प्रमाण पत्र के अंत्येष्टि सम्भव नहीं हो पाती वहाँ। तत्पश्चात सभी लोग ग्यारह पाटरी रोड पर आ गए। लाश को बाहर निकालकर लिटा दिया गया। कृष्णानन्द बाबू के इशारे पर अंत्येष्टि के काम में अनेक लोग लग गए। बहू रानी को खबर देकर बुला लिया गया। उन्होंने अपना दायित्व पूरी श्रद्धापूर्वक निभाया। अपनी चाचीजी को एक सुहागन की तरह हर प्रकार से सजाने में लग गईं। नये वस्त्र, माँग भर सिंदूर, बिन्दी, हाथ-पाँव में नेल पालिश तथा आलता इत्यादि लगाकर, लाये गए फूलों से सजाकर तैयार कर दिया। यह सारी प्रक्रिया सम्पन्न होने में एक घंटे से ज्यादा ही लग गया।

इस बीच खबर कृष्णानन्द बाबू ने अपने कारखानों में भी भिजवा दी। अनेक लोग वहाँ से भी आ गए। एक सुन्दर सुसज्जित अंतिम यात्रा वाहन भी मँगा लिया। धार्मिक अनुष्ठान हेतु भी एक पंडितजी आ गए। अब सारी तैयारी पूरी हो चुकी थी। रमानाथ ने बहू रानी से पूछा, 'क्या अब इन्हें गाड़ी में रखा जाए?' बहू रानी आँसू पोंछती-पोंछती बोली, 'हाँ', और फिर घर के ही चार लोग मिलकर लाश को रथ में रख दिये। रमानाथ, कृष्णानन्द बाबू और अचल भी उस गाड़ी में बैठ गए। शेष सभी लोग अन्य गाड़ियों में बैठ उसी रथ के पीछे-पीछे गंगाघाट की ओर चल दिये। लगभग चालीस मिनट बाद सभी लोग गंगा तट पर बने बिजली शवदाह गृह (इलेक्ट्रिक क्रिमेटोरियम) पर पहुँच गए। रमानाथ, कृष्णानन्द, राजेन्द्र पाठक एवं अचल ने मिलकर लाश को उतारा और साफ जगह पर रखकर पंडित की आज्ञानुसार उन्हें गंगाजल से स्नान कराया गया, पिण्डदान इत्यादि की विधि के साथ-साथ कागजी कार्यवाही भी कृष्णानंद कराते रहे। लगभग आधे घंटे में सारी धार्मिक एवं कागजी प्रक्रिया पूरी हो गई।

अब प्रतीक्षा थी नम्बर आने की। इस बीच विचलित हो उठा अचल। व्यस्तता वश थोड़ा सँभल गया था। रमानाथ को तो जैसे कुछ हुआ ही न हो, यंत्रवत कर्तव्य करते जाना था। शवदाह कर्मचारी ने आवाज दी। रमानाथ ने झुककर एक बार फिर अंतिम बार अपनी सुकेशी को नजदीक से देखा, उनका माथा सहलाया और अपनी श्रद्धा, सम्मान एवं संचित प्यार समर्पित किया। अचल ने अंतिम बार माँ के पाँव छू कर प्रणाम किया। यह दृश्य अचल के लिए पुनः असह्य हो उठा और वह बिलख उठा। लाश को शवदाह के प्लेटफॉर्म पर रख दिया गया। एक मिनट बाद लाश धीरे-धीरे भीतर गई। हजारों डिग्री सेल्सियस के ताप पर सब कुछ भस्म हो गया। कुछ मिनट बाद ही ज्यों की त्यों लाश बाहर आई पर छूने पर पता लगा कि अब वह गरम राख के सिवा कुछ भी नहीं रही। कर्मचारी ने बताया वैसे तो यह सारी की सारी राख माँ गंगा में ही प्रवाहित की जाएगी पर यदि आप चाहें तो कुछ अवशेष नीचे जाकर चुन लें जिन्हें आप कहीं अन्य स्थानों (इलाहाबाद, प्रयाग, हरिद्वार या काशी) में प्रवाहित कर सकेंगे। रमानाथ ने वैसा ही किया। नीचे जाकर राख के ढेर से कुछ हड्डियों के अवशेष, जो मिल सके, चुनकर एक मिट्टी के पात्र में रख लिये। अब रमानाथ की सुकेशी का सारा विस्तार उस छोटे से मिट्टी के पात्र में सिमटकर रह गया था। शेष राख एवं अवशेष माँ गंगा को सौंप कर वह सब वापस चलने को तैयार हो गए।

टैक्सी ड्राइवर जो अब तक हमारे परिवार के अंग के रूप में सारी क्रिया में शामिल था, धीरे से रमानाथ से बोला, साहब अब मेरे लिए क्या हुकुम है। सुबह नौ बजे से लगभग शाम तक ही वह बिना किसी हिला हवाली के सारे शोक में शामिल रहा था। उसकी यह इंसानियत रमानाथ को अच्छी लगी। रमानाथ ने पूछा,

'आपको क्या दे दूँ ?' उसने बड़ी विनम्रता से कहा, 'कुछ नहीं, मुझे कुछ नहीं चाहिए। ऐसे दुःख के समय में मुझे भी शामिल समझिए। मैंने तो इसलिए पूछा कि मुझे अब जाना है या आप सब को घर तक छोड़ दूँ।' रमानाथ ने देखा कि उन्होंने दिन भर परिवार वालों की तरह ही एक बूँद पानी तक नहीं पिया था। गाड़ियाँ बहुत-सी थी अतः लौटने में कोई परेशानी नहीं थी। रमानाथ ने कहा सामान निकालकर दूसरी गाड़ी में रख दीजिए। अचल ने सहायता की और सब सामान कृष्णानन्द बाबू की गाड़ी में रख दिया गया। रमानाथ ने जोर-जबरदस्ती करके उन्हें तीन सौ रुपए दिये और धन्यवाद दिया। विनम्र भाव से स्वीकार करते हुए शोकाकुल टैक्सी ड्राइवर चला गया। वह तो चला गया पर उसकी मानवता की एक अमिट छाप रमानाथ के मन पर सदा के लिए बनी रहेगी। यह एक अच्छे इंसान का इंसानियत के प्रति किए गए आचरण का अच्छा उदाहरण था जो आज भी रमानाथ को न केवल याद है वरन् अच्छे भाव के साथ हमेशा याद रहेगा।

अब डिम्पल कोर्ट पहुँच कर रमानाथ को ऐसा लगा कि अब तो कुछ शेष ही नहीं रहा। वे एक जुआरी की तरह सब कुछ हार कर सोफे पर ऐसे बैठ गए मानों अब कुछ करना ही नहीं है। सब कुछ शून्य हो गया है। सब कुछ शून्य में ही समा गया है। अचल तो अपनी भाभी के पास चला गया। बहू रानी ने उसे कैसे सँभाला यह तो रमानाथ को पता नहीं चला पर उनके व्यक्तिगत सम्मोहक व्यक्तित्व के मर्यादित प्रभाव की व्यापकता को रमानाथ भली भाँति जानते थे। अतः वे आश्वस्त थे कि अचल को पुनः शीघ्र ही सामान्य अवस्था में ला सकेंगी।

देर रात गए रमानाथ एवं कृष्णानन्द बाबू ने तय किया कि अचल को बिनैका भेजा जाय। घर पर सबको सूचना दें ताकि क्रिया कर्म करने का कार्यक्रम प्रारम्भ किया जा सके। रमानाथ ने स्वयं के लिए निश्चित किया कि वे वापस इटानगर जाएँगे और वहाँ से सभी बच्चों को लेकर फिर बिनैका पहुँचकर क्रिया में शामिल होंगे। वैसा ही किया गया। सुबह की प्रथम सुलभ गाड़ी से अचल इलाहाबाद के लिए रवाना हो गया। अचल को भेजकर रमानाथ स्वयं गौहाटी तक हवाई जहाज से जाएँगे--ऐसा सोच रहे थे ताकि समय कम से कम लगे। हवाई जहाज के टिकट के लिए डिम्पल कोर्ट में ही नीचे एक एजेन्सी थी। उसके पास भेजकर कृष्णानन्द ने टिकट की व्यवस्था कर ली।

चलने को तैयार हो चुके रमानाथ, तभी बाबू कृष्णानन्द भीतर से आए। हाथ में दस हजार रुपए लिये हुए। आकर अति विनम्र भाव से बोले, 'चाचा ये रुपए रख लीजिए। आगे बहुत खर्च है। और जरूरत हो तो बताइएगा। वैसे मैं सुध के दिन गिरजा बाबू (अपने छोटे भाई) को पर्याप्त रुपए देकर अवश्य भेजूँगा।' रमानाथ ने रुपए ले लिये। कृतज्ञता जब बहुत सघन होती है तो धन्यवाद की औपचारिकता भी व्यर्थ लगती है। वैसे भी बाबू कृष्णानन्द के साथ रमानाथ का रिश्ता रिश्तों से

ऊपर का हो चुका है। वे रमानाथ के जीवन में उनके रिश्तेदारों में सबसे संवेदनशील, सबसे समर्थ एवं अत्यंत सहृदय व्यक्ति के रूप में विद्यमान हैं। वे अपने अन्य भाइयों, पिता एवं चाचा इत्यादि से अलग सोच रखते हैं। स्वनिर्मित व्यक्तित्व के धनी कृष्णानन्द रमानाथ को बहुत-बहुत प्रिय हैं। विश्वास है रमानाथ को कि उनका कृष्णानन्द के साथ यह संबंध पारिवारिक उलझनों एवं कटुताओं से ऊपर मधुर बना रहेगा। बहूरानी के प्रति तो अथाह स्नेह एवं कृतज्ञता का भाव रमानाथ के जीवन की तथा जीवन भर के लिए संचित पूँजी है।

कलकत्ता से गौहाटी और गौहाटी से इटानगर दूसरे दिन सुबह रमानाथ पहुँच गए। घर में खबर मिलते ही मातम छा गया। बच्चे सन्न रह गए। इस प्रकार काठ मार गया उन्हें कि वे रो भी न सके। रमानाथ ने उन्हें ढाढस बँधाया और शाम की बस से चलने की तैयारी करने को कह दिया। तीनों बच्चों ने अपने-अपने स्कूल में दरखास्त भेज दी अवकाश हेतु। रमानाथ तो छुट्टी पर चल ही रहे थे। कुछ थोड़ा सामान रख लिया गया। सजल ने जाकर चार टिकटों का इंतजाम किया।

खबर जंगल की आग-सी फैल गई। देखते-देखते लोगों की एक खासी भीड़ जमा हो गई। सबको एक ही बात बार-बार रमानाथ को बताना पड़ रहा था। पर धैर्यपूर्वक वे यह औपचारिकता भी पूरी करते रहे। अनेक दुःखों को झेलते हुए रमानाथ अपने तीनों बच्चों के साथ तीसरे दिन बिनैका पहुँचे। घर पर सारा माहौल मातम का ही था। बूढ़े भाई रमानाथ को देखते ही फूट पड़े। उन्हें सँभालना कठिन हो रहा था। तभी बाहर रोती हुई भाभी आईं। गाँव के अनेक लोग—स्त्री-पुरुष एवं बालक सभी जमा होने लगे। ज्यों ज्यों लोगों को खबर लगती गई लोग आते गए। रमानाथ ने उन सबका सम्मान किया। रीति के हिसाब से जब तक एकादशाह नहीं हो जाता, न तो रमानाथ किसी को प्रणाम कर सकते थे और न कोई उन्हें कर पाता था। बस बेबस आँखें सब कुछ कह देतीं। उनकी स्नेहिल पर आहत वेदना एवं सहानुभूति जो अब लगभग लुप्त प्राय है, रमानाथ के मन को छू गई। इतना प्रेम है उनके दिलों में अपने इस परदेसी भाई के लिए, यह रमानाथ के लिए एक सुखद अनुभव के साथ-साथ बड़ा सम्बल बन गया, उन्हें इस दुःख को सह जाने हेतु।

उधर अचल एक सच्चे मातृभक्त पुत्र की भाँति क्रिया कर्म की समस्त विधियाँ सम्पन्न करने में लग चुका था। उस भेष में देखकर अचानक रमानाथ को कष्ट हो उठा। पर जब वे सँभले तो उन्हें अच्छा लगा। शायद इसी पवित्र दायित्व के निभाने हेतु माताएँ पुत्रवती बनकर गर्व महसूस करती हैं। शायद हर नारी के मन में इन्हीं विचारों की पृष्ठभूमि होती होगी जब वह सुहागन बनने के बाद माँ बनने के सपने देखने लगती हैं। अपने नये वस्त्र में अधनंगे तीर धनुष बाँधे पीपल के पेड़ में बँधे घंट में जलार्पण कर माँ को पिण्ड दान करता था तो रमानाथ को ऐसा लगता था कि सचमुच सुकेशी भाग्यवान सन्तानवती सम्पूर्ण माँ थीं। उसका चौबीस घंटे में सिर्फ

एक बार वह भी घर से बाहर अपने हाथ से बनाए गए भोजन पर निर्वाह, देर रात गए तक आचार्य जी से अनेक गाँव वालों के साथ फिर भी थोड़ा अलग बैठकर गरुड़ पुराण सुनना, उसके अनुसार आचरण करना सब कुछ यंत्रवत होता जा रहा था। सब कुछ अपना दायित्व समझकर करना भी था।

पिता तथा छोटे भाइयों को देख उसका ढाढस बँधा। अब वह समस्त मनोयोग से नित्य धर्म कार्य रीति के अनुसार करता रहा। शेष सारे काम तथा महासुध एवं बड़े ब्रह्मभोज की तैयारी में सभी लोग जुट चुके थे। व्यवस्था का कार्य समय से थोड़ा पहले ही चल रहा था। रमानाथ के बड़े भाई धर्मराज शुक्ल सारी व्यवस्था पर निगाह रख रहे थे। रमानाथ ने पहुँचकर उसमें अपना सहयोग भी देना प्रारम्भ किया।

दसवें दिन क्षौर कर्म का विधान है, जिसे पूरी रीति से पूरा कराया अचल ने परंतु एकादशाह का महासुध बहुत श्रमसाध्य एवं समयसाध्य विधि है। इसको सम्पन्न कराने में छः-सात घंटे तो लग ही जाते हैं और यजमान को पूर्णरूपेण निर्जला व्रत पर रहकर यह कार्यक्रम करना होता है। रमानाथ इस कठिन कार्य को अपने कोमल बच्चे पर नहीं छोड़ना चाहते थे। उन्होंने समर्थ विद्वानों एवं कर्मकाण्डियों को यह समस्या बताई और उनकी राय जानना चाहा कि क्या बीच में यह कार्य दूसरे को सम्पन्न करने का अधिकार है। उत्तर था यदि यजमान उचित व्यक्ति हो तो दसवें के क्षौर कर्म के बाद उसे यह दायित्व थोड़ा विधि संपन्न करके दिया जा सकता है। रमानाथ यह तो जानते ही थे कि उनका अधिकार तो पुत्र से भी ज्यादा है इस कर्म को निभाने का। अतः उन्होंने आचार्य की अनुमति प्राप्त कर ली।

ग्यारहवें दिन सुबह ही महापात्र लोग आ गए। मण्डप इत्यादि को एक दिन पहले ही लड़कों ने गाँव भर के सहयोग से बना लिया था। महापात्र जी ने अपने कर्मकाण्ड प्रारम्भ करने की इच्छा व्यक्त की पर अभी तक आचार्य जी नहीं आ पाये थे। अतः प्रतीक्षा करनी पड़ी। इस बीच बच्चों ने जलपान इत्यादि की व्यवस्था करके महापात्र जी एवं उनके साथ आए चार-पाँच और लोगों को जलपान कराया। वे आश्वस्त एवं स्वस्थ हो कर विराजमान हुए।

निर्धारित समय से लगभग बीस मिनट बाद आचार्य जी भी आ गए और लगभग सवा नौ बजे महासुध की प्रक्रिया प्रारम्भ की गई। कठिन कर्मकाण्ड में बँधे इस संस्कार को सम्पन्न करने में सभी आचार्य जी, महापात्र जी, रमानाथ, नाई, कुम्हार एवं कहार जुट गए। गाँव के सभी बुजुर्ग एवं युवक (जो फुर्सत में होते हैं) एकत्रित होते जा रहे थे। बच्चों ने सबका यथासंभव स्वागत करने की व्यवस्था कर रखी थी।

लगभग चार बजे कर्म सम्पन्न हुआ। महापात्र जी लोग अपनी समस्त पावती को समेट, विदाई स्वीकार कर प्रस्थान किए। तत्पश्चात आचार्य जी एवं अन्य सेवकों को भी विदा किया गया।

बारहवें दिन गाँव के सयाने एवं बुजुर्ग लोगों ने गाँव-गाँव जाने वाले सामूहिक

निमंत्रण पत्र लिखवाये जिन्हें लेकर अनेक धावक, पायंक एवं सेवक अपने-अपने निर्दिष्ट गाँव में पहुँचाने हेतु प्रस्थान कर गए। लगभग पंद्रह-सोलह गाँवों के ब्राह्मणों को, जिनके साथ पीढ़ियों से सम्बन्ध चला आ रहा है, निमंत्रित किया गया। तेरहवें अर्थात् ब्रह्म भोज के दिन अपने गाँव के लोगों को भी निमंत्रित किया गया। साथ में अपनी प्रजा (नाई, धोबी, कंहार, कुम्हार, बढ़ई, लोहार, हलवाहे तथा पुश्तैनी चमार) को भी सादर भोजन करने हेतु कहा गया। पुरोहित जी को विशेष निमंत्रण भेजा गया। सभी रिश्तेदारों को भी निमंत्रित किया गया।

घर के सामने खुले में एक दो शामियाने लगवाकर पचास एक चारपाइयाँ तथा तख्त इत्यादि लगा दिए लड़कों ने जिस पर आने वाले लोग सुविधापूर्वक बैठ सकें। प्रकाश की पूरी व्यवस्था की क्योंकि बिजली पर भरोसा करना मुश्किल होता है—विशेष ऐसे अवसरों पर जब आपके यहाँ इतनी भीड़ आई हो। अतः एक जेनेरेटर तथा छः पेट्रोमैक्स तक मँगा लिये गये थे। यह सारा बाहर का काम चन्द्रप्रकाश अपने गाँव की युवक मंगल दल की टोली के साथ बखूबी निभा रहा था। अपनी आयु वर्ग के लड़कों में बेहद लोकप्रिय रमानाथ का यह भतीजा ऐसे आयोजनों में जान डाल देता था। प्रबन्धन इतना पुख्ता करता कि शिकायत का कोई कारण ही नहीं बचता।

शाम हुई। ब्राह्मण मंडली गाँव-गाँव से आने लगी। चन्द्रप्रकाश उनकी सेवा हेतु अपनी मंडली समेत पूरी तरह तैयार था। ज्यों ही सौ-डेढ़ सौ लोग इकट्ठे हों उन्हें भोजन करने हेतु आग्रह करता। समुचित रूप से उनका भोजन संपन्न होते-होते दूसरे गाँवों की ब्राह्मण मंडली आ चुकी होती। फिर उन्हें उठाकर भोजन कराना। यह क्रम लगभग ग्यारह बजे रात तक चलता रहा। लगभग सभी लोग बाहर के गाँवों के तथा अपने गाँव की बिरादरी इत्यादि खा चुके थे। सभी प्रजाजन दुआएँ देते प्रस्थान कर गए थे। अब शेष थे तो केवल घर के लोग एवं चन्द्रप्रकाश की युवक मंडली के सदस्य। अंतिम पंक्ति में इन सबको भोजन करा दिया गया। तत्पश्चात् चन्द्रप्रकाश ने स्त्रियों को भंडारा सौंप कर राहत की साँस ली। लगभग बारह बजे तक सब कुछ सम्पन्न हो गया। लड़के खूब थक चुके थे। रमानाथ ने उन्हें आराम करने को कहा और स्वयं भाई के पास बैठकर बातें करते-करते यह जानना चाहा कि वे इस आयोजन से संतुष्ट हैं न! भाई बहुत संतुष्ट थे। पूरा यज्ञ उनकी अपेक्षा के अनुरूप सम्पन्न हुआ था। वे इस महासुध से भी थोड़े से संतुष्ट दिखे। इससे रमानाथ को बड़ा सहारा मिला। बातें करते-करते दोनों भाई भी कब सो गए, पता ही न चला।

प्रातः कई रिश्तेदार विदा लेना चाहते थे पर अभी तो थके हुए बच्चे उठ भी नहीं पाये थे। रमानाथ ने किसी प्रकार उन लोगों के लिए चाय की व्यवस्था की पर और ज्यादा कुछ कर पाना उनके लिए भी संभव नहीं था। तभी भाई बच्चों के पास जा-जाकर उठाते हुए बोले, सब जाने को तैयार हो रहे हैं और तुम लोग सो

रहे हो। देवप्रकाश उठा, चन्द्रप्रकाश को उठाया तथा अचल को जगाया। अब ये तीनों मिलकर तो कुछ भी कर सकने में समर्थ हैं। यह रमानाथ भी जानते थे और भाई भी मानते थे। इन्हें उठा देख कर भाई बोले, 'आओ बैठो कि तुम चाय पिये या नहीं ? अब चिंता न करो। ये सब हर काम कर लेंगे।'

चौदहवें से पंद्रहवें दिन तक घर रिश्तेदारों से खाली हो गया। सब अपने-अपने घर चले गए। सब कुछ समाप्त जो हो गया था।

तृतीय आख्यान

सोलहवें दिन प्रातःकाल रमानाथ अपनी दैनिक दिनचर्या से मुक्त हो नीम के पेड़ के नीचे पड़े तख्त पर बैठे सोच रहे थे...... कि अब आगे क्या करना होगा। चूँकि रमानाथ के सांसारिक एवं पारिवारिक जीवन का एक अहम अध्याय समाप्त हो चुका था, अतः वे एक रिक्तता, अभाव एवं शून्यता का एहसास किए अनजान भविष्य की ओर निहार रहे थे। यह अभाव या शून्यता इतनी सघन एवं भयावह थी कि सचमुच रमानाथ के धैर्य की परीक्षा की घड़ी बनकर प्रस्तुत थी। दूर-दूर तक भी कहीं कोई आशा की किरण नजर नहीं आ रही थी। वे सब में डूबते जा रहे थे और इसी स्व में स्व की ही तलाश में गोते लगा रहे थे। रमानाथ कष्ट की दोतरफा मार झेल रहे थे। एक तो उन्हें अपने प्रथम एवं श्रेष्ठतम मित्र सुकेशी के अदृश्य हो जाने की मर्मान्तक पीड़ा झेलनी पड़ रही थी, और दूसरी यह कि उनकी यह पीड़ा इनके बच्चों को विचलित न कर दे इस भय से भी वे आक्रांत थे। रोना भी चाहें तो वे रो नहीं सकते थे क्योंकि उन्हें बुद्धिमान, धैर्यवान एवं विद्वान जैसे विशेषणों से समाज ने महिमामंडित जो कर रखा था। उन्हें अपनी पीड़ा की अभिव्यक्ति का, अति सामान्य एवं मानवीय अधिकार भी जैसे उपलब्ध नहीं था। रमानाथ इस मानसिक द्वन्द्व एवं ऊहापोह से निकलने का मार्ग तलाश रहे थे और इसी चिंता में डूबे बैठे-बैठे कुछ विचार कर रहे थे कि 'दतुअन पाया? चाय वाय मिली।' भाई की आवाज में अपने अनुज के प्रति अपार संवेदना एवं प्यार था। उत्तर की प्रतीक्षा किए बिना उन्होंने अवाज लगाई, 'चन्द्रप्रकाश !' रमानाथ ने शीघ्रता से बताया कि वे दातुन कर चुके हैं। बड़ी बहू ने उन्हें दातुन करते देखा भी है, चाय आती ही होगी। आपने दातुन कर लिया ? दाहिना हाथ आगे बढ़ाते हुए भाई ने चबाई हुई दातुन दिखा दिया। चमरौटी से आते वक्त ही उन्होंने बाग से दातुन तोड़ ली थी। करते-करते चले आए थे। रमानाथ समझ गए कि उन्हें तत्काल पानी चाहिए। झपटकर सामने लगी नल (हैंडपम्प) से एक लोटा पानी लाकर रखते हुए बोले, 'मुँहवा धोई ल चाय अउतई होये।' भाई ने दातुन का चीरा लगाया, जीभ साफ की और उसे दूर फेंक कर पानी

से कुल्ला कर मुँह भी धो डाला। कंधे पर अटके हुए गमछे से मुँह पोंछ कर रमानाथ के साथ ही बैठ गए। हँसी-मजाक से भरपूर जिंदगी जीने वाले भाई के मुँह पर जब से रमानाथ आए, एक बार भी कोई व्यंग्य बाण नहीं आया। रमानाथ को आश्चर्य हो रहा था कि दिन भर अपने पास जमा लोगों को लोट-पोट कर देने वाले भाई अचानक इतने गम्भीर कैसे हो गए। भाई की बड़ी बहू एक थाली में दो गिलास चाय तथा एक कटोरे में चार-पाँच बिस्कुट लेकर आई। 'चाचाजी, चाय पी लीजिए,' आहिस्ता से बोलते हुए थाली उसी तख्त पर ही रख कर मुड़ने लगी तब तक भाई बोल उठे, 'ल.........नटई लाव।' रमानाथ से हँसी रोके न रुकी और वे हँस पड़े। भाई को रमानाथ की यह हँसी बहुत अच्छी लगी। उन्हें ऐसा लगा जैसे उन्होंने अपने खोये हुए भाई को फिर से पा लिया हो। रमानाथ ने भी इस अनमोल लम्हे को खूब जिया। भाई तो पता नहीं कैसे अपने को सँभाले रहे पर रमानाथ की हँसी तो रुकती ही नहीं थी। न जाने कितने महीनों के बाद आज रमानाथ हँस रहे थे। उन्हें यह भी नहीं पता था कि पुनः इस जीवन में कभी वे फिर हँस पाएँगे या नहीं ? आगे तो सिर्फ अंधकार था, अकेलापन था, जिम्मेदारियाँ थीं और कुछ स्मृतियाँ।

रमानाथ ने बिस्कुट उठाया, खाया तो वह काफी नम हो गया था। उन्होंने भाई से भी कहा कि वे भी एकाध बिस्कुट ले लें। भाई ने अपना गमछा बिछाया, सारे बिस्कुट उसी पर गिरा दिए और कटोरे को लेकर उसमें चाय डालते हुए बोले, 'भैया पुरखे सोने चाँदी काँसा पीतल में दूध पिअत रहेन। अब जमाना आइगबा लोहे की गिलासी में चाय सुड़ सुड़ावइक। इ ससुरी चहिआं मुहाँ में पहुँचे से पहिलेन ओठ षई झौंसि दे थ।' रमानाथ को और भी हँसी आई। इस बार भाई भी धीमे से मुस्कराए। माहौल काफी सहज एवं खुशनुमा हो चुका था। दोनों भाई चाय पीने लगे। रमानाथ ने लगभग आधी चाय भाई के कटोरे में डाल दी क्योंकि इतनी चाय तो वे दो बार में भी नहीं पी सकते थे। भाई ने अपनी चाय बेस्वाद हो चुके बिस्कुटों को छुए बगैर ही पी ली। वे प्रातः चाय के आदी नहीं थे। पर जब पीते तब खूब ज्यादा मात्रा में और खूब मीठी चाय ही पीते थे। वस्तुतः उन्हें इससे तकलीफ ही होती रही होगी। क्योंकि फिर इसके बाद वे अपना नियमित खरमेटाऊ या कलेवा नहीं ले पाते थे और यह चाय तो किसी प्रकार भी उसका स्थान नहीं ले सकती थी।

बच्चों का बिछोह भाई को बहुत दुखी बना देगा, यह रमानाथ जानते थे। इसलिए वे अपना प्रस्थान समय अब तक भाई को बता नहीं पाये थे। किंतु आज खेलते-खेलते विजय उनके पास पहुँच गया। भाई ने उसे अपने पास बुला कर गोद में बैठा लिया। 'बाबूजी, कल हम लोग जाएँगे,' उसने बातों-बातों में बता दिया। अचानक भाई ने उसे सीने से लगा लिया और फफक-फफक कर रोने लगे। विजय घबड़ा गया कि क्या हो गया। बाबूजी क्यों रो रहे हैं। उसे थोड़ा अपराध बोध हुआ कि उसी की किसी बात से बाबूजी को दुःख हुआ। इससे वह थोड़ा विचलित था पर

उसे एक कौतूहल एवं आश्चर्य भी हो रहा था कि इतने बड़े आदमी कहीं रोते हैं। उसने पापा को बताना जरूरी समझा। भागता हुआ रमानाथ के पास आया, 'पापा बाबूजी रो रहे हैं।' रमानाथ के पास कई लोग गाँव के बैठे थे। उन्होंने तुरंत कहा कि, 'तुम्हीं ने उन्हें तंग किया होगा।' हतप्रभ होकर निर्दोष विजय ने कहा, 'मैंने तो कुछ नहीं कहा, बस उन्हें बताया कि हम लोग कल जाएँगे। और बस बाबूजी ने मुझे खींचकर सीने से लगा लिया और खूब रोने लगे। पापा, क्या बड़े लोग भी रोते हैं।'

अचल को उसके महाविद्यालय में छोड़कर उसे पुनः कार्यरत देखने की अभिलाषा से रमानाथ वहीं के गेस्ट हाउस में ठहर गए। कालेज का अति रमणीय वातावरण भी रमानाथ को रास नहीं आ रहा था। उधर अजय का पेट खराब हो गया। उसे दस्त आने लगे। बच्चा कमजोर तो था ही और कमजोर हो गया। परंतु उसके सामान्य इलाज के साथ-साथ रमानाथ की चिंता का विषय था अपने अचल को पुनः पढ़ाई में लगाना। माँ की मृत्यु का सदमा सबसे ज्यादा उसी पर था। रमानाथ ने उसे घंटों समझाया, प्रेरणा दी तथा उसी माँ की इच्छा का वास्ता दिया कि 'वे तुम्हें एक अच्छे इंजीनियर के रूप में देखना चाहती थीं। अतः तुम्हें उनके सपने को पूरा करना होगा। अगर तुम सचमुच अपनी माँ से प्यार करते हो तो यह उनकी इच्छा पूरी करके दिखाओ।' अचल पर जादू-सा असर हुआ। उसने अपनी माँ की मृत्यु के बाद की श्मशान घाट पर खींची गई तस्वीर ले ली। उसे अपनी प्रेरणा का स्रोत मान काम में लग गया। रमानाथ को अब थोड़ा भरोसा हुआ कि वह अपने काम में मन लगा सकेगा। इसी बीच अजय का पेट भी थोड़ा ठीक हो गया।

अब रमानाथ ने अपनी अगली योजना बताई अचल को। अब वे स्वयं बेलूर जाएँगे। वहाँ कुछ सामान है। मकान का किराया इत्यादि चुकता करके, उसे खाली करके तथा बैंक में शायद कुछ रुपए होंगे उन्हें लेकर एकाउंट बंद कराके, गैस वापस करके इन सब कामों से भी महत्त्वपूर्ण एक और कार्य था और वह था प्रो. किरुबाकरन एवं उनकी टीम को धन्यवाद कहना। आगे की योजनानुसार छः दिन बाद अचल अपने भाइयों को लेकर कलकत्ता पहुँचेगा। वहाँ रमानाथ बेलूर से वापस हो कर मिलेंगे। रमानाथ वहाँ से बच्चों को लेकर इटानगर चले जाएँगे और अचल पुनः राँची लौट जाएगा तथा अपनी पढ़ाई करेगा। सारी बात समझाकर रमानाथ तीनों छोटे बच्चों को अचल के पास ही छोड़कर बेलूर के लिए प्रस्थान कर गए।

प्रो. किरुबाकरन ने रमानाथ को मुँड़े सिर तथा थोड़ा अस्तव्यस्त अवस्था में देखते ही समझ लिया कि कुछ अघटित घट चुका है। डॉक्टरी विरक्ति एवं निस्पृहता से हटकर उन्होंने बड़े ही अपनेपन से पूछा, 'व्हाट इज दिस डॉक्टर ? हाऊ इज मिसेज शुक्ला?' रमानाथ ने संयत भाव से कहा, 'डॉक्टर ? शी इज नो मोर, शी डाइड ऑन ट्वेण्टीथर्ड अक्टूबर ऐट कलकटा।' डॉक्टर की जिंदगी में बीमार का मरना कोई नयी या विशेष बात नहीं होती। रमानाथ ने सोचा डॉक्टर इस घटना को भी

उसी सहजता से ले लेंगे। पर रमानाथ के आश्चर्य का ठिकाना न रहा जब उन्होंने प्रो. किरुबाकरन की आँखों में आँसू देखे। डॉक्टर ने खींचते हुए रमानाथ को अपनी केबिन में लाकर भीतर से केबिन बंद कर ली। वे बहुत विचलित हो उठे थे। वे शान्त नहीं हो पा रहे थे। प्रर रमानाथ उन्हें ज्यादा दुःखी देखना भी नहीं चाहते थे। उन्होंने बात आरम्भ करने के इरादे से कहा, 'डॉक्टर मैं तो आपका तथा आपकी टीम के सभी सदस्यों का धन्यवाद करने आया था। आपके प्रयास से सुकेशी साढ़े सत्रह महीने ज्यादा जी सकीं। उनके बच्चों को आपने इतने लम्बे समय तक माँ विहीन नहीं होने दिया। इस असाध्य कार्य को साध्य कर आपने मुझ पर तथा मेरे बेटों पर बड़ा उपकार किया है। अतः मैंने सोचा चलकर आपको सूचना भी दे दूँ तथा आप सबका धन्यवाद भी कर कुछ ऋण भार कम कर सकूँ।' ये बातें रमानाथ ने प्रो. किरुबाकरन को अंग्रेजी में कहीं और वे धीरे-धीरे शान्त होने लगे। उन्होंने और ढेर सारी बातें पूछीं। रमानाथ ने सारा ब्यौरा दिया। प्रो. किरुबाकरन ने कहा, 'चलिए लंच करते हैं कहीं बाहर, वहीं बातें करेंगे। यहाँ देर तक शान्ति से बात नहीं हो पाएगी।' रमानाथ के मना करने पर भी वे अच्छे होटल में ले गए। दोनों ने खाना खाया। खाते-खाते ढेर सारी बातें भी कीं फिर विदा ली रमानाथ ने क्योंकि उन्हें बैंक जाना आवश्यक था।

बैंक पहुँचकर रमानाथ ने मैनेजर को असलियत बताई और अनुरोध किया कि उनके एकाउंट में जितने भी रुपए हों उन्हें दिला दें और एकाउंट बन्द कर दें क्योंकि भविष्य में उन्हें इस एकाउंट की कोई उपयोगिता नजर नहीं आती। मैनेजर ने संवेदना जताई एवं तत्काल उचित कार्यवाही करने के लिए सम्बन्धित व्यक्ति को आदेश भी दे दिया। रमानाथ को दस मिनट बैठने को कहते हुए अपने काम में लग गए। थोड़े समय बाद वह व्यक्ति एक मोटा-सा रजिस्टर लेकर आया। मैनेजर ने उस पर कुछ लिखा और वह उसे लेकर चला गया। चार-पाँच मिनट बाद वही व्यक्ति हाथ में लगभग तेरह हजार रुपए लिये हुए आया और रमानाथ से एक रसीद पर हस्ताक्षर करने हेतु कह रुपए दे दिये। रमानाथ को इतने रुपए होंगे—इसका अंदाज नहीं था। वे मन ही मन राहत महसूस कर रहे थे क्योंकि उन्हें रुपए की बहुत जरूरत थी।

सथुआचारी आकर दोनों पंखे एवं कुछ फर्नीचर इत्यादि आधे तिहाई दाम पर बेच दिया। पड़ोस के पंडित जी से मिलकर उन्हें सहयोग के लिए धन्यवाद दिया। लगभग डेढ़ हजार रुपए और मिल गए। कुछ बर्तन इत्यादि तथा गैस स्टोव साथ ले जाने का निश्चय कर उनकी पैकिंग कर ली। मकान मालिक को पैसे अदा करने गए तो उन्होंने रमानाथ को तीन सौ पचास रुपए और वापस किए। बोले आपने दो माह का किराया एडवांस में दिया था। एक माह तो घर बंद था अतः उसका तीन सौ पचास रुपए काट कर शेष तीन सौ पचास रुपए आपके निकलते हैं। वस्तुतः

रमानाथ को यह याद ही नहीं था कि मकान लेने के समय उन्होंने दो माह का किराया सात सौ रुपए एडवांस में दिया था। रमानाथ ने उन्हें घर की चाबी देते हुए कहा कि कृपा होगी यदि आप मेरे जाने से पहले अपने घर को देख लें। पर वे नहीं आए। दूसरी चाबी पड़ोसी पंडित जी को देकर अपना सामान लेकर रमानाथ जा सकते हैं। रमानाथ फिर शहर गैस का लाइसेंस देने गए। स्थिति बताई और तत्काल काम हो गया। वहाँ से भी पाँच सौ रुपए जमानत के वापस मिल गए। स्वीकार करते हुए मैनेजर श्री अर्जुन को धन्यवाद कहा और बाहर आ गए।

रमानाथ इन काले कुरूप से लगने वाले तमिल लोगों के मन ही मन प्रशंसक बन चुके थे। सत्य से प्रेम रखने वाले ये लोग किसी की सहायता करने में परम सुख एवं खुशी का अनुभव करते हैं। पर राजनीति ने इन्हें टुकड़े-टुकड़े में बाँट कर इनमें काफी कटुता भर दी है। व्यक्तिगत तौर पर बड़े ही उदारमना एवं धर्मपरायण लोग होते हैं यहाँ के वासी।

कलकत्ता पहुँचकर रमानाथ ने देखा अचल अपने भाइयों के साथ वहाँ आ चुका है। बच्चों से मिलकर रमानाथ को खुशी हुई। बाबू कृष्णानन्द से अपना अगला कार्यक्रम बताया कि वे तीनों बच्चों के साथ अब इटानगर जाएँगे और अचल यहीं से वापस राँची चला जाएगा। कृष्णानन्द ने तत्काल गौहाटी के लिए टिकट की व्यवस्था हेतु राजेन्द्र पाठक को कहा और वे हमेशा की तरह ही मुसकुराते हुए अपने काम को अंजाम देने चल दिये।

रमानाथ ने कृष्णानन्द बाबू को सहृदय धन्यवाद एवं अपनी शुभकामनाएँ दीं। उन्होंने कहा यदि वे उस समय यहाँ (कलकत्ता) नहीं होते तो उनकी चाची की अंत्येष्टि इत्यादि में ना जाने कितनी परेशानी हुई होती। महीने भर तक चाची को रखकर उन्होंने समय-समय पर उनकी डायलिसिस कराई, देखभाल की सेवा के लिए रमानाथ ने कृतज्ञ मन से उनका धन्यवाद करते-करते उन्हें दस हजार रुपए वापस दिये। बाबू कृष्णानन्द ने कहा भी कि यदि आवश्यक हो तो वे रुपए रखें। बाद में कभी दे देंगे। पर रमानाथ ने उन्हें आश्वस्त किया कि आगे के खर्चों के लिए भी पर्याप्त रुपया उनके पास है। हाँ, यदि अचल को कभी अचानक रुपए पैसे की जरूरत हो तो वे अवश्य ध्यान रखेंगे। उन्होंने पूर्ण आश्वासन दिया कि अचल उनका छोटा भाई है और वे चिंता न करें।

दूसरे दिन शाम की गाड़ी से बच्चों समेत रमानाथ इटानगर के लिए प्रस्थान कर गए। अचल तो बस से पहले ही जा चुका था।

घर पहुँचकर कृष्णा एवं सजल को भेजकर रमानाथ ने खाद्य सामग्री मँगाई। कृष्णा को इस सारे प्रकरण में अदा की गई भूमिका हेतु रमानाथ ने उसे सहृदय धन्यवाद दिया। उसे भी अपनी 'अम्मा' के मरने का बहुत दुःख था। धैर्य बँधाते हुए रमानाथ ने कहा, 'अब इन छोटे-छोटे बच्चों की जिम्मेदारी भी तुम पर है। ये

बच्चे तुम्हें ही अपना दादा मानते हैं।' सभी सौभाग्यवश उसे दादा ही कहते भी थे। कृष्णा ने गीली आँखों से विजय को देखा और उसे खींचते हुए किचेन की ओर चला गया। दोनों में क्या बातें हुईं यह तो पता नहीं पर उस दिन से आज तक कृष्णा का विजय के प्रति और विजय का कृष्णा दादा के प्रति प्रेम समाज में चर्चा का विषय एवं रमानाथ के लिए गर्व का कारण है।

सभी दूसरे दिन अपने-अपने कमरे, कपड़े तथा पुस्तकें इत्यादि को सँभालने में लग गए। कृष्णा ने अजय एवं विजय की थोड़ी मदद भी की। देर दोपहर हो गई सबके निपटने में। खाना खाते-खाते रमानाथ ने तीनों बच्चों से आग्रह किया कि अब वे सब और जिम्मेदारी से अपने-अपने स्कूल जाएँ और अध्ययन कार्य में जुट जाएँ। रमानाथ ने अपने बारे में भी तै कर लिया था कि वे भी अब अपना कार्य भार सँभाल लेंगे। इससे सबका मन धीरे-धीरे विगत सदमे से उबर सकेगा। दूसरे दिन से बच्चे अपने-अपने स्कूल जाने लगे और रमानाथ अपने ऑफिस। अचल ने स्वयं को राँची में लगभग व्यवस्थित कर ही लिया था।

अब रमानाथ की जिंदगी की गाड़ी अपने एक मात्र पहिए पर अपने चार बच्चों का दायित्व लिए चलने लगी। आरम्भ में कभी-कभी दूसरे पहिए के अभाव में गाड़ी डगमगाई पर फिर एक ही पाँव पर चलने वाले अपाहिज की भाँति रमानाथ को भी धीरे-धीरे अकेले ही सारा बोझ उठाने की आदत-सी पड़ गई। अब तो एक ही मकसद रह गया रमानाथ के सामने और वह था इन चार बेटों को समर्थ, सुयोग्य एवं आत्मनिर्भर नागरिक एवं संतान बनाना।

चतुर्थ आख्यान

ध्येयनिष्ठ, कर्मठ एवं कर्तव्यपरायण रमानाथ के जीवन में इस अथाह शून्यता के बावजूद भी जिजीविषा शेष थी। उन्होंने हमेशा ही निम्न लाइनों से प्रेरणा ली :

'दरिया की जिंदगी पर
कुरबान हजार जानें।
मुझको नहीं गवारा
साहिल की मौत मरना'

—और चलते रहने का निश्चय कर लिया। अब रमानाथ के जीवन में जैसे अभाव, शून्यता, विषाद एवं रिक्तता जैसे शब्द अपना स्वभाव छोड़कर कुछ अर्थहीन से हो चुके थे। कभी-कभी तो लगने लगता कि जैसे रमानाथ के यही सब साथी ही हैं। एक सूफी संत ने सैकड़ों वर्ष पहले कहा था कि मनुष्य का सबसे सघन मित्र है 'दुःख'। दुःख एक ऐसा मित्र है जो प्राणी को कभी नहीं छोड़ना चाहता।

कभी पत्नी का दुःख तो कभी पुत्र का, कभी धन का दुःख तो कभी धनाधिक्य का, कभी बीमारी से दुःख तो कभी बिछोह से दुःख। कहने का तात्पर्य यह है कि उसे दुःख अपने किसी न किसी रूप में हमेशा आगोश में लिए रहना चाहता है। परंतु अज्ञानी मनुष्य उससे हमेशा दूर रहना चाहता है और एक छलिया मित्र 'सुख' की तलाश में भटकता रहता है जो हमेशा ही उसे ठुकराता रहता है, नकारता रहता है, दुत्कारता रहता है। चाहे न चाहे, जाने न जाने रमानाथ का और दुःख का रिश्ता काफी सघन-सा हो चुका था। वे एक-दूसरे के लिए ही बने हैं ऐसा मानना अतिशयोक्ति न होगी।

दिन भर महाविद्यालय की समस्याओं से जूझना और सुबह शाम यहाँ तक कि देर रात गये तक अपने बच्चों के खान पान, वस्त्र परिधान, अध्ययन-अध्यापन जैसी अनेक पारिवारिक समस्याओं में व्यस्त रहना ही उनकी दिनचर्या बन गई। पं. रमानाथ शास्त्री का सारा जीवन पुत्रोन्मुखी हो चुका था। स्वजीवन पर कभी-कभार एक विहंगम दृष्टि पड़ भी जाती तो उसकी व्यर्थता का बोध होते ही उन्हें ग्लानि-सी होने लगती कि उनके तीन छोटे-छोटे बच्चे उन्हीं पर निर्भर करते हैं। उन्हें स्वयं की सुध लेने का भी हक नहीं। अतः वे पुनः उसी धुन में, अपने बच्चों पर ही सर्वस्व स्वाहा करने की शक्ति एवं मानसिकता जुटाने में लग जाते।

अपने पुत्रों को पालने की जिम्मेदारी को महज एक जिम्मेदारी या बोझ समझ कर रमानाथ नहीं ढो रहे थे। वे तो इसे ईश्वर की इच्छा और एक पुनीत दायित्व समझकर सहर्ष उठा रहे थे। उन्हें दुःख था इस बात का कि वे अपने बच्चों को और कुछ वर्षों तक माँ का प्यार एवं संरक्षण न दिला सके। उन्हें दुःख था तो इस बात का कि उनके अजय तथा विजय माँ-विहीन बच्चों की भाँति पल रहे हैं। अतः उनका शारीरिक एवं सांस्कारिक आधार शायद उतना मजबूत न हो पाएगा जितना उनके अचल एवं सजल को सहज ही सुकेशी ने प्रदान कर दिया था। आगे चलकर यदि विजय और अजय रोगी एवं दुर्बल रह गए या ये दोनों भी अपनी माँ की कल्पनानुसार छः फीट ऊँचे और दो मर्दों का बल रखने वाले न बन सके, तो रमानाथ स्वयं को और अपने से भी ज्यादा अपनी सुकेशी को क्या जवाब देंगे। जिन बच्चों को अपनी माँ की देखभाल, प्यार एवं फटकार के बीच पलना था, वे अब एक व्यस्त बाप एवं नौकर के भरोसे पल रहे हैं। ये आगे चलकर यदि संस्कार की दृष्टि से श्रेष्ठतम वंश में जन्मे रमानाथ एवं गौतम वंश में जन्मी सुकेशी के लायक संस्कार संपन्न पुरुष न बन पाए तो रमानाथ स्वयं को कैसे सांत्वना दे पाएँगे। सजल उम्र में पाँच-छः वर्ष बड़ा जरूर था, पर बचपन से ही बेहद चंचल तथा अपनी मर्जी से ज्यादा कुछ करने का खयाल रखने वाला थोड़ा जिद्दी है। वह कहीं माँ के अभाव में अपनी मर्जी का या जिद्दी हो गया तो रमानाथ को शांति कैसे मिलेगी। रमानाथ की पीड़ाएँ वस्तुतः बहुआयामी थीं। उन पीड़ाओं का बाह्य स्वरूप तो सामान्य जन

भी देख सकता था पर उनकी आन्तरिक पीड़ाओं को समझने वाला तो अब कोई नहीं रहा। माँ, बाप, बड़े भाई और पत्नी सबको गँवा चुकने के बाद अब रमानाथ को स्वयं ही अपनी राह चुननी है तथा स्वयं ही उस पर (अकेले ही) चलना है। उन्हें स्वयं ही अपनी मंजिल तय करनी है, उस तक पहुँचने का साधन या मार्ग भी स्वयं ही तलाशना है और स्वयं चलकर उस तक पहुँचना भी है।

नव वर्ष—उन्नीस सौ सत्तासी का दिन आया। चारों तरफ उत्साह, उल्लास में डूबे एवं नव संकल्प लेते लोग। रमानाथ ने अपना संकल्प स्वयं के समक्ष ही दुहराया। अपने बच्चों में सबसे छोटा भी जब तक कम से कम अट्ठारह वर्ष का नहीं हो जाता, वे स्वयं के बारे में, अपनी खुशियों, सुखों एवं अन्यान्य सहज भावनाओं के बारे में कुछ नहीं सोचेंगे। उन्हें पोषित करने या पाने हेतु किसी प्रकार से भी अपने सीमित साधनों, तथा समय का दुरुपयोग नहीं होने देंगे। निःशंक भाव से वे अपने चारों बेटों को उचित शिक्षा तथा हर संभव सेवा और देखभाल प्रदान करेंगे।

आज जब वर्षों बाद रमानाथ अपने बच्चों के वर्तमान को निहारते हैं तो उन्हें अनेक खट्टे-मीठे एहसास कचोटने लगते हैं। अपने सबसे प्रिय बेटे सजल का भटकाव उन्हें उद्वेलित ही नहीं वरन् विचलित कर जाता है। पर अचल का उत्थान, विकास एवं मर्यादित व्यवहार उन्हें ढाढस बँधाते हैं। छोटे दोनों का अब तक चलता संघर्ष रमानाथ को आशान्वित किए रखता है। वे इन्हीं दोनों को किसी सही राह पर चल निकलने तथा पारिवारिक दृष्टि से व्यवस्थित होने का सपना सँजोये जिये जा रहे हैं। अपने संकल्पानुसार रमानाथ ने अत्यंत ईमानदारी से वर्षों तक लगातार प्रयास किया है और कुछ हद तक अभी भी उनका प्रयास जारी है। वे इसमें सफल हैं या असफल यह तो एक प्रश्न भविष्य के गर्भ से तथा अपने इन्हीं प्राण प्रिय बच्चों के मानदण्ड से उत्तर की अपेक्षा रखता है। पर वे लगभग आश्वस्त एवं चिंतामुक्त हो चुके हैं। उन्हें चिंता मुक्त करने में समर्थ बेटे अचल का बहुत बड़ा योगदान है जिन्होंने सबसे छोटे का सारा दायित्व अपने ऊपर ले ले लिया है। संयोग एवं सौभाग्य से इस दायित्वबोध से उनकी पत्नी भी उतनी ही सहमत हैं। परंतु कुछ एक महत्त्वपूर्ण कार्य और करने हैं जिनको अधूरा छोड़कर रमानाथ सातवें स्वर्ग में भी जाना पसंद नहीं करेंगे।

अपने संकल्प साधन हेतु रमानाथ अन्य सब कुछ भुलाकर लगातार ताने-बाने बुनते रहते। लगभग हर रोज हर बच्चे की गति प्रगति एवं उसकी शारीरिक तथा मानसिक स्थिति का आकलन करते। प्रत्यक्ष तथा अप्रत्यक्ष रूप में उस प्रक्रिया में प्राण फूँकने को सतत सचेष्ट रहते। इस दायित्व निर्वहन में उनके स्वीकृत बेटे जनार्दन ने अहम भूमिका निभाई। लगभग हर रोज़ शाम को रमानाथ के घर आ जाता। सभी छोटे भाइयों को अपना भरपूर प्यार देता, साथ खाता, खिलाता और देर रात गए अपने घर चला जाता। यह क्रम वर्षों तक चलता रहा। धीरे-धीरे बच्चे आत्मनिर्भर

होने लगे। अपना काम स्वयं करने तथा किसी पर कम से कम निर्भरता रखने की रमानाथ की शिक्षा का असर उनपर होने लगा था। वे दृढ़ से दृढ़तर होते गए। उनका आना-जाना, खाना-पीना, खेलना-कूदना, टी. वी. देखना या बैठकर किसी विषय पर बहस करना सब कुछ जनार्दन तथा उसकी पत्नी एवं बच्चों तक ही सीमित हो गया। कोई भी बच्चा और कहीं जाना घूमना या फिर किसी और काम में व्यस्त रहना जैसे पसंद ही नहीं करता था।

सामान्य दैनन्दिनी का वहन तीनों करते। समय पर स्कूल में जाना, समय पर आना, घर पर भी समय पर अपनी-अपनी अध्ययन मेज पर बैठ जाना इत्यादि। रमानाथ को परंतु कभी-कभी ऐसा प्रतीत होता कि सजल का मन अध्ययन में नहीं रम रहा है। उसके दो प्रगट कारण भी उन्हें दिखते थे। प्रथम तो यह कि उसे माँ का अभाव बहुत खल रहा था और दूसरे माँ के लिए खरीदी गई कार की देखभाल तथा उसे टैक्सी के रूप में चलवाने की लालसा। सजल ने विगत दो वर्षों में अर्थाभाव को झेला था। अतः उसे शायद लगता था कि यदि टैक्सी ठीक से चलती तो पिताजी को आर्थिक मदद मिलती। टैक्सी का बैंक का कर्ज भी तो अदा करना था। वह अकसर अपनी पढ़ाई की मेज पर बैठे-बैठे गुमसुम कुछ सोचा करता था। इसका प्रभाव उसकी पढ़ाई पर पड़ने लगा था। ऐसा रमानाथ को आभास होता था। एकाध बार इस बात का जिक्र रमानाथ ने जनार्दन से भी किया था। उसने कहा था, 'पापा मैं सजल को समझाऊँगा।'

सन् उन्नीस सौ सत्तासी का वर्ष रमानाथ के आर्थिक पुनर्वास का वर्ष रहा। अपने कर्ज के दलदल से निकलने के लिए छटपटाते रमानाथ के लिए अत्यंत संघर्ष का वर्ष। परंतु ईश्वर की कृपा से अचल की पढ़ाई तथा घर का खर्च देखते हुए भी रमानाथ ने लगभग वर्ष के अन्त तक सारा घाटा पूरा कर लिया। सौभाग्य से इस वर्ष कुछ इकट्ठी रकम सरकार के वेतन मान बढ़ाये जाने से तथा उनकी पुस्तकों की आमदनी से मिल गई और उनकी घाटे की अर्थव्यवस्था लगभग सामान्य हो धरातल पर आ खड़ी हुई।

उन्नीस सौ सत्तासी का वर्ष जाते-जाते एक नया आत्मविश्वास भर गया रमानाथ के मन में। इसका सीधा प्रभाव रमानाथ के बच्चों के जीवन पर पड़ना स्वाभाविक ही था। अब ये बच्चे भी लगभग माँ के अभाव को झेल गए थे और बिना माँ के जीने के अभ्यस्त हो चुके थे। इस प्रकार का सुखद बदलाव सबमें पुनः आशा का संचार करने लगा। सभी बच्चे लगभग सामान्य व्यवहार करते। परंतु अभी भी रमानाथ को सजल के प्रति चिंता बनी रहती। उसे गौहाटी भेज दिया गया एक साधारण से तकनीकी कोर्स हेतु। उद्देश्य मात्र यह था कि उसे इटानगर के उबाऊ माहौल से बाहर रखना था ताकि वह पुनः सामान्य छात्र का जीवन अपना सके। उसका देवी-देवताओं, पूजा-पाठ तथा सामान्य रीति-नीति पर से जैसे विश्वास ही उठ गया था।

वह नास्तिक बन चुका था। परिणामतः वह ज्यादा से ज्यादा भौतिकतावादी होता चला जा रहा था। इसे देखकर रमानाथ चिंतित रहते पर उसे कुछ कहना उचित नहीं समझते थे। वे उसकी कोमल भावनाओं को समझते थे। अतः उसके व्यवहार इत्यादि से ज्यादा घबड़ाते नहीं थे। वे समझते थे कि आज नहीं तो कल वह पुनः सामान्य जीवन जीने लगेगा। इस प्रक्रिया में गति आए इसके लिए उसे स्थानीय माहौल से उठाकर गौहाटी में दाखिला दिला दिया।

सन् उन्नीस सौ अट्ठासी का वर्ष कुछ नयी आशाएँ एवं विश्वास लेकर आया। आर्थिक विपन्नता का दौर समाप्त हो चुका था। सब कुछ, सब जगह सामान्य-सा होने लगा था। ऐसे में रमानाथ ने आठ वर्षों के अन्तराल पर फिर अपने घर के निर्माण कार्य पर ध्यान केन्द्रित करने की इच्छा प्रगट की। बच्चों से कभी भी कुछ छिपाकर न रखना रमानाथ की निश्चित जीवन पद्धति का आधार था। अतः उन्होंने अपने छोटे बच्चों के सामने यह विचार रखा। दोनों खूब खुश हुए। शाम को जनार्दन आया तो रमानाथ ने उससे भी इस बात का जिक्र किया। जनार्दन ने भी इस विचार का जोरदार समर्थन किया। फिर रमानाथ ने अपने विचार सजल को गौहाटी में एवं अचल को राँची में पत्र द्वारा सूचित किए। दोनों का उत्तर भी अपेक्षा के अनुरूप ही था। इस प्रकार अब रमानाथ ने अपने मकान, जिसका पीछे का हिस्सा तो बन चुका था, के आगे के मुख्य भाग के निर्माण की योजना बनाई। इस भाग में तीन सोने के लिए कमरे, दो स्नान घर, रसोई घर तथा खूब बड़ा एवं खुला हुआ ड्राइंग रूम तथा खाने के स्थान के अलावा सुन्दर बरामदा बनाने की योजना थी। नींव भर कर पड़ी थी। आगे का काम कराना था।

रमानाथ ने विचार किया कि वह इस वर्ष गर्मी के अवकाश के समय ही स्वयं छुट्टी पर जाएँगे।

योजनानुसार रमानाथ अपने दोनों छोटे बेटों के साथ गोरखपुर पहुँचे। साथ में एक सहायक भी ले गये। सजल भी आ गया था। कार्य तेजी से आरम्भ हुआ। रमानाथ की योजनानुसार तैंतीस दिनों में छत पड़ गई। उनका अवकाश समाप्त हुआ। अपने एक विश्वास पात्र आदमी मोती लाल को छत खुलवाने तथा किराये पर लाये गए बल्ली पटरे का हिसाब-किताब निपटाने को कहकर वे सपरिवार इटानगर आ गए।

एक सुखद घटना यह हुई कि अचल की पढ़ाई समाप्त हुई और उसने बहुत, बहुत ही अच्छे नम्बरों से अपनी इंजीनियरिंग डिग्री पास की। सुखदायक सूचना घर के निर्माण के समय ही आई थी। सभी आनन्द विभोर हो उठे थे। रमानाथ ईश्वर की कृपा पर कृतज्ञ मन से मंदिर गए। श्रद्धापूर्वक पूजन किया। प्रसाद चढ़ाया और लाकर सभी लोगों में प्रसाद बाँटा। अब रमानाथ को लगने लगा कि उनकी डगमगाई नैया पुनः संतुलित रूप से चलने लगी है। वे खुश थे अपने अचल के पास होने पर वे खुश थे अपने बेटे की घर वापसी से और वे खुश थे सुकेशी के सपने के

साकार होने से।

सभी इटानगर आ गए। अब अचल अपने आगे की योजनाएँ बनाता। बच्चे सभी अपने-अपने स्कूल जाने लगे। सजल अपना कम्प्यूटर का कोर्स इलाहाबाद में पूरा करने में लगा था। अचल ने निर्णय लिया कि वह सरकारी नौकरी नहीं करेगा। अरुणांचल के मुख्यमंत्री ने जो बचपन से अचल पर अत्यधिक स्नेह रखते थे, उससे सहायक इंजीनियर के पद का कार्यभार सँभालने को कहा। पर अचल ने उसे अत्यंत विनम्रतापूर्वक अस्वीकार कर गैर-सरकारी क्षेत्र में कार्य करने की इच्छा प्रकट की। अचल का गैर-सरकारी क्षेत्र में जाने का निर्णय रमानाथ को अच्छा लगा। एक संवेदनशील एवं भविष्योन्मुखी व्यक्तित्व के धनी रमानाथ को कहीं दूर क्षितिज के पार सरकारी कर्मचारियों की भावी दुर्दशा का आभास हो रहा था। वे देख रहे थे कि आनेवाले दिनों में अर्द्धशिक्षित, कुशिक्षित और अशिक्षित राजनेतागण सरकारी नौकरियों को अपने भोग एवं सुविधा का साधन बना डालेंगे। किसी भी कर्मठ, लायक, योग्य एवं इमानदार कर्मचारी का जीवन दूभर हो जाएगा। चाटुकार, घूसखोर, बदनीयत एवं भ्रष्ट कर्मचारी ही पनप सकेगा। इस सबके ऊपर नाना प्रकार के रिजर्वेशन अयोग्य व्यक्तियों को योग्य कर्मचारियों के सिर पर बैठा देंगे। परिणाम तरह-तरह की मानसिक यातना कुलीन वर्ग के योग्य कर्मचारियों को सहनी पड़ेगी। इस निर्णय से रमानाथ बहुत खुश हुए हालाँकि गैर-सरकारी क्षेत्र में एक अजीब असुरक्षा की भावना से आदमी ग्रसित रहता है। परंतु वे यह भी देख रहे थे कि भविष्य में भारत तकनीकी एवं औद्योगिक विकास की सीढ़ियाँ नापेगा और तब कोई सुयोग्य इंजीनियर असुरक्षित महसूस नहीं कर पाएगा।

एक-दो महीने के विश्राम के बाद अचल ने पहले कलकत्ता और फिर जयपुर में नेशनल बियरिंग कारपोरेशन में सर्विस स्वीकार कर ली। इससे रमानाथ को बड़ी मानसिक ताकत मिली। अन्य बच्चे भी अपनी-अपनी लाइन में लगे हुए कार्यरत थे।

रमानाथ ने इस वर्ष—उन्नीस सौ नवासी—में घर का प्रथम तल भी बनाने की योजना बनाई। इस बार भी वही गर्मी की छुट्टियों में ही घर जाने का निर्णय किया। हालाँकि गर्मी की छट्टियाँ रमानाथ को बहुत कष्टदायक लगती थीं परंतु बच्चों की पढ़ाई को ध्यान में रखते हुए और कोई समय ठीक नहीं बन पाता था।

ठीक तैंतीसवें दिन फिर छत पड़ी। उस रोज साढ़े दस बजे रात तक काम होता रहा। लगभग साठ मजदूर, मिस्त्री तथा लोहार एवं बढ़ई सभी काम में लगे थे। अजय और सजल ने भी जान लगा कर कार्य किया। सजल बातें कम करता। वह घोर परिश्रमी लड़का है। सारी दौड़धूप पूरी हुई। मजदूरों को वहीं खाना खिलाया गया। बच्चे भी खाना खाये पर थोड़ी ही देर में आकाश पूरी तरह से बादलों से आच्छादित हो गया। थके-हारे बच्चे सो गए। अधिकांश मजदूर चले गए। पर कुछेक मंदिर में जाकर सो गए। रमानाथ अभी जाग ही रहे थे जब जोर से बारिश आ गई।

अब तो रमानाथ की चिंता का पारावार नहीं। उन्हें लगने लगा कि यह सारी मिहनत एवं रुपया जो छत डालने में लगी है बेकार चली जाएगी। उन्होंने अपनी सारी शक्ति लगाकर तो किसी प्रकार यह छत डलवाई थी। पर ईश्वर को न जाने क्या मंजूर है कि ऐसी वर्षा। लगभग बेमौसम की वर्षा और इतनी भीषण वर्षा कि आसपास के क्षेत्र पानी से भर गये। रमानाथ की छत का क्या हाल होगा?

थका हुआ सजल पूरी तरह से भीग गया पर उसकी आँखें न खुलीं। अजय रमानाथ के पास आकर अपनी आकुलता प्रगट करता। अपनी उम्र से ज्यादा सोच सकने वाले अजय पर क्या बीत रही थी, इसका भरपूर ज्ञान था रमानाथ को। उन्होंने उसे सांत्वाना दी और सोने का प्रयास करने को कहा। पर वह वहीं रमानाथ के पास बैठा बारिश रुकने की प्रतीक्षा करता रहा।

प्रलयकारी बारिश रुकी, रमानाथ बाहर आए। छत पर सँभलकर पाँव रखा, झुककर सीमेंट की स्थिति देखी और अजय से बोले, 'बहुत चिंता की बात तो नहीं लगती है, क्योंकि एकाध जगह को छोड़कर शेष छत पर एकदम उचित स्वरूप में सीमेंट का घोल जम चुका है।' अजय को उन्होंने आग बताया कि यदि सब ठीक रहा तो कल नहला थोड़ा गाढ़ा करवाएँगे ताकि कहीं कोई कमी रह गई हो तो नया घोल उसे मजबूती से पकड़ ले।

दूसरे दिन जनार्दन गाँव से आया। उसने एक इंजीनियर की निगाह से छत का मुआयना किया। जब उसने भी कहा कि कोई चिंता की बात नहीं है तब कहीं जाकर रमानाथ को पूर्ण शान्ति मिली। बच्चे भी आश्वस्त हुए और आगे नहले की योजना बनाई गई। अब मकान का एक स्वरूप निखर कर सामने आ गया। पीछे के ब्लाक की दोनों मंजिलें इस भाग से अत्यंत सुरुचिपूर्ण ढंग से जुड़ गयीं। दोनों भाग तथा दोनों तल एक होकर विशाल भवन का स्वरूप प्रस्तुत करने लगे। रमानाथ शान्त थे, पर खुश थे। बच्चे एकाध दिन घूम फिर इटानगर आने को तैयार हो गये। इस बार घर आने का लक्ष्य भी पूरा हो गया। अतः मन में संतोष एवं सुख का अनुभव सभी को हो रहा था।

अब अचल जो, इंजीनियर हो चुका था तथा नेशनल बियरिंग कारपोरेशन, जयपुर में कार्यरत भी था उसकी शादी के लिए प्रस्ताव आने लगे। रमानाथ के जीवन में यह एक नया पर सुखद अनुभव था कि लोगों को उनके सुपुत्र में दिलचस्पी होने लगी। हालाँकि रमानाथ अभी तक मानसिक तौर पर तैयार नहीं थे पर इस बात से अनभिज्ञ भी नहीं थे कि यह न केवल एक दायित्व है उनका वरन् एक आवश्यकता है, पारिवारिक शून्यता को समाप्त करने हेतु। सुकेशी की मृत्यु के बाद से यह परिवार एकांगी बन चुका था। इसमें चार लड़के एक रमानाथ तथा नौकर के होते हुए भी एक नारी की कमी बेहद खलती थी। ईश्वर की कृपा से अब समय आ गया है कि एक उपयुक्त रिश्ता तलाशा जाय। रमानाथ की तलाश के दो प्रमुख आधार स्पष्ट

थे। प्रथम तो यह कि अचल को गृहलक्ष्मी चाहिए थी न कि कमाऊ बीवी और दूसरे यह कि घर में चूँकि और कोई औरत नहीं थी अतः यह प्रथम बहू ऐसे संस्कारित परिवार से हो जो आकर परिवार की रिक्तता भरने का प्रयास करे। अपने दोनों देवरों को यह एहसास दिलाये कि वे अब निपट निरीह बच्चे नहीं हैं बल्कि उन्हें देखने वाली भाभी माँ आ गई है। इन दो बातों के अलावा सामान्य शिक्षा-दीक्षा, सौन्दर्य एवं व्यक्तित्व इत्यादि का ध्यान तो रखना ही था।

चूँकि सामाजिक परिवेश में अभी भी काफी रूढ़ियाँ विद्यमान हैं, लोग सारी बातें करते हैं पर लड़की को दिखाना जैसे कुछ गलत समझते हैं। रमानाथ का निश्चय था कि अपने सुन्दर, स्वस्थ एवं हर प्रकार से लायक लड़के के लिए वे अवश्य ही खूब सुन्दर, पढ़ी-लिखी एवं संस्कारित लड़की ही स्वीकार करेंगे। इस प्रक्रिया में उन्हें बहुत कष्ट तथा खर्च उठाना पड़ा। पर निश्चय तो निश्चय ही होता है। तेरह लड़कियों के अस्वीकृत हो जाने के बाद अपने ही शहर के एक संभ्रांत परिवार की लड़की रमानाथ ने स्वीकार कर ली।

अक्टूबर उन्नीस सौ नवासी को उस लड़की के पिता, बड़े भाई, चाचा, मामा एवं रमानाथ के एक साथी जो लड़कों के पिता के मातहत भी थे, इटानगर आए। उन दिनों रमानाथ की व्यस्तता चरम सीमा पर थी। उन्हें उन लोगों से बात करने तक की भी फुरसत नहीं मिल पा रही थी। जनार्दन इनकी देखभाल में जुट गया। कभी-कभी ऊपर से सारी बातें भी करता। रमानाथ के बारे में, उनके स्वभाव एवं व्यक्तित्व के बारे में उन लोगों को काफी कुछ बता चुका था। इटानगर में रमानाथ का रहन-सहन, व्यस्तता तथा उनके सामाजिक स्तर को देखकर लड़की के पिता तथा भाई बार-बार यही सोचते कि यह शादी तो हम लोगों के वश की बात नहीं होगी। यह तो बहुत महँगी शादी होगी। लड़की के भाई ने जो स्वयं भी एक इंजीनियर है, तथा आयल ऐण्ड नेचुरल गैस कमीशन में कार्यरत था कहा, 'पिताजी आप शादी फलदान देकर रुकवा लीजिए, एकाध साल में कमाकर फिर शादी कर लेंगे।' उनकी यह बात जर्नादन को किसी प्रकार पता लगी और उसने उनका भय समाप्त करने की गरज से कहा, 'ऐसा आप क्यों सोचते हैं। यदि हमारे पापा को लड़की पसंद है तो अन्य कोई बाधा सामने नहीं आ सकती। आज ही महाविद्यालय का वार्षिक उत्सव समाप्त हो जाएगा और पापाजी थोड़ा फुरसत पाएँगे। उस समय आप बात करें।' उसकी बात ने लड़की के पिता श्रीनिवास मिश्र को काफी ढाढस बाँधा।

दूसरे दिन नाश्ते के बाद सभी बैठे बात करने के खयाल से। रमानाथ ने अपनी व्यस्ततावश उन लोगों को समय न देने के लिए खेद व्यक्त किया। इस पर श्री मिश्र जी बोले, 'ऐसी कोई बात नहीं। जनार्दन बाबू हम लोगों की भली भाँति देखभाल कर रहे हैं, और आपकी व्यस्तता को हम सभी देख ही रहे हैं।'

बात मध्यस्थ की भूमिका निभा रहे प्रभाकर त्रिपाठी जी ने प्रारम्भ की। बोले,

'लड़की तो आपने देख ली है। मिश्र जी तथा उनका लड़का आपके सामने ही है। एक लड़का इनका और है जो घर पर नहीं है और एडवोकेट है। यही छोटा-सा परिवार है। अब आप अपनी राय, विचार या सहमति दें तो आगे की बात की जाय।' रमानाथ ने कहा, 'आप पाँच आदमी, पाँच दिन से जिस बात को करने के लिए दो हजार किलोमीटर से आकर बैठे हैं उसे बेझिझक कहें।' लड़की के मामाजी, जो एक छुटभैया नेता भी हैं तथा स्वयं को धरती का सबसे चालाक आदमी मानते हैं, बोले, 'शादी की बात ही करनी है, आप कहें कि शादी आपको स्वीकार है तब तो हम और आगे की बात करें।' रमानाथ ने उन्हें उनकी बुद्धिमत्ता पर सराहा और मिश्र जी से साफ शब्दों में कहा, 'आप न तो गोरखपुर में बैठे हैं, और न किसी उस मानसिकता के गुलाम के पास बैठे हैं। आप अपनी बात स्पष्ट शब्दों में तत्काल कहें।' रमानाथ को यह दलालों की दुनिया काफी भ्रामक एवं अनावश्यक लगती है। अतः उन्होंने सीधे लड़की के पिता को संबोधित किया। मिश्र जी, जो अत्यंत विनम्र और स्वस्थमना व्यक्तित्व के धनी व्यक्ति हैं ने साहस जुटाकर कहा, 'तो क्या मैं मानूँ कि मेरी लड़की इस घर की बहू बन सकती है?' रमानाथ ने हँसकर कहा, वह तो उसी दिन बन गई जब उन्होंने उसे देखा था। शेष सब तो औपचारिकता है। आप स्वतंत्र मन से शुभ दिन देखकर शादी की व्यवस्था करें।'

दो घंटे बाद फलदान की रस्म पूरी कर दी गई। शादी अब तय हो गई। माहौल थोड़ा नरम हुआ। पर लड़की के भाई विनोद को अभी भी चिंता थी कि कैसे यह शादी हो पाएगी ? चेहरा देखकर रमानाथ भाँप गए थे कि इसे अभी भी दुश्चिंता सता रही है। उसे फिर जनार्दन के माध्यम से आश्वस्त कराया। परिवेश तनाव मुक्त हो चुका था।

अगले दिन वे पाँचों लोग जाने वाले थे। शाम को देर रात गए मिश्र जी एवं उनके परम हितैषी एवं मित्र श्री बाबू नारायण रमानाथ जी के कमरे में आये। बेलौस, बेतकल्लुफ होकर बाबू नारायण जी बोले, 'आगे के कार्यक्रम में किन-किन बातों को ध्यान में रखना होगा ? सुबह तो लेन-देन की कुछ बात हुई ही नहीं क्योंकि बच्चे भी बैठे थे।' रमानाथ ने उनसे मुस्कुराते हुए कहा कि वे देंगे कुछ नहीं और लेंगे एक अदद बेटी, जिसे उन्होंने स्वयं देखा था। बाबू नारायण जी हतप्रभ से होकर चुप हो गए। तभी मिश्र जी बोले, 'तिलक, विवाह की रस्म कैसे होगी।' रमानाथ एकाएक गम्भीर होते हुए बोले, 'दोनों विशुद्ध वैदिक रीति से योग्य पंडितों एवं आचार्यों की उपस्थिति में होंगे।'

तिलक में चाँदी का एक रुपया तथा एक चवन्नी चढ़ेगी। और शादी के साथ आए बारातियों का उचित स्वागत होना चाहिए। सुबह फलदान में मिश्र जी ने पचास हजार रुपये देकर मुझे तनिक खिन्न कर दिया है। आगे ऐसी धृष्टता न हो तो अच्छा रहेगा।

रमानाथ के गम्भीर स्वर में निर्णय सुनकर मिश्र जी तथा उनके मित्र बाबू नारायण काफी प्रसन्न हुए। चिंता मुक्त हो कर सभी लोग अगले दिन प्रस्थान कर गए।

आज घर में एक अदृश्य खुशी का संचार हो उठा था। जनार्दन एवं उसकी पत्नी इन्दु, जो इन दिनों बेहद व्यस्त थे, खुश थे तथा तनाव मुक्त भी। बच्चे भी खूब प्रसन्न थे। आज रमानाथ को लगभग दो हफ्ते की बेहद व्यस्त दिनचर्या से मुक्ति मिली थी। ऊपर से दोनों जगह—घर में भी और ऑफिस में भी—सफलता, पूर्णता एवं प्राप्ति का भाव व्याप्त था। वे आज पूर्णरूपेण विश्राम की मुद्रा में थे। इंदु को खिचड़ी बनाने को कहकर जनार्दन के साथ अपने कमरे में आकर आँखें बन्द कर लेट गए।

अब रमानाथ के समक्ष तत्काल दो लक्ष्य थे। एक तो घर की उचित रँगाई पुताई एवं उसे साज-सामान से सुसज्जित कर शादी के लिए तैयार करना और दूसरा शादी की तैयारी।

पंचम आख्यान

सामान्यतया रमानाथ रूढ़िवादी स्वभाव के नहीं हैं, पर उन्हें पता नहीं क्यों मंगलवार का दिन किसी कार्य के आरम्भ करने हेतु बड़ा पुनीत लगता है। हालाँकि वे श्रेष्ठ ब्राह्मण परिवार में जन्मे, आजीवन शिक्षक का व्रती जीवन जीने का सुख मिला है और स्वभावतः उन्हें गुरुवार ज्यादा प्रिय होना चाहिए था। पर ऐसा है नहीं। वे जाने-अनजाने अपने आराध्यदेव के दिन को ही अपने लिए श्रेष्ठ दिन मानते हैं। यह बात तर्क एवं रीति से परे है।

आज फिर मंगलवार है, और अपने स्वीकृत पुत्र जनार्दन के साथ रमानाथ अपने कमरे में पलंग पर ही आराम से लेटे हुए थे। जनार्दन पास ही पलंग पर ही बैठा था। रमानाथ ने स्वयं ही बात आरम्भ की, 'बेटा, आगे के कुछ महीने आर्थिक दृष्टि से बहुत कठिन होने वाले हैं। हमने शादी मान ली पर घर तो अभी पूरा हुआ नहीं। उसकी सफाई का समयसाध्य एवं खर्चीला काम भी बाकी है। घर तैयार करना ही होगा तभी शादी करने में सुविधा होगी। शादी के बारे में भी सोचना है। उसमें भी तो अनेक खर्चे हैं।' जनार्दन ने समस्या की गम्भीरता को समझते हुए रमानाथ को ढाढस बँधाया। जब आपने हाँ कर दी है तो ईश्वर उसे पूरा भी अवश्य करेंगे। आप चिंता न करें।

आगे रमानाथ ने ही बात बढ़ाई। उन्होंने कहा कि अभी से योजनाबद्ध तरीके से सोचने तथा कार्य करने से ही कल्याण हो सकेगा। दोनों काम जहाँ एक-दूसरे

की पूर्ति में सहायक होंगे, वहीं अपनी-अपनी अलग ढंग की समस्या एवं चुनौतियाँ भी प्रस्तुत करेंगे। जनार्दन इससे सहमत था पर तत्काल उसने अपनी समझ के अनुसार प्रस्ताव किया कि पहले घर को ठीक कराना चाहिए और इसके लिए रमानाथ को दिसम्बर उन्नीस सौ नवासी में ही छुट्टी लेनी चाहिए। दीवाल पर टँगे कैलेण्डर ने तत्काल सहायता की और उसी दिन तय हो गया कि रमानाथ चौबीस दिसम्बर से डेढ़ माह की छुट्टी पर जाएँगे।

रुपये का प्रबंध करने में अभी से लग जाना होगा। यह तय हो गया कि एक बार फिर रमानाथ अपनी भविष्य निधि से ज्यादा से ज्यादा रुपया प्राप्त करने की कोशिश करेंगे। बेटे की शादी हेतु एवं सेवा काल का बीस वर्ष पूरा हो जाने की वजह से, यह संभव भी है। अतः दूसरे दिन ही ऑफिस जाकर इस हेतु दरखास्त शिक्षा सचिव के पास भेज दी। इसमें साठ हजार रुपये निकालने हेतु प्रार्थना की गई थी। अन्य साधनों से भी कुछ रुपये इकट्ठे किए। घर जाने के समय तक अस्सी हजार रुपये हो गए। रमानाथ और उनसे भी ज्यादा जनार्दन यह जानते थे कि अस्सी हजार रुपये इतने बड़े मकान की सफाई एवं सामानों से सुसज्जित करने हेतु बहुत कम हैं पर जब इससे ज्यादा और उपाय नहीं हो सका तो भी रमानाथ ने कार्यक्रमानुसार जाने का निश्चय किया और समय पर प्रस्थान कर गए।

गोरखपुर पहुँच कर रमानाथ ने कार्य आरम्भ कर दिया। कई अलग-अलग भाग में अलग-अलग लोगों में काम बाँट कर समय की बचत करने का उद्देश्य भी था। लकड़ी का काम, सीमेंट का काम, बिजली का काम तथा पानी एवं स्नान घरों की व्यवस्था का काम करने वाले सभी एक-दूसरे के पूरक के रूप में, काम में लग गए। रमानाथ हर ग्रुप के कामकाज पर नजर रखते, उनको सामग्री इत्यादि समय-समय पर देते और सबसे समय सीमा के अन्दर ही काम करा लेने का हौसला लिए चल रहे थे।

लगभग आठ-नौ दिन काम हर मोर्चे पर होने के बाद ही रमानाथ को स्पष्ट नजर आने लगा कि उनके पास जो रुपया अब और बचा है वह मुश्किल से एक-दो सप्ताह और चलेगा। चिंता की बात यह भी थी कि इस प्रकार हर स्तर पर काम कहीं न कहीं आधे अधूरे पर आकर रुक जाएगा। तब रमानाथ को यदि काम बन्द कराना पड़ा तो न केवल जग हँसाई होगी वरन उनका निर्धारित लक्ष्य भी पूरा नहीं हो सकेगा।

रात को खाना खाकर सोने के लिए चारपाई पर लेट गए रमानाथ को आज चिंता वश नींद नहीं आ रही थी। वे मन ही मन, कितना रुपया और लगेगा, का अंदाज करने लगे। बहुत मोटे तौर पर काम कराने से भी कम से कम एक लाख रुपया और तो चाहिए ही। पर यह रकम आएगी कहाँ से ?

मन ही मन रमानाथ सम्भव स्रोतों की तलाश में लग गए। काम सुचारु रूप

से हर मोर्चे पर चल रहा था। एक सुखद बात यह हुई कि श्रीनिवास मिश्र जी रोज शाम को, ऑफिस से ही कभी घर होते हुए, आ जाते थे। उनसे बातचीत करके तथा साथ में कुछ खा-पीकर शाम का समय अच्छा गुजर जाता था। पर रमानाथ की परेशानी तो ऐसी थी कि वे मिश्र जी को बता भी नहीं सकते थे।

राप्ती हाउसिंग फाइनेंस वालों से रमानाथ की मामूली जान-पहचान थी। रमानाथ इस कम्पनी से हाउसिंग एडवांस लेने का विचार कर उनके हेड ऑफिस गए। ईश्वर की कृपा से उनके एक बहुत ही सीनियर एक्जीक्यूटिव कमांडर अग्रवाल से रमानाथ की जान-पहचान निकल आई और चार दिनों में ही एक लाख रुपये का कर्ज स्वीकृत हो गया। अभी रमानाथ के पास कुछ रुपये थे भी पर इस कर्ज के मिल जाने से उन्होंने काम को और रफ्तार से तथा बेहतर स्तर पर कराने की सोची।

एक माह से ज्यादा दिन लग गए। हर फ्रंट पर काम साथ-साथ चल रहा था। फिर भी अभी बहुत काम शेष था। इसे देख कर रमानाथ ने छुट्टी बढ़ा ली। चूँकि रुपये का इंजताम हो चुका था अतः काम समाप्त करके ही जाने का निश्चय किया था रमानाथ ने। शीत लहरी का प्रकोप अट्ठारह दिन तक रहा पर एक दिन भी रमानाथ ने काम बन्द नहीं होने दिया। उन्हें तो अपने इस मकान का भव्यतम रूप जैसे आँखों के सामने दिखता था। उनकी कल्पना में उनका मकान मोहल्ले का सबसे विशाल एवं सुन्दर मकान होना चाहिए था। उसी दिशा में वो दिन-रात कार्यरत थे। धीरे-धीरे मकान का स्वरूप निंखरने लगा। उससे रमानाथ की उत्सुकता और बढ़ती गई।

आज आर्किटेक्ट एवं एक-दो अनुभवी व्यक्तियों की सहायता से मकान को रंगों की दृष्टि से सँवारने पर निर्णय लेना था। सभी आ चुके थे। सारी बातों पर विचार-विमर्श करने के बाद एक रंग संयोजन तैयार किया गया। बाहर के रंग, भीतर अलग-अलग कमरों के अलग-अलग रंग, दरवाजे खिड़की के रंग, ग्रिल के रंग, रेलिंग के रंग सबकी सुन्दर योजना तैयार की गई। और उसी पर अमल करने का रमानाथ ने निश्चय कर लिया। हालाँकि यह रंग-संयोजन काफी महँगा था, पर एक बार तो मकान अपने सुन्दर स्वरूप में सामने आ जाए यह लालसा लिए हुए रमानाथ चुपचाप सब कुछ सहकर भी करते जा रहे थे।

दो माह बीत गए। काम समाप्त नहीं हुआ। हालाँकि अधिकांश काम जैसे सीमेंट का काम, लकड़ी का काम, प्लम्बर का काम तथा सेनेटरी फिटिंग्स का काम भी समाप्त हो चुके थे। अब भी बिजली वाले काम कर रहे थे। साथ ही साथ पुताई-रंगाई वाली टीम भी काम में लगी थी। रुपये फिर खत्म होने को आ गए। अंदाज करके देखा तो लगभग पचास हजार रुपये और चाहिए। रमानाथ ने अपने मित्र कमांडर अग्रवाल को लाकर मकान दिखाया। अग्रवाल साहब बहुत खुश हुए। बातों-बातों में रमानाथ ने कहा, 'अग्रवाल साहब, थोड़ी मदद और कर दीजिए ताकि रहा-सहा काम भी पूरा हो जाए और बाजार में किसी और का लेना-देना भी हो तो समाप्त

कर सकूँ।' उन्होंने तपाक से कहा, 'इतने बड़े मकान पर तो आप पाँच लाख रुपया भी और कहें तो मैं मंजूर कर दूँगा। आप कल ग्यारह बजे आ जाइए हेड ऑफिस में। हाँ कितना रुपया चाहिए इसका एक सही आकलन करके आइएगा ताकि इस बार अगर कलम उठे तो फिर आपको किसी प्रकार की तकलीफ न उठानी पड़े।' मकान को ठीक से देखकर तथा अत्यंत प्रसन्न मुद्रा में अग्रवाल जी वापस गए।

इस प्रकार प्राप्त पचास हजार रुपये के अतिरिक्त कर्ज से तथा तेरह दिनों तक और काम कराने के बाद रमानाथ को अपनी कल्पना का साकार रूप सामने दिखाई दिया। मंदिर के कोने में बैठ कर रमानाथ ने स्वयं अपने मकान को देखा और जी भर कर सराहा। उसका सौन्दर्य आज भी रमानाथ की आँखों में नाचता रहता है। वे विह्वलमना उसे एकटक निहार रहे थे। उसकी छवि को अपने मन में उतार रहे थे, वे खुश थे इस पूर्णता पर। इसके निखरे हुए स्वरूप पर। आँखें लगातार उसकी ओर देखे जा रही थीं जैसे उन्हें तलाश हो किसी अनमोल वस्तु की। उनकी पिपासु आँखों को तलाश थी अपनी सुकेशी की। कहीं किसी कोने से यदि वे झाँक कर देखतीं और धीरे से बुलातीं कि आ जाइए चाय तैयार है तो आज रमानाथ का जीवन सच्ची पूर्णता का स्वाद ले पाता। उनकी आँखें तलाश रही थीं उस प्रेरणा स्रोत को, जिसके संतोष एवं सुख के लिए रमानाथ ने उन्नीस सौ बहत्तर के मई माह से आज उन्नीस सौ नब्बे के फरवरी माह तक एक साधनारत यती की तरह इस मकान पर अपने को लगाये रखा। पर यह तलाश तो सिर्फ तलाश ही रह जाएगी यह रमानाथ भी जानते थे। सत्य को उसकी समस्त कड़ुआहट के साथ सहज स्वीकार करने वाले रमानाथ आज अचानक भावुक होते जा रहे थे। अपनी प्रेयसी, अपनी पत्नी, अपनी प्रेरणा का अभाव उन्हें आज सचमुच कष्ट दे रहा था। वे अवसाद में डूबते जा रहे थे तभी मिश्र जी ने पूछा, 'क्या मजदूर सब चले गए ?' इस आवाज ने रमानाथ की तंद्रा को तो तोड़ा ही और तोड़ा उनकी तलाश को जो अधूरी रह गई, और आज भी वह तलाश अधूरी है। चिर काल तक वह तलाश...।

हाँ इस बार जितना कार्य करने की योजना थी उतना हो गया। अतः उन्होंने आज सब मजदूरों को हिसाब देकर जलपान करा कर विदा किया। मिश्र जी भी वहीं मंदिर पर ही बैठ गए और मकान की ओर ही निहारने लगे। धीरे से रमानाथ को सुनाकर बोले, 'इतना मजबूत एवं सुन्दर काम कम ही लोग करा पाते हैं। आप में अजीब धैर्य एवं कल्पना शक्ति है। मकान बहुत सुन्दर लग रहा है। घर पर सभी लोग आकर देखना चाहते हैं।' रमानाथ ने तत्काल कहा, 'लाइए कल ही सबको।'

मिश्र जी के मित्र एवं पड़ोसी बाबूनारायण जी समेत घर के सभी सदस्य, जो गोरखपुर में थे, आए। मकान सबको भाया। सबने सराहा। जलपान कराके सबको रमानाथ ने विदा किया पर मिश्र जी को रोक लिया। उनसे उन्हें कुछ बातें करनी थीं क्योंकि अब रमानाथ को वापस इटानगर जाना था। एकाध दिन बाद ही प्रस्थान

करना चाहते थे।

दोनों फोल्डिंग चेयर बाहर ही लेकर बैठ गए। अभी धूप शेष थी अतः अच्छा लग रहा था। रमानाथ ने कहा, 'अब तो शादी के रास्ते में जो सबसे बड़ी बाधा थी–घर की कमी–वह दूर हो गई। अतः अब थोड़ा आप अपने सब के रीति रिवाज तथा सर सामान की दृष्टि से उन्हें समझाएँ कि उन्हें कब क्या करना होगा।' मिश्र जी ने काफी कुछ बताया और बहुत सारा काम अपनी ही जिम्मेदारी में ले लिया। रमानाथ को कुछ खास करने की आवश्यकता नहीं। एकाध सप्ताह पूर्व गोरखपुर सपरिवार पहुँच जाएँ, शेष सब हो जाएगा। पाँच जून उन्नीस सौ नब्बे को तिलकोत्सव तथा नव जून को विवाहोत्सव की तिथि निश्चित कर ली गई। तिथियाँ ठीक थीं इस दृष्टि से कि बच्चों के स्कूल इत्यादि बन्द रहते हैं। दोनों दिनों में कम से कम दिनों का अन्तर रखने से यह लाभ था कि दूर से आने वाले रिश्ते-नातेदार या घर गाँव के लोगों को बार-बार आना-जाना नहीं पड़ेगा। एक बार तिलक में आए तो शादी के बाद ही प्रस्थान करेंगे।

घर बनाकर तथा शादी की सारी रूपरेखा मन में तैयार करके रमानाथ फरवरी के अंतिम सप्ताह में इटानगर पहुँच गए। घर का फोटो देख बच्चे बहुत खुश हुए। झपटते हुए तेंदुए की भाँति उत्तरोन्मुखी मकान जिसका पूर्वी भाग भी एक सुन्दर स्वरूप लिए खड़ा है, सब को भाया। सभी बहुत खुश हुए तथा जल्दी से जल्दी अपने मकान को देखने की इच्छा प्रगट करने लगे।

इटानगर पहुँचे तो रमानाथ के पास मात्र सत्रह रुपये शेष थे। सामने लक्ष्य था सबसे बड़े बेटे के विवाहोत्सव की समुचित तैयारी का। लगभग एक लाख रुपये की आवश्यकता थी। पर समय भी तीन महीने का था अतः रमानाथ विशेष चिंतित नहीं हुए। वे दूसरे दिन अपने कार्यालय गए तथा कार्य भार ग्रहण किया। दिनचर्या चल पड़ी।

इस बीच में जनार्दन रोज आता, शाम को रमानाथ उससे शादी की तैयारी हेतु चर्चा करते। धीरे-धीरे योजना बनने लगी। कुछ गहने तथा कपड़े लेने होंगे बहू के लिए। कुछ कपड़े लेने होंगे बच्चों के लिए और विशेष वस्त्रादि की व्यवस्था करनी होगी दुल्हे राजा के लिए।

पं. रमानाथ शास्त्री जहाँ एक ओर अपने बेटे की शादी को लेकर बहुत उत्सुक एवं खुश थे, वहीं अर्थाभाव में कहीं कोई कमी न रह जाय, इस चिंता में डूबे भी रहते थे। उनकी मार्मिक वेदना द्विगुणित हो जाती जब उन्हें एहसास होने लगता कि इस खुशी के मौके को जो सबसे ज्यादा खुशनुमा बना देता अपने प्रिय सोहर, नटका या विवाह गीतों के माध्यम से और जिसे इस दिन का सबसे ज्यादा इंतजार था, वही अब नहीं रहा। सुकेशी के बिना इस खुशी को रमानाथ बाँटें भी तो किसके साथ। बस दायित्व बोध के तहत वे सारा आयोजन करने को तत्पर हो रहे हैं। इस

सघन खुशी में भी उनके अन्दर कहीं दुःख एवं वेदना का भाव उन्हें झकझोरता रहता। परंतु पिता से प्राप्त संस्कार तथा स्वनिर्मित चरित्र एवं व्यक्तित्व के धनी रमानाथ प्रयत्नपूर्वक अपने मन के अभावग्रस्त कोने को एकदम ही व्यक्तिगत सम्पदा बना लिये थे। उस अभाव का आभास किसी भी को न होने पाये, इस विषय में वे पूर्णरूपेण सतर्क ही नहीं वरन् समर्थ भी हैं। इसका उन्हें विश्वास हो चुका था क्योंकि वर्षों पहले स्वर्गवासी हुई पत्नी के बिछोह पर उनका मन रोया, चीत्कार कर उठा, हाहाकार कर उठा पर रमानाथ की आँखों में किसी बच्चे ने एक बूँद आँसू आज तक नहीं देखा। यह दृढ़निश्चय अपनी भावनाओं के वेग को दबाने का माध्यम नहीं वरन् अपने बच्चों को इस अपार अभावग्रस्तता की स्थिति से उबारने का सुनियोजित निर्णय था जिसके तहत रमानाथ एक कठोर व्रती का जीवन जिये जा रहे थे। आज फिर एक संवेदनशील मनुष्य की भावनाओं तथा उसके स्वनिर्दिष्ट पथ में टकराव की स्थिति बन रही थी। रमानाथ ने पुनः अपने ही निर्णय को दुहराया, मन ही मन बुदबुदाया और संकल्प कर लिया कि इस परम सुखकर अवसर पर भी वे कभी पत्नी के बिछोह में दुःखी या विचलित नहीं दिखेंगे।

सुकेशी के द्वारा छोड़े गए जेवर होने वाली बहू के गहनों का आधार बने। कुछ और रुपये लगाकर एक सामान्य सेट बनवा लिया गया। वस्त्रों के लिए रमानाथ ने निश्चय किया कि वे कलकत्ता जाकर कृष्णानन्द तथा विशेषकर उनकी बहू के मार्गदर्शन में खरीदेंगे। रुपये की व्यवस्था करना ही हर रोज की चर्चा का विषय रहता। धीरे-धीरे सब होता गया। एक दिन रमानाथ तीस हजार रुपये लेकर 'डाल' के कपड़े इत्यादि हेतु कलकत्ता के लिए प्रस्थान कर गए।

विवाहोत्सव में भाग लेने हेतु सभी बच्चे और जनार्दन सपरिवार गोरखपुर पहुँच गए। रमानाथ कलकत्ता से सीधे सारे साज-सामान के साथ घर पहुँच गये। तिलकोत्सव में मात्र चार दिन ही शेष रहे। सजल एवं जनार्दन ने पूछा, 'क्या-क्या करना है एक बार समझा दीजिए।' रमानाथ ने अपनी मति अनुसार सारा प्रबंध करने को सुझाया। कुछ रुपये अवश्य रख दिये घर पर। तूफानी गति से अथक परिश्रम करके सजल ने सारा प्रबंध कर डाला। इतना बड़ा मकान पूरी तरह से बिजली की सजावट से जगमगा उठा। घर के पास वाले मैदान में ही शामियाना लगाकर गीत संगीत की स्टेज भी सज गई। भोजनादि की सर्वोत्तम व्यवस्था की लड़कों ने।

सामान्यतया दस-पंद्रह व्यक्ति ही तिलक चढ़ाने के लिए आते हैं। परंतु स्थानीय होने के नाते तथा मिश्र जी के अपने अनेक लोगों से मधुर सम्बन्ध होने के कारण एक सौ चार आदमी तिलक में उनके साथ आए। रमानाथ के यहाँ भी लगभग पाँच सौ लोगों की भीड़ रही होगी। तिलक चढ़ी, मिश्र जी ने रमानाथ की बात रखी। वही एक रुपया चार आना तिलक में चढ़ाया। हाँ फल और मिठाइयाँ इत्यादि इतनी लाये कि मोहल्ले में बँटवा कर खतम करनी पड़ीं।

व्यस्तता में रमानाथ अपनी चाहत, अपनी कृति, अपने सपनों के साकार रूप में ठीक से देख भी नहीं पाये। जब खानपान समाप्त हुआ तो रात के साढ़े ग्यारह बज चुके थे। कुछ कार्यकर्ता लोग अंतिम पंक्ति की भाँति मौजमस्ती करते हुए खा रहे थे। भोजन की व्यवस्था रमानाथ ने छत पर कराई थी। यहाँ एक बार में एक सौ पचास आदमी सुखपूर्वक एवं सुकून से खा सकते थे। व्यवस्था अंग्रेजी पद्धति से थी। अतः ज्यादा से ज्यादा लोग एक साथ खा लेते थे।

भीड़ छँट चुकी थी, लोग खा-खा कर वापस जा चुके थे। आरकेस्ट्रा भी थम गया था। अतः मुहल्ले के लोगों की भीड़ भी उठ गई थी। पं. रमानाथ सब कुछ सुखपूर्वक और पूर्व निंधारित तरीके से सम्पन्न हो जाने के कारण एक सुखद तथा आनन्दपूरित मनःस्थिति में बाहर आकर मंदिर के चबूतरे पर जा कर बैठ गए।

सुरुचिपूर्ण ढंग से सजा हुआ उनका मकान अपनी छवि बिखेर रहा था। रमानाथ उसके सौन्दर्य को जैसे सदा-सदा के लिए अपनी अतृप्त आँखों में भर लेना चाहते थे। एकटक निहारे जा रहे थे। अबोध बालक की भाँति विस्मित, अतीत में खोये हुए रमानाथ वहीं मंदिर के कोने पर बैठे उसकी छवि में अपने विगत का अवलोकन कर रहे थे। उन्हें उनका मकान अत्यंत भव्य तथा सुन्दर लग रहा था। उन्हें लग रहा था कि उनकी सुकेशी की कल्पना का संसार शायद साकार हो उठा है। वे न जाने क्या-क्या सोचे जा रहे थे। पर उनकी निगाह मकान के हर भाग से आकर उस चार फीट के प्रकाशित बोर्ड पर अटक गई थी। वे उसे मानों पढ़ने का प्रयास कर रहे थे, मानों वे उसे समझने का प्रयास कर रहे थे, मानों वे उसके साथ कुछ क्षण जीने का प्रयास कर रहे थे। हालाँकि वह बोर्ड उन्हीं के आदेशानुसार बनाया तथा वहाँ पर लगाया गया था, पर मानों वे उस सबसे अनभिज्ञ थे और अचानक उसे वहाँ देखकर उन्हें उसकी उपादेयता तथा सार्थकता को स्वयं में समाहित करने में कठिनाई हो रही हो। वे शायद उससे जुड़े हुए भयानक सत्य से आज जुड़ना न चाह रहे हों। एक अजीब-सी ऊहापोह में डूबा उनका मन विषाद की स्थिति में उस बोर्ड को देखे जा रहा था।

लगभग सवा बारह बजे किसी ने आवाज लगाई। उनका छोटा बेटा उनके सामने खड़ा था। पापा क्या हुआ ? आप क्यों रो रहे हैं? अचकचाहट में पंडित जी ने अपने आँसू पोंछ डाले और अपने बेटे से पूछा, 'उस बोर्ड पर क्या लिखा है?' विस्मित विजय ने सहज ही पढ़कर सुना दिया 'श्रद्धांजलि'। पर आप क्यों रो रहे थे? पंडित जी ने धीरे से कहा, 'यही मेरी अश्रुअंजलि है, यही मेरी श्रद्धांजलि है, तुम्हारी माँ को' और बेटे को खींच कर अपनी गोद में लेकर उसका माथा चूम लिया। अवाक् विजय बैठा रहा उनकी गोद में और पं. रमानाथ बुदबुदाये, 'सुकेशी ! इसे स्वीकार करना।' और बेटे को लेकर झटके से उठ गए।........

□□